网络与新媒体专业系列教材

新媒体导论

Xinmeiti Daolun

彭　兰　著

高等教育出版社·北京

内容提要

本书是“网络与新媒体专业”概论课教材，本书从新闻传播学角度对新媒体进行了系统梳理，全面概述了新媒体的技术动力与技术变迁、新媒体信息传播模式的演变，详细分析了新媒体用户、新媒体中的数字信息形式及其加工、新媒体信息的组织、新媒体信息的可视化传播、新媒体中的主要社会化媒体形式、社会化媒体的应用策略以及新媒体与社会发展的互动。本书对新媒体的理论及技术论述全面系统，紧贴新媒体技术最新发展动态和社会实际。

本书不仅适合网络与新媒体、新闻学、传播学、广播电视学、广告学等专业教材，还适合高校中文、管理等学科的通识课程教材，也可作为媒体从业者的学习参考书。

图书在版编目（CIP）数据

新媒体导论 / 彭兰著 . -- 北京：高等教育出版社，2016.3（2022.12 重印）

ISBN 978-7-04-044509-1

Ⅰ. ①新… Ⅱ. ①彭… Ⅲ. ①传播媒介－研究 Ⅳ. ①G206.2

中国版本图书馆 CIP 数据核字（2015）第 307029 号

策划编辑 武 黎　　责任编辑 武 黎　　封面设计 王 鹏　　版式设计 王艳红
插图绘制 杜晓丹　　责任校对 吕红颖　　责任印制 耿 轩

出版发行 高等教育出版社
社 址 北京市西城区德外大街4号
邮政编码 100120
印 刷 北京宏伟双华印刷有限公司
开 本 787mm×960mm 1/16
印 张 27
字 数 510千字
购书热线 010-58581118

咨询电话 400-810-0598
网 址 http://www.hep.edu.cn
http://www.hep.com.cn
网上订购 http://www.hepmall.com.cn
http://www.hepmall.com
http://www.hepmall.cn
版 次 2016年3月第1版
印 次 2022年12月第11次印刷
定 价 56.00元

物 料 号 44509-00

目　录

第一章　认识新媒体

对于今天的传媒业来说，新媒体已经成为影响其格局与走向的权重最大的“变量”之一。

新媒体不再仅仅是“媒体”。它作为一种新社会形态与新经济形态，也在全面地影响着社会运行的各个层面。

尽管新媒体处于不断的变动中，但是，今天我们公认的新媒体，仍有一些基本的规律可循。认识与理解这些规律，是我们理解传媒业与社会变革的基础。

第一节　新媒体：一个没有定态的对象

新媒体这个在今天使用十分广泛的词，却也是很难定义的一个词。

1959 年 3 月 3 日，加拿大传播学家马歇尔·麦克卢汉在芝加哥参加全美高等教育学会举办的会议时，发表了“电子革命：新媒体的革命影响”的演讲。在演讲中，麦克卢汉指出，“从长远的观点来看问题，媒介即是讯息。所以社会靠集体行动开发出一种新媒介(比如印刷术、电报、照片和广播)时，它就赢得了表达新讯息的权利……今天，印刷术的君王统治结束了，新媒介的寡头政治篡夺了印刷术长达 500 年的君王统治。寡头政治中，每一种新媒介都具有印刷术一样的实力，传递着一样的讯息……”①

虽然麦克卢汉使用了新媒体(新媒介)这样的表述，但是，他所说的新媒体(新媒介)，并不是一个具有特定含义的概念，其中的“新”，只是相对“旧”而言的。

20 世纪 60 年代，“新媒体”一词开始作为真正的新概念登台亮相。美国 CES(哥伦比亚广播电视网)技术研究所所长、NTSC 电视制式的发明者 P. 戈尔德马克(P. Goldmark)在 1967 年发表的一份关于开发电子录像商品的计划中提

---

① ［加］马歇尔·麦克卢汉：《麦克卢汉如是说》，中国人民大学出版社 2006 年版，第 3 页。

出了"New Media"(新媒体)这个概念。1969年,美国传播政策总统特委会主席E. 罗斯托(E. Rostow)在提交给尼克松总统的报告中也多处使用了"New Media"这个概念。[①] 但在那个时候,新媒体更多指的是电子媒体中的创新性应用。

20世纪80年代,新媒体这个词开始广泛普及,而这显然是与计算机技术的发展分不开的。

1986年,中国社会科学院日本研究所的冯昭奎在《新技术革命对日本经济的影响》一文中介绍了新媒体,这或许是国内对新媒体最早的引介之一。文中提到:"新媒体就是新的传播信息的媒体、工具,包括卫星通信、光纤图像通信、传真、计算机网络、双方向有线电视、文字广播等等,这些传播信息的新工具具有十分灵活而多样的功能,其中有些功能是跨越'传统媒体'的分类的'多重功能'。例如双方向有线电视兼有广播与通信的功能(收听广播的观众可以直接与广播台对话),传真报纸兼有通信和出版的功能,文字广播则可认为是利用电波的出版业。"他还指出:"过去人们往往把'信息化'看作是'计算机化'的同义词,但是现在人们开始公认计算机与通信的结合才是信息化的基础。近年来在日本报刊上经常出现的'新媒体'这个词,正是通信技术丰富多彩的新发展的反映。"[②]这段文字已经总结了当时被认为是新媒体的一些形式,这位研究者也注意到了新媒体具有传统媒体所不具备的"功能复合性"(这也是媒介融合的基础)以及互动性,同时还指出了新媒体与计算机技术、通信技术、信息化之间的关联。

1999年,在国内新闻传播领域较早涉及新媒体研究的著作——《信息高速公路与大众传播》中,研究者指出,新媒体包括光纤电缆通信网、图文电视、计算机通信网及互联网、大型电脑数据库通信系统、通信卫星和卫星直播电视系统、高清电视等。[③] 那个时候,新媒体这个概念已经受到广泛关注。

新媒体这个词之所以在20世纪90年代变得炙手可热,在很大程度上与互联网的普及有关,新媒体在很多时候成为互联网的代名词。

由于互联网的出现与普及迄今已有数十年的时间,因此近年有些人提到新媒体这个概念时,甚至不再针对网络,而是指向移动媒体等。但这样的提法只是代表部分人的认识,其所说的"新",主要是基于时间上的考虑。

目前能够基本形成共识的是:在现阶段,"新媒体"主要指基于数字技术、网络技术及其他现代信息技术或通信技术的具有高度互动性的媒介形态,包括网络媒体、手机媒体和这两者融合形成的移动互联网,以及其他数字媒体形式。以

① 明安香:《信息高速公路与大众传播》,华夏出版社1999年版,第72页。

② 冯昭奎:《新技术革命对日本经济的影响》,载《机械与电子》1986年第5期。

③ 明安香:《信息高速公路与大众传播》,华夏出版社1999年版,第73页。

上界定是从“传播”的视角做出的,但我们也要注意到,今天的新媒体不只是一种媒体。后文将做进一步分析。

新媒体不是静止的,新媒体的形态本身可能在不断地发展,因此,它是一个没有定态的对象,未来必将出现更多超出今天人们想象的新媒体。

但是新媒体并不等于“新出现的媒体”。仅从时间上来界定新媒体是不合适的。今天我们提到的新媒体的基本特征是数字化和互动性,离开了这两个基本特征,无论多“新”的媒体都不能称为新媒体。而各种不同的新媒体共同的发展方向是网络化、移动化和融合化。

在分析新媒体之前,有必要对两个相似也常常被混用的词进行区分,那就是“媒介”与“媒体”。尽管媒体与媒介这两个词有时可以通用,但是,它们的含义还是有所不同的。媒介一词在使用时更强调传播介质这一属性。而在新闻传播领域,媒体一词通常有两种用法:一种用法强调的是传播主体,即传播机构;另一种用法则强调介质的大众传播属性。在“新媒体”这个词里,也体现了“大众传播”的偏向。因此,在本书中所提到的新媒体传播,很多时候侧重的是大众传播。

但是,新媒体的传播是各种传播形态的复合,大众传播与人际传播的界限更是越来越模糊,这正是新媒体与传统媒体的区别之一,所以本书并不局限于大众传播的视角。

新媒体形态非常丰富,并且随着媒介融合进程的深化,过去相对独立的媒体之间的界限越来越模糊,很多新媒体之间已经出现交叉,因此,对于新媒体进行明确分类不是一件容易的事。后文将从原生的新媒体与数字化的传统媒体两大线索来分析新媒体的发展进程与演进规律。这不是一种严格的、精确的新媒体分类,而只是两条认识上的线索,两者实际上是有交叉的。

第二节　新媒体的源流之一:原生的新媒体

原生的新媒体是指基于全新的传播技术和相应终端而形成的新媒体。网络和手机就是目前最典型的原生新媒体。

当然,网络和手机媒体,其运营主体中很重要的一部分还是传统媒体,内容的主要来源也是传统媒体,所以这些新媒体的发展和传统媒体的数字化进程也有密切的关联。

一、网络媒体

今天人们谈到的网络媒体主要是以互联网为技术依托的。互联网技术的发展是网络媒体兴起的基础。

互联网是计算机网络中的一种。从技术上看,计算机网络是指若干台地理位置不同,且具有独立功能的计算机,通过通信设备和线路相互连接起来,以实现信息传输和资源共享的一种计算机系统。网络上的每台计算机称为一个节点。

互联网(Internet)是目前世界上最大的国际性互联网络。可以说,它是一个网上网,即由大大小小成千上万个网络连接起来的。

虽然从计算机技术的角度看,互联网与网络是两个概念,但在非计算机领域,一般人们所指的网络,通常都是互联网。

互联网应用技术经历了几十年的发展过程,从早期的 Telnet, Gopher, Usenet,到后来的 E-mail, BBS, FTP, Web 网站(WWW),即时通信、搜索引擎,再到近十年兴起的博客、SNS,微博、微信等社会化媒体应用,技术更迭十分迅速。其中 1989 年 WWW 技术的提出以及此后 Web 网站的普及,是互联网成为媒体的重要推动力量。1998 年 5 月,联合国秘书长安南在联合国新闻委员会年会上正式将互联网称为"第四媒体"。

由于网络媒体一词强调大众传播属性,因此,在早期人们所说的网络媒体,主要是指 Web 网站,而现在网络媒体也包含了各种社会化媒体应用。第三章将对此进行进一步阐述。

今天在移动通信技术的影响下,互联网已经进入移动互联网时代,从这个意义上看,它正在与手机媒介融合。但在此之前的阶段,互联网与手机应用还是有很大区别的。为了区分,本书仍把以电脑终端为主的互联网媒体称为网络媒体。

(一)网络媒体的传播特点

1. 网络媒体利用的全时性

网络媒体利用的全时性可以体现在如下方面。

(1)传播过程的全时性:与传统媒体相比,网络媒体可以全天候地处于报道的状态,对于突发事件或动态发展的事物的报道,可以做到即时发布、全过程跟踪、不间断报道。网络媒体打破了出版周期、播出时段等因素的限制,在新闻报道方面显示出特有的快速反应能力和高度的灵活性。

(2)信息存储的全时性:在网络中传播的信息,不仅可以在第一时间发布于网页,而且由于它已存在于网站的数据库中,因此从理论上来说可以一直存在于网络空间中。这些信息可以通过相关链接、受众查询等多种方式得到长期利用。加上网络的海量性、网络信息之间的链接技术等因素的作用,网络信息常常处于循环利用的过程中。

(3)信息接收的全时性:传统媒体的信息接收受到很多因素的限制,特别是广播、电视等媒体,它们所发布的信息"转瞬即逝",受众如果错过了收听收看的时间,可能就再也没机会获得这些信息了。而网络媒体的存储方式为受众提供了全时接收的可能。受众可以在信息发布几天、几周甚至更长的时间后再去获取信息。对于过往信息,也可以通过搜索引擎或网站的数据库进行检索。

2. 媒体空间的海量性

网络的存储空间大大超过传统媒体,在一定意义上可以称为“海量”,而这种存储空间的海量性也直接造就了信息的海量性。

网络的存储特点,使它较少受到过去传统媒体经常遭遇的容量不足的困惑,这为信息内容的进一步丰富提供了基础。在一些重大的新闻报道中,网络媒体也可以充分利用这一优势,满足受众对内容全面性的需要。

但是,海量性也可能带来信息筛选标准的降低以及信息过载的问题,即使有无限可用的空间,网络信息仍然要加以必要的筛选,以免网民被海量信息淹没。

3. 信息文本的非线性化

网络信息主要由网页来呈现。网站组织结构的层次化以及超链接的存在,使网络信息不再是在一个封闭的单元中线性地展开,而是呈现出非线性的特征。一个文本中的超链接使网络信息变得更开放、发散,与其他信息的关系更多,超链接也成为整个信息网络中的一个节点。

这种非线性,使人们在获取网络信息时,从一个信息节点开始,可能会不断地跳转到新的信息节点中去。

对于信息的获取者来说,这种非线性的呈现方式,既可以为他们提供一种具有延展性的阅读体验,为他们获取更广泛的信息提供可能,同时,也可能使他们难以维持稳定的阅读目标,阅读专注度可能由此削弱。

4. 信息组织的层次性

与非线性的特点相关,网络中的信息往往不是一次性的整体呈现,而是逐层展示的。例如,一条新闻可能包含标题、内容提要、正文、文中链接、相关文章等多个层次。由于每个层次的内容出现的顺序不同,出现的环境也各异,因此,受众对不同层次的信息关注的程度也有所不同。越早出现的层次,信息被关注、获取的几率就越大。

网络中信息传播也呈现出层次性或多级性的特点。即使是始于大众传播的内容,也可能经过了邮件转发、论坛转帖、博客转载、微博微信转发等其他层次的多次传播。不同受众获取同一信息的来源与渠道可能会有很大差异。这种层次性传播也加大了信息失真的可能性。

5. 媒体使用的个性化

与传统的大众传媒相比,网络是一个更个性化的媒体。这不但表现为信息获取的时间、方式、广度与深度等方面的个性化,还表现为受众可以根据自己的需要定制信息。在新技术的推动下,信息的生产者根据受众的个人特点进行信息的定向推送,或为他们"量身定做"信息,也将越来越普遍。

从整体上看,相对于传统媒体,网络媒体实现了以下几个方面的突破:信息传播突破地域限制,信息传播的时效性不断增强,信息的存储与检索方式发生本质变化,信息传播手段更加丰富多样,受众的主动性以及参与性大大提高,传播者与受众的界限日益模糊。

(二)网络媒体在中国的发展

在中国,网络媒体的发展主要是由两种力量共同推动的:一是传统媒体,二是商业化的互联网公司。

1994 年,中国全面接入互联网,由此迎来了互联网时代。1995 年 1 月,《神州学人》杂志进入互联网发行,这标志着中国媒体开始进入网络时代。1995 年 10 月,《中国贸易报》走上国际互联网,这是中国第一家上网的报纸。1995 年 12 月,《中国日报》网站开通,在中国开全国性日报办网站之先河。

1997 年 1 月 1 日,《人民日报》网络版正式推出,同年 11 月 7 日,是新华社建社 66 周年,这一天,新华通讯社网站正式建立,这两个事件预示着中国主流媒体开始进入互联网。

1997 年,中国媒体开始了第一轮上网热,但由于受到传统媒体思维惯性的影响以及技术、人才、体制等各方面因素的限制,这些网上媒体发展还是较为缓慢的。

报刊上网的早期,是将报刊的内容照搬上网,用简单的网页形式加以呈现。这时报刊的网站只是报纸的翻版,而且,更新往往比报刊本身的发行要慢一步甚至几步。

而对电台、电视台来说,互联网一开始扮演的更像是《广播电视报》的角色,网站成为电台、电视台节目的介绍和推广平台。

1999 年后,随着对互联网传播特性认识的不断深入,媒体网站的内容日益丰富,传播手段日益多元,功能也日益强大。

1997 年后,在中国媒体纷纷上网的同时,一批商业网站逐渐加入网络信息传播的行列,其中最有代表性的是四大门户网站(新浪、搜狐、网易、腾讯),它们给网络信息传播带来了新气象,商业网站也在很大程度上影响着中国网络媒体的格局。

除了各媒体独立上网外,各种合作模式也逐渐出现。例如,媒体联合成立网站,商业网站与传统媒体合作进行新闻内容生产。2000 年 3 月 7 日,千龙新闻网正式启动。这家网站是由北京市委宣传部牵头,《北京日报》《北京晚报》《北京青年报》、北京电视台等九家北京地方主要媒体参与的一个地方性重点新闻网站。同年5月28日，上海东方网开通。上海东方网与千龙新闻网有着相似的模式，也由市委支持，也是由上海本地的多家新闻媒体联合运作的。“千龙新闻网”模式和“东方网”模式是传统媒体间合作开办网站的一个尝试，它们在实践中既积累了成功的经验，也留下了一些教训。

除了以上两种力量外，网民对于中国网络媒体的成长，也具有至关重要的作用。

中国网络媒体从1994年开始酝酿，发展到今天，已经经历了两个不同的历史时期：

1994—2003年，这10年是中国网络媒体确立自己作为第四大媒体地位的奠基时期。在这个时期，中国网络媒体实现了从无到有的突破，从少到多的发展，从单一模式到多种道路的探索，逐步实现规范化、规模化运营，并最终跻身主流媒体的行列。

而2004年以来，中国网络媒体进入Web2.0时代，同时，在宽带技术、手机技术和其他技术的影响下，网络媒体也在进行转型。在这个阶段，网络媒体的转型重点在视频化、社交化、移动化。

2006年，第十六届中国新闻奖首次设立网络新闻奖，这是对网络媒体作为主流媒体地位的官方认可。2012年，一部分具有媒体背景的网站的编辑记者获得了国家新闻出版广电总局颁发的记者证。

进入第三个十年后，中国的网络媒体正在进行一次根本性的升级，也就是进入移动互联网时代。根据CNNIC发布的《第34次中国互联网络发展状况报告》，2014年6月，中国手机上网比例首次超过传统PC机上网比例，手机网民规模超八成。① 这预示着移动互联网时代的全面到来，也意味着网络媒体与手机媒体的融合正在形成并不断加速。

二、手机媒体

手机最初的功能是语音通话，因此，它的起源是人际交流的工具。但是随着手机和无线通信技术的发展，手机的功能日益丰富，在大众传播领域中扮演的角色也日益明显，因此，它被称为继网络之后的“第五媒体”。

手机媒体的发展，取决于手机技术、手机产业、手机应用等各方面因素。

作为一种大众传播媒体，手机对传统媒体具有延伸、拓展的作用，因此，也经常会看到“手机报纸”“手机广播”“手机电视”这样的称呼。

手机报纸早期主要采用文字短信、彩信方式，现在也发展到WAP（相当于移

① 资料来源：http://www.cnnic.net.cn/hlwfzyj/hlwxzbg/hlwtjbg/201407/P020140721507223212132.pdf。

动终端上的 Web)和 APP(客户端)等方式。而手机广播电视所采用的技术更为复杂。

除此之外,手机中的社会化媒体应用,如微博、微信、互动电视 APP 等,也具有一定的媒体属性。

后文将对上面提及的技术做进一步介绍。

(一)手机媒体的传播特点

相比传统媒体和网络媒体,手机媒体的传播特性主要体现为以下几种。

1. 信息接收的贴身性

对于手机的拥有者来说,手机媒体是一种贴身媒体,是一种真正无时不在、无所不在的媒体。这充分保证了信息接收的时效性,这是它明显优于传统媒体甚至是网络媒体的一个方面。因为传统媒体和网络媒体的时效性往往只能体现为信息发送方的时效性,但由于媒体获得的障碍,接收方未必能及时接收这些信息,这就削弱了传播方在时效性方面所做的努力。

2. 传播情境的私密性

手机传播还具有传播情境私密化的特点。

传播情境的私密性意味着手机传播可以是"静悄悄"进行的,可以与人们的其他活动相伴随且不易为人察觉。

这种私密性也使得通过这一渠道传播的信息显得更为个人化,更容易得到接收者的重视。即使是点对面的传播,从接收方看,也像是点对点的传播。

3. 信息落点的明确性

相对于传统媒体和网络媒体,手机媒体的信息接收对象往往十分明确,通过手机号码就可以知道信息的具体落点。手机号码成为定位信息接收者的一个技术手段。

另外,越来越多的手机具备了全球定位系统(Global Positioning System, GPS)等功能,这就意味着,通过对手机定位,可以进一步确定信息接收者的地理位置,这可以为信息传播提供另一种维度的情境。根据特定情境提供个性化信息或服务,成为手机媒体的优势之一。

4. 传播的可延续性

手机既是接收终端,又是发送终端,人们接收到的信息,很容易实现转发,因此,手机传播的延续性强。

手机本身起源于人际传播,但之所以逐渐成为大众传播的工具,与人际传播形成的"接力"效应是分不开的。

5. 信息传播的碎片化

在信息传播的内容和时间方面,手机媒体传播都具有一定的碎片化特点。

从内容方面看,短信是早期手机传播的主要方式,而早期短信的容量有限,一条短信只能容纳70个中文字符,如果是一条长信息,需要简化或拆分,这就容易造成信息内容的碎片化。后来兴起的传播方式如WAP和APP,考虑到屏幕和传输速度等因素,其传播的内容相比网站的内容通常也更为短小。

从时间方面看,人们对手机的使用往往是在碎片化的时间中,在这样的情况下获取信息,人们的信息获得也可能是跳跃的、碎片化的。

(二)手机媒体在中国的发展

在中国,手机作为媒体进入人们的视野,最先是从短信传播开始的。

2003年2月1日22时32分,美国哥伦比亚号航天飞机失事16分钟后,新浪网就以手机短信的方式把这则新闻发送给万千客户,由此开创了国内手机传播新闻的先河。而直到23时50分,中央电视台第一套节目才插播“哥伦比亚”号坠毁的新闻,比短信传播晚了1个多小时。

此后,在重大突发事件发生时,许多网站都会通过手机发送新闻。

2003年9月1日,《扬子晚报(手机版)》在江苏移动和联通两个平台上同时发布,这是中国手机报的发端,也意味着中国的传统媒体正式进入手机平台。

2004年7月18日,《中国妇女报》推出中国第一份图文并茂的彩信版手机报纸。

2004年年底,重庆报业集团联合重庆移动、重庆联通推出了《重庆晨报》《重庆晚报》和《热报》的手机WAP版。中国媒体开始了WAP形式的新尝试。

与此同时,手机广播、手机电视也开始进入人们的视野。在国内,传统媒体最早开办的手机广播电视,是由上海文广新闻传媒集团研制的“SMG手机电台”,它于2005年7月11日正式开播。

在我国,目前手机广播电视的运营模式有三种:

第一种是移动通信运营商主导模式,用户以电信运营商提供的手机网络(2G,3G,4G等)为基础,通过手机的APP等获得信息和服务,信息传输采用流媒体技术,通过在线或下载方式收听收看。这要求手机用户的手机必须具有播放流媒体功能的操作系统,通常也就是智能手机。在这种模式下,移动通信运营商主导运营平台、广电部门或其他节目制作公司仅作为一个内容提供商与其合作,参与分成。

第二种是广电运营商独立运营模式,这种模式相当于把手机作为移动广播电视的一种接收终端,运营商靠广告获取回报,这要求手机上有一个独立的接收装置,对手机制造水平要求较高。DAB/DVB/CMMB等多种模式都可以直接接收数字电视信号。2008年9月,广电总局正式通过关于地方广电获准参与中国移动多媒体广播电视(China Mobile Multimedia Broadcasting,CMMB)网络建设和业务运营的方案。这意味着 CMMB 成为我国手机广播电视的主要技术标准。到 2008 年 CMMB 已在全国 150 个城市建立了试验网,2009 年开始商业运营。①

第三种是广电运营商主导模式,这种模式采用数字广播技术,现在我国已基本确定为韩国的 T-DMB 技术,这也需要专门的手机,用户可通过直播方式收看。这种模式由广电部门主导运营,移动运营商提供用户管理和收费机制。

在目前这三种模式中,第一种模式的应用最为普遍。

随着智能手机的普及,3G 国家技术标准的陆续颁布,以及 2009 年 3G 牌照的正式发布,中国手机逐步步入 3G 时代。APP(客户端)成为手机媒体的主要传播形式。

第三节 新媒体的源流之二:数字化的传统媒体

传统媒体一方面寻求在网络、手机等平台上发展的新形式和新空间,另一方面也试图在传统业务的基础上进行改造与突破,因此,传统媒体的数字化改造和变革是新媒体发展的另一条支脉。这条支脉与网络、手机媒体的发展并不是彼此隔绝的,而是在某些方面存在交叉,但两者也并不完全等同。

一、数字化报刊

报刊数字化的前提是报刊印刷中激光照排技术的普及。尽管在激光照排技术推广的初期报刊的形态没有发生变化,但是它带来了报刊信息存储的数字化,这为报纸各种形态的数字版(电子版)的出现打下了基础。

从形态上看,目前数字化报刊包含以下几种类型。

1. 报刊的光盘版

这是最古老的数字化报刊,也就是利用计算机光盘作为报刊的载体,这也是最早的新媒体形式之一。早期较多采用的是 CD—ROM 光盘,目前发展到 DVD—ROM。

光盘版的报刊多是将报纸、杂志的版面直接呈现出来,但加入了搜索等功能,使信息查询较为方便。光盘版报刊克服了传统纸质媒体存储时占用空间大的不足,信息检索也变得更为便捷。但由于互联网的普及,光盘版的报刊在中国的发展受到较大限制。光盘版也可以称为第一代电子报刊。

---

① 《国家广电总局:移动多媒体广播电视已覆盖 150 个城市》,见 http://www.cnr.cn/news/200901/t20090120_505214556.shtml。

2. 报刊的网络版

互联网的普及,为报刊的传播提供了一种新渠道,因此报刊的网络版也逐渐出现。报刊的网络版先后有三种主要方式:

(1) 直接将报刊的内容放到网上,但界面采用的是网站的页面形式。

(2) 采用新一代数字报纸或电子杂志技术,将报纸、杂志的版面全部继承下来,内容也是报刊内容的翻版。它们与光盘版的报刊有类似的地方,即都有版面的继承,但它们的发行渠道与光盘版不同,很多方面也优于光盘版,所以也可以看作是第二代或新一代电子报刊(数字报刊)。

(3) 将报纸或杂志的版面部分继承下来,内容上不完全等同于母体内容,更新更为及时,这方面的代表为《纽约时报》几年前开发的 Times Reader 阅读器。

以上这些形态,基本上都是报刊转型中的过渡形态。

除了网络版外,还有很多报纸杂志建立了专门的网站,除了报刊原有内容外,还提供其他内容与服务。这些网站,已经不是简单的网络版了,它们是报刊与网络结合后的新产物,也是网络媒体的重要构成部分。

3. 报刊的手机版

在手机终端传输报刊,时效性得到提高,但由于容量、屏幕、带宽等因素的限制,手机版很难完全继承报刊的版面。目前手机版报刊主要采用短信、彩信、APP 等方式传播。

4. 报刊的 iPad 版

iPad 是苹果公司于 2010 年推出的一种"平板电脑",它的性能和移动性介于手机与电脑之间,代表了新的数字终端的一种发展方向。目前有很多报纸、杂志针对 iPad 终端开发出专门的 APP,这些 APP 全部或部分地继续了报刊的版面,希望通过这一终端实现报纸、杂志形态的延续。

虽然手机和 iPad 有很多相似性,但 iPad 的屏幕毕竟更大些,所以有些报刊在 iPad 上的客户端与在手机上的客户端,还是有所差异的。

5. 报刊的电子书版

具有类似 iPad 屏幕大小和移动性的另一种电子终端是电子书,也有人称为电子阅读器,其中较有代表性的是美国亚马逊公司推出的 Kindle。有不少报刊也针对 Kindle 推出了相应的版本。

手机、平板电脑、电子阅读器在很多方面是相似的,因此,也有不少报刊在这几种平台上采用的是同样的技术。跨平台通用的报刊数字版是未来的发展趋势。

6. 有二维码的印刷报纸

目前报纸数字化的另一种方式,是在印刷报纸上加上二维码。

二维码是按一定规律在平面(二维方向)上分布的黑白相间的图形,这些图形记录了一定的数据信息。

二维码是印刷报纸与数字化世界的一个桥梁,用户用手机扫描报纸上的二维码,可以连接到某个网上的资源。

对于报纸来说,二维码是内容的一种延伸方式,它可以在一定程度上弥补报纸在版面空间和时效性上的不足。例如,扫描一个小的图片,可以看到网上的高清大图和其他相关信息。而对于一些进展中的新闻,在相应位置加上二维码,那么读者在阅读时,可以通过二维码提供的链接获得最新消息。

但是,由于印刷报纸的读者趋向高龄化,对于老年读者来说,在看报时用手机扫描是一个障碍,而年轻的读者越来越多地转向了网络或手机阅读,因此,这种方式的效果是有限的。

二维码也给报纸广告带来了新的可能。通过扫描广告内容获得优惠券,或者直接购物,对于某些人群,还是有一定诱惑力的。

二、数字化广播

广播的数字化主要有三种方式:利用网络平台、利用手机平台以及利用广播技术的 DAB 化。

利用网络,广播可以实现跨越时空的传播。在空间上,广播不再受到广播信号覆盖范围的限制;在时间上,广播过去只能同步收听的问题得到根本解决。

网络技术使得受众可以提供他们原创的音频内容,媒体与受众间的互动性大大增强。

对于广播的网络化来说,播客技术(Personal Optional Digital casting,Podcasting)具有重要作用。播客技术是数字广播技术的一种。利用这一技术,网友可将网上的广播节目下载到自己的 iPod、MP3 等播放器或其他便携式数字声音播放器中随身收听,同时也可以自己制作声音节目,将其上传到网上与广大网友分享。

利用手机平台传播,也是广播数字化的方向之一,广播电台的手机 APP 也在不断发展。

在手机平台上,近年来还出现了专注于音频传播的社会化媒体应用。在中国,这方面的代表是“喜马拉雅”“荔枝 FM”等。它们采用的是类似微博的组织架构,只是传播手段侧重于音频。这些应用对于广播媒体,包括此前的网上广播,都是一种挑战。

除了利用网络和手机,广播自身的技术,也在向着数字化方向发展。数字音频广播(Digital Audio Broadcasting,DAB)是目前广播向数字化方向发展的主要技术，被称为继 AM、FM 传统模拟广播之后的第三代广播。与传统广播（FM，AM）相比，DAB 除了具有 CD 音质的信号质量外，还具有传输多媒体信息（包括文字、数据、图片、影像）的功能，也可以实现信息的实时更新。

DAB 技术进一步发展便形成了 DMB（Digital Multimedia Broadcasting）技术，即数字多媒体广播。它强化了多媒体信息服务功能，因此 DMB 意味着广播与电视的真正融合。同时 DMB 还可以实现互联网内容的下载，因而它也是广播电视与网络融合的技术基础。

对于 DAB（DMB）的应用来说，接收设备是一个关键，这不仅意味着接收设备的数字化，也意味着接收设备的便携性与移动性，因为移动多媒体广播是未来重要的发展方向。虽然也有专门的 DAB 收音机等接收终端，但是因为其成本高而难于推广。在中国，手机成为最重要的 DAB 接收终端，因此，DAB（DMB）的发展最终将与手机广播电视的发展合流。

三、数字化电视

数字化电视意味着电视信号在信息的存储、加工、传播等各个环节的数字化。

数字化电视技术主要表现为以下几种形式。

1. IPTV

IPTV（Internet Protocol Television）也被一些人称为网络电视，是指基于 IP 协议的电视广播服务。IPTV 通过专门搭建的基于 IP 协议的宽带网络向用户提供数字广播电视节目、视频服务、信息服务、互动社区、互动休闲娱乐、电子商务等宽带业务。虽然 IPTV 采用的网络技术原理（IP 协议）和互联网是一样的，但是在过去，这两种网络在物理上是分离的。用户终端可以是 IP 机顶盒+电视机（近几年电视机厂商开发出互联网电视机，就免去了机顶盒），也可以是个人电脑。

与传统电视相比，IPTV 的交互能力有了很大提高。它可以提供如实时电视（Live—TV）、时移电视（Time—shifted TV，也就是不必同步收看的电视）、电视点播（TVOD）、视频点播（VOD）、网络浏览、游戏、电子商务等多种服务。从运营商角度看，IPTV 是以电信运营商为主导的。

2. 有线数字电视

有线数字电视也即 DTV（Digital Television），是利用数字化的有线电视网络提供广播电视节目、视频内容和其他服务的方式。目前它的接收终端是机顶盒+电视机，而采用数字电视机，则可以省去机顶盒。从运营商角度看，DTV 是以广播电视运营商为主导的。

3. OTT TV（互联网电视）

OTT（Over The Top）原意为“过顶传球”。OTT TV 指利用普通互联网为用户提供视频等业务。而 DTV 利用的是有线数字电视网，IPTV 多数利用的是电信运营商搭建的专门网络。从这个意义上看，OTT TV 也可以称为“互联网电视”①，业界有时也将 OTT TV 简称为 OTV。

4. 无线数字电视

基于 2G、3G 或 4G 技术的手机电视、CMMB、DMB、DTMB 等，都是无线数字电视。其运营商既有电信运营商，也有广播电视运营商。

其中，中国移动多媒体广播电视（China Mobile Multimedia Broadcasting，CMMB）是中国自主研发的一种数字广播电视技术，在很多时候，它也被称为手机电视，它的运营商是广播电视系统。它通常需要专门的接收设备，这些设备也被俗称为手持电视。而根据 2009 年 3 月中国移动与中广移动达成的协议，中国移动的中高端手机 3G 手机中内置了 CMMB 业务。

DTMB（Digital Television Terrestrial Multimedia Broadcasting），即数字电视地面广播。传统的无线电视进行的是模拟信号的传输，而 DTMB 则通过无线方式传输数字信息，传统无线电视的数字化方向为 DTMB。DTMB 可以通过固定电视机以及移动终端如车载数字电视和手机来接收。

5. 数字卫星电视

利用卫星接收设备接收电视信号，也是一种常见的电视技术的表现方式，尤其在一些偏远地区。近年来，卫星电视也在数字化。

除了这几种主要形式外，与数字化电视相关的一个概念是网络视频。网络视频指在互联网上传播的视频内容，它通常通过 Web 网站或 P2P 方式来进行传输。网络视频并不是一种独立的数字化电视形式，人们使用网络视频这一概念时，更多地只是强调视频这一信息形式。

广播电视的数字化进程，与“三网融合”的方向是一致的。在中国“三网融合”主要是指电信网、广播电视网和互联网三网之间的融合。尽管早期“三网融合”的概念是指三者在物理层面的三网合一，但是今天所说的“三网融合”主要指三种网络在业务和服务层面相互进入、相互渗透。2010 年 1 月 13 日，国务院总理温家宝主持召开国务院常务会议，正式通过加快推进电信网、广播电视网、互联网三网融合的决定，决定加快推进电信网、广播电视网和互联网的三网融合进程。②

从技术与用户的角度看，三网融合是必然的趋势。只是由于体制与利益上

① 在国内，一些电视机也被称为“互联网电视”，但这个意义上的互联网电视只是指硬件本身，与 OTT 是不同的。

② 《温家宝主持召开国务院常务会议，决定加快推进电信网广播电视网互联网三网融合》，载《人民日报》2010 年 1 月 14 日。

的各种原因，三网融合的实现还有很多现实的障碍。

四、传统媒体的社会化媒体应用

除了探索在各种终端上进行传统媒体的改造外，今天传统媒体另一种非常重要的新媒体实践，是对于社会化媒体的应用。

今天多数传统媒体都在微博、微信和其他社会化媒体平台上推出了自己的账号。这些账号虽然多是借助商业化平台，但是，它们也是传统媒体产品的一部分，它们对于传统媒体内容的传播、品牌的再塑造、新产品的开发以及传播效果的评估等，都具有重要意义。

一些传统媒体也开发或建设了自己的论坛、博客、微博等社会化媒体应用和平台。虽然其影响力大多不能和商业网站开发的应用与平台相比，但是，这也体现了传统媒体在新媒体中的探索。

近年来，电视台的社交电视实践，也是用新媒体思维进行传统媒体改造的一个方向。

对于今天的用户来说，社交活动与视频观看，两者已经成为越来越密切关联的行为。社交电视活动便是发生在电视和新媒体两类不同终端上的“观看”和“社交”两种行为的组合。电视台、新媒体企业以及电视机厂商都在开发社交电视应用，这些应用可以帮助用户连通手机与电视屏幕，进行分享、参与、交友等社交活动。微信中的“摇电视”功能，也为社交电视提供了另一种途径。

社交电视意味着，用户的社交行为成为电视节目的一个核心元素，而不是以往那样的“点缀”。电视节目内容的设计、电视节目的进展以及电视节目的推广等，都需要充分考虑如何将社交元素的潜力发掘出来。目前的社交电视主要体现在娱乐内容方面，而在未来，如何在新闻内容的生产方面体现社交化的思路，将是电视媒体需要考虑的一个方向。

从上面的分析我们可以看到，报纸、广播、电视等媒体的数字化最终也会体现在网络与手机等平台上，因此本书后面的相关章节，将把介绍重点放在网络、手机以及它们共同的发展方向——移动互联网上。

第四节 新媒体的多层影响

新媒体不仅仅只是一种新的媒体，它也是新经济的平台，更是一种新的社会形态。这几种属性的共同作用，对传播及社会的各个层面都带来了深远的影响。

一、新媒体时代的新传播

尽管新媒体的表现形式不尽相同,不同形式的新媒体在传播特点上也有差异,但是,各种新媒体的共同作用,构成了新的传播景观,其特点表现为:

(一)传播的复合性

新媒体传播的复合性,表现在以下几个层面。

1. 传播形态与形式的复合性

传统的传播媒介既有电话等人际传播媒介,也有报纸、广播、电视等大众传播媒介。而网络、手机等集多种传播形态于一体。因此,是一种复合性媒介。它们所承载的传播形态包括人际传播、群体传播、组织传播与大众传播等,各种传播形态之间形成了复杂的相互交织、共同作用的关系。

各种传播形态与形式的相互交织,使新媒体传播的具体过程与结构也变得格外复杂。新媒体中的传播既可以是"点对面"的,也可以是"点对点"的;可以是一级传播,也可以是多级传播;可以是同步传播,也可以是异步传播。一条信息的传播可能会跨越多种传播形态,在网络、手机的多个传播渠道中进行多级传播,所以新媒体传播常常是"复合式"传播。在此过程中,会产生信息的放大、扭曲、衰减等多种可能性。

在这样一种复杂的传播过程中,一方面,传播者可以根据自己的需要来选择传播方式的组合,以求实现传播效益的最大化;另一方面,由于多种传播形态及形式的复杂关系及其相互作用,传播者的意图往往未必能得到充分实现,受众对传播过程的影响十分明显。

2. 传播信息手段的多媒体融合

多媒体融合有两个层面的含义:

一是指网络、手机等平台可以承载任何一种形式的信息,也就是一个平台可以整合多媒体信息;

二是指在有关某一事件或主题的新媒体传播中可以综合运用多媒体手段。

这种多媒体融合也是媒介融合的基础。

3. 传播功能的多重性

由于网络、手机等媒介有多重传播属性,它承担的传播功能也是复杂的。这些功能主要包括以下几种。

个人层面:包括环境认知、人际交流、个人情绪的调节、"人脉"资源的积累、自我形象的塑造、个人生活平台、个人学习平台、个人工作平台等。

群体层面:包括已有群体的维系、新群体的发展、群体文化的形成与维系、群体间的互动等。

组织层面:包括组织的工作平台、组织内的信息沟通、组织文化的形成与维系、组织外的信息传播、组织的对外公关等。

社会层面:包括社会信息的传播、社会舆论的形成、社会环境的监测、社会文化的发展与传承、社会服务等。

很多时候,以上功能并不是彼此独立的,而是相互交融、共同作用的。

(二)传播的双向性

传统的大众媒体的传播都是单向的,以传播者为主导,受众即使可以做出反馈,但在范围与程度上都是有限的。而网络、手机等新媒体使得平等的双向交流成为可能,这种双向交流的能力也往往被人们称为“互动性”。

从新媒体传播的发展方向来看,传播者与受众两者之间的关系,已经不再是简单的反馈与交流,而是一种你中有我、我中有你的共同协作。他们之间的关系已经从“互动”变成了“共动”。

(三)传播的开放性

从时间上看,与传统媒体相比,新媒体可以全天候地处于信息发布状态中,对于突发事件或动态发展事件的报道,可以做到即时发布、全过程跟踪、不间断报道。这种开放性与受到出版周期、播出时段等限制的传统媒体相比,形成鲜明对比。

此外,新媒体传播过程的各个要素与环节,都处于开放状态。

例如,从某一个具体的新闻传播过程看,虽然专业新闻机构是新闻的第一发布者,但整个传播的效果,不仅与第一传播者相关,还与再传播者相关。甚至在某些情况下,再传播者的作用更为显著。在网络里,这种特点更加明显。新闻在网络中的流向与流量,往往取决于受众。受众在此扮演着再传播者或再生产者的角色。要提高单一新闻传播的效果,就要研究如何才能吸引更多的受众参与再传播。

开放性也会使传播过程中的信息更容易发生变形,例如,在原有信息上添加或删除一些内容,这也给信息传播过程的责任认定带来困难。

随着新媒体技术的发展,新媒体传播模式也发生了一些变化,从新的传播模式角度看,其开放性体现为:新媒体不再仅仅以某些网站为中心,而是以每个用户为节点、以人际关系网络为传播渠道。

(四)传播的多级性

传播学者拉扎斯菲尔德等人通过对 1940 年美国大选进行研究,提出了“两级传播”的概念,即大众传播并不是直接“流”向一般受众的,而是要经过意见领袖这一中间环节的。美国社会学家罗杰斯则提出了“N 级传播”的模式。他认为,大众传播过程可以分为两个方面:一是作为信息传递过程的“信息流”,一是作为效果或影响的产生和波及过程的“影响流”。前者可以是“一级”,而后者则是“多级”的。

传统传播存在“多级”传播,新媒体传播更是如此。多级传播不仅出现在“影响流”的传播过程中,也出现在“信息流”的传播过程中,多级化传播的作用范围越来越大,程度也越来越高。多级传播可以包括非常多的组合形式。总体而言,网络、手机等数字平台的传播通常是大众传播渠道、群体传播渠道与人际传播渠道三者的结合,有时还包括组织传播渠道。这中间的环节数量还可以无限地增加,也就是说传播级数可以无限增加。

与传统媒体的多级传播不同的是,传统媒体的多级传播中,一级之后的传播通常是在媒体之外完成的。而网络、手机中的多级传播可以全部利用网络或手机媒介实现。因为这两个媒介本身就兼具了人际传播、群体传播等功能。

所有的信息并非都会以多级方式流动。信息能进入多级流动,是有一定动因的,例如信息与受众兴趣的吻合度、信息发布的方式等。

传播的多级性,从另一个角度来看就是传播的多次性。技术本身的特性使再传播变得异常简单,而且传播面可以与初次传播一样,甚至更广。尽管有时再传播者与受众是同一实体,但其角色却是不同的。再传播者有时只是简单地进行传播,但更多时候还充当着内容的再加工者的角色,他们在进行再传播时可能根据自己的需要对原始内容进行加工,或者将自己的意见、态度等用某种方式附加在原始内容之上。

多级流动,延伸了信息的传播范围,在此过程中,也使信息影响变得更加复杂化。因此,多级化的信息传播方式,是新媒体传播中一个值得重点关注的问题。

以上是对新媒体的总体传播特点的一个概括,当然,网络与手机在其发展的早期,传播模式和传播特点有所差异,而今后的新媒体,也可能会呈现新的传播特质。

二、新媒体撬动的传播格局变化

新媒体在很大程度上改变了传统媒体时代的传播格局,这主要表现在两方面。

(一)传统媒体垄断地位的削弱

在新媒体传播时代,传统媒体仍然是主流,但它们已经受到广泛挑战。这种挑战主要来自以下四个方面:

1. 非媒体背景的专业化新闻生产力量,如没有传统媒体背景的互联网公司创办的新闻网站或客户端。尽管它们并不源于传统媒体,但是,它们也以新闻信息的生产为自己的核心目标,也有自己的编辑或作者力量。

2. 各种机构、组织和企业的自媒体。以往政府机构、企业和其他组织都需要通过传统媒体来发布自己的信息;但今天,它们可以利用自己的网站和社会化媒体账号,来进行无中介的信息传播。它们不仅可以把握与自己相关的信息传播的主动权,也可以使这些信息进入公共信息传播渠道,对专业媒体发布的新闻形成补充或校正的作用。

3. 非职业化的传播者。非职业化的传播者的不定期的信息发布,以及他们对信息的再传播,对于网络中信息的内容构成与流向,也起着重要作用。特别是博客、SNS、微博、微信等应用方式的兴起,为个体更制度化地参与新闻传播活动提供了更方便的平台,也使得个体的传播活动在专业媒体的渗透中更为直接。

4. 技术性的信息采集、整合工具或平台。搜索引擎虽然并不直接生产信息,但它可以影响网站的流量,影响到新媒体市场的格局。RSS 技术,可以将多种来源的信息整合在一个阅读界面上,RSS 聚合的信息发布平台,也对媒体这样的内容生产者产生影响。而今天一些被称为“推荐引擎”的技术,如国内的“今日头条”,在进行人与信息之间的匹配方面,比搜索引擎的力量更为强大。更重要的是,随着移动终端、物联网技术等的发展,技术将进一步渗透到信息的采集环节,大数据技术则将在信息的分析环节扮演更重要的角色,甚至在新闻的写作环节,“机器”都将开始对“人”产生冲击。

在中国,这几种力量对于新媒体格局的影响更为深刻。

在 Web1.0 时代,新浪、腾讯、搜狐、网易等商业性门户网站在流量上明显占上风。在 Web2.0 时代,商业化的社会化媒体平台成为网民的聚集之地,传统媒体也不得不向这些平台靠拢。而网民借助这些平台广泛参与到新闻的生产与传播中,他们的参与,不仅对个别新闻的传播或舆论的形成产生影响,也促进了传统媒体的自省与改革。

在手机平台上,电信运营商凭借对渠道的控制,不但可以自己经营手机媒体,也对传统媒体经营的手机媒体形成制约。

而正在到来的移动互联网时代,微信进一步聚合了人与人的关系、人与信息、人与服务的关系,创造了一个规模空前的新平台,如何利用这个平台进行信息传播,成为传统媒体新的挑战。以技术进行信息整合与个性化推送的“今日头条”等客户端,也从另外一个方面对传统媒体形成了冲击。

(二)传媒市场的此消彼长

新媒体带来的另一个市场格局的变化,是传统媒体与新媒体在市场上的此消彼长。

广告收入是反映媒体市场变化的风向标。根据研究机构 CTR 媒介智讯发布的数据,2014 年中国的电视广告降幅达 0.5%,报纸降幅达 18.3%,比 2013 年高 10 个百分点,杂志降幅达 10.2%。保持增长的是广播和户外,广播增长 10.6%,户外增长 9.5%。[①] 而根据中国广告协会报刊分会的数据,2015 年 1—4 月传统媒体广告刊登额降幅达 5.8%,其中,报纸广告降幅达 30.3%。电视广告降幅达 3.7%,广播广告降幅达 4.7%,杂志广告降幅达 14.5%。户外广告是唯一增长的传统媒体,增长 2.1%[②]。

根据艾瑞咨询在 2015 年 1 月发布的 2014 年度中国互联网经济核心数据,2014 年网络广告整体市场达到 1 540 亿元,同比增长 40.0%。[③]

美国传媒市场的变化,也许能更敏感地反映传媒业的未来走向。

美国媒体特别是报业的衰退已经持续了若干年。2008 年 10 月,《基督教科学箴言报》宣布从 2009 年 4 月起完全停止印刷版日报,印刷版改为周刊,转为大力发展网站。2008 年 12 月 8 日,拥有 161 年历史的美国第二大报业集团论坛报业集团申请破产保护。2009 年 3 月 18 日,成立于 1863 年拥有超过 117 600 名订户的《西雅图邮讯报》停止印刷版,转型为新闻网站。2013 年 8 月,亚马逊 CEO 杰夫·贝佐斯以 2.5 亿美元的现金收购了《华盛顿邮报》。而与这几家报纸命运相似的报纸,在美国越来越多。

在杂志方面,《美国新闻与世界报道》(*US News &World Report*)于 2010 年 12 月之后就完全停止印刷版的发行工作了,开始专注于网络版。2012 年 12 月,《时代》周刊宣布,从 2013 年 1 月 1 日开始停止印刷版的发行工作。虽然后来它一度恢复了印刷版,但此前《时代》周刊的风光已难以延续。

从营利方面来看,新媒体已对印刷媒体产生了重大的影响。美国皮尤研究中心 2011 年初发布的《美国新闻业发展报告》(2011)(*State of the News Media 2011*)称,2010 年美国网络读者数量和广告收入首次超过了传统的印刷媒体。[④] 另据美国博客网站 Business Insider 的调查,2006—2013 年间,美国报纸的广告收入直线下降,杂志的广告收入也在 2008 年后呈下降趋势。而谷歌的广告收入呈逐年上升趋势。2013 年上半年,谷歌的广告收入超过了所有杂志或所有报纸的广告收入的总和(见图 1-1)。[⑤]

---

① 《中国报纸广告市场 2014 年度报告》,http://news.cnad.com/html/Article/2015/0206/20150206093339477.shtml。

② 《1—4 月传统媒体广告下滑加剧》,载《新闻出版报》2015 年 6 月 9 日。

③ 《艾瑞:2014 网络广告营收超 1500 亿同比增长 40%》,http://tech.cnr.cn/techhlw/20150129/t20150129_517565936.shtml。

④ State of the News Media 2011:http://www.stateofthemedia.org/2011/overview-2/key-findings/。

⑤ 资料来源:http://tech.qq.com/a/20131115/001595.htm#p=85。

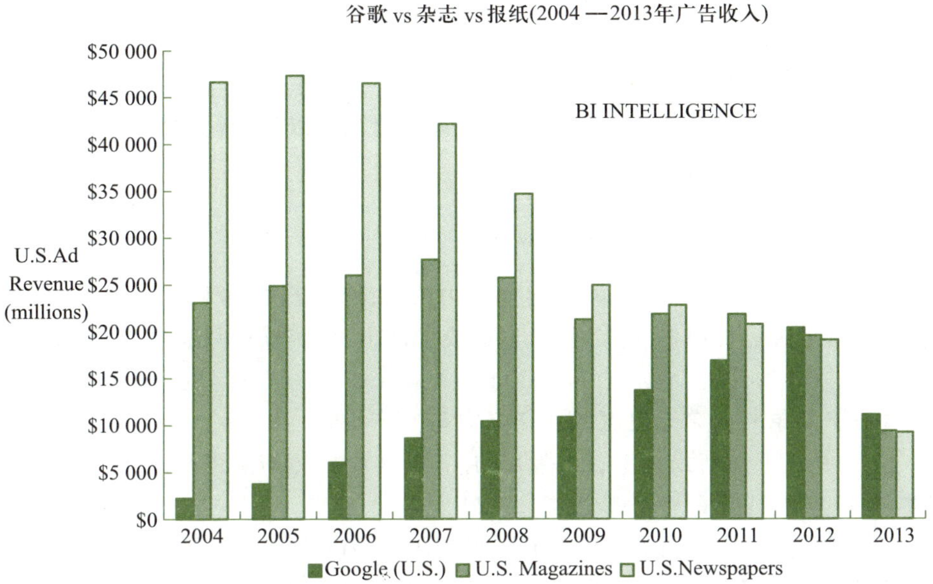

图 1-1 美国谷歌广告收入与报纸、杂志、广告收入的比较图(2004—2013)

根据皮尤研究中心发布的《美国新闻业发展报告》(2015),2014 年,地方电视台的晚间和早间节目收视的增长率分别为 3%和 2%。ABC,CBS 和 NBC 三大电视网的晚间和早间新闻的增长率分别为 5%和 2%,但是 Fox News,MSNBC 和 CNN 这三大有线电视网的黄金时段的平均收视率下降了 8%,地方电视台的广告收入增长 7%,ABC,CBS,CNN,FOX 的广告收入有所增长,而 NBC 和 MSNBC 的广告收入有所下降。报纸方面,2014 年日报和周末版报纸的发行量跌幅为 3%,相比 2004 年,工作日报纸的发行量下跌了 19%,报纸广告下降幅度为 4%,总额为 199 亿美元,不到 10 年前的一半。广播的听众也越来越多地从网上下载内容,NPR 电台的网络下载量增加了 41%,2015 年 1 月,拥有手机的美国成年人中,35%在车中收听在线广播,相比 2013 年的 21%和 2010 年的 6%,增幅是显著的。此外,在美国 50 大新闻网站中,39 个网站的移动流量已经超越 PC 流量。[①] 尽管从数据来看,某些类型的电视还在保持小幅度增长,但传媒业整体发展态势不容乐观。报纸面临的局面尤为严峻。而新媒体也正在从 PC 端向移动端转移。

在其他国家,传媒业受到的挑战也是明显的。2012 年年底,《德国金融时报》、《法兰克福论坛报》、《纽伦堡晚报》三家德国有影响的报纸接连宣告破产,

① State of the News Media 2015,http://www.journalism.org/2015/04/29/state-of-the-news-media-2015/。

导致上千人失业。

2015年7月,英国广播公司(BBC)宣布,由于越来越多的人不再通过电视而是上网收看节目,BBC计划裁减超过1 000个工作职位。[①]

总体来看,新媒体对传统媒体市场的冲击浪潮难以阻挡,传统媒体必然会面临大浪淘沙式的市场洗礼。

三、新媒体冲击下传统媒体的变革

除了在市场上对传统媒体发起强有力的挑战外,新媒体对传统媒体的业务模式、经营思维运行机制及体制等,也形成了冲击,传统媒体只有进行深层变革,才能应对这样的冲击。

(一)从单一向多元发展的业务形态与生产机制

无论是谋求在新媒体平台上发展,还是对传统媒体产品进行改造,在新媒体的影响下,传统媒体的业务形态都在不断发生变化。

业务形态变革表现的初级层面是数字化产品的出现与发展,前文提到的各种新媒体产品,都在或多或少地影响着媒体业务的走向。

新媒体推动下的业务改革,也导致了融合性报道及融合性产品的出现,而这也会导致传统媒体业务流程的再造。

在新媒体推动下,媒体产品也不再局限于内容生产领域,内容产品、关系产品(如社交工具、社交平台等)、服务产品等,都将成为媒体涉足的领域。

媒体业务发生的更重要变化是其生产机制的变化,过去单纯由媒体人垄断的"单边性"生产过程,在新媒体中受到挑战。新媒体的信息生产,是一种"双边性"的生产,受众的反馈机制对于媒体生产的影响越来越深刻,甚至在很多时候,受众也是生产的重要力量。

(二)从凝固到游移的价值坐标

传统媒体有自己的一套价值体系,这个体系是在长期的媒体实践中沉淀下来的,在某种程度上,它已是凝固的金科玉律。

但新媒体赋予了公众更多的判断与检验传统媒体及其产品价值的权力,由此带来了一个新的评价体系,在这个新体系的作用下,传统媒体的某些价值坐标需要重新考量。

1. 新闻价值要素权重的重新赋值

众所周知,新闻价值要素包括重要性、时新性、显著性、趣味性、接近性等,这些要素在新媒体时代仍然是成立的。但是,从用户角度来看,他们对这些要素的

① 《BBC拟裁员逾千人》,http://news.163.com/15/0705/09/ATOIVIGR00014AED.html。

“权重”的赋值,相对专业媒体的判断,发生了一定的偏移。

例如,多数时候网民更看重趣味性、接近性等价值要素,而对重要性和显著性等要素的关注不是那么突出。他们也许不会关注一个重要会议,但是会对一起车祸表现出极大关注。

当然,这并不意味着网民不看重新闻的重要性,只是他们更需要媒体把新闻的重要性用他们所关注的角度揭示出来。

事实上,在新媒体时代,受众对于新闻价值的衡量及权重的赋值并非凝固不变,而是在游移中。这意味着媒体需要不断地去认识和理解游移中的受众的价值取向。

2. 质量价值坐标的偏移

在传统媒体时代,专业媒体垄断着新闻信息传播。虽然专业媒体会制定严格的质量标准,专业媒体的生产流程与管理体制,也会尽量保证对质量的控制与监督。但专业媒体的质量标准,比较容易落实在一些具体操作层面上,例如错别字、语法毛病,或者是播音的流畅度、准确度等。但是,对于专业媒体反映社会现实的准确度或干预社会现实的能力的检验,就相对困难。尽管对不实新闻等差错,媒体也存在一定的监督与纠正机制,但是,在传统媒体时代,由于参照系的缺乏,无论是媒体自身,还是媒体受众,并不总是能够发现媒体出现的差错的,有些重大的差错甚至要在很长时间之后才能慢慢显现出来。

在新媒体时代,用户对于传统媒体过去的一些业务标准已经不再那么看重,但是,他们对于专业媒体在反映社会现实的准确度或干预社会现实的能力方面提出了更高的要求。

新媒体本身也作为一个参照系,帮助人们发现专业媒体的问题。专业媒体自身认定的质量与权威感,在新媒体的坐标下,往往可能被质疑。

但无论质量价值坐标发生什么样的变化,客观、公正、准确等媒体所遵循的一贯原则,始终是其最重要的价值标准。

(三) 从内容到产品、从受众到用户的思维转变

新媒体是对传统媒体思维的一个重要触动,是对内容与受众这两者的重新认识。传统媒体开始形成一种观念,那就是要将内容转变为产品来认识,将受众转变为用户来看待。

从市场营销的角度看:一个产品,不仅包含了它的核心价值或利益,还应该包含消费者购买产品所期待的一整套条件(这也包括用户体验),以及产品可能的附加价值乃至价值的转化。尽管传统媒体一直将内容看作精神产品,但过去媒体更多地只关注了其精神价值层面,而忽略了其作为产品应该具有的完整属性,更没有太多注意过内容与社交的关系等附加价值。

要把内容当作产品进行全方位开发,就需要有对市场需求的高度敏感,这种敏感不仅是对发行量或收视率这些结果性数据敏感,还要把对用户需求深层的理解作为产品生产的起点。在技术的推动下,这种理解还要向个性化、定制化的方向发展。

新媒体产品不仅是内容产品,新媒体产业也不仅是内容产业,新媒体是一个包含渠道、内容、平台、终端等诸多要素的完整系统,且这些要素是相互支撑的。没有其他要素的支持,内容产品也很难丰满,而任何一个要素的缺失,都可能导致经营上的"残疾"。如果传统媒体的数字化转型,只是以内容产品线的不断扩张、产品形态的不断变化为目标,而不是在一个新的格局中去思考内容产品的定位,再多的产品品种,再新的形态,恐怕也成不了救命稻草。

除了内容产品,新媒体产品还包括接入产品(如接入渠道、接入终端、接入软件等)、关系产品(社交平台)和服务产品。传统媒体的新媒体转型,也需要把这些产品纳入到自己产品的发展规划中,当然,这并非意味着每个媒体都要独立地开发这些产品,与这些领域的优势企业进行合作,也许是更有效的途径。

将受众"重定向"为用户,不仅意味着要更深刻地理解用户需求的变化,即从信息需求向娱乐、社交、服务等多元需求的拓展,还需要更新对新媒体用户"消费"行为的认识。新媒体时代的信息消费,更多的是一种参与式消费、分享式消费,而不是被动填鸭式消费。新媒体中的"消费",在很大程度上也是生产行为。新媒体中的消费者,同时也是生产者。只有从消费者与生产者合一的角度来理解从受众向用户的转化,才能真正认识"用户"的特性。

(四)从封闭走向开放的体制变革

传媒产业在漫长的发展历程中,形成了一种封闭的基调:不同类型的媒体是相互独立与隔绝的,同一类型的媒体是各自为政的,而媒体内部,也因为分工的缘故,各部门之间形成了条块分割。但是,新媒体时代,各种类型的壁垒都有待打破,开放、合作或融合成为体制变革的基本取向。

1. 媒体内部的开放与重组

在传统媒体的新媒体化过程中,融合性、跨部门的业务日渐增加,这会导致媒体内部的封闭体制被打破,有些部门甚至可能融合。

但这并不意味着媒体内部不再有分工,在某种意义上,分工甚至会强化,但是,这种分工是建立在打破原有业务流程和内部架构、体制基础上的,以新媒体业务模式为导向进行的分工,是在融合基础上的重组。

2. 媒体间的开放与合作

新媒体业务的发展,也意味着一些传统媒体逐渐将其业务延伸到其他媒体领域。但如果仅仅依靠一家媒体的力量,恐怕勉为其难。媒体间的合作,对于业务的拓展、媒体的发展，都是重要的，而这也需要以开放为前提。

3. 传媒业的开放与跨界合作

终端、内容、关系、服务这四者，共同造就了新媒体平台，尽管每一个具体的平台有其侧重的取向，但四者的连通、互动，是一个平台强大的基础。这其中，媒体曾经奉为王者的内容，恐怕难以再独自撑起一片舞台，除非它和其他三个支柱之间形成“共谋”。

因此，在新媒体时代，传媒业必须对其他产业开放，媒体必须用更开放的心态去寻找产业链条上的合作伙伴，谋求共赢的业务合作乃至融合模式。

四、新媒体对人的影响

新媒体不仅影响着传媒业的格局，也深刻地影响着它的使用者，也就是“人”。

（一）新媒体作用于人的两种方式

新媒体对人的影响，主要通过两种方式来实现。

1. 作为媒体作用于人

新媒体仍然以媒体的属性向人们构建着信息环境。以往的传播学研究，将媒体称为“拟态环境”，也就是说媒体只是对现实社会的一种模拟性反映，在一定意义上，新媒体仍在通过它所传播的信息构建着一种拟态环境，影响着人们对社会环境的认识。

2. 作为生存空间与社会形态作用于人

新媒体同时是人们的一种生存空间。美国学者尼葛洛庞帝将现实世界称为“原子化”世界，而数字世界为“比特化”世界。[①] 从“原子化”的人到“比特化”的人，意味着人们有了另一种存在可能。而以人为基础单元的新媒体也成为真实的社会环境中的一部分。

新媒体在社会的变革中扮演着越来越重要的角色，在这个过程中，它们自身也超越了单纯的媒体而演变为新的社会形态。这个社会形态与现实社会形态的交互，也进一步影响到人们的生存状态。

今天，人们的生活、工作平台也在向新媒体延伸，数字化生存的含义也更为丰富，在线娱乐、在线购物、在线金融、在线教育、在线医疗等需求日益突出，新媒体作为一个社会形态与现实社会的互动也日益深化。

（二）新媒体影响人的具体方向

具体而言，新媒体对人的影响主要表现为以下几方面。

---

① ［美］尼葛洛庞帝：《数字化生存》，海南出版社 1997 年版，第 21~25 页。

1. 对人的生存方式的影响

当人们以比特化的符号生活在新媒体空间时，虽然身份可能是虚拟的，但诉求却是现实的。新媒体给予人们更多的角色自由，人们通过这些角色的扮演来释放现实世界中的压力。虚拟化生存成为现实生存的补充与延伸。

2. 对人的环境认知与自我认知的影响

无论是作为媒体，还是作为一种社会形态，新媒体都深刻地影响着人们对环境的认知，而随着新媒体对传统媒体的冲击，越来越多的人对环境的认知主要依赖新媒体。

新媒体中的信息及社会互动也为人们提供了更多的认识自我的“镜子”，从而影响着人们的自我认知。

3. 对人的“社会化”过程的影响

新媒体也在一定程度上影响到人特别是年轻人从“自然人”成长为“社会人”的社会化过程。一方面，新媒体中的各种信息、各种交流，能够帮助人们更好地认识环境，了解社会文化，获得社会资源，熟悉各种社会技能，以促进人们的社会化；另一方面，新媒体中复杂的信息环境，也可能使某些人的自我认知和社会认知出现障碍，或者妨碍人们对社会规范的认识，进而影响人们的社会化。

4. 对人的社会关系的影响

作为一种新的社会形态，新媒体改变了人际交往的方式。新媒体带来了跨时空的交流，也带来了丰富多样的人际交往手段。早期的新媒体更多地促进了人们在虚拟空间的互动，而今天，新媒体也在很大程度上影响着现实空间的人际关系及互动模式。

作为一种新的社会形态，新媒体在深刻地影响着人们的社会关系构建。新媒体为人们的社会关系的形成与拓展带来了新的可能，也推动了社会关系的重组。人们根据自身的需求在新媒体中构建自己的社会关系。人们也越来越多地受到各种社会关系例如自己所处的社群或圈子的影响。

5. 对人的观念与行为的影响

新媒体在以上几个方面的作用，最终会通过人们的观念与行为表现出来。这既表现为某一具体问题上的态度、观念与行为，也表现为人们长期的价值观与行为模式等。

第四章将对新媒体对人产生的影响及其具体机制进行进一步分析。

五、新媒体对中国社会发展的影响

新媒体对社会发展的影响也是显著的，在中国，这种影响尤其突出、深远。

同样，新媒体对中国社会发展的影响，既表现为它作为媒体所起的推动作用，也表现为它作为一种社会形态与现实社会之间进行的深层互动。

（一）新媒体对政治生态的影响

新媒体在促进公民对自己的信息权利认知的同时，赋予了他们更多的知情权、表达权、监督权、参与权，而这为公共交流空间及公共协商机制的形成提供了基础，中国的政治生态由此出现了新的景观，主要体现在以下几方面。

1. 新媒体推动了政府信息公开

政府网站已经成为中国政府信息公开的一种主要形式，一些新闻网站及其开办的论坛，如人民网及强国论坛、新华网及新华论坛等，也成为政府部门进行信息公开的渠道。近年来，政务微博、政务微信的迅速发展，进一步推动了政府信息公开。根据《人民日报》和新浪微博联合发布的《2014 年度政务指数报告》，2014 年经过新浪平台认证的政务微博达到 130 103 个。[①]

2. 新媒体促进了公众表达

论坛、博客、微博、微信等应用的兴起，为公众的诉求与意见的表达提供了更充分的空间，成为“下情上达”的重要渠道。

3. 新媒体增强了公民监督权利

各种新媒体手段和平台为实现公共监督提供了技术途径。它使得公民的社会监督更便于在公共空间实施，更便于到达被监察者和司法机构，因此监督成效也更为显著。

4. 新媒体激发了公众的社会参与

新媒体使得公众以前所未有的广度与深度参与到公共事务的讨论中、行动中，甚至对公共决策产生影响。在聚集公众力量，推助公益活动与行动方面，新媒体更是发挥了重要作用。

5. 新媒体推动了公共协商机制的形成

对于中国社会的发展来说，在交织着各式冲突的社会运行过程中，公民直接参与的公共协商机制变得日益重要，而新媒体为公共协商提供了最广阔的公共话语空间。

而以上这些方面的共同作用，使得新媒体对中国社会政治格局与政治变革进程的影响也日益加深。

（二）新媒体对经济生态的影响

新媒体的发展，不仅推动了基于新媒体的新经济的发展，也推动了传统经济的转型与升级。其影响主要体现在以下几方面。

---

① 《2014 年度人民日报政务指数报告》，http://yuqing.people.com.cn/GB/392071/392730/index.html。

1. 新媒体产业形成的新经济力量

网络、手机等新媒体都是经营平台。商业诉求与商业力量是推动新媒体迅速成长起来的一个重要原因。新媒体经济既是一种信息经济，又是一种基于虚拟社会的经济，同时它也是传统经济的延伸与升级。

新媒体经济的生存土壤是虚拟社会。这意味着，虚拟社区的建设，是新媒体经营的重要前提。

新媒体经济并不是空中楼阁，它实际上是以各种传统产业为支撑的。新媒体经济既是对传统经济的继承，也是对传统经济的发展。

新媒体产业中的网络文化产业是一个重要部分。网络文学、网络游戏、网络音乐、网络视频等文化产品共同构筑了网络文化产业。由于网络技术的持续发展，网络文化比其他很多文化产业领域的发展动力更强大。技术在不断赋予网络文化新的手段、新的形式、新的内涵，技术动力也会不断刺激商业力量进入网络，这促进了网络文化作为产业的不断发展。

2. 新媒体对传统产业的影响

新媒体推动了新的产业模式与产业链条的形成。从网络、手机进入商业化运作以来，其产业模式也逐渐形成。这些新的产业模式是 IT 业、电信业、传媒业、出版业、传统服务业等各种传统产业的一种新的集成方式。它促进了传统产业的重组和产业格局的调整，在很大程度上也在促进传统产业之间壁垒的打破。

在 2015 年 3 月的第十二届全国人民代表大会第三次会议上，“互联网+”这个词出现在了李克强的总理政府工作报告中。李克强在政府工作报告中提出：“制定‘互联网+’行动计划，推动移动互联网、云计算、大数据、物联网等与现代制造业结合，促进电子商务、工业互联网和互联网金融健康发展，引导互联网企业拓展国际市场。”“互联网+”战略是全国人大代表、腾讯董事会主席兼 CEO 马化腾向全国人民代表大会提出的四个建议之一，马化腾解释说，“互联网+”战略就是利用互联网的平台，利用信息通信技术，把互联网和包括传统行业在内的各行各业结合起来，在新的领域创造一种新的生态。[①] 尽管不同行业对于“互联网+”有不同的理解与应用，但“互联网+”的总体目标，是促进互联网与传统行业的融合，在这个融合过程中，传统行业以及互联网自身都将实现升级。

（三）新媒体对社会生态的影响

新媒体与社会生态之间，也存在复杂的互动关系。新媒体对社会生态的影响主要表现在以下几方面。

---

① 《解读：李克强政府报告中的“互联网+”是什么》，http://economy.caijing.com.cn/20150305/3832729.shtml。

1. 新媒体对社会压力的双重作用

目前的中国正处于社会转型期，社会矛盾增多，人们的生存压力与心理压力加大。而从社会层面看，社会系统内部的压力也在增加。在这样一种情况下，网络等新媒体平台越来越多地被人视为社会的泄压阀，人们在新媒体中发表的各种意见以及参与的各种活动，往往是从个人利益诉求出发的，也就是希望实现个体的泄压。但是，当一些问题通过新媒体传播形成了广泛的影响力后，便可以获得舆论与社会行动的支持，最终解决的，不仅仅是个体的问题，还可以在更大程度上解决社会问题。所以个体泄压与社会泄压往往是相互关联的，个体泄压是社会泄压的基础。

另外，我们也要看到，新媒体也可能会将某些社会压力的表现放大，甚至增加现实的社会压力。

新媒体的增压往往与其泄压过程相关。当泄压功能无法正常实现时，就可能转化为它的反面，也就是社会压力的进一步增强。在这种情况下，如果再对新媒体采取“堵”的方式，无疑会进一步加大这种压力，增加恶性爆发的可能性。

2. 新媒体对价值体系多元化的推动作用

今天的中国社会，社会价值体系正在变得多元，这也是社会的政治格局、经济格局、社会阶层与文化格局变化的综合体现。而在社会价值体系的多元化过程中，新媒体扮演了推动者的角色。

这一方面表现为新媒体在传播多元价值观及文化方面所起的作用。与传统媒体时代相比，新媒体传播门槛的降低、传播主体的多元化、传播手段的多元化，以及容量的海量性，都使得新媒体中传播的内容及其隐含的价值观呈现出前所未有的多样性。而新媒体传播的无国界性，也使得网民接触西方文化的机会大大增加。

新媒体另一方面的作用，表现为新媒体中的公共讨论所带来的多元价值观的碰撞。这些公共事务的讨论过程，成了“活教材”。在一次次重大公共事件中，网民在影响着某一个特定事件的进展的同时，也在经受着各种观念的冲击与洗礼。公众对于个体尊严、个人权利等问题的认识，正是在这些讨论中得到了深化。

尽管价值体系的多元化也带来了很多的困惑、问题与冲突，但是，价值体系的多元化是一个现代化的多元社会发展到一定程度的必然结果，也是保持一种动态、充满活力的社会生态的基础。

3. 新媒体对社会阶层变迁的影响

新媒体在一定程度上会影响原有的社会阶层，带来人群的重新聚合与分化，其中，用户在媒介选择与使用能力上的差异、新媒体中社会关系网络的影响、新媒体话语权的竞争、新媒体的亚文化的影响等，是造成人群重新分化的主要因素。

（四）新媒体对文化生态的影响

新媒体在发展过程中，也催生了各种新的文化现象，如网络文化、手机文化，这些文化现象也是一种社会运动过程。在中国情境下，新媒体文化体现了中国社会在改革开放与信息革命两个交织的旋律下进行的社会变革，体现了中国在现代化与全球化进程中的社会发展，同时也反映了中国社会人的变革，这些变革都是文化的变革。

网络文化、手机文化等是新媒体社会与现实社会互动的产物，也为这两种社会形态的沟通搭建了一个桥梁。新媒体文化一方面映射着现实社会，另一方面也深刻地反作用于现实社会。

新媒体文化由很多层面构成，包括新媒体文化行为、新媒体文化产品、新媒体文化事件、新媒体文化现象、新媒体文化精神、新媒体文化产业、新媒体文化制度、新媒体文化秩序与格局等。

新媒体文化具有一定的平民性与非主流性，对过去一直占据垄断地位的主流文化、精英文化形成了一定的冲击。

新媒体是各种文化对话的平台与渠道，也将推动不同文化的对话与融合。这不仅是不同形式、不同群体的文化的对话，还将是不同体系、不同民族、不同国家的文化的对话。这也将带来文化秩序的调整与再建设。

第五节 新媒体时代传媒人面临的“变”与“不变”

新媒体时代新的传播平台与传播模式，意味着传媒人在能力、思维等方面都需要做出调整与变革。但是，无论时代如何变化，传媒人仍然有些根本的素养与原则需要坚持。

一、变化的要求

要适应新媒体的传播，传媒人需要具备以下几个方面的新能力。

（一）数字信息传播能力

新媒体时代的媒体工作，越来越离不开数字化平台和工具，电脑、手机、数码相机、数码摄像机等基本工具的运用能力，以及数字图像编辑、数字音视频制作、数字版面制作、信息图表制作等操作能力，成为新媒体时代媒体人的基本“门槛”。

除了这些基本操作外，数字信息传播能力还表现为运用数字平台上的新形式进行报道的能力。例如，相较平面媒体，在网络中新闻写作的原则虽然没有变，但新闻写作的具体形式却发生了一定变化，新媒体的从业者需要适应这些变化。

此外，数字信息传播能力还表现为数字信息的整合能力，例如，网络新闻专题的策划与实施能力、融合性报道的策划与实现能力。

然而，专题、融合性报道等数字信息传播的新形式并非数字技术“出生”时带来的，这是媒体人在运用新媒体技术的过程中探索出来的，新媒体传播技术的潜力正是靠这些探索被不断挖掘出来。因此，数字信息传播能力，也体现为创新能力。

（二）跨媒体的整合性思维能力

培养跨媒体、全能型人才似乎是适应媒介融合趋势的必然选择。今天国内外很多新闻院系都希望通过课程调整改革，给予新闻业未来的从业者更全面的技能训练。

这种思路当然没有错，但是，要让每一个记者编辑都能精通所有类型的信息采集、加工工作，又是不现实的。要求技能的全面，也许是以牺牲技能的精通程度为代价的，是以降低报道的专业水准为代价的。

而在现实中，要完成跨媒体的报道，特别是重大题材的报道，往往不是依赖一个人。这仍然是一个分工与合作的过程，这种分工与合作甚至可能会比传统媒体时代更细。拥有多媒体技能的记者们更多的是需要了解自己在一个大的报道架构中所处的位置以及所扮演的角色。如果说传统媒体时代的记者和编辑像是在进行乒乓球、羽毛球这样的个人竞技项目，他们的个人能力是制胜的唯一要素；那么，媒介融合时代的记者与编辑，则更多的是在参加足球、篮球这样的集体竞技项目，每一个人既要有个人的角色定位，和与此角色相适应的精深技艺，又要有集体配合意识，能认识到自己在每一次进攻中所扮演的角色。

因此，跨媒体能力，更重要的是一种跨媒体的思维方式，媒体人面对一个新闻题材时可以很快地做出判断与选择，规划出用多种媒体手段进行报道的方案，并且迅速确定自己的位置。

未来的传媒人通常会面临以下两种可能性：

对于小型的、常规的报道任务，通常传媒人可以用跨媒体的方式去独立地完成报道任务。

对于大型的、复杂的报道任务，需要以团队合作的方式进行报道，每个记者、编辑需要具有全媒体意识，但又要能将自己定位于每种具有专长的角色中，并能很好地与他人合作。

（三）专业媒体与社会化媒体之间的穿越能力

在新媒体时代，社会化媒体的运用能力，也是一种跨媒体能力。

越来越多的媒体现在都进入到SNS、微博、微信这样的平台，这样的进入是必然的、必需的。但是社会化媒体中的传播是一种“社交化”的大众传播，它不同于以往的传统的大众传播模式。在社会化媒体里，内容是沿着人际传播的渠道流动的，扩散的动力更多来自用户。媒体内容的跨平台传播，也更多的是依赖用户的参与，以用户作为驱动力。

这意味着，传统媒体的传播思维、传播手段也需要变革，尤其是在选题、表现形式这些可以称为“语态”的层面需要做出调整。此外，理解与适应“社交化”传播，善于推动传播的“社交化”，善于实现专业媒体与社会化媒体之间的“穿越”，是未来的媒体从业者应该具备的能力。

（四）内容、技术与艺术的融合能力

有资料显示，“美国新闻评论”调查了美国15家顶级新闻学院，结果显示各家新闻学院近10年来对教学大纲进行了大幅修订以适应新闻业的变革。增加的热门课程包括体育新闻学、计算机编程、社交媒体新闻学、大数据新闻学、数字受众分析以及新技术（如无人机、谷歌眼镜）应用等。[①]

从这份资料来看，在美国新闻院系的课程改革中，编程、数据应用以及新的技术设备应用等与技术有关的课程，得到了强调。

而在实践中，无论是业界还是新闻教育界，一直都有反对在新闻院系设置技术类课程的声音，其举出的常见理由是：新闻传播专业的学生学技术太难；新闻传播的学生学技术没优势，新媒体的技术都是由专门的技术人员来完成的；技术发展太快，在学校学的东西很快就过时了。

当然，也有一些人反对在新闻院系开技术课，是因为他们觉得技术只是一种“术”，是形而下的，而新闻院系的学生更应该掌握“道”，做形而上的事。

这些观点，不无道理。但是，也许正是这些思维，妨碍了创新。

从实践的层面上看，让学新闻的人懂技术，是进行团队合作、新闻创新的基础。在媒体行业里，技术问题现在的确主要是由技术人员来解决的。但是，如果技术人员只懂技术，编辑记者只懂内容，他们之间要进行沟通时，会面临很多障碍，这也必将影响到新媒体时代新闻报道形式的创新。在逐渐普及的数据新闻实践中，这样一种障碍更是突出地显现出来。懂新闻的人无法获得数据，或者面对数据无从下手，而一些掌握数据挖掘、数据分析技术的技术人员完全不懂新闻。人才能力上的局限，对于数据新闻报道的开展与创新，无疑是一个阻碍。

---

① 资料出处：http://www.looooker.com/archives/11606。

从长远来看，技术思维，也是新媒体思维的一部分。在今天的美国，编程已变成全民运动，奥巴马认为编程应该成为基础教育的一部分，它将改变所有的做事方式。这显然不是为了让每个人都以编程为谋生手段，更多的是促进人们与新媒体时代的思维相适应，为创新提供思维源泉。

除了编程外，诸如图像处理、网页制作、信息图表等技术，在今天无疑是媒体从业者的基本技能，同时，它们也是今天媒体新的“语言”，也不能只是从“术”的层面来看待它们。

（五）内容与产品的贯通能力

近年来媒体的一个重要思维变革，是将内容转换为产品来认识与开发。尽管已经有了进步，但是，在实践中，如何将传统的内容变成新媒体中用户接受与欢迎的产品，显然不是贴一个标签这么简单。另外，将内容、社交甚至服务元素融合在一起的新媒体产品的设计、运营能力，也成为今天媒体的一个突出需求。

今天新闻院系的课程中，基本不涉及产品。即使有些院系有市场营销等课程，但也完全与新闻或媒体无关。因此，新闻传播与其他学科结合，新闻传播教育机构联合业界共同探索内容与产品结合及新媒体产品创新的思维与模式，也将是新闻传播人才培养的改革方向。

二、不变的要求

尽管新媒体会在很大程度上更新了对传媒人的要求，但是，有些根本的原则与素养要求不会动摇，甚至还会被强化。

（一）人文素养

新闻传播工作不是信息采集与发布的机械劳动，在信息采集与发布的背后，是对信息价值、所蕴含意义的理解，是对社会深层发展规律的认识，而这需要以较好的人文素养为基础。

人文素养的获得，一方面依赖各种不同学科的知识的积累，另一方面依赖对社会的深入体验与观察。

新媒体本身也是认识社会的一种渠道。论坛、博客、SNS、微博、微信等，都在以不同方式反映着现实社会的某些问题以及某些社会群体的意见与情绪，它们是一个社会的晴雨表。媒体从业者如果能深入这些渠道，那么，对现实社会的洞察可能会不断加深，对用户的心理和需求的认识也会不断加深。

当然，新媒体中的某一个局部，如一个论坛、一个微博平台等，并不是对社会全面的、完整的反映。由于某些平台的人群具有相似性，人们的意见与态度可能也趋向相近，在这些地方，往往只能得到关于社会的一个局部印象。把某些局部得到的认识放大为对全局的认识，就会产生偏差。只有建立全面、均衡的新媒体观察坐标系，才能使自己对社会的认识更为完整和深入。

同样的，仅仅依赖新媒体，而不直接深入现实实际，也难以真正全面了解社会。

（二）新闻基础能力

无论运用什么样的工具，新闻传播工作都需要基于新闻工作的一般规律，因此，发现新闻的能力、辨识新闻真伪的能力、判断新闻价值的能力、传达新闻事实的能力、解读新闻意义的能力等，仍然是新媒体时代新闻工作者的基本能力。这些能力是以媒体人的人文素养为基础的。

尽管新闻的传播手段、表现形式等在不断变化，但新闻传播的一些核心思想并没有发生根本变化，例如采访原则、编辑思想等，只有掌握这些核心思想，才能更好地运用新的传播手段。

（三）职业操守与伦理

在新媒体的传播活动中，从业者总会体现出与伦理相关的价值取向及道德表现，无论利用什么渠道、采用什么手段进行信息传播，遵循职业操守与伦理规范都是必要的，甚至应该将这方面的考虑放在首位。

职业操守的核心，仍是传统媒体一以贯之的客观、公正、平衡、追求真相，尤其是在面临环境压力或生存压力的情况下。

今天的传统媒体步履维艰，生存环境尤为险峻，如果媒体为了生存，在利益诱惑下失守底线，这样饮鸩止渴的行为，会从根本上葬送媒体。

对新媒体的从业者，这种考验同样存在。新媒体平台模糊了内容与经营之间的界限，是像传统媒体那样继续坚守两者之间的那堵“墙”，还是完全拆除它，这是新媒体时代媒体面临的选择。在某些内容（如生活、娱乐类）中，加入经营元素，也许是可行的，但即使如此，也需要坚守一些底线。而对严肃新闻，媒体仍然应当坚持职业精神。

另一个重要的道德与伦理考虑是人文关怀。但人文关怀不只是个口号，而是体现在行动时的每一次选择中。是用一张血淋淋的照片去赢得眼球，还是避免之？一张表现逝者家属悲恸情景的照片，究竟是体现了还是违背了人文关怀？每一次选择，都是一次考验的过程。

道德与伦理方面的另一个重要考虑，是尊重隐私。在公众知情权与当事人的隐私权之间，如何做出合理的选择，仍是对媒体人的一个重要考验。这不仅是一种职业道德的考验，也是专业能力的考验。

新媒体时代传媒从业者有可能获得更多惊天的新闻，也有了更多一夜成名的机会，如何克制自己的冲动，坚守职业道德，成为传媒从业者面临的重大选择。

思考题：

1. 你如何界定新媒体？
2. 你认为新媒体时代有哪些新的传播特点？
3. 传统媒体的转型过程与新媒体的发展是何关系？
4. 新媒体对你个人有何影响？
5. 如何看待新媒体在中国政治变革中的作用？
6. 新媒体技术对新媒体时代的传媒人有何意义？

第二章　新媒体的技术动力与技术变迁

新媒体是技术驱动的媒体,与传统媒体相比,它对于技术的发展更为敏感,而它所依赖的技术本身发展又十分迅速。理解技术对于新媒体发展的驱动,理解技术自身的变迁,有助于更好地理解新媒体成长的内在规律,以及未来的走向。因此,本章将通过技术的发展脉络梳理新媒体的演变轨迹。

第一节　数字技术:新媒体的技术基石

新媒体最核心的技术是“数字技术”(Digital Technology),数字技术主要指计算机信息处理技术,即借助一定的设备将各种信息,如文字、图片、声音、视频等,转化为计算机能识别的形式——由二进制代码“0”和“1”所表示的信息,并利用计算机对信息进行处理、加工、存储和传播等。

尽管数字技术的出现得益于计算机技术的发展,但正如美国学者尼葛洛庞帝在《数字化生存》一书中所指出的:“计算不再只和计算机有关,它决定我们的生存”。[①]

一、数字技术在信息生产与传播中的全面渗透

世界上第一台电子计算机 ENIAC 于 1946 年 2 月 14 日诞生于美国宾夕法尼亚大学。自那时以来的几十年间,计算机技术对信息处理技术产生了深刻的影响。

(一)不同环节上的数字技术

数字技术对信息传播的影响,首先体现在它渗透到了信息生产与传播的各个环节。每个环节都有相应的数字技术作为支撑,这主要包括以下几方面。

1. 数字信息采集技术

是指将模拟信息转化为数字信息并输入计算机的技术,或者直接进行数字

① [美]尼葛洛庞帝:《数字化生存》,海南出版社 1997 年版,第 15 页。

化信号采集的技术。数字信息采集技术是以一定的设备为基础的。例如,文字的输入需要键盘等设备,语音的输入需要录音笔或话筒、声卡等设备,数字图像的采集需要扫描仪或数码相机,数字视频的采集需要数码摄像机、摄像头等。数字信息采集有时还需要一些相关的软件,例如,语音识别输入技术需要将语音信息识别转换为文字信息的软件。此外,各种形式的信息都有一定的编码方式(或称信息的格式),如图像有 jpeg、gif、tiff 等多种格式,信息采集也与信息的编码技术相关。

2. 数字信息加工技术

即利用计算机软件对数字化形式的信息进行加工处理以满足特定要求的技术。例如,用于写作、编辑文章的 Word,用于对图片进行加工的 Photoshop,用于对音频进行编辑的 Cooledit,用于对视频进行加工的 Premiere 等,都属于信息加工技术范围。

3. 数字信息传输技术

即利用计算机网络、手机网络等渠道在不同的设备间进行信息传输的技术。信息传输技术,如互联网通信技术、手机通信技术等,是互联网、手机网出现的重要基础,也是新媒体得以发展的重要前提。

4. 数字信息发布技术

即利用数字化的渠道进行信息发布的技术。常见的数字信息发布渠道包括光盘、电脑网络、手机网、移动互联网、数字电视等。在这些渠道上,信息以特定的方式进行发布。例如在网络上,信息以电子邮件、网页、电子杂志等形式进行发布与传播;在手机和移动互联网上,信息以短信、WAP 网页、APP 等形式进行发布与传播。数字信息发布技术十分丰富,发展也很快,正是由于这一点,互联网和手机平台的应用方式也越来越丰富。

5. 数字信息存储技术

从理论上讲,数字信息可以永久保存,当然,这需要通过相关存储设备和方法来实现。数字信息存储技术包括两个方面:一是存储的介质技术,如硬盘、光盘、U 盘、磁带等,一是用来存储数据的软件技术,如信息的编码技术、数据库技术等。

6. 数字信息检索技术

数字信息不仅可以永久保存,还可以按需要检索、调用,这需要相关检索技术,搜索引擎就是目前数字媒体中最常见的信息检索技术。

7. 数字信息智能处理技术

信息是以计算机代码形式存在的,通常只有人才能理解这些信息的含义,如何让计算机自身能够像人一样“读懂”信息的含义,并根据人们的需求来提供后续的处理,这便是数字信息智能处理技术要实现的目标。例如,机器智能翻译就是其中的一种技术。语义网技术(后文将进一步介绍),也是力图使计算机能"看懂"网页的内容,以此为基础提供更智能的信息服务。

(二)数字化信息传播的优势

以计算机技术为基础的数字传播技术,大大突破了传统信息传播技术的种种障碍,克服了传统信息传播技术的一些弱点,数字技术的以下特点,也造就了新媒体传播的特点。

1. 传播的低门槛化

数字技术的基础是计算机技术,其发展十分迅速。著名的摩尔定律称,每过18个月,计算机芯片的集成度就会翻一番。这就意味着计算机的处理能力会急剧扩展。而伴随着计算机技术的不断更新换代,技术的成本却在不断降低。因此,电脑、手机以及数码相机、数码摄像机等相关设备,越来越成为大众化的设备,越来越多的普通人拥有了这些设备。

另一方面,数字技术在操作、使用方面也越来越简单,过去只有专业人员才能掌握的信息处理、传播技术,现在已经变得越来越平民化。这也为普通人参与信息传播提供了基础。

数字技术的发展,也使得信息在采集、加工、传输等环节的成本不断降低,而效率则大大提高。这既使数字传播在时效性方面优于传统媒体,也使数字传播的平民化程度进一步提高。

2. 信息利用的便捷性

数字信息的一个重要特性,是它可以方便地进行复制与再传播。这一方面有助于拓展信息传播的广度,另一方面却又加大了保护版权的难度。

数字信息的存储,占用物理空间非常小,相较传统的报纸、磁带等,数字信息的存储介质,如光盘、硬盘等,体积要小得多,而存储量却要大得多。

更重要的是,数字化存储的信息,在循环利用方面,具有明显优势。此外,利用数据库技术、搜索引擎技术,也可以方便地进行信息的检索。

3. 传播渠道的双向性

数字化的传播渠道,通常是双向的传播渠道,这使得信息发布者与接收者之间的互动性变得更为便利与频繁。

传播渠道双向性的另一层含义是,数字信息接收终端往往也是信息发布终端,因此,信息的接收过程很容易演变为信息的传播过程。

4. 传播渠道的交叉化、融合化

在信息的数字化进程中,数字传播渠道也日益多元,数字平台也逐渐交叉、融合,这意味着过去存在于信息与其载体之间的一对一的关系被打破。

1979 年，美国学者尼葛洛庞帝在为麻省理工学院的媒体实验室筹措资金进行巡回演讲时，用图示的方式说明了广播和动画业、电脑业、印刷和出版业这几大产业之间的融合趋势（见图 2-1）。[①]

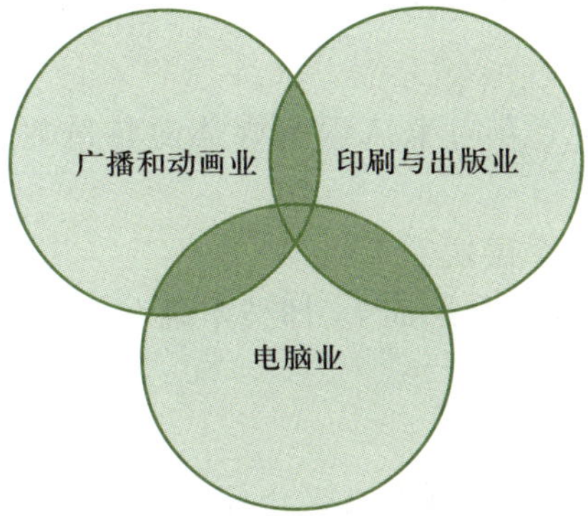

图 2-1　尼葛洛庞帝的产业融合图

美国麻省理工学院教授伊契尔·索勒·浦尔（Ithiel de Sola Pool）在他 1983 年出版的著作《自由的技术》（*Technology of Freedom*）中指出，一个称为形态融合的过程正在使各种媒介之间的界限变得模糊，这既包括点对点的传播媒介，如通信、电话、电报，也包括大众传播媒介，如报纸、广播、电视。[②] 相比尼葛洛庞帝，浦尔更明确地指出了各种媒介之间的融合趋势。

浦尔基于对数字技术发展趋势的认识，提出了媒介融合的概念。可以说，媒介融合是数字信息传播技术的终极结果。尽管文字、图片、声音、视频等各种信息形式都会持续保留，但是，它们将不再像过去那样在各自的平台上进行孤立的传播，而是将汇入共同的平台进行传播，甚至在很多时候信息传播将需要同时整合这些手段。

二、媒介融合：数字传播的必然归宿

如上文所述，信息传播的数字化，带来的必然结果就是各种媒介之间界限的模糊、功能的交叉、产品的融合。

在学界和业界，“媒介融合”常常也被称为“媒体融合”，虽然“媒介”与“媒体”两个词含义有差异，但媒介融合与媒体融合两个词目前并没有人做出明确区分。

有研究者认为，传统媒体之间不可能真正融合，且传统媒体最终会被新媒体

---

① ［美］罗杰菲德勒：《媒介形态变化：认识新媒介》，华夏出版社 2000 年版，第 24 页。

② Henry Jenkins：*Convergence Culture*，New York University Press，2006，P. 10.

整合，因此，不存在“媒介融合”，传统媒体去融合新媒体更是不可能的[①]。这个观点虽然有一定道理，但是，媒介融合这个概念的出发点并不是传统媒体，而是建立在新媒体的出现这一前提上的。媒介融合实际上指的是传统媒体在新媒体平台上的汇流以及被新媒体改造的过程，也就是以新媒体去整合传统媒体的过程。

所以从媒介融合这个方向来认识新媒体对传统媒体的冲击，仍然是有意义的。

（一）媒介融合的几个层次

媒介融合可以体现在几个层面上，即技术融合、业务融合、平台与市场融合、机构融合以及产业融合。

1. 技术融合

麻省理工学院的浦尔之所以提出媒介融合的概念，是因为他看到，从技术上看，过去界限分明的各种传统媒体的技术越来越相似、相通。浦尔指出，在技术的推动下，“一种单一的媒介，无论它是电视线、电缆还是无线电波，将承载过去需要多种媒介才能承载的服务。另一方面，任何一种过去只能通过单一媒介提供的服务，例如广播、报纸、电视，现在都可以由多种媒介来提供。由此，过去在媒介与它所提供的服务之间存在的一对一的关系正在被侵蚀。”[②]

从前文的分析中我们也可以看到，各种媒体数字化的必然结果就是各种媒体的界限越来越模糊，它们采用的技术越来越相似甚至会变得一致，其功能也越来越趋同。

技术融合是媒介融合的基础，也是媒介融合的推动力量。

2. 业务融合

业务融合可以表现为多个方面，主要包括：融合性新闻的发展、融合性产品的开发、媒体内部及媒体间合作与互动的加强等。

融合性新闻的发展主要体现为以下两个方面的融合。

其一是报道中的多种媒体手段的深层结合。也就是说，融合性新闻是一种多媒体新闻，它是由不同手段的报道构成的一个有机的整体。一个多媒体报道应该是一个完整的报道方案：每一种手段发挥其特长，不同手段之间取长补短，真正产生“1+1>2”的效果。

其二是各种媒体平台的报道构成一个有机的体系，即在平面媒体、广电媒

---

① 《郭全中：融合的主体应是互联网》，http://www.nfmedia.com/cmzj/cmyj/jdzt/201409/t20140912_365055.htm。

② Henry Jenkins: *Convergence Culture*, New York University Press, 2006, P. 10.

体、网络媒体、手机媒体以及其他移动终端等多种媒体平台上形成多形式、多落点、多角度的报道体系。其理想境界是，针对不同平台的特点，将一次采集的素材，在多个平台上用不同方式多次利用，并且形成一个合理的报道圈。原解放日报报业集团社长尹明华将这样一种融合，称为“状态式的生成”，即要使多种传播渠道打破传统的单一模式，提供不同的表达方式。面对不同的状态，要有选择性地发现相应的表达方式。① 当然，对这样一种融合新闻方式，需要警惕的是不必要的重复性信息轰炸。

目前，融合性产品包括新一代数字报纸、多媒体互动杂志、IPTV（网络电视）、手机报纸、手机广播电视等。尽管这些产品都带有较大的局限性，未来甚至可能被淘汰，但它们都是媒介融合的阶段性产物。

从媒体内部或跨媒体合作来看，报网互动、台网互动等是目前较为常见的方式，但是，这些互动只是融合的起步方式。在很多媒体，这种“互动”都仍是机械的，是物理性的相加，这些互动过程，也未能有效地调动用户的参与。从发展趋势来看，未来的合作，需要以全面改造传统媒体的业务模式与业务流程为核心。

在业务融合的过程中，需要避免一些误区。综观业界的实践，多数还是将注意力重心放在新形态的产品开发上，很多媒体把媒介融合等同于“全媒体化”。为了全媒体化的目标，它们不断进行着产品的扩张，似乎有了足够多种类的产品，将自己的“腿”伸到了所有媒体平台、所有生产环节，融合也就实现了。而事实上，对于大多数媒体来说，这样的全媒体化，可能造成资源的分散，在新的领域很难形成自己的影响力，甚至可能拖累自己原有的优势产品。

尽管媒介融合意味着媒体需要在一个全媒体的市场里考虑自己的新的定位与新的发展方向，但是，简单地把媒介融合等同于全媒体化，可能会产生方向上的错误。

对于传统媒体来说，媒介融合本质就是它新媒体化的过程，也就是它逐渐被新媒体所融合的过程。媒介融合的过程，伴随着另一种重要的融合，那就是传播者与用户的融合，这个融合是以用户的角色转型为基础的。这个方面的变革，比媒体产品层面的丰富与融合，意义更为深远。

从发展趋势看，业务的融合，也意味着传媒业与其他产业的业务融合。

3. 平台与市场融合

平台融合指的是各种媒体内容的传输平台越来越趋向一致。数字化使各种媒体产品有了共同的平台基础，这带来了多种媒体的产品集中到一个共同渠道的可能性。

---

① 尹明华：《科学发展观指导下的媒介形态思考》，载《传媒》2008年第10期。

平台与业务形态的整合，也将使各种不同媒体的内容产品最终汇流为一个大市场，而原有媒体市场的界限可能不再那么分明。

同时，这也带来了产品组合的灵活性。各个媒体的内容可以更加方便地实现相互嵌入。这不仅可出现在同类产品之间，也可出现在不同类产品之间。跨地域的产品组合也将成为可能。

4. 机构融合

媒介融合的过程会逐渐带来相关机构的融合，这种融合的第一个层面是媒体集团内部机构之间的整合。

成立于2000年的美国“坦帕新闻中心”是媒介融合的先驱之一，它率先开展了机构融合的实践。它将集团所属的《坦帕论坛报》及其网站 Tampa Bay Online，WFLA 电视台以及集团网站 TMO. COM 几个原来独立的编辑部整合到一起，采用的是开放式的、圆桌式的办公空间（见图2-2），所有媒体的工作人员在这个空间内进行统一的报道部署，并实现新闻资源与设备资源的共享。

图 2-2 美国“坦帕新闻中心”的开放式办公空间①

英国广播公司（BBC）于2008年将其电台、电视台及网站的编辑部整合成一个统一的新闻编辑部，开始探索全平台的360°采编。英国的《每日电讯报》也积

① 此图片由美国密苏里新闻学院章于炎博士提供。

极通过编辑部的整合来探索媒介融合道路,并因此创造了一种独特的“中央辐射型办公室”(见图2-3)。所谓“中央辐射型办公室”,就是在开放式的办公室里,各部门核心领导的位置设在正中央,形成一个核心区,其他人员呈辐射状依次在四周排开。纵向排列的位置形成一条直线,每条“直线”上的工作人员负责一个新闻板块,如国际新闻、经济新闻、体育新闻等;而横向相邻的位置则形成一条弧线,同一条弧线上的人分管内容、设计和生产。这个办公室是整个电讯报报业集团的内容生产部门,这里的工作人员不仅供应新闻,而且生产音频和视频内容。这种管理人员居中、其他工作人员在四周分布、纵横有序排列的布局极大地提高了办公室人员的信息沟通速度和工作效率。[①]

图2-3　英国《每日电讯报》的“中央辐射型办公室”[②]

当然,传媒集团内部的机构融合,绝不是将若干小办公室合并为一个大平台那么简单。各个部分职能的调整,相关工作人员思维方式、工作方式的调整,整个工作机制的变革,都是机构融合成功的保障。

机构融合的第二个层面,是过去彼此独立的传媒企业之间的合作或融合。这种融合带来的挑战更大。

如果融合的各方永远不愿意打破自己所习惯的旧有模式与利益格局,如果

---

① 王春枝:《整合与传播:欧美编辑部的媒介融合路径》,载《中国记者》2009年第8期。

② 此图片由作者翻拍于美国新闻博物馆。

都是把保证自己的利益作为任何改革的前提去考虑，如果没有真正的利益共享与风险均担这样的精神，那么，媒介融合就会变得举步维艰。

现实中，这样的案例并不少见。例如，2000 年年初，美国的互联网企业美国在线与老牌的传媒集团时代华纳宣告合并，这一新一旧媒体的合并，当时被认为“天作之合”，但是，这个看上去很美的结合却很快显现出无数的矛盾。最终，不得不以解体的结局收场。这其中，貌合神离，是最主要的问题。

如果要实现真正的融合，融合的各方就应该忘记原来的自己，真正融为一个新的共同体，并且以这个新共同体的利益与发展目标为自己的追求，根据新的业务需要进行业务流程再造。在这个过程中，任何一方都需要做出改变，甚至可能变得面目全非，但只有这样的锻造过程，才能带来凤凰涅槃般的新生，才能真正实现媒介融合所要达到的新境界。

5. 产业融合

尼葛洛庞帝在 20 世纪 70 年代末预言的广播和动画业、电脑业、印刷和出版业这几大产业之间的融合趋势，在今天已经实现，而进入产业融合的，还有更多的行业。在媒介融合的趋势下，传媒业与电信业、互联网业、IT 业等其他相关产业之间的融合与重组是必然的。

媒介融合带来了更复杂的业务模式，也带来了产业链的重塑，传媒业封闭的产业模式因此而打破，拥有技术（如 IT 业）、用户（互联网业）、渠道（如电信业）等优势的其他产业对传媒业发展的影响也日益明显。媒介融合对于传统媒体业务更高层面的冲击，将会带来一个全新的产业布局与产业结构。

传媒业如果不能在大的产业格局下去进行自己的定位或变革，而仅仅是在传统媒体的思维下去考虑内部业务与流程的再造，恐怕会在产业融合的过程中逐渐被边缘化。

（二）媒介融合过程中的“合”与“分”

媒介融合带来的媒介界限的模糊、媒体产品的融合，已经为媒体所关注。但是，需要注意的是，融合只是一个手段而不是目的，合是为了更好地分。通过融合达到更高层次的多样化，这才是媒介融合的终极目标。媒介融合是一个从合到分的过程，这包括以下内容。

1. 业务形态的整合与生产流程的细分

媒介融合的一个基本层面，是媒介业务形态的融合。但业务形态的融合，并非意味着报道过程与作品的单一化。媒介融合时代的新闻报道会在更高层次上形成一个大的报道体系，而要构建这样一个大的报道体系，生产流程的重新细分就是必要的。基于重新规划的生产流程，来改革媒体的内部生产机制与体制，也是必然的。

2. 产品的汇聚与用户市场的进一步分化

数字化使各种媒体产品有了共同的平台基础，从市场的角度看，这带来了媒体产品集中的可能性，但这并不意味着产品形态的单一化。

未来传媒市场可能的景观是：各种产品汇入一个大的市场，再根据用户需求进行组合。可以说，市场融合的结果并不是产品的单一化，相反是更加的多元化、个性化，但个性化是由用户的选择与重组来实现的。

3. 传播渠道的集中与接收终端的分散

虽然渠道融合是媒介融合的一个重要层面，但这种融合，是否就是各种媒介完全合流且成为一体呢？

无论未来的信息将以何种数字终端呈现，它们所依赖的发行或传播渠道一定是数字"管道"且会越来越统一。但在接收终端上，人们仍然可以有多样化的选择，比如：偏好纸质阅读习惯的人，可以将网络中传输的内容按需打印出来；而偏好电视的人，则仍可以用电视机来观看最终内容。但是，可以期待的是，未来一定还会有更多元化的信息接收终端以满足用户的不同需求，例如越来越像纸的电子纸和具有影院视听效果的便携的眼镜式显示器，甚至可以像 MIT 媒介实验室的普拉纳夫发明的"第六感"技术那样，将纸质的载体与电子显示结合起来[①]。不同人群、不同的时空情境，用不同的终端去满足，这才是媒介融合的更高境界。

4. 信息企业的大联合与再分工

以上几个方面的"合"与"分"，最终指向一个趋向，即信息企业大联合之后的再分工。这里的信息企业不仅包含现有的传媒机构，还包含新兴的内容提供商、电信业、IT 业等其他与信息生产相关的企业。

在媒介融合时代，新闻或其他信息生产与发布的技术更为多样、复杂，习惯于传统媒体生产流程的任何单一机构，也许都不足以承载多媒体内容生产的完整架构。因此，整个传媒业的机构需要在一个新的层次上进行融合、重组，每个小机构都是一个大机构中的一分子，完成自己所擅长的某一个"部件"或某一环节。传统媒体更多的是作为内容的提供者，而更多专业技术公司则是内容的包装者、发布者与推广者。

（三）媒介融合过程中的文化性障碍

媒介融合本质上是新媒体对传统媒体的融合，这其中，技术、资金、人才、机制、体制上的障碍会在很大程度上影响融合，而另外一种融合的障碍，则是文化性隔阂。

---

① 关于"第六感"技术，可以参看相关视频：http://www.tudou.com/programs/view/3IHomojXkzY/。

每一种媒体在发展过程中都在逐渐形成自己独有的“文化”，这种文化是与媒体相应的传播模式、传播主体、手段、思维等集合作用的结果，又结合着媒体运行的环境因素、体制因素和市场因素等。

在传统媒体向新媒体转型，以及新老媒体的融合过程中，文化性障碍表现得越来越突出，这既体现为新老媒体的不同文化取向与特质，也体现为新老用户之间的不同文化偏好。

1. 传统媒体与新媒体的文化差异

传统媒体的文化，是一种以内容为根基的文化。

在长期的运行过程中，传统媒体形成了以内容为中心的封闭传播系统。从传播结构来看，传统媒体的传播都是点对面的一级传播，传统媒体控制了唯一的传播通道，而点对面的传播特质，也带来了大锅饭似的信息供给。从内容的生产来看，生产的各个环节，都控制在传统媒体手上。系统的封闭性，也使得传统媒体周围没有太多的参照系或参照物。在这样的情况下，专业媒体对自己产品质量的检验能力变得有限。

尽管传统媒体也极力追求内容的质量，但由于传统媒体运作模式的特点，其内容本身总会存在一定的局限性。例如，传统媒体的视野总是有限的，这既是因为记者、编辑自身的能力限制，也是因为媒体的空间或时间限制，因此，传统媒体只能营造出所谓的“拟态环境”。传统媒体内容的表现形式也表现出较强的凝固性，变化相对较小。而作为一种产品，传统媒体的内容产品价值的挖掘也是不充分的。

传统媒体总体的文化特质，是一种高高在上的“庙堂式”文化，它是集权的、唯我独尊的，而对受众，是俯视的、教化的。传统媒体的一个重要目标，是进行社会的整合，也就是整合不同的社会阶层、不同的意见或者不同的文化，所以它更强调统合，而非强调差异。从理论上看，传统媒体是不容出错的，但事实上，它又难免在实践中出现各种失误与偏差。

传统媒体最重要的营利模式——广告，也主要是建立在专业媒体的封闭性与垄断性的基础上的。

而新媒体，特别是在其进入社会化媒体时代后，其文化更多的是建立在以“人”为核心的基础上。

社会化媒体的广泛普及，使新媒体形成了以“人”为基础单元的开放式传播结构。人取代内容，成为互联网的基础单元。每一个用户作为一个节点，既是一个传播中心，也是一个“开关”。基于关系网络的社会化媒体，形成了“全民投票”式的传播机制，也带来了“个性化”的信息满足。

新媒体内容生产具有高度的开放性，这表现为主体多元、视野多元，也表现为形式的流动性。新媒体的内容生产,也是一个碎片化内容不断产生、聚集、整合的过程,虽然在碎片化生产过程中,也会出现很多的偏差,但是,对此新媒体本身也有一定的修正与整合机制。

新媒体文化,本质上是一种竞争性的江湖式文化,表现出较强的开放、分权、共享、容错、戏谑、多元等特点。开放性不仅带来了内容的多元,也提高了用户的参与度,更改变了整个传播的格局。而新媒体的"分权"并非完全消解了传播权力中心,而是一个不断的"去中心化"—"再中心化"—"去中心化"的动态过程,更重要的是,成为权力中心是通过不断地竞争,而不是靠"先天赋予"的权力实现的。任何成为中心的机构或个体,如果不努力,也会很容易失去其权力。"共享"是互联网精神的一个重要特质,共享也是新媒体发展的重要动力。与传统媒体相比,新媒体对错误的包容性更强,在某种程度上会带来泥沙俱下的现象,但新媒体本身也具有一定的纠错能力。新媒体内容的外壳往往是轻巧的、戏谑的,有些时候甚至会表现为粗鄙,但某些时候,这些外壳下也有凝重的内核。新媒体可以在更大程度上尊重与促进多元的文化,而非用一种文化一统天下。

在新媒体的发展中,以用户为主体的参与式文化,如粉丝文化、社群文化等正在发挥越来越重要的作用。后面章节将做进一步分析。

以用户为核心的基于口碑的营销成为新媒体的重要方向,这也是与传统媒体明显的差异。

2. "受众文化"与"用户文化"的差异

除了传统媒体与新媒体之间的文化差异外,用户之间的文化差异,也会对媒介融合产生障碍。

老年群体在很大程度上仍然停留在"受众文化"这个层面上,他们对传统媒体的依赖性与信赖感依然很强,传统媒体作为一种时代烙印已经深深地刻在了他们身上,他们多数人也习惯于仰视、服从媒体。他们对于媒体的使用是仪式性的、不可替代的,而在传统媒体的培养下,他们的价值观也是主流的、传统的。他们对于媒体的使用习惯是相对稳定的,在阅读或收视过程中的参与也是有限的。即使越来越多的老年人开始使用新媒体,但也很难融入新媒体文化。

而年轻用户,特别是 30 岁以下的用户,则正在形成真正的"用户文化"。他们大多数是新媒体的原住民,他们不再盲目信任和依赖传统媒体,他们在平视甚至俯视的位置上,对媒体进行着他们的审视,不断发出批评、质疑的声音。他们对于媒体的使用,是功能性的、可替代的,对新媒体也有着多元需求。他们某些方面的价值观是反主流、反传统的。而他们的信息消费模式与行为也在不断发生变化,容易发生迁移,在信息消费过程中,社交和参与也成为重要的伴随行为。年轻用户也是新媒体文化的积极创造者与传播者。

当然,受众文化也并非完全对应于老年群体,用户文化也并非完全对应于年轻群体,上述的简化分法,只是为了便于说明不同群体的不同行为特征。

传统媒体在新媒体化的过程中,上面两个方面的文化隔阂,是重要的阻碍因素。

从长远目标来看,传统媒体需要实现文化性"转基因"。只有真正理解与融入新媒体文化,才能完成彻底的转型。

但在受众文化与用户文化并存的时期,传统媒体也需要尊重那些仍停留在受众文化中的群体特别是老年群体的需求与文化特质,减少文化性"数字鸿沟"。而新媒体也需要加强分众化服务,来增加文化的兼容性。

第二节 互联网:新媒体普及的核心动力

尽管在互联网普及之前,已经有不少被称为"新媒体"的技术与应用,但它们的影响力都很有限。是互联网使得新媒体真正深入了人们的生活,也让人们感受到了全新的传播景观。

一、互联网的诞生

互联网的雏形阿帕网(ARPAnet)于1969年诞生于美国,它是美国国防部的高级计划研究署(Advanced Research Projects Agency, ARPA)的一个实验性网络,最初ARPAnet只有4台计算机相连。为了应付可能的战争,ARPAnet的设计目标之一是,即使它受到外来袭击时,仍能正常工作,即计算机可以通过任一路由而不是固定路由发送信息。这种特性,使计算机网络具有更高的安全性。

为实现这一目标,这一网络采用了"分布式"结构,这种结构的通信网是对"集中型"和"分散型"网络结构的一种更新。后两者在电话网中非常常见,它们都是围绕着一些中心交换点构造起来的。分布型网络去掉了中心交换点,形成了一张由许多网点联结而成的网络,每一个网点都有多条途径通往相邻点。

采用分布式结构,使得网络中的任何一个节点被破坏后都不会影响到其他节点之间的通信。事实上,这样的结构,并不需要每一个节点都与所有相邻节点相联,每一个节点只要与3到4个相邻点相联就可以使网络实现牢固的联系。

抛开技术特性不谈,正是"分布式"的网络结构,使得今天的互联网成为了一种"去中心化"的(decentralized)、分权的新兴媒体,这种结构不仅使网络具有很高的安全性与可靠性,也造就了信息传播的多样化与控制的复杂化。在一些人眼里,这种分权结构因此被蒙上了一层乌托邦的神秘色彩,一些人认为,网络具有一种重新赋权的能力,因而可能成为一种民主工具。

后来,许多研究机构和大学也相继加入到阿帕网中,到 1972 年,这个网络上的节点数已达到 40 多个。

1974 年,文顿·瑟夫(Vint Cerf)和鲍勃·坎(Bob Khan)提出了 TCP 协议(Transmission Control Protocol)和 IP 协议(Internet Protocol)。在 TCP/IP 协议提出 10 年之后的 1983 年,TCP/IP 协议才被指定为互联网的标准协议,为所有的网络采纳,这意味着互联网世界有了统一的“语言”。TCP/IP 协议成为互联网的标准协议,是互联网技术史上的第一次飞跃。这也被认为是全球互联网正式诞生的标志。

从起源来看,互联网本身是计算机技术发展的产物,早期的应用领域主要在国防、教育、科研等领域。但是,随着技术的发展,互联网的潜力被不断挖掘出来,它也逐渐从专业领域走向大众领域。

二、互联网的“大众媒介化”

1983 年,ARPAnet 分成两个网——ARPAnet(用于进一步的研究)和 MILnet(用于军事通信)。它们之间仍保持着互联状况,能进行通信和资源共享。这种网际互联的网最初被称为 DARPA Internet,但不久就改称 Internet——互联网。

技术的进一步变革,使互联网逐渐走出了实验室,走出了学者精英们的圈子,互联网开始进入商业化应用阶段,一批服务提供商和内容提供商应运而生。在美国,“计算机服务”(CompuServe)和“美国在线”(American Online)等是早期联机服务的代表。但那时的互联网服务,还只能提供一个个的“信息孤岛”,网民登录某个服务商的服务器后,只能在这个封闭的信息空间里浏览信息或者与人交流。中国的“瀛海威时空”也是同样的模式。

即使互联网开始进入大众领域,早期的商用互联网仍存在着较高的技术门槛。欧洲粒子物理实验室的蒂姆·伯纳斯·李在 1989 年提出的 WWW(World Wide Web——万维网)的技术构想,从根本上改变了这一现象,也从根本上为互联网成为一种大众传播媒介奠定了基础。这可以看作是互联网技术发展的第二次飞跃。

WWW 是互联网中的一种应用方式,它的主要思想是利用互联网传送超文本信息,即包括文字、图像、声音、视频等在内的多媒体化信息,同时利用超链接将网络中的信息相互连接起来。在蒂姆·伯纳斯·李的思想的基础上开发出的 WWW 浏览器,是一种图形化的网络操作界面,它打破了必须使用命令才能执行网络操作的局限,使得网络的操作变得简单、方便和趣味盎然。直至今天,WWW 仍是网民使用最多的一种互联网应用,以至于很多人将 WWW 与互联网画上等号。后文将进一步介绍这一技术。

由于 WWW 的出现,原本只属技术人员专利的互联网技术,变得平民化。这为互联网上各种应用的开发提供了基础。

WWW 的普及,使得“Web 网站”(通常简称为网站)成为互联网主要的信息获取渠道。各网站之间往往能形成千丝万缕的联系,网站之间的切换也十分方便。同时,电子邮件、BBS、网络游戏等也逐渐集中到了这个平台上。那些能提供丰富内容与服务的门户网站,也开始成为人们游弋网络的必经之地。网络也由此逐渐变成一种大众传播媒介。

随着 WWW 的发展,网络信息成几何级数增长,在这种信息海洋里,网民如果不借助他人的指点想找到所需的资料,如同大海捞针一样困难,这时为满足大众信息检索需求的专业搜索技术便应运而生了。

搜索引擎的基本形式有两种,即网络蜘蛛型搜索引擎(简称搜索引擎)和基于人工分类目录的搜索引擎(简称分类目录)。Google、百度是前者的代表,Yahoo! 是后者的代表。

在这一阶段,电子邮件、BBS、聊天室、即时通信技术等也得到广泛应用,这些渠道的信息传播也与网络中的大众传播产生了深层的互动。

网络技术的发展和网络服务的丰富,使得互联网上的信息传播异常活跃。特别是海量性、时效性、互动性等优势,更使得互联网逐渐成为新闻传播的重要媒介,互联网在政治、经济、文化等领域的影响力也日益增长。而这背后,也有着商业力量的强力推动。

三、新一代互联网技术的发展

WWW 技术使互联网在 20 世纪 90 年代进入高速成长期。但技术的发展永远不会停止脚步。2005 年以来,新一代互联网(也被称为下一代互联网),作为一种技术性的概念越来越普及,它包括的主要技术有:IPv6、物联网、网格计算、P2P 技术、云计算、语义网技术等。

(一) IPv6 与物联网

未来互联网的发展,取决于一些基础的核心技术。其中,IPv6 是一个具有标志性意义的技术。

从技术角度看,IPv6 是下一代互联网、甚至下一代移动网络的基本协议,它将大大地提高下一代互联网的地址容量。

目前,互联网的地址协议为 IPv4,可提供的 IP 地址大约为 40 亿个,这些资源的绝对控制权掌握在美国人手里,据称,美国一个大学拥有的 IP 地址就几乎等于全中国的 IP 地址。中国的公众网因 IP 地址匮乏,被迫大量使用转换地址,网络的效益及安全受到威胁。而采用 IPv6 后，IP 地址资源不足的问题将得到根本解决。甚至有人开玩笑说，那时地球上每一颗沙粒都能分配一个 IP 地址。

当地址资源不再是问题时，人们可以想象到的一切东西联在网上就有了可能，例如，家庭里的每一件电器物品都可联在网上，网络无所不在，网络速度也将得到空前的提高。

要将所有“物”都联在网上，就需要依靠物联网技术。物联网（The Internet of Things），可以直接地从各种物体上采集信息并将这些信息发送到互联网上。后文将对物联网进行进一步的分析。

（二）网格计算、P2P 技术与云计算

“网格技术”是网络计算技术的一个新发展。网络计算技术的水平，反映了网络处理信息的能力高低。

网格计算是伴随着互联网而迅速发展起来的，专门针对复杂科学计算的新型计算模式。这种计算模式是利用互联网把分散在不同地理位置的电脑组织成一个“虚拟的超级计算机”，其中每一台参与计算的计算机就是一个“节点”，而整个计算是由成千上万个“节点”组成的“一张网格”，所以这种计算方式叫网格计算。网格技术将把整个互联网整合成一台巨大的超级计算机，实现计算资源、存储资源、数据资源、信息资源、知识资源、专家资源的全面共享。当然，也可以利用它构造地区性的网格、企事业内部网格、局域网网格、甚至家庭网格和个人网格。网格的根本特征并不一定是它的规模，而是资源共享，即对“资源孤岛”的消除。

网格计算虽然显得有些高深，但是，与之相似但更平民化的 P2P 技术近年来发展非常迅速。

P2P 技术，也称为对等网络（Peer to Peer）技术，这是一种网络结构的思想。它与目前网络中占据主导地位的客户端/服务器（Client/Server）结构（也就是 WWW 所采用的结构方式）的一个本质区别是，整个网络结构中不存在中心节点（或中心服务器）。在 P2P 结构中，每一个节点（Peer）大都同时具有信息消费者、信息提供者和信息通信等三方面的功能。在 P2P 网络中每一个节点所拥有的权利和义务都是对等的。①

在早期，P2P 技术开发的一个主要思路是挖掘互联网的超级计算潜力。例如，PopularPower、United Devices 和 Entropia 等公司所研究的技术都是针对如何收集处于工作间隙的电脑的闲置计算能力、通过集群技术产生超级计算能力的。但是，这意味着这一技术的主要使用者是具有大型计算要求的用户。

---

①　程学旗等：《P2P 技术与信息安全》，见 http://www.ppcn.net/n1367c39p2.aspx。

让 P2P 思想深入人心的是美国的 Napster 公司。这家公司成立于 1999 年，它提供的服务是让网民们交流 MP3 文件。但是，在 Napster 的服务器上没有一首歌曲，它只是提供了一个软件，利用这个软件音乐迷可以在自己的硬盘上共享音乐文件，搜索和下载其他使用了 Napster 服务的用户共享的音乐文件。Napster 在短时间里吸引了几千万用户。最终，它被五大唱片商以侵犯版权的罪名告上法庭。但是，Napster 的技术让人们看到了 P2P 思想在互联网上应用的巨大潜力。

网络上现有的许多服务也都可以归入 P2P 的行列，例如风靡一时的 BT 下载工具，是一种典型的 P2P 技术应用。此外，与流媒体技术结合起来的 P2P 技术也在得到广泛开发与应用，P2P 技术还将具有更广阔的前景。

在网格技术思想之后，一个与之一脉相承的思想“云计算”（Cloud Computing）也被提出来。

从技术上看，云计算指的是将庞大的计算处理任务自动分拆成多个较小的子任务，然后把这些任务分配给由多部网络服务器所组成的系统进行处理并将处理结果返回给用户。利用这项技术，可以在极短的时间内完成极为复杂的信息处理，实现和“超级计算机”同样强大效能的网络服务。

目前的“云计算”又进一步发展成了一种商业的概念，它的目标是将网络中的服务器作为一种共享的资源，用户可以随时获取、按需使用这些资源。例如，用户可以利用网络服务器（也就是所说的“云”）而不是自己的个人电脑完成文档处理、图像处理、视频编辑等工作，这样不必不断更新自己电脑中的软件和硬件便可以享受到性能不断优化的服务，而且终端的性能也不会成为人们获得相关服务的障碍。

与云计算有关的另一个概念，是“云存储”，这里的“云”同样指的是互联网上的公共服务器。云存储不仅可以节省个人设备里的存储空间，也便于信息的共享和同步。当然，它对个人隐私的威胁也在不断增加。

云计算可以使许多过去需要依赖个人终端完成的工作转移到网络中，由网络提供的各种基础设施来完成，终端本身的性能要求由此下降，因此，更多的设备可以成为网络的终端，这是万物联网的另一个基础。

过去的互联网中只有信息是共享资源，而云计算、云存储的目标还要让网络中的某些功能强大的服务器被用户共享。

（三）语义网

另一个备受 IT 界关注的网络核心技术，是语义网。

通俗地说，语义网就是能够根据语义进行判断的网络。也可以说语义网是一种能理解人类语言的智能网络，它不但能够理解人类的语言，而且还可以使人与电脑之间的交流变得像人与人之间的交流一样轻松。

目前我们所使用的万维网,实际上是一个存储和共享图像、文本、音视频等信息的媒介,但电脑对自己所存贮的文字或图像等信息的含义是一无所知的。而语义网则是希望计算机能“看懂”网页的内容,使计算机成为“智能”的导航工具。当然语义网还并不仅仅能完成这个功能,它比这还要“聪明”得多。

语义网将使人类从搜索相关网页的繁重劳动中解放出来。因为网中的计算机能利用自己的智能软件,在搜索数以万计的网页时,通过“智能代理”从中筛选出相关的有用信息。而不像现在的搜索引擎,只能罗列出数以万计的搜索结果。当然,语义网的思想要完全实现,还有很长的路要走。

(四)虚拟现实与3D技术

虚拟现实及3D技术与网络的结合,也是未来网络技术发展的一个重要方向。

第二人生(Second Life)曾是在网络中运用3D和虚拟现实技术的代表。它是全球最大的虚拟世界游戏。它是总部位于旧金山的林登实验室(Linden Lab)于2003年推出的一款以“合作、交融和开放”为特色的大型3D模拟现实网络游戏。在这个游戏中,每个人可以用3D方式建立自己的一个虚拟的“第二人生”,与同在这个虚拟世界中的其他人发生各种各样的联系,实现自己在第一人生中没能实现的梦想。人们也可以在这个游戏中通过各种方式赚到虚拟的“林登元”,而这种林登元可以兑换为真正的美元。许多世界著名企业,也曾纷纷在“第二人生”安家落户。但因为种种原因,“第二人生”目前已经式微。

“第二人生”只是虚拟现实技术在网络中运用的一个个案。而在未来,虚拟现实技术在网络中的渗透将更加全面。这意味着,网络与现实世界的交融,将更加密切。

四、Web2.0与社会化媒体时代的到来

1. Web2.0的概念

新一代互联网还将带来更多的技术变革,总体而言,这是在基础架构与底层支持技术上进行着的一场革命,它将使网络的能量再次急剧增长。

但对于普通用户来说,他们对于互联网变革的感受,更多来自于应用层面。而对于互联网应用技术的变革,人们越来越多地采用了Web2.0这一概念。

Web2.0这个词最早出现于1999年,但这个概念被普遍认可和使用,则始于2004年,蒂姆·奥莱利(Tim O'Reilly)创办的O'Reilly Media公司联合其他几家公司在2004年发起了首届Web2.0大会(Web2.0 conference,后来更名为Web2.0峰会),这一会议预示着Web2.0应用的兴起与普及。奥莱利本人也被

视为 Web2.0 思想的代表人物。

关于 Web2.0 的定义,目前还没有达成共识。从技术上来看,Web2.0 主要指的是允许用户参与网站内容建设和交互技术,也就是网络不仅是"可读"的,而且是"可写"的。但更多时候,Web2.0 被当作一种新的思维。蒂姆·奥莱利在《何为 Web2.0》一文中指出,"正如许多重要的理念一样,Web2.0 没有一个明确的界限,而是一个重力核心。""Web2.0 的经验是:有效利用消费者的自助服务和算法上的数据管理,以便能够将触角延伸至整个互联网,延伸至各个边缘而不仅仅是中心,延伸至长尾而不仅仅是头部。""Web2.0 的一个关键原则是:用户越多,服务越好。可以说,有一种隐性的'参与体系'内置在合作准则中。在这种参与体系中,服务主要扮演着一个智能代理的作用,将网络上的各个边缘连接起来,同时充分利用了用户自身的力量。"①

另外一个有代表性的观点是,Web2.0 是互联网的一次理念和思想体系的升级换代,由原来的自上而下的由少数资源控制者集中控制主导的互联网体系转变为自下而上的由广大用户集体智慧和力量主导的互联网体系。Web2.0 内在的动力来源是将互联网的主导权交还个人从而充分发掘个人的积极性使之参与到体系中来。②

目前 Web2.0 相关的主要技术有 RSS、博客(播客)、维基(WiKi)、SNS(社交网络)、微博、微信等。这些技术的共同特点是,进一步突出网络信息生产中普通网民的作用,并且通过各种应用方式使网民之间产生更加密切牢固的关系。

虽然人们对 Web2.0 的定义和特征的概括不尽相同,但有一点是共同的,那就是指出了 Web2.0 是以"人"为中心,而不是以内容为中心。

同时,对于 Web2.0,人们达成的另一个共识是,它是一种用户参与的架构,这既指网站内容建设,也指网站整体的"生态系统"建设。

与 Web2.0 相关联的,还有一个概念——UGC(User Generated Content),也有人称为 UCC(User Created Content)。这个概念强调的是在新的应用推动下,网民日益成为网络内容的重要生产力量,网民生产的内容,也在一定程度上对专业网站生产的内容产生冲击。

2. 社会化媒体的含义及主要特征

Web2.0 应用与社会化媒体(Social Media,也称社交媒体)也有着直接关联。

安东尼·梅菲尔德(Antony Mayfield)被认为是最先提出社会化媒体一词的人。2007 年他在《什么是社会化媒体》(*What is Social Media*)这一在线出版的著

---

① 《O'Reilly 媒体总裁蒂姆·奥莱利:何为 Web2.0》,载《互联网周刊》2005 年 11 月 23 日。

② 参见《Web2.0 时代下广告传播展望》,见 http://news.sohu.com/20070416/n249471365.shtml。

作中指出，社会化媒体是一系列在线媒体的总称，其主要特点是：参与、公开、对话、社区化和连通性。社会化媒体最大的特点是赋予每个人创造并传播内容的能力。作者将社会化媒体的基本形态分为七大类：社交网站、博客、维基、播客、论坛、内容社区和微博。[①]

2015 年 2 月，维基百科英文版中对社会化媒体的描述是：社会化媒体是一种以计算机为中介的工具，它帮助我们在虚拟社区里创造、分享与交换信息、观点以及图片、视频等。社会化媒体可以定义为，一系列以 Web2.0 技术与思维为基础的互联网的应用，它们促进了“用户生产内容”（User-generated Content：UGC）的创造与交流。进一步而言，社会化媒体基于移动或 Web 终端技术，创造了高交互性的平台，个体或社群在这里分享、协同创造、讨论以及修正用户生产的内容。[②]

作为一个动态更新的知识系统，维基百科对于社会化媒体的描述、界定的变化，在一定程度上也反映出人们认识的不断发展。

国内有研究者对社会化媒体的界定是：社会化媒体是以互动为基础，允许个人或组织生产内容的创造和交换，依附并能够建立、扩大和巩固关系网络的一种网络社会组织形态。它的思想与技术核心是互动，内容主体为 UGC，关键结构是关系网络，表现为一种组织方式。[③] 这个界定中，一个重要的拓展是，把社会化媒体看成社会的一种组织方式，而不是媒体。

当然，强调社会化媒体是一种社会组织方式，也不应该忽略其具有的内容生产与交换的功能，因为，在社会化媒体平台上，内容在很多时候是人们关系形成与维系的纽带。

也有个别研究者将社会化媒体与社交网络混为一谈，这就是一个理解上的偏差了。社交网络是 SNS（Social Network Service）的中文简称，有时也被称为社交网站。它只是社会化媒体中的一种。

基于目前社会化媒体的应用及传播特点，本书把社会化媒体定义为，互联网（包括移动互联网）上基于用户社会关系的内容生产与交换平台。

尽管关于社会化媒体的各种定义其切入角度不同，但都强调了互动、用户参与和用户生产，并强调了与传统大众传播模式的不同。

总体来看，社会化媒体的主要特征有如下两个方面。

第一，内容生产与社交的结合。

---

① 参见：http://www.icrossing.co.uk/fileadmin/uploads/ebooks/what_is_social_media_icrossing_ebook.pdf。

② 参见 http://en.wikipedia.org/wiki/Social_media。

③ 田丽、胡璇：《社会化媒体概念的起源与发展》，载《新闻与写作》2013 年第 9 期。

也就是说，社会关系与内容生产两者间是相互融合在一起的，社会关系的需求促进了社会化媒体平台上的内容生产，反过来，这些平台上的内容也成为联结人们关系的纽带。这些内容并非全都具有公共价值，但社会化媒体平台的传播机制可以很快地在无数的信息碎片中将有公共价值的内容筛选出来。

当然，在社会化媒体这个语境下，我们更关心的是公共性内容的生产及交换，而不是私密的个人化沟通。

在社会化媒体平台上，人们基于社交互动产生联系，并可以形成规模不同的关系网络，这些关系网络基本上可以用社会学中的“社会网络”这样一个概念来概括。

在社会学中，社会网络（social network）指的是社会行动者（social actor）及其关系的集合。[①] 社会网络分析是社会学里一个重要的研究视角，它是通过研究社会行动者及其之间的关系来研究社会结构，以及人们之间的相互影响的。在新媒体中，人与人的关系构成的网络，就是典型的社会网络，因此，对人与人的互动关系，往往可以运用社会网络分析方法。后文也会经常提到这个概念。但限于本书篇幅，无法对此进行展开。有兴趣者可以对此进行专门的学习。

第二，社会化媒体平台上的主角是用户，而不是网站的运营者。

从这个角度看，门户网站应该是被排除在社会化媒体之外的，虽然门户网站也有与用户的互动入口，如新闻后的跟帖，但是门户网站的内容生产包括互动，其主导者是编辑，例如，是否开放评论、在哪些新闻后面开放评论，是由网站编辑来决定的。因此，虽然门户网站有很多通向社会化媒体的通道或入口，也内嵌了部分社会化媒体的产品（如论坛），但其本身的组织架构，并不能称为社会化媒体。

社会化媒体在近十年来的迅速崛起，与 Web2.0 带来的新的技术与传播模式相关。可以说，Web2.0 是社会化媒体发展的新阶段。

目前，除了 Web2.0，人们又开始提出 Web3.0 这一概念，尽管人们对其认识不尽相同，但语义网作为 Web3.0 的代表是得到较普遍认同的，这一思想的核心也就是让网络“能思考”“有智能”。

第三节 手机：移动媒体的数字时代

1973 年 4 月 3 日，美国摩托罗拉公司工程师、科幻小说迷马丁·库珀首次

① 刘军：《社会网络分析讲义》，社会科学文献出版社 2004 年版，第 4 页。

实现了小型移动电话呼叫。1983 年 6 月 13 日,摩托罗拉生产的第一台便携式手机面世,这台名为 Dyna TAC 8000X 的手机重 794 克,长 33 厘米,标价 3 995 美元,最长通话时间是 1 个小时[①](见图 2-4)[②]。20 世纪 80 年代后期,全球移动电话业务发展非常迅猛,这为手机成为一种新媒体打下了基础。

图 2-4　摩托罗拉公司生产的第一台便携式手机 Dyna TAC 8000X

手机最初是人际交流的工具,但是随着手机技术的发展,它在大众传播领域中扮演的角色也日益明显,因此,它被称为继网络之后的"第五媒体"。虽然在手机之前也有广播这样的移动媒体,但手机技术的发展,使得移动媒体也进入了数字时代。

一、从 1G 到 4G:手机通信技术的发展

从手机通信技术的发展来看,到目前为止,它主要经历了四代技术。

1. 1G 时代——模拟手机时代

模拟移动电话系统主要采用模拟和频分多址(FDMA)技术,属于第一代移动通信技术。它只能实现话音业务,无法提供增值业务,通信网络覆盖范围小且漫游功能差。此外,模拟手机体积大且笨重。

2. 2G 时代——GSM 数字网络时代

全球移动通信系统(Global System Mobile Communication,GSM)数字网具有

① 《专访手机之父马丁·库帕:灵感来自〈星际迷航〉》,载《外滩画报》2009 年 2 月 3 日。

② 图片来源:http://roll.sohu.com/20130405/n371739075.shtml。

较强的保密性和抗干扰性，音质清晰，通话稳定，并具备容量大、频率资源利用率高、接口开放、功能强大等优点。GSM 技术也带来了更多样化的手机应用业务。

3. 3G 时代——宽带移动网络时代

3G 是英文 3rd Generation 的缩写，指第三代移动通信技术。它是指无线通信与国际互联网等多媒体通信相结合的新一代移动通信系统。它能够处理图像、音乐、视频流等多种媒体形式，提供包括网页浏览、电话会议、电子商务等多种信息服务。在中国，中国移动的 3G 采用的是 TD—SCDMA 技术标准，中国电信采用的是 CDMA2000 标准，中国联通采用的是 WCDMA 标准。其中，TD—SCDMA 为中国拥有自主知识产权的 3G 技术标准。

4. 4G 时代——高速移动网络时代

第四代移动通信技术也被称为“高级国际移动通信”（IMT—Advanced）。相对 3G，4G 能够提供更高速的数据传输服务，峰值数据传输速率应在 100Mbps 以上。目前的 4G 技术主要采用 TD—LTE 和 FDD—LTE 两种技术标准。其中 TD—LTE 为中国拥有自主知识产权的 4G 技术标准。

手机媒体的传播形式，从早期的语音通信，发展到短信、彩信、WAP 网站，后来又出现了“应用”（application，在国内也称为客户端）等方式。目前，HTML5 技术在手机中也得到广泛普及。

二、从功能手机到智能手机：手机终端的发展

在手机媒体的发展历程中，人们感受到的最直接变化，是手机这个终端的变化。从大如砖头的“大哥大”（模拟手机）到后来不断缩小的各式翻盖式、旋盖式、滑盖式、触屏式手机，手机的外型花样翻新，其功能也在不断丰富。

近年来，智能手机这个词为越来越多的用户所熟悉，智能手机的普及率也不断提高。根据美国互联网分析师玛丽·米克尔（Mary Meeker）及其所在的美国研究机构 KPCB 在 2015 年 5 月发布的“2015 年全球互联网趋势报告”，截至 2014 年，全球手机用户达到 52 亿，占全球总人口的 73%，其中，智能手机的比例达到 40%，总规模达到 21 亿，同比增长 23%，其中中国的增长率为 21%。[①]

智能手机是指具有开放式的操作系统，可以通过移动通信网络来实现无线网络接入的手机。这些手机可以由用户自行安装第三方服务商提供的程序，通

---

① 《2015 互联网女皇报告：互联网仍在缓慢增长》，http://tech.qq.com/a/20150528/006922.htm#p=5；http://tech.qq.com/a/20150528/006922.htm#p=10。

过此类程序不断对手机其功能进行扩充。在某种意义上,智能手机就是一个掌上电脑。

但不同品牌的智能手机其操作系统不尽相同。手机主要的操作系统类别有:iOS、安卓(Android)、塞班(Symbian)、Widows Phone 等。不同操作系统手机之间的应用软件互不兼容,而相同系统的手机软件基本能通用。

世界上第一款智能手机是 IBM 公司 1993 年推出的 Simon,它也是世界上第一款使用触摸屏的智能手机,使用 Zaurus 操作系统,只有一款名为"Dispatch It"的第三方应用软件。①

2007 年,苹果公司发布了第一代 iPhone,iPhone 的出现,推动了智能手机的普及。

智能手机开始普及后,与之相对应的,只能完成语音通话、短信和其他一些基本功能、不带操作系统、用户不能自行安装与卸载程序的手机,被称为功能手机。显然,功能手机是手机最早的形态,而智能手机是它的新发展。

智能手机本身就是一种"电脑",只是更便携。从功能手机发展到智能手机,这是手机终端发展中的一个质的飞跃。

三、从人际传播到大众传播:手机传播的发展

手机媒体最早的功能是语音通信,也就是说,从传播角度看,它起步于人际传播。而从短信开始,手机的功能越来越多地向大众传播方向发展。手机也逐渐成为一种新的媒体。

在手机媒体的早期发展中,短信传播占据了核心地位。

短信传播是基于短信服务(Short Messaging Service,SMS)或多媒体短信即彩信(Multimedia Messaging Service,MMS)技术。

1992 年,世界上第一条手机短信在英国发送成功。2000 年,中国移动推出移动梦网,经营短信业务。2002 年,中国联通 CDMA 网开通,也开始推广短信业务。2002 年 5 月,中国移动、中国联通实现短信互通互发。2002 年 10 月初,中国移动推出 MMS 业务,彩信开始逐渐普及。

手机业务在中国发展的一个重要增长点就是短信。2000 年 12 月,中国移动公司推出的"移动梦网"计划,极大地刺激了中国短信业务的增长。

根据工业和信息产业部发布的统计数据,2000 年,中国移动的短信量是 10 亿条,2001 年为 189 亿条,2002 年达到 900 亿条,2003 年超过 1 371 亿条,2004 年达到 2 177 亿条,2005 年全国手机短信发送量达 3 046.5 亿条,2006 年接

---

① 《阅读简史》,载《青年时报》2014 年 5 月 20 日。

近 4 300 亿条,[①]2007 年达到 5 921 亿条,[②]2008 年为 6 996.7 亿条,[③]2009 年达到 7 840.4 亿条。[④] 在手机短信业务兴起的头 10 年间,短信是手机用户的重度应用。

与此同时,手机短信也开始承担起公共信息传播的任务。手机短信成为早期手机报的支持技术。在一些特殊场合,手机短信成为社会动员的渠道。2005 年的“厦门 PX 事件”、2008 年的“抵制家乐福事件”等,都是手机短信与互联网传播共同作用的结果。手机短信在谣言传播方面带来的消极影响,也在 2003 年的“非典”事件中表现得十分充分。

在手机发展的历程中,WAP 也是一种不可忽视的传播方式。

无线应用协议(Wireless Application Protocol,WAP)网站,是移动通信技术与互联网技术结合的产物,通俗地说,它是手机网上的网站。与短信、彩信相比,它提供的内容与服务更为多元。

在 WAP 技术占上风的时期,移动运营商开办的 WAP 门户具有举足轻重的作用。特别是中国移动 2000 年 12 月参照日本 DoCoMo 的 i-Mode 服务推出的“移动梦网”,更是占据着垄断地位。移动梦网的 WAP 平台集成了很多 SP(服务提供商)提供的内容与服务。用户通过移动梦网的门户网站才可以定制 SP 的业务。中国联通推出的“互动视界”则是联通版的“移动梦网”。

后来在移动梦网、互动视界之外,也出现了大量的其他 WAP 网站,但是它们与传统互联网上的 Web 网站的模式仍是一样的,只是更为简化或轻量化。

而近年来,随着智能手机的发展,APP 模式逐渐风行。APP(Application)指的是一个功能相对单一的软件,可以满足用户某个方面的特定需求,在中国,它也往往被人们称为客户端。它最初是苹果公司在 itouch、iPhone 等平台推出的一种提供内容和服务的方式,之后也被安卓等系统的手机以及 iPad 等平板电脑所采用。

WAP、APP 的普及,为移动互联网的兴起做了铺垫。

四、从媒体到平台:手机功能的发展

手机的发展,不仅体现为其在信息传播方面功能的拓展,还体现在它在社

---

① 综合新华社历年报道。

② 《2007 年中国手机普及率达 416% 短信发送量达 5921 亿条》,http://www.ce.cn/xwzx/gnsz/gdxw/200801/25/t20080125_14366537.shtml。

③ 《除夕夜全国手机短信发送量将超 180 亿条短信》,载《北京青年报》2009 年 1 月 27 日。

④ 《2009 年我国短信发送量达 7840.4 亿条同比增 8.4%》,http://tech.163.com/10/0204/12/5UM6SU5U000915BE.html。

交、游戏、支付、交易等各方面功能的拓展上,今天的手机,已经发展成为一个全方位的平台。

手机游戏是以手机为终端、离线或在线进行的游戏,它包括单机游戏和联网游戏两大类。在功能手机阶段,手机游戏就已经受到用户的青睐。而在智能手机和 3G 技术等的共同推动下,手机游戏的种类愈加丰富,手机游戏也成为一个有巨大发展空间的产业。

根据中国互联网络信息中心(CNNIC)在 2014 年 8 月发布的《2013 年度中国手机游戏用户调研报告》,截至 2013 年 12 月,我国手机网络游戏用户数为 2.15 亿,较 2012 年年底增长了 7 594 万,年增长率为 54.5%,过去单机游戏的主导地位正在向联网游戏转移,手机联网游戏使用率达到 43.1%,较 2012 年年底提升了 9.9 个百分点。①

而社交功能近年来在手机平台的发展也很快,从早期的短信社交,到今天的微博、移动 QQ、微信等,手机在社交方面扮演的角色越来越突出。

手机支付是未来支付方式的主流方向。根据中国人民银行发布的数据,2015 年第一季度,我国移动支付业务呈现爆发式增长,全国银行机构共处理移动支付业务 13.76 亿笔,金额 39.78 万亿元,金额同比增长 921.49%。②

今天的手机支付主要是利用一些客户端(如各银行的客户端、支付宝、微信等)来完成的,而在未来,手机支付还将利用更多的新技术。

NFC 技术就是将对手机支付产生重要影响的一个技术。近场通信(Near Field Communication,NFC)是一种近距离无线通信技术。可以通过非接触方式,进行近距离下(通常在 10 厘米以内)的电子设备身份识别或信息交换。它由非接触式射频识别(RFID)等技术演变而来,目前可以实现移动支付、身份认证、电子门禁、电子票务及防伪等功能。具备这些功能的手机,不仅可以进行电子支付,还具有成为身份证、门卡等的潜力。

作为一种支付方式,采用 NFC 技术的手机,不需要通过移动网络进行操作,而是直接在 NFC 收款机上"刷手机",其操作更为简便。2014 年 10 月,在苹果的新品发布会上,苹果推出了 Apple Pay,它就是 NFC 的一个应用。

在手机支付手段日益完善的前提下,手机交易也变得更为便捷、安全,这包括购物、炒股、旅行、宾馆等各方面的交易。

今天,手机已经全面渗透到人们的生活、工作的各个领域,这也为移动互联

---

① CNNIC:《中国手机游戏用户调研报告(2013 年度)》,http://www.cnnic.net.cn/hlwfzyj/hlwxzbg/wybg/201409/P020140911538720279158.pdf。

② 《NFC 手机支付还需跨过几道坎》,载《科技日报》2015 年 6 月 23 日。

网的兴起打下了基础。

第四节 移动互联网:互联网与手机网的汇流与升级

目前移动互联网利用的主要终端是手机,但移动互联网不等于手机网。手机启动了移动数字传播时代,但手机网比移动互联网的内涵要窄,因为今天的移动终端已经远远不止手机了。

另一方面,移动互联网也常常被人看作是和以电脑为终端的所谓"传统互联网"平行的另一个网络,这也是一种认识上的误区。移动互联网不是独立于传统互联网之外的,从理论上来说,移动终端可以访问几乎所有传统互联网上的内容,移动互联网包含了传统互联网。但移动终端还可以通过各种"应用",获得更多的信息与服务。因此,移动互联网是传统互联网的延伸。换句话说,移动互联网是互联网发展的一个新时代。

根据研究机构 KPCB 发布的《2014 互联网趋势》报告,截至 2014 年 5 月,全球移动互联网使用量占互联网使用总量的 25%,亚洲更是达到 37%。[①] CNNIC 发布的《第 34 次中国互联网络发展状况报告》则显示,2014 年 6 月,中国手机上网比例首次超过传统 PC 机上网比例,手机网民规模超八成。[②] 这些数据意味着,移动互联网时代已经到来。

移动互联网的发展趋势及其影响,主要体现在以下几方面。

一、移动终端的多样化

手机开启了移动数字传播时代,但手机仅仅是一个开端。之后的平板电脑、电子纸等技术,使移动传播开始迈进小康时代。但移动终端将是一个不断创新的领域。未来的设备将一再挑战我们的想象力。

(一) 平板电脑的发展

对移动互联网兴起起到了推动作用的另一种技术,是平板电脑(Tablet Computer),也就是超薄的、功能相对简单的电脑。

2010 年 1 月 27 日,苹果公司的平板电脑 iPad 发布。iPad 定位介于苹果智能手机 iPhone 和笔记本电脑产品之间,提供浏览互联网、收发电子邮件、观看电子书、播放音频或视频、游戏等功能。在 iPad 上虽然也可以通过浏览器浏览互

---

① Mary Meeker:《2014 互联网趋势》,http://www.36kr.com/p/212449.html。

② 报告下载地址:http://www.cnnic.net.cn/hlwfzyj/hlwxzbg/hlwtjbg/201407/P020140721507223212132.pdf。

联网的信息,但是,它更多的产品是通过应用商店(Application Store)中的APP方式来提供的。在第一代iPad推出后,苹果公司以几乎每年一代的速度更新着iPad。

除了iPad之外,三星、亚马逊、微软、联想等大批企业也推出了自己的平板电脑。

平板电脑不仅是新的终端,它也推动了"应用商店"及APP这样的应用模式,而这也在一定程度上带来了媒体产业链条的重构,以及新的经营模式。

(二) 电子书与电子纸技术的发展

2009年以来,电子书(也被称为电子阅读器)的发展引人注目。相比电脑,电子书的体积更小、重量更轻,功能也较为单一,以报纸和书籍的阅读为主。电子书一般采用电子墨水(E-ink)技术,采用这种技术,电子书在强光下也可以正常阅读,它对眼睛的刺激适中,能耗更低。

越来越多的厂商进入电子阅读器的生产行列。在日益丰富的产品中,市场表现最好的是亚马逊公司的Kindle。据亚马逊公布的信息,Kindle是该网站最畅销的商品。2009年圣诞节当天的统计数据显示,该网站电子图书的销售量首次超过传统印刷书籍。2011年4月开始,亚马逊售出的电子书数量已经超过了纸质书籍——销售记录显示,亚马逊每售出100本纸质书,Kindle电子读物就能售出105本。①

亚马逊Kindle的业绩,不仅是由于它的阅读器技术本身,还由于亚马逊所建立的一个包含39万本数字化图书的资源后盾。此外,它附送终身免费的网络服务,用户可以在亚马逊的网上书城以9.9美元的价格购买书店里几十美元的畅销书,可以以更便宜的价格订购报纸,并在每天凌晨准时接收到当日的早报。这些配套服务,都为这一阅读器的普及提供了基础,也为媒介融合时代的新的产业模式提供了启发。

电子书的进一步目标,是变成"电子纸",而对于电子纸的发展来说,柔性——也就是可以卷曲、折叠,是未来的一个重要努力方向。

2010年1月,LG公司公开展示了其最新的研究成果,这就是柔性的(可以随意弯折的)e-paper显示器(见图2-5)②。这款产品的尺寸和一张A3幅面的报纸大小相似,重约130克,而其厚度也仅为0.3毫米,可以说与印刷报纸的外形已经越来越接近了。2012年3月,LG公司宣布柔性电子纸正式开始投产,但在市场发售的电子纸尺寸只有6英寸。

---

① 《亚马逊:电子书销量首超纸质书》,载《文汇报》2011年5月25日。

② 图片来源:http://www.ithlj.com/news/2010-8/102361.html。

2014 年 3 月,索尼推出了自己 13.3 英寸的 Digital Paper 柔性电子纸。尽管它价格不菲,推出时价格约 1 100 美元,它也并非针对普通消费者,而是面向教育、法律和商业等领域的应用,但是,这个产品方向还是值得关注的。①

电子纸在未来还将继续发展,也许某一天,这些“长得像纸”的电子纸等终端会成为报纸新的载体。电子纸技术也可能用于手机、可穿戴设备等方面。

图 2-5 LG 公司开发的可卷曲的电子纸

(三) 可穿戴终端的兴起

可穿戴终端,即以类似于人们日常穿戴物如衣物、首饰、眼镜等外观出现的智能移动终端。它们融合计算机技术、多媒体技术及无线传输技术,携带更为方便,不仅可以提供与手机等终端相似的信息服务,还可以对使用者的身体、行为、位置及空间环境等进行监测和数据收集,是移动终端发展的另一个方向。

早在 20 世纪 80 年代,加拿大人史蒂夫 · 曼恩就开始致力于可穿戴设备领域的研究,他也被称为“可穿戴”计算机之父。在曼恩发明的“Eye Tap”中,已经可以清晰地看到谷歌眼镜的影子。

眼镜式或头戴式终端是可穿戴设备的最早形式之一。2011 年 11 月,索尼公司将头戴式的 3D OLED 显示器推向市场,这种头戴式显示器的效果相当于在 750 英寸的影院般虚拟屏幕上观看 2D 或 3D 电影。

谷歌公司在 2012 年 6 月发布的“谷歌眼镜”,开启了人们对可穿戴终端的进一步认识。基于谷歌眼镜现有的十余种功能,人们很容易把它与手机联系起来。

① 《索尼 13 英寸“电子纸”试玩体验》,http://digi.it.sohu.com/20140329/n397416180.shtml。

但与一般手机不同,它是一个“摄像头+微型投影仪+传感器+存储传输+操控设备”的结合体。摄像头可以提供与人眼观察相似的拍摄视角,这种拍摄视角也被人称为“第一人称拍摄”。投影仪可以形成一个虚拟的屏幕,它所带来的是一个类似于笔记本屏幕的视觉体验。而操控设备可通过语音、触控和自动三种模式控制。谷歌眼镜所采用的技术被称为“扩增现实技术”(Augmented Reality,AR),其特点是通过显示装置在当前的现实环境中附加相关虚拟信息,当然,这些信息是通过网络提供的。虚拟信息与真实世界实时叠加,创造了一种全新的体验。

谷歌眼镜的出现,使得人们在移动状态下的信息采集与接收能力得到强化,特别是在那些人的手被占用的时空里。同时它也提供了“第一人称”视角的拍摄效果,对于手术中的医生、运动场上的运动员、多媒体采访环境中的记者、开车中的用户等,谷歌眼镜的拍摄,将带来全新的感受。

2015 年 1 月,谷歌宣布停止谷歌眼镜的销售,有人认为这意味着谷歌眼镜的失败,但谷歌公司将新一代谷歌眼镜的开发,移交到了新的部门,因此也有人对未来的谷歌眼镜抱以期待。

2014 年,百度发布了可穿戴设备——百度眼(Baidu Eye),它试图定位于某些特定空间中的信息采集和个性化服务,如商场、博物馆等。例如,当人们身处博物馆时,他们感兴趣的展品,与其视线相关,百度眼了解了用户感兴趣的展品后,可以自动获取与这些展品相关的信息并通过语音传送给用户。

智能手表是可穿戴设备中的另一个重要领域。

2013 年 9 月,三星公司推出了智能手表 Galaxy Gear。它拥有 1.63 英寸的 AMOLED 显示屏、蓝牙以及摄像头,与手机进行蓝牙连接后,能够实现上网、打电话、收发电子邮件和消息、存储和传输数据、游戏等功能,也可以跟踪或管理个人信息。

2014 年 9 月,苹果公司推出智能手表 Apple Watch。Apple Watch 可以实现显示通知及日程、简单导航、控制音乐播放、接打 iPhone 上的电话、接收短信并快速回复等操作,同时也支持健康监测、Siri 和 Apple Pay 等。一些媒体与网站也开发出了 Apple Watch 上的新闻客户端。

除了智能手表外,功能更简单,主要用于健康数据记录的智能手环,也已在市场上普及。

无论是谷歌眼镜、Baidu Eye,还是三星 Galaxy Gear、苹果 Apple Watch,或是其他的可穿戴设备,都不一定是理想的产品,在未来都未必会赢得市场,但是它们所代表的方向却是重要的。

可穿戴终端进一步解放了“手”,这为移动场景下的信息采集提供了新的可能,而谷歌眼镜等的“第一人称视角”的拍摄,也为“沉浸式”报道提供了可能。

可穿戴终端增强了环境感知的能力,这为移动状态下个性化信息与服务提供了依据。

可穿戴终端更重要的意义是成为人体的传感器,它也将是物联网中的一类重要设备,后文将进一步分析。

可穿戴终端也在一定程度上意味着,人与终端的融合趋势正在显现。

移动终端在很大程度上延伸了人体,使人们拥有了比传统的广播电视更强大的千里眼、顺风耳,也使人们有了新的感知外界的“神经系统”。但是,当人与终端日益融合时,人体的某些功能是否会被弱化?

《科学》杂志 2011 年发布的一项研究称,互联网已经成为一种人的外部交互记忆,信息被存储在人脑之外,人们更多的是记住信息的位置,而不是记住信息本身,这也被称为“Google 效应”。① 虽然这一研究揭示的是过度依赖互联网的结果,但人们对互联网依赖程度的增强与移动终端显然是直接相关的。

移动终端的发展,使人在享受到终端带来的更多便利的同时,也有可能会被终端“异化”。尽管目前这个领域还没有足够多的研究,但新技术对人体自身的影响,无疑是未来重要的研究领域。

二、人机交互方式的“回归自然”

技术的目标不是束缚人类,而是要尽可能解放人类,新媒体的发展也理当如此。

从终端的发展趋势看,人与终端的交互也将越来越回归“自然”,也就是说这些终端将越来越“人性”。这方面的主要技术包括如下几种。

(一) 语音交互技术

即通过语音来与终端进行交互。例如,苹果公司 2011 年 10 月发布的 iPhone 4S 手机中的 Siri 技术,便是这样一个代表。利用 Siri,用户可以通过基于自然语言的人机对话来获取各种信息与服务。其工作的大致原理是,Siri 在对用户用语音方式输入的内容进行识别后,调用相关应用程序进行处理,需要时,再用语音方式进行信息反馈。Siri 还具有学习和适应能力,能够不断学习新的声音和语调。

在 Siri 之后,越来越多的手机操作系统中都出现了类似的智能语音助理。

(二) 体感交互技术

即通过身体动作来与信息终端进行交互。微软公司的 Kinect 游戏机是目前

① Outsourcing memory: the internet has changed how we remember, http://theconversation.edu.au/outsourcing-memory-the-internet-has-changed-how-we-remember-10871。

"体感"技术的代表,玩家不需手执摇控器或手柄,只要做出各种动作,就可以与游戏机进行互动。Kinect 上设置了几个摄像头,它们负责捕捉人们的肢体动作,然后内置的程序对这些动作进行识别、记忆和分析处理。虽然它只是一款游戏机,但是,它使人们从键盘、鼠标和摇控器等输入设备中解放出来。它的应用前景,也远超出游戏领域。例如,当医生在做手术时,利用 Kinect,医生完全可以无接触地控制手术影像的播放,避免用手直接操作带来的细菌污染。在肉眼无法看到东西的暗处,Kinect 能通过红外摄像头"看到"事物,并对人发出相应提示,对于盲人来说,Kinect 也有可能成为他们的"眼睛"。

(三)视线交互技术

在未来,甚至视线也可以成为人机交互的一种方式,也就是说,通过视线就可以控制电脑。2012 年年初,专门从事眼动仪[①]研发的瑞典 Tobbi 公司宣布将为 Windows 8 发布眼控 Gaze 凝视界面,即允许用户通过眼控技术来控制电脑操作,并称通过眼睛来控制屏幕和鼠标控制一样精确,但是要比鼠标更加直观、自然、快速。[②] 尽管正常人对这样一种交互手段的需求如何,还需要进一步观察,但对于一些残疾人来说,这无疑是一个革命性的进步。

几年前,一段展示未来技术的视频在互联网上广泛流传,在这段视频中美国麻省理工学院"媒体实验室"的普拉纳夫·米斯特里(Pranav Mistry)展示了他开发的称为"第六感官"(the Sixth Sense)的技术。这种技术的模型主要由网络摄像头和投影机构成,它们与一个可上网的(Internet—Enabled)的手机相连。摄像头拍摄到某个对象时,手机马上到互联网中查找与之有关的信息,并用投影机将相关信息投射出来,投射屏幕可以是墙面、人体或者任何平面,整个装置的成本不足 350 美元。

普拉纳夫展示了这样一些可能性:当人们读到印刷报纸上的一篇文章时,报纸上出现了与文字内容相关的视频;当人们看到报纸上的天气预报时,每个地区的即时天气信息同时也用电子的方式被提示出来;当人们阅读一本纸质书时,关于这本书的书评的电子信息同时可以显现,甚至可以听见。

普拉纳夫的设计思想虽然现在还没有普及,但它会体现在未来的一些技术设计中。各种技术的相互融合,必将带来越来越人性化的交互技术,它们将使得人们使用新媒体的各种设备时,越来越像人与人的交流状态。

---

① 眼动仪是认知科学、心理学和医学研究中的一项主要设备,它是通过观察人的眼球的活动来对人的心理、认知状况等进行分析。近年来,眼动仪也越来越多地被引入到新闻传播领域,成为传播效果研究的一种手段。

② 《CES2012:Windows 8 将迎来眼控"Gaze"界面》,http://tech.ifeng.com/digi/special/ces2012/content-3/detail_2012_01/10/11856938_0.shtml。

三、移动传播改变的时空观

移动互联网时代,用户接触和使用网络的时间是碎片化的,这既是对媒体惯性和用户共性的一种冲击,也可能泛化到对人自身行为方式、思维方式、表达方式等的影响。

(一) 从黄金时段到碎片时间:移动传播带来的时间观的变化

电视这样的传统媒体,非常看重所谓的“黄金时段”。“黄金时段”的形成与固定终端时代人们的生活节奏相关。但对移动互联网来说,“黄金时段”的意义被淡化,因为对用户来说,当媒体可以随时带在身上时,一切时间都有可能是黄金时段。

对于移动互联网的用户来说,无论是新闻阅读,还是社交或娱乐活动,都可能发生在各种零星的时间段、各种情境下。时段不再是他们使用网络的障碍。

时间碎片化的另一重含义,是用户时间利用的个性化。对用户整体来说,原有的共同节奏将被打破。除非一些特殊时刻或特别事件,在日常情况下,像电视观众那样的有规律的统一行为在移动互联网中将越来越少见。

以往媒体的黄金时段是用户行为共性的体现,它反过来又变成了一种约束用户的媒体惯性。而碎片化时间的利用,打破了媒体的惯性,它更多地体现了用户的个性与意志。在移动互联网技术的支持下,人们的个性化意志已经有了和专业媒体意志相抗衡的资本。

因此,对于移动互联网的信息与服务来说,时间变量的影响将下降,而与时间相关但又不完全相同的“情境”变量,对于解释用户的需求与行为,具有更重要的价值。移动互联网的内容与服务商,需要更多地注意不同情境下人们的特定需求,以及相关行为方式,当然,“情境”这个变量与“空间”这个变量,有着密不可分的关系。

移动互联网的另一个影响,是把人们的完整时间切割成碎片时间。越来越多的用户体会到,当移动终端在身边时,他们的注意力会被不断分散,在本应完整的工作或学习行为中,会不断地插入看新闻、刷微博或微信等活动,人们对自我行为的控制能力与效率不断下降。

因此,时间的碎片化,不仅成为人们的媒介使用模式,也可能泛化为人们普遍的行为模式。

基于碎片化时间的行为,也往往带来思考与信息表达的碎片化,这也逐渐挑战着人们的思维模式和表达方式。不少人发现,写出大段的文字变得越来越困难。尽管在碎片化的思考与表达中不乏思维的“火花”,但这些“火花”多数难以转化成“熊熊大火”。

这的确是一个令人担忧与沮丧的趋向,但无论如何,正如麦克卢汉所说,媒介即讯息,媒介使用会导致人们的思维与行为变化。移动互联网时代,时间的碎片化已经变成一种媒体特性,它对人们的行为模式、思维方式以及表达形式的影响恐怕是人们难以逃脱的。

移动互联网渗透到人们的碎片化时间中的另一种方式,是记录碎片化时刻,这带来了另一种可能性,那就是移动互联网也成为基于碎片化时间的人类活动的汇集,越来越多的内容对应着人的时间碎片。个体的时间碎片整合起来,成了个人史;而无数个体的时间碎片整合起来,就成了社会史的一部分。

(二)从"广播"到 LBS:移动互联网改变的空间观

移动互联网首先让人想到的是传播的"追身性",即在任何空间实现信息与服务的到达。但移动互联网带来的空间观的改变,并不仅仅体现在这个方面。

1. 信息消费空间:从"大空间"向"微空间"的演变

移动传播时代,空间这一与用户属性相关的变量的重要性得到凸显,其含义也发生了一定的演变。

电台广播是一种传统的移动传播形式,它是点对面的、在某一个特定的地域范围内的无差异传播,即在同一地域范围内,所有听众收到的都是同样的内容。而这个地域范围,通常是很广的。所以"广播"的含义是无差异的广域覆盖。

早期的手机传播,也是"广播",地理空间是一个相对而言意义有限的变量。

近几年兴起的 LBS(Location Based Service,基于地理位置的服务)则正在改变这一状况,它也代表着移动互联网未来的发展方向。

LBS 是通过电信移动运营商的无线电通信网络或外部定位方式(如 GPS)获取移动终端用户的位置信息,在地理信息系统(Geographic Information System,GIS)平台的支持下,为用户提供相应服务的一种增值业务。

尽管 LBS 的应用最早是从基于地理位置的签到等开始的,但 LBS 远不止是签到。

LBS 的应用,意味着信息更定向的发送,这种定向性可以精准到一个商场、一个咖啡馆。

LBS 的应用,也意味着现实空间人群的更有效的连接与互动。有了定位,人们可以清楚地了解到某一信息是从附近多大范围内的人群中发出的,人们也可以知道同一空间的人此刻在想什么、做什么。

LBS 技术的普遍应用也意味着,移动互联网不仅可以向移动状态的人们提供信息和服务,还可以向不同位置的人们提供不同的信息和服务。它可以跟踪人们的移动轨迹,理解人们在不同位置的需求,把每一个位置作为向其提供个性化服务的重要依据。

LBS 使市场细分中的“地理变量”即空间有了两个方面的变化：一是空间的流动性，一是空间的精准化。换句话说，以往媒体市场细分时只关注“大空间”，而移动互联网关注的是随时在变化的“微空间”。微空间的坐标成为移动互联网用户的一个重要的自变量，这个自变量发生的变化，包括微小的变化，都可能导致与它相关的“函数”（信息、服务、社区等）发生变化。当然，这种空间并非仅仅是地理位置的概念，它与前文提到的“情境”是相关的。

2. 新闻生产空间：从“媒体空间”向“现场空间”的迁移

从“大空间”向“微空间”的演变，是从用户的信息消费角度而言的，而从信息生产特别是新闻的生产角度看，生产空间的变化，更多地体现为从编辑部等“媒体空间”向新闻发生的“现场空间”的迁移。

移动终端使得出自新闻现场的即时的新闻生产变得更为普遍，基于文字、图片、视频等手段的新闻现场直播成为常态，空间的转移更多地意味着新闻生产时间的高浓缩，以及新闻产品中更多的原生态。这对于媒体的生产手段、流程以及媒体人的素质是一种挑战。

更值得关注的是，来自现场空间的新闻生产，并非都出自专业媒体。更多的时候，新闻的直播，是新闻事件的当事人、现场目击者等普通人带来的。这些新闻生产，可能没有专业的水平与角度，但它们却往往能弥补专业媒体视角的不足，或成为媒体内容的参照。

这些普通人的直播信息经过社会化媒体实时的传播后，更容易引起人们的感同身受，使更多的人成为事件的“卷入者”或参与者，这种“卷入”会放大事件的影响力。

3. 虚拟空间与现实空间的同一化趋势

移动互联网应用也使得虚拟空间与现实空间这两个过去被认为是彼此分割的空间，越来越趋向同一。

在 LBS 技术的支持下，数字信息成为现实空间位置的直接映射，虚拟空间随现实空间的变化而转换，两者越来越如影随形。

另一方面，虚拟世界里人们的互动也越来越多地与现实空间的互动连接起来。过去人们在网络中的互动可以完全超越现实空间，网民只需要借助网络中的各种符号互动就可以实现“神交”，虚拟互动可能永远不会演变成现实互动。但是，LBS 使得虚拟互动越来越多地由现实空间位置的邻近性引发，虚拟空间的互动也成为了现实空间互动的前奏。

当然，LBS 类应用也把人们推到了新的风险中，虚拟空间的传播可能将现实空间位置这一在多数时候应该作为个人隐私存在的信息暴露无遗，这些信息一旦被滥用，人们的安全就会受到威胁。

尽管 LBS 技术可以带来虚拟空间与现实空间的同一化，但这种同一化也并不是在所有时候都会发生，有时人们仍会选择将两者区隔开来，因为两者捆绑过紧，会使人们失去自由与乐趣。

移动互联网时代，我们还常常可以看到这样两种情况：一种情况是，一个人虽然不在某个现场，但借助移动工具通过虚拟空间参与现场活动，可谓“缺席的在场”——缺席但试图在场；另一种情况是，一个人虽然身在某个现场，但通过移动终端转移到虚拟空间，仿佛已从现场逃离，可谓“在场的缺席”——在场却试图缺席。无论是哪种情况，都意味着，人在两种空间里穿越或对两种空间的控制能力，因移动互联网而增强。

（三）场景：移动时空描述的新维度

在移动时代，虽然空间概念变得很重要，但单纯的空间概念仍有一定的局限性。对于移动传播的时空描述来说，另一个概念更为重要，那就是场景。

尽管人们对于场景一词的理解各不相同，但总体来看，场景主要指基于特定时间、空间和行为及心理的环境氛围。

场景可以视作移动传播中一种新的时空描述维度，它也是移动产品的一个新的构成要素。

罗伯特·斯考伯和谢尔·伊斯雷尔所著的《即将到来的场景时代》一书指出了与场景时代相关的五个要素：大数据、移动设备、社交媒体、传感器、定位系统。他们把这五种要素称为“场景五力”，并认为：“五种原力正在改变你作为消费者、患者、观众或者在线旅行者的体验。它们同样改变着大大小小的企业。”①

具体而言，构成场景的基本要素包括：空间与环境、用户实时状态、用户生活惯性、社交氛围等。第三章将对此进行进一步分析。

四、移动互联网改变的传统产业

第一章提到了“互联网+”，这个词里的“互联网”在很大程度上是指向移动互联网的。互联网向移动互联网的发展，将更好地带动传统产业的转型与变革。

过去几十年，互联网在人们的社交与社会归属感等情感需求方面提供了较大的满足；而在未来，用户的需求将更多地体现在自我价值实现和提高生活质量等层面。用户需求的升级，也意味着移动互联网产品的升级，同时更是传统产业升级的契机。

在今天，O2O 这个词使用越来越频繁，O2O 指的是线下与线上服务的结合，

---

①　［美］罗伯特·斯考伯和谢尔·伊斯雷尔：《即将到来的场景时代》，北京联合出版公司 2014 年版，第 11 页。

这是传统产业改造的一个重点。而要实现线下与线上两个空间的即时交互，移动互联网技术至关重要。

电子商务应用虽然在过去的十多年得到了长足发展，但是，移动互联网的应用，将使得电子商务的模式发生进一步变革，其形式也更为多样。除了线上下单的传统电子商务模式外，还可以产生线下下单线上支付、扫码下单与支付等新的形式。

各种“到家”的服务，也是O2O应用的一个方向，这类服务让人们足不出户就可以享受家政、洗衣、洗车、美容等服务，提升了传统服务业的水平。而移动应用在客户与服务提供者之间所起的匹配作用，对这样一种服务的发展，也是非常关键的。

近几年，在移动互联网的影响下，出租车行业也正在发生深刻的变革。通过移动客户端，出租车与乘客之间可以更方便地基于空间距离进行匹配，打车效率得到提高。而Uber、滴滴专车等应用，则将更多社会闲置的运力资源集中起来，提供了更多样化的租车服务，尽管这些新应用在发展中也备受争议，但是，这种趋势也是不可避免的。

教育行业与医疗健康行业，也将会是受到移动互联网冲击较为突出的两个行业。美国互联网分析师玛丽·米克尔（Mary Meeker）及其所在的研究机构KPCB发布的《2014互联网趋势》报告指出，教育行业和医疗健康行业或面临拐点①。

在线教育不仅仅是教育资源的再开发与再配置，更是教育模式的变革。近几年，MOOC（Massive Open Online Courses）的实践引起了普遍关注。MOOC意为大规模在线开放课程。全球许多大学陆续通过MOOC方式在线提供各类课程，建立起没有围墙的大学，Coursera、Udacity、edX和“爱课程”的中国大学MOOC是MOOC中的代表。这些没有围墙的大学，也会对现有的大学教育体系形成一定的影响。而基于移动终端的应用可以使碎片时间更多地转化为学习时间，因此，它将成为MOOC发展的方向。目前，中国大学MOOC等MOOC平台均推出了移动终端的APP，受到广大用户的关注与欢迎。

除了MOOC之外，其他类型的教育产品在移动平台上也有广泛需求。在与物联网、大数据技术等实现结合后，移动互联网也将在很大程度上推动医疗健康行业的发展，其影响主要体现在如下几个方面。

人们对自身运动及健康状态的实时记录更为便捷，这可以帮助人们更好地监测和管理自己的健康。

这些状态数据可以方便地实现分享。这些数据可以分享给社交平台上的好

① [美]玛丽·米克尔：《2014互联网趋势》，http://www.36kr.com/p/212449.html。

友,在他人的关注与激励下,人们的运动热情会得到提升。这些数据也可以分享给相关的物联网平台,用户可以在软件或专家的指导下,更好地进行健康管理。同时,这些数据在未来也有可能直接发送给人们的私人医生,使他们获得及时的治疗方案。

移动类应用可以为人们的就医提供更多的帮助,包括挂号、分诊、预约专家等。

基于大规模的用户数据的集中收集与分析,可以建立起医疗数据库和分析模型,这可以为病人和医生进行疾病的诊断与治疗提供支持。

在移动互联网时代,金融业也会出现变革。这不仅表现为第三方移动支付的兴起,还包括依托移动平台的理财产品、P2P 模式的网络借贷平台(即个人与个人之间的小额信用借贷交易)、众筹模式的网络投资平台等。移动互联网不仅可以提供方便的交易平台与手段,还可以通过大数据手段对用户的个人信息(如网络行为数据、社交关系数据以及网络黑名单等)进行分析,对个人信用进行评估,即进行互联网征信。

移动互联网的影响在今天还只是初露端倪,未来的移动互联网会在更大程度上影响到人们生活、工作的各个层面。

第五节　大数据技术:数据成为“石油”

大数据是近年来越来越令人瞩目的一个技术方向,它是数据处理能力的一次突破。尽管它本身并不构成一种新媒体,但是它对新媒体发展的影响是突出的。

一、大数据技术的含义及特点

尽管对于大数据的定义仍难达成共识,但一般认为,大数据是基于相当大的量级(尽管这个量级也在不断发生变化)的数据进行数据收集、分析、挖掘与应用的技术。

用于计量计算机数据的单位的不断拓展,在一个侧面反映了全球数据量的剧增。几年前,G 和 T 还是人们较少接触的单位,而今天,它们已经变成日常的数据单位,P、E、Z、Y 等新的数据单位不断出现,意味着,数据在以难以想象的速度扩张。[①]

① 数据单位之间的关系是:1 k = 1 024 Byte,1 M = 1 024 k,1 G = 1 024 M,1 T = 1 024 G,1 P = 1 024 T,1 E = 1 024 P,1 Z = 1 024 E,1 Y = 1 024 Z。

"大数据"这个概念出现在信息时代这个大的背景下,它也与社会化媒体、移动传播、物联网、云计算等技术应用紧密相关。可以说,它是各种技术的综合产物,也会因各种技术的发展而不断演进。

大数据显然不只是数据的大,业界通常会将大数据的特点归纳为四个"V",即多样性(Variety)、体量(Volume)、速度(Velocity)和价值(Value)。即,大数据意味着多样化的数据来源,巨大的数据量和快速的处理。而对于大数据的价值,人们的解释角度不尽相同。虽然对大数据进行有效加工会产生巨大的价值,但大数据本身却有着价值密度低的特点,也就是说单位数据的价值并不高,要在大量的数据中发现有价值的信息或者将低价值的微小数据集聚成有价值的大数据,也是大数据技术要解决的一个主要问题。

IBM 网站关于大数据四个特点的界定中,则用真实性(Veracity)替代了"价值"。

"大数据"时代意味着数据的处理、分享、挖掘、分析等能力将得到前所未有的提升。不同行业、不同领域的数据之间的交换和相互利用也变得十分频繁。

大数据领域代表性的研究者维克托·迈尔-舍恩伯格在《大数据时代:生活、工作、思维的大变革》一书中指出,大数据是人们获得新的认知、创造新的价值的源泉;大数据还是改变市场、组织机构以及政府与公民关系的方法。①

大数据对政府工作方式、社会管理模式以及企业营销方式都带来了深刻影响,而对于媒体,大数据技术带来的影响也是深远的。

大数据时代,一个常见的说法是,数据成了"石油"。这意味着数据像石油一样是重要的"能源",但这种能源需要开采,数据的价值,取决于对它的发现与挖掘能力。

二、大数据背景下的数据新闻

在大数据的背景下,数据新闻这个概念越来越引人瞩目。

(一)数据新闻的含义

数据新闻,也可以称为数据驱动的新闻,数据新闻记者墨科·劳伦兹(Mirko Lorenz)对数据新闻的定义是,数据新闻是一个工作流程,它意味着深入到数据之中,对数据进行清洗、结构化,为特定目标进行数据过滤,以及通过可视化来完成报道。② 这个定义说明了数据新闻的内涵与过程。如果从一般的意义上看,数据新闻指一切利用数据来发现新闻、呈现新闻要素、解释新闻的手段、表现形

① [英]维克托·迈尔-舍恩伯格、肯尼思·库克耶:《大数据时代:生活、工作、思维的大变革》,浙江人民出版社 2013 年版,第 9 页。

② Lorenz, Mirko, *Data Driven Journalism: What is There to Learn*, http://www.slideshare.net/mirkolorenz/datadriven-journalism-what-is-there-to-learn。

式或过程。

尽管数据新闻这一概念近年来才出现，但是多数研究者认为，数据新闻的源头可以追溯到20世纪中期在美国出现的计算机辅助报道。数据新闻并非起源于大数据时代，但是，大数据时代，数据新闻在新闻业的应用将更为普遍，而基于真正的大数据技术的数据新闻，也将越来越有分量。

（二）数据新闻对新闻资源结构的影响

大数据时代，数据新闻将进一步普及，这意味着，新闻生产过程中的信息资源，即新闻中的事实、要素、背景等信息，其来源将发生结构性变化。社会化媒体中的UGC以及新媒体中的各种用户数据，以及物联网中传感器采集的数据（包括移动互联网中的地理位置数据）等，将得到更为广泛与深入的应用。也就是说，非专业媒体人甚至是非人工采集的信息将占有越来越大的比重。

社会化媒体中用户生产的内容即UGC，已被视为今天新闻生产的重要资源。但是，到目前为止，媒体对这些资源的利用方式主要还是人工的，即需要媒体人对这些内容进行主动的收集、分析与过滤，将非常有限的部分用于媒体的报道中。但是，UGC内容是海量的，在这些海量信息面前，人工力量往往显得弱小。而大数据技术，则可以大规模地、深度地使用UGC数据，将这些数据作为发现新闻、证实新闻和延伸新闻的基础。

物联网技术则意味着各种“非人”的因素可以进入新闻传播的各个环节，特别是在信息的采集环节，可穿戴设备、物联网的传感器等装置，将成为信息采集的重要手段。后文将对物联网技术进行进一步介绍。

一些美国媒体已经开始研究如何借助传感器搜集即时数据来进行报道了，并且将这样一种探索称为“传感新闻”（Sensor Journalism），尽管在这个名义下进行的实验所采用的传感装置有些还比较原始。

在大数据等技术支持下，新闻中所需要的信息资源，将越来越多地通过自动的方式进行采集，并通过相关的技术进行过滤、分析。

（三）数据新闻驱动新闻业务方向的变革

数据新闻的发展，也意味着新闻传播的业务方向也会发生进一步变化。

1. 预测性新闻的增强

大量案例表明，通过数据分析，特别是大数据分析，来预测一个事物的变化过程，揭示其发展趋势，是可行的。

美国研究者艾伯特-拉斯洛·巴拉巴西在《爆发——大数据时代预见未来的新思维》一书中指出：各种各样的记录人类行为的数据库，虽然给人类带来了前所未有的风险，但“同时也创造了一个历史性机遇——它第一次毫无偏见地为我们提供了成千上万人，而不是少数人的详细行为记录。在过去几年里，这些数据库为各大实验室提供了不少帮助，使很多计算机学家、物理学家、数学家、社会学家、心理学家以及经济学家得以在强大的计算机和新技术的支持下，对某些问题进行仔细研究。实验的结果令人振奋。他们有充分的证据证明，人类的大部分行为都受制于规律、模型以及原理法则，而且它们的可重现性和可预测性与自然科学不相上下。”①

同时，在人类行为与社会的变化之间，也存在着密切的关联。大数据分析有可能将那些隐藏着的深层关联揭示出来。

在 BBC 拍摄的电视片《大数据时代》（*The Age of Big Data*）里，数据分析专家杰夫·布兰丁汉姆指出，数学模型可以帮助我们理解事情的起因和演变过程，而人类的行为就像自然界一样，是有规律可循的。几位数据分析家通过对洛杉矶警察局 1 300 多万条犯罪记录的分析，建立了这个地区犯罪的模型，基于这个模型的软件，可以帮助警察预测在某些地区可能发生的犯罪。

基于 1986 年到 2008 年间《纽约时报》的数据库中的新闻报道，以及海量的互联网数据源信息（例如维基百科、FreeBase、OpenCyc、GeoNames 的内容等），微软研究院的科学家埃里克·霍维茨（Eric Horvitz）与以色列理工大学的博士研究生奇拉·拉丁斯基（Kira Radinsky）合作开展了一项研究，他们研究了过去几十年间各种社会事件之间的关系，通过软件对新闻事件蕴含的规律进行不断分析，发现各种事件之间的关系与规律模式，这一模式为预测未来提供了可能，目前他们开发的软件可以完成三个方面的预测：对即将发生的大规模疾病做出预警，对死亡事件做出预警，对暴力事件做出预警。②

与上面的两个案例相比，谷歌基于用户搜索数据的分析来预测流感爆发、电影票房等的案例，则更为人们所熟知。类似的预测技术，也出现在百度上。2014 年百度推出的百度预测平台，先后推出了足球世界杯比赛结果的预测、高考作文题预测、高考志愿填报预测、疾病预测、热门旅游城市预测、经济景气指数预测等。尽管这一系列的预测产品依据的数据来源不尽相同，其预测准确程度也还有待提高，但是，在某些方面，基于数据的预测还是显现出了初步的力量。例如，在 2014 年世界杯期间，百度预测在小组赛阶段的预测准确率为 53.33%，1/8 决赛和 1/4 决赛的预测准确率达到 100%，半决赛的预测准确率为 50%，决赛结果预测准确。与百度类似，微软、谷歌对于世界杯比赛结果的预测也都是令人鼓舞的。

---

① ［美］艾伯特-拉斯洛·巴拉巴西：《爆发——大数据时代预见未来的新思维》，中国人民大学出版社 2012 年版，第 13 页。

② 常宁：《还真有软件可以科学预测未来了？!》，http://www.tmtpost.com/16384.html。

物联网与大数据技术的结合,可以进一步拓展预测性新闻的范围,特别是在与环境、交通、健康有关的领域。当物联网将所有需要观察的对象都连接在一起时,可以在更大范围内进行数据的比较与综合,它作为社会的“晴雨表”的功能会更为突出。例如,如果同一时期部分人的体温等数据发生相似的异常情况,也许预示着流行疾病的爆发。拥有了相应的物联网数据,无论是相关机构还是媒体,都可以更好地预测未来,做到未雨绸缪。

2. 深度报道模式的改变

目前的深度报道主要依赖于记者们的主观观察。无论多么优秀的记者,他对于事物的观察都受制于个人的视野与立场,即使是相对深入的,也未必是全面的、充分的。而与记者在某一个视野有限的观察点上对事物进行的观察与分析不同的是,在某些领域里,数据可以更直接、准确地反映全局性的或深层次的状况,如果能运用大数据技术对这些数据进行分析,报道的深度将得到有效的提升。

3. 个性化新闻与信息服务水平的提升

数据新闻也可以提高新闻报道的个性化程度。在建立模型的基础上,针对每个特定用户提供的数据,来进行进一步的数据分析,已成为今天的一些数据新闻的探索方向。

LBS 技术对于个性化新闻和信息服务也具有重要意义。它采集的用户所在的地理位置信息,成为个性化新闻与信息服务的依据。当然,这个地理位置信息也是数据,数据的收集与分析处理技术水平,决定了个性化信息服务的能力。

同样,物联网的传感装置不仅可以反映全局性的状态,也可以反映某一个特定物体或空间的状况,这也为个性化的新闻或信息服务提供了依据。

4. 机器人新闻兴起

一家拥有大约 30 名员工的美国公司 Narrative,运用自己开发的软件系统,收集社会化媒体等来源的相关信息,再利用已有的报道模板将这些信息变成新闻稿,大约每 30 秒就能够撰写出一篇新闻报道。尽管目前这样一种“机器人新闻”主要用于金融和体育等报道领域,但 Narrative 联合创始人兼首席技术官(CTO)克里斯蒂安·哈蒙德(Kristian Hammond)认为,未来机器生成的新闻将占到媒体新闻的 90%,并且在未来五年之内,这样的新闻还有可能获得普利策新闻奖。① 尽管五年内得普利策新闻奖的预言也未必能实现,但是,Narrative 的模式的确值得媒体人关注。

在 Narrative 之后,美国的美联社,中国的腾讯网和新华社,也相继开发出机器写作软件。

① 《连线杂志:未来新闻 90%以上将为电脑化新闻》,http://tech.qq.com/a/20120503/000271.htm。

机器代替人进行新闻信息采集，完成写作，并不会出现在所有的报道领域，但对于那些具有持续、稳定信息来源的较为简单的报道对象来说，机器人新闻应该是有一定优势的。在部分新闻稿件可以由机器自动写作的情况下，媒体人如何重新找到自己的定位，这也是大数据时代的一个新挑战。

三、大数据技术下的用户分析

用户的行为数据、用户生产的内容，是大数据的一个重要来源。而对这些大数据的一个主要应用方式，是用户的深层分析。

美国电视剧《纸牌屋》的成功，使人们对基于大数据的用户分析对内容生产行业的意义有了初步认识。2011 年初，由导演大卫·芬奇和演员凯文·史派西作为主创、翻拍自英国 BBC 同名电视剧的《纸牌屋》完成初期创作后，向包括 HBO 在内的电视台推销该剧。当时有多家电视台都对这部剧集产生兴趣，但这些电视台都希望看过试播集后再决定是否购买，而美国视频网站 Netflix 则仅仅靠网站统计数据就做出了预订全部两季的决定。Netflix 拥有 3 000 万付费用户，网站每天产生海量的用户评论及收视行为数据。Netflix 的节目内容首席主管泰德·萨兰德斯是英国 BBC 版《纸牌屋》的忠实观众，他通过自己网站海量的用户数据得出判断，认为大卫·芬奇和凯文·史派西的合作会吸引大量观众收看本剧，于是网站决定买下此剧集的播出权，并且是一次性预订了本剧集前两季的全部 26 集。2013 年 2 月 1 日 Netflix 网站对全球同步首播该剧，第一季 13 集同时放出。《纸牌屋》也成为 Netflix 播出的首部原创剧集。这样一种基于大数据的市场分析，将在未来的内容生产市场越来越普遍。

大数据对于用户的分析，包括需求分析、行为及其特征分析、态度与意见分析、传播效果分析等。大数据的研究不是强迫用户对他们的行为习惯以问卷的方式做出回答，而是对他们日常的自发行为本身进行分析，因此，能更真实地反映用户的需求、偏好以及行为模式。

大数据分析可以用于不同规模的用户对象，包括整体用户、群体用户和个体用户等。相较传统的用户分析方法，大数据在以下三个层面上的分析都占有优势。

1. 对于整体用户的全样本、跨平台分析

以往的大规模用户分析是以传统的抽样调查手段为主，尽管抽样方法不断改善，但由于调查对象的有限性，这样得出的研究结论仍然未必能全面反映市场的完整面貌。而大数据通常可以进行全样本的分析，尽管也有研究者认为大数据时代也需要进行抽样，但无论是全样本的分析，还是大数据规模基础上的抽样，都比传统抽样调查涉及更大规模的研究对象，结论也可以更为全面、深入。

传统的用户分析研究更多地关注孤立的行为，而大数据技术基础上的用户分析，将不仅关注某个行为习惯本身，还可以通过跨平台的数据收集与关联分析，研究用户的整体行为规律。

2. 对于群体用户的细分化分析

尽管过去传统的用户分析也试图将用户群体进行细分，但那时的细分只是基于简单人口指标的划分，例如性别、年龄、地域等，对这些人群的研究，也只能是简单的态度与行为方面的差异。

而大数据可以将用户的各种指标特征与他们的态度、行为甚至价值观偏好等关联起来，形成一个完整、立体的群体画像。例如某一电视剧中某一角色的粉丝群体，在性别、学历、所在城市等方面具有什么样的特征，他们喜欢什么样的品牌，他们的实际消费能力如何，他们在网上通常会谈论什么话题，他们的政治立场是偏左还是偏右等。

3. 对于个体用户的精准性分析

大数据技术与用户跟踪、记录等技术的结合，可以使对个体用户的定向精确研究变得可行。

同时，大数据研究可以将个体用户在各种平台、各种行为中产生的数据进行关联并在此基础上进行挖掘与分析。例如，一个人购买的书籍类型，与他的新闻阅读偏好之间有什么样的联系；一个人的阅读偏好，与他的购物行为之间，是否存在联系。这样得出的判断，比单纯基于用户的信息消费行为的分析更为全面，也能揭示出更深层的规律。

四、大数据对媒体的其他影响

大数据还会在盈利模式、合作模式等方面对媒体产生影响。

（一）大数据影响媒体盈利模式

大数据技术对于媒体最根本的盈利模式——广告，正在产生重要的影响。

顾名思义，广告即广而告之，也就是广告的起源是面向大众的，是非个性化的。但是，在大数据技术的支持下，某一特定用户的兴趣、偏好、习惯等，可以被分析出来，因此，以大数据分析为基础、针对特定用户的“专享的”信息推送，甚至是直接与销售平台的连接，将越来越普及。而利用传统媒体的渠道垄断进行的广告发布，则会受到较大的冲击。

在这样一个前提下，拥有大规模用户数据的平台，特别是社交平台与服务平台，在新的盈利机制下，占据了更有利的地位。而只占有内容发布渠道的传统媒体，将会受到越来越多的排挤。

另一方面，如果拥有高质量的数据及数据处理人才，媒体也可以将数据的深加工作为新的内容增长点，在传统媒体内容产品之外拓展新型的信息服务，这些服务也可能成为新的盈利来源。

（二）跨界合作需求进一步凸显

媒体要想运用大数据技术还面临着很多新挑战，如数据的来源、数据分析与加工的技术与人才，以及支持相应数据运行的设备等，无一不给媒体带来新的课题。尽管有实力的媒体可以通过自己的力量来解决这些问题，但是，利用外部力量进行跨界合作，也许是更为切实可行的方式。

大数据时代的数据处理，需要“云计算”等技术支持，也需要大型的数据处理的服务器集群，同样，在这些方面，媒体更多地应该走外部合作的道路。

当然，这也会意味着数据处理的权力将日益集中于相应的硬件与软件服务的提供者那里，这也使得技术对于媒体的制约能力进一步增强。

第六节　物联网：新媒体的再定义

物联网（Internet of Things，简称为 IOT）意为万物相联的互联网，即把人或各种物品通过射频识别（RFID）、红外感应器、全球定位系统、激光扫描器等信息传感设备与互联网连接起来，进行信息交换和通信，实现智能化识别、定位、跟踪、监控和管理，或者提供相应服务。

1991 年，美国麻省理工学院（MIT）的凯文 · 阿什通（Kevin Ash-ton）首次提出物联网的概念。早期的物联网主要是指依托射频识别技术的物流网络。在中国，1999 年也提出了与其相似的“传感网”概念。2005 年 11 月，在突尼斯举行的信息社会世界峰会（WSIS）上，国际电信联盟（ITU）发布了《ITU 互联网报告 2005：物联网》，引用了“物联网”的概念，并扩展了物联网的定义和范围。

物联网意味着，只要需要，各种物体都可以联上网，对这些物体的控制也就变得更为直接、直观。各种物体也可以“自己说话”，并且通过网络将发出的信息传递给需要的人。人们对于物体的状态、动态的监测将变得容易，对物质世界的感知将更为全面、及时，人类对物质世界的控制、管理也将变得更为智慧。当然，由此带来的安全隐患也值得我们警惕。

物联网不仅意味着物与物的相连，也意味着物与人、物与环境、物与信息等之间关系的深刻变化，它带来的将是一场全面的信息传播革命。

一、物联网与移动互联网的融合

与移动互联网相比，物联网技术及应用目前看上去似乎离普通用户还有一定距离，但实际上，它与移动互联网的发展有着极大的关联与交集，未来也必然是在与移动互联网的互动中完成共同的进化,甚至逐渐走向融合。

物联网技术将使未来的移动互联,不仅是人与人的互联,还包含了人与物、物与物、人与环境、物与环境等各种方式的互联、互动,最终形成一个无所不在的智能网络。

物联网与移动互联网的融合将主要表现在以下几个方面。

(一)可穿戴设备:人的传感器

手机、平板电脑这样的移动终端,只是移动互联网的开启者,它们仍是传统互联网思想的延续,这些终端仍是被动的信息接收与传递者,它们离不开人的控制。换句话说,目前的互联网信息传播,主要是以人为中介的。而人的信息处理能力的局限,影响了信息的采集与利用水平。

在物联网的视野下,我们将看到的是另一番景象:未来在各种环境中存在的一切物体,都有可能成为一个智能的终端,它们可以自主地发送或接收信息,物与物之间也可以实现智能的连接与互动,而不再完全受制于人。

在某种意义上,人体也是一种"物体"。而对于人体的信息及人的活动信息的采集来说,可穿戴设备就是重要的传感器。可穿戴设备可以自动采集人体信息(如体温、血压、脉搏等)或与个体用户相关的信息(如位置信息),将这些信息自动传送给相关的人或设备,这意味着人的状态更多地被"感知"。

另一方面,可穿戴设备以增强人体功能的方式,促进了人在移动或变化环境中的信息采集、传输与处理能力的提升。

因此,可穿戴设备也是人体延伸的一种全新方式。

(二)"智慧"物体:远程互动的实时化与智能化

物联网的基础,是物体本身产生"智慧"。从移动互联的角度看,物体的智慧化,将使得人与物之间、物与物之间的远程互动更为及时、智能。

2013 年 9 月,海信推出两款智能空调,并联手新浪微博开拓物联网市场。海信智能空调可与用户的微博账号绑定,用户可以通过微博私信看到绑定空调的使用状态、环境数据状况以及舒适度排名,也可以给空调发私信进行开关机、调节温度等操作,做到了用户与空调的实时互动。同年 11 月,海尔也推出了类似的智能空调,利用微信或专门的 APP,手机用户可以对空调进行远程控制。这一空调还可以敏锐地捕捉到实时户外温度,及时推送给用户温度信息和着装建议。

海尔推出的智能冰箱,也体现了物联网思维的运用。用户可以通过特定的 APP 来控制冰箱,实现冰箱运行信息查询及控制。这种冰箱还采用智能传感器来全方位获取周围环境信息,以及用户使用习惯等,它可以根据周围光线强弱以及用户的使用频率自动调节压缩机和风机的转速,同时它还可以感知白天和黑夜，使冰箱在最节能的情况下运行。而当用户靠近冰箱时，冰箱可以感知用户的存在，控制 smart-windows 照明开启，使冰箱内的食物可以透过透明的冷藏门体显示在用户面前。

未来，家庭的各种电器都将在物联网技术的支持下实现智能化。

将移动互联网与物联网技术结合起来的“车联网”，更是远程智能互动的一个重要应用领域。

业界也有人将“车联网”称为“车载互联网”，但这一提法似乎只是把汽车当作一个互联网接入设备，降低了车联网的革命性意义。车联网并不只是意味着在汽车这样的移动物体上，可以方便地接入互联网或者享受相关应用，它更意味着几种不同层次的数据交互与互动控制都是可以在远程实现的。这些互动包括以下几种。

1. 车与人的互动

车与人的互动既可以是近距离的，也可以是远程的。专为特斯拉（Tesla）汽车开发的谷歌眼镜应用可穿戴电脑（wearable computer），可以使驾驶 Tesla Model S 电动汽车的驾驶员远程控制汽车室内温度、锁定与解锁、启动与停止汽车，甚至连喇叭都可远程按响。

2. 车与车的互动

谷歌的无人驾驶汽车技术，是通过数据计算与控制来实现车与车互动的一个代表。谷歌无人驾驶汽车通过摄像机、雷达传感器和激光测距仪来“看到”其他车辆，并使用详细的地图来进行导航。尽管谷歌的技术并不是完全基于车联网的思路，但在未来所有车辆都互联的情况下，车与车的互动，可以为安全行驶提供更好的保障。

3. 车与环境信息系统的互动

车与环境的互动，是车联网更重要的意义所在。对于汽车来说，与环境相关的信息系统主要包括地图服务、交通指挥系统、急救系统、保险理赔系统等。

（1）地图服务：地图的数据是导航的重要依据，这不仅包括一般路线的选择，也包括行车路线的实时优化，以及与行车路线有关的服务导引。2013 年，诺基亚与全球最大的汽车制造商丰田（Toyota）汽车欧洲公司达成协议，将诺基亚的 HERE 地图服务集成到汽车中去，搭载 HERE 地图的汽车已于 2014 年面世。诺基亚还会将本地搜索服务集成到丰田汽车欧洲分部的 Tough & Go 导航与娱乐系统中，提供综合的高质量地图数据及社区化服务。①

① 《移动互联网巨头们为什么都在 2013 初发力车联网？》，http://www.cww.net.cn/zhuanti/html/2013/2/18/20132181435512137.htm。

(2) 交通指挥系统:美国洛杉矶在2012年推出“智能车辆公路系统”计划,在全市4 000个十字路口安装智能传感器,以求尽量减少浪费绿灯的时间,避免出现一条街的绿灯亮着没有车辆通过,另一条街因受制于红灯而大排长龙的情形。据称,未来20年,美国将花2 000亿美元建造这类智能红绿灯系统。可以预见,将交通指挥系统与汽车相贯通的物联网技术,才是理想的车联网方向。

(3) 急救系统:当车祸发生时,汽车的相关数据如果能及时传送给医院等急救系统,必然会给车祸的抢救带来更多的便利。

(4) 保险理赔系统:与急救系统一样,将车祸时产生的相关数据及时传送给保险公司,也会有效提高保险理赔的效率。

类似车联网这样的思路,也将在更多的领域得到应用。

(三)“场景”感知与适配:移动信息服务的深化

如前文所说,与传统媒体以及早期互联网相比,移动互联网使得传播“场景”的意义被放大,场景成了传播活动的一个重要变量,场景的一个组成要素即是空间与环境。

而物联网技术使得环境数据的获取更为便捷、及时,环境与人的互动也更为具体、实时。因此,提供个性化、与环境适配的信息服务,在很大程度上依赖于物联网技术的支持。

当然,“环境”这样一个概念是相对的。在某些时候,活动中的人,也是环境中的一部分。物联网在帮助人更好地感知外界环境的同时,也捕捉着这些人的相关数据,把它们作为环境的一部分,反馈给其他人或设备。

“你在看屏幕,屏幕也在看你”。[①] 美国技术哲学家凯文·凯利的预言提示我们,未来的屏幕,不仅仅是信息的显示设备,也是用户信息的收集设备。捕捉用户特征,以此为基础完成个性化推送,这是未来终端的另一个意义。而这样的屏幕,当然也是一种传感装置。

这样一种设想,正在逐步变成现实。英特尔推出的环境感知营销解决方案,可以根据数字标牌观众的年龄和性别动态变更标牌所展示的广告,让数字标牌的内容投放更加有效。当一位消费者路过基于英特尔酷睿处理器的数字标牌时,英特尔广告框架技术可分析包括天气、社交媒体和顾客手机在内的信息,调整内容和用户界面,使其与用户更相关、更个性化。英特尔环境感知营销解决方案还可与店内库存系统绑定,使前端只展示目前店内有货的产品广告。[②]

---

① 《凯文·凯利:未来十年的趋势》,http://www.36kr.com/p/203658.html。

② 《英特尔通过物联网和大数据实现个性化购物》,http://smb.yesky.com/118/35777618.shtml。

二、物联网与大数据的关联

物联网与“大数据”息息相关，甚至是大数据产生的重要因素之一。

2013 年 10 月，全球重要的网络设备生产厂商思科在官方博客中发布的预计数据是，2020 年，全球物联网设备将达到 750 亿台。届时全世界 80 亿人口每个人将对应 9.4 台物联网设备。而 2012 年的物联网设备，思科估计约为 87 亿台。当然，这些设备多数都是台式电脑、笔记本、平板电脑和手机。不过，其他种类的物联网设备很快就将占据主导地位，包括传感器和制动器。摩根士丹利公司则预计，每个人有可能对应 200 台物联网设备。①

如此巨大规模的物联网设备产生的数据自然是惊人的。另一方面，这些数据多数也是非结构化的，这与大数据的特征是一致的。

物联网必然导致大数据，而大数据技术也是物联网数据处理的主要支持手段。对物联网所产生的大数据进行有效的收集、传输与分析，成为物联网发展的另一个挑战。

物联网与大数据的结合，也将给专业媒体以及整个新闻传播业的既有传播模式带来一次新震荡。而在传统媒体模式下成长起来的专业媒体，却未必一定是最大的受益者。它们没有物联网的数据资源，也没有大数据处理能力，基本还处于新闻传播的“农耕”时代。而物联网技术的提供者、平台的搭建者、数据及其处理技术的拥有者等，则有可能借物联网，进入新闻传播领域，甚至可能成为未来的话语权拥有者。这样一种可能性，需要引起专业媒体的关注。尽早抛开传统的门户之见，以更开放的态度吸取外界的能量，对专业媒体来说，是必由之路。

三、物联网时代的隐忧

当可穿戴设备等传感装置可以直接发送人体的相关数据时，人体本身也将成为一种完全意义上的终端——人肉终端。

麦克卢汉的著名论断“媒介是人体的延伸”，在物联网时代，显得更加贴切。与以往传统媒体对人的“眼睛”和“耳朵”这样的感觉器官的延伸不同的是，物联网的传感器所构成的“媒介”，对人的“神经系统”的延伸与放大更为显著、更为关键：无论是神经的信息传导能力，还是大脑的信息处理能力。

但在另外一种意义上，增强是否会意味着削弱？当机器侵入到人的每一个活动，并替代着人体本来的器官时，人体的能力，是否会在某些方面出现退化？

① 《思科预计 2020 年全球物联网设备达 750 亿台》，http://tech.sina.com.cn/t/2013-10-01/10518786414.shtml。

这不能不引起我们的警惕。

更重要的是,可穿戴设备以及其他人体的传感设备,将带来人的一种"外化",人的思维活动、内部状态这些本来的隐秘,成为可以感知、存储、传输甚至处理的外在信息。

而在这样一种状态下,个体的控制能力却是相对被动的。某些时候他们很难完全控制信息的发出或不发出,对信息的传播与使用控制,他们也会变得更为无力。

相反,拥有某些技术权力的机构和个人,对于这些"人肉终端"发出的信息,却能加以收集与利用,这就意味着存在对个人隐私的侵犯和对私人信息的滥用等风险。

全球最大的科技专业人员组织 IEEE 在 2013 年 3 月公布的一项对物联网未来发展趋势的调查显示,近 46%的受访者认为隐私问题是普及联网设备面临的最大挑战,40%的受访者对数据安全问题表示担忧。这份调查收集了包括工程师和技术人员在内的 1 200 多名 Facebook 用户的观点。①

在物联网的开发过程中,及早制定相应的法律法规,制定更为严格的隐私保护措施,开发更有效的隐私保护技术,是物联网发展的基础。

但即使如此,物联网带来的隐私风险仍将是前所未有的。在人们得到更贴心、更个性化、更智能的服务的同时,人们必将会更多地被捆绑、被约束。

物联网技术的发展,向我们展现了一个万物智慧、万物互联的全新世界,但在这样一个美丽新世界的后面,也存在着冷酷的另一面。与以往任何革命性技术所带来的异化一样,这样一种被人类自己制造出来的技术所异化的结果,也许是一个难以逃脱的陷阱。

思考题:

1. 为什么说数字技术是新媒体的技术基石?
2. 互联网成为一种媒体,主要是哪些力量推动的?
3. 手机网是否等同于移动互联网? 为什么?
4. 你认为可穿戴终端未来还会有什么发展?
5. 移动互联网将如何影响传媒业?
6. 为什么说大数据时代,数据是一种"石油"?
7. 物联网时代,新闻传播业会发生哪些变化?
8. 在大数据与物联网背景下,有哪些个人隐私泄露的风险?

---

① 《IEEE:隐私是普及物联网的最大挑战》,http://news.ccidnet.com/art/945/20130304/4769971_1.html。

第三章　新媒体信息传播模式的演变

在技术不断更新的同时，互联网与手机这两大主要的新媒体，其传播模式也在发生变革。特别是其中的公共信息传播模式。本章将从公共信息传播的角度，分析新媒体中主要的信息传播模式及其演变过程。为行文简洁，本章多数时候并不特意强调“公共信息”，但其讨论都是在“公共信息”这个语境下。

第一节　从 Web1.0 到 Web2.0——网络媒体传播模式的变化

互联网成为一种媒体后，其信息传播模式也在发生变化，在三个阶段出现了三种代表性的传播模式。当然，这三者并非相互取代的关系，在今天它们依然并存着；但存在着一定的此消彼长的关系。

一、Web1.0 时代：以内容为核心的“大众门户”模式

Web1.0 这个词，是在 Web2.0 的概念诞生后才出现的。也就是说，在被称为 Web2.0 的现象出现后，人们才将在此之前的网络“追认”为 Web1.0。在中国，Web1.0 时代主要指 1994 年到 2003 年这段时间，其信息传播的主要单元是网站。

（一）Web 网站：内容的组织机制

如第二章所述，在 WWW 思想及应用出现之前，互联网只是技术专家们的乐园，离绝大多数普通人很遥远，那个时候，互联网也还难以被称为媒体。

20 世纪 90 年代初以后，随着 WWW 技术的普及，Web 网站迅速兴起，成为最广泛采用的一种网络传播形式，这也推动了互联网进入公众视野及日常生活，成为大众化媒体。

Web 网站是利用 WWW 页面组成的网站来发布各种信息、提供各种服务并与用户进行互动的一种传播形式，多数时候，它被简称为网站。实际上网络的很多其他传播形式（如邮件、BBS 等）也都可嵌入 Web 网站。Web 网站既可用于大

众传播,又可用于组织传播等。

网站是一种以内容为核心的组织结构,而对于内容的组织而言,超链接是关键。超链接将不同的网页组织成网站整体,同时也连接起不同网站的相关内容。超链接在整个互联网上编织起一张内容的大网。

与网络中的其他传播形式相比,网站传播是门槛相对较高的一种传播形式。

这首先体现在技术上的相对复杂性。虽然建立一个简单的网站比较容易,但是,要维持一个网站的定期更新、长期运转,保证内容的丰富性,却需要较复杂的技术支撑,此外也需要一定的硬件条件。缺乏一定技术背景的普通人,很难将一个网站长期地、制度化地运作下去。

其次,网站的运营成本较高,要使网站长期运转,需要较雄厚的资金做保障。

(二) Web1.0 时代的"大众门户"模式

Web1.0 时代,以 Web 网站为主要平台、以网站的内容为核心的传播模式,可以称为"大众门户"模式(见图 3-1)。

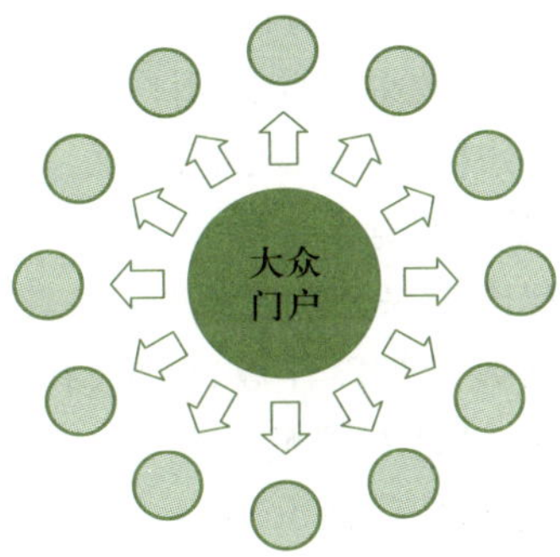

图 3-1 "大众门户"的传播模式

大众门户模式是传统的大众传播模式的延续,它的特点有以下几种。

1. 网站通过内容聚集用户

在大众门户模式下,网站扮演着互联网传播中心的角色,而之所以能够成为中心,是依靠它提供的丰富内容。网站以内容聚集起用户,由此带来流量。

2. 网站是传播的控制者

在大众门户传播模式中,网站与网民(传播者与受众)的地位是天然不平等的,网站对于传播的控制权力是强大的,网站的编辑对于内容的取舍直接影响着网民获得的信息范围与质量。网民在信息获取方面仍然是被动的。他们可以浏览网页,但并不能直接对网页进行修改。即使有一定的反馈手段,如留言、跟帖,但是反馈功能的开关仍然控制在网站编辑手上,网站可以删除留言或跟帖。

网站虽然可以转载其他来源的内容,但是,网站编辑也会对这些转载的内容进行把关。

所以总体来看,网站仍沿用了传统大众媒体的“把关人”机制。

网站的内容,是单级传播的,即从网站直接流向网民,不需要其他中介渠道。这也较好地保证了网站的中心地位。

3. 网站提供的是无差异化服务

面对成千上万甚至数以亿计的网民,网站只能提供无差异的信息供给。这是其“大众门户”的另一层含义。

尽管用户的兴趣存在种种差异,但是网站传播模式本身,只能以统一的界面向用户提供统一的内容。尽管近年来一些网站也进行了一些改造,增加了可定制化的界面或“猜你喜欢”等个性化信息服务板块,但这仍是在“大锅饭”基础上做的一些小的改进,并不是“小炒”式的个性化服务。

为了能满足差异化的用户,网站需要不断扩大自己的内容和服务产品的规模,而这也会在一定程度上增加用户获得信息的成本。

4. 网站内容的传播效果测量手段有限

在大众门户时代,网站传播效果只能以用户规模来进行粗略衡量,而无法对信息的准确落点进行统计和分析,也很难对用户的信息阅读深度进行判断。网站的竞争,主要体现为用户规模的竞争。

5. 整个互联网传播呈现出越来越浓重的“中心化”

尽管 Web1.0 时代,网站数量难以计数,但是,在经过大浪淘沙后,真正具有强大生命力与影响力的网站,仍是有限的。整个互联网最终会集中在某几个强势的门户网站上,这些网站也就是传播的中心。

成为传播中心的网站,一方面是其本身的流量就很大,另一方面,它们也被很多其他网站链接。而这些链接又进一步强化了那些中心网站的地位。

二、Web1.0 向 Web2.0 的过渡:以工具为核心的“定向索取”模式

在 Web1.0 向 Web2.0 过渡的过程中,搜索引擎这样一种工具,对 Web1.0 时代的传播模式产生了一定的冲击。利用搜索引擎,人们可以更快地定位到自己所需的内容;用户可以随时按需、定向索取信息,意味着他们不必长期地受限于某一个或某几个网站。网站作为大众门户的地位,在一定程度上被动摇。

(一)搜索引擎:人与内容的连接桥梁

搜索引擎之所以能迅速普及、不断发展,其根本原因在于,在网络信息日益超载的情况下,它顺应了人们快速定位于特定信息的需求,它真正体现了用户主动“拉出”信息这样一种网络传播的特性。它也为用户进行多源信息的比较提供了便利。可以说,搜索引擎尊重了用户在传播中的主导意义,使用户在获取信

息的过程中具有了更强的控制能力,搜索引擎的终极目标与意义在于,使信息真正为人服务,而不是让人沦为信息的奴隶。

搜索引擎工具虽然不是内容的发布者,但是,它是网络中的导航者或"交通指挥",它通过技术在人与其所需要的内容之间实现连接。这种连接的特点主要体现在以下几方面。

1. 搜索引擎将信息来源显性化、集中化,实现人与信息的多元匹配

搜索引擎的作用,是帮助人们迅速地发现某一特定主题内容的分散的、隐藏的传播者,使它们在同一个信息搜索目标下集中起来,而成为显性的、有共性的整体。

在搜索引擎的作用下,人与信息之间的关系成为多元的匹配关系,也就是人的一个需求可能在不同的信息来源中得到响应。多样化的信息来源,有利于提高信息的丰富性、全面性与均衡性,与单一传播者模式(如网站传播)相比,这是搜索引擎传播的一个重要优点。

搜索引擎的存在,使得大量传播者可以有机会扩大内容的传播面、形成多次传播。对于网络中的各类传播者来说,如果希望自己传播的信息能得到广泛的反复的传播,就需要针对搜索引擎传播的特点来提高自己的"可见性",因为有些网页即使是搜索引擎也不能发现,这些网页完全"沉没"在信息海洋的海底,只有通过某些方法让它们浮上水面,才可能被发现与利用。

当然,也有一些传播者并不希望自己的内容被搜索引擎发现,例如一些人试图将自己的博客作为纯粹的私人空间隐藏起来,但有时却也不能逃避被"曝光"的结果。搜索引擎强大的显性化作用,有时与人们对私密性的需要是冲突的。

2. 搜索引擎通过传播者呈现的序列化,来控制传播者与用户间的匹配

搜索引擎对于传播者的另一个作用是它的技术算法使传播者呈现出序列化状态,各方传播者在搜索结果中是按搜索引擎所制定的规则来进行排序的,这种排名会直接影响它们与用户的接触程度。

从用户这端来看,这种序列化提示了信息与他们需求的匹配程度,虽然此技术未必能真正做到读懂用户。

同一个搜索请求在不同的搜索引擎中会获得不同的结果,包括排序结果。从这方面看,序列化结果也体现了搜索引擎对传播者所具有的控制能力。

3. 搜索引擎只提供连接,而不提供把关

搜索引擎只是连接者,而不是把关者。搜索引擎的工作是由机器基于算法自动来实现的,在搜索引擎渠道中,并没有编辑对内容进行把关,因而,在一定程度上,它所传播的内容是无序的。这种无序性主要表现为以下几个方面。

(1) 搜索引擎的排名结果并不必然反映内容的质量高低。搜索引擎虽然有

排序的功能，但是这种排序并不是基于对内容质量的直接判断，而只是基于关键词出现频率或者网站被链接的数量等指标。

（2）搜索引擎不能保证信息的真实性。搜索引擎虽然可以为用户提供众多的相关信息，但是，它没有鉴别信息真伪的作用，对于信息真实性的鉴别，需要由用户自己来完成。

（3）搜索引擎提供的内容并不必然保证与用户需求吻合。尽管用户的搜索目标是明确的，而且搜索结果与用户请求的相关性往往是衡量搜索引擎优劣的一个重要指标；但是，这也不能保证在任何情况下与用户请求的搜索目标最相关的信息总能排在搜索结果的最前列。

4. 网民的搜索能力同样影响匹配质量

尽管大多数网民都可以熟练地使用搜索引擎，但很多时候人们提交的搜索关键词并不能准确反映他们的查询目标，也有不少人并不知道搜索的高级技巧，以及搜索引擎的各种专业功能该如何使用。搜索能力成为人们使用搜索引擎的一种障碍，也成为影响传播效果的重要因素。

尽管搜索引擎使用户自我把关的重要性凸显，但是，用户的把关意识却并不强烈。传统大众传播中，由于传播者的显性化，人们对传播者的身份、品牌、可信度等往往十分重视，但在搜索引擎方式下，信息来源是分散而隐性的，因此用户对来源的重视程度有所下降。他们往往只注重获取的信息与自己需求之间的吻合度。同时，多数人也常常缺乏主动检验信息真伪的意识和能力。

5. 连接人与内容也意味着连接人与人

尽管搜索引擎的主要作用是在人与内容之间进行连接，但是，它同时又可以通过共同的搜索行为将人与人连接起来，尽管这种连接不像社会化媒体那样显而易见。

许多搜索引擎会将与某一搜索关键词相关的其他网民的搜索请求列出来，这使网民的搜索有了相应的参照，同时，也使网民可以在无意中进行着搜索的“重定向”，因为他可能采纳别人的搜索请求来继续自己的搜索。这既可能优化他的搜索过程，也可能使他偏离搜索的既定方向。

此外，有些网站将热门搜索关键词列出来，这在一定程度上刺激了网民对这些关键词的关注与搜索。个体行为被集合起来成为群体行为，群体行为反过来又可能影响个体行为。

在搜索引擎的后台，可以记录每一搜索行为的基本数据，并将它们汇聚为总体数据，这些数据在更大程度上体现了个体行为之间的联系。例如，热门搜索关键词实际上体现了用户的某些共性需求，而这些需求背后又是社会环境因素的作用。

为了提高人与内容连接的质量，搜索引擎服务近年来有了进一步发展，这主要表现为：从文字搜索向多媒体搜索扩展、从一般搜索向专业化搜索扩展、从单纯搜索向搜索与社区结合方向发展、从被动提供搜索结果向主动整合满足搜索需要发展。而未来搜索引擎的发展目标是，实现智能化搜索，这依赖于语义网等技术的发展。而与此并行的是社会化搜索引擎思想。

（二）社会化搜索引擎：搜索引擎的人工化补充

在智能搜索技术还不发达的情况下，搜索引擎对于人们搜索需求的满足还是有一定限制的，因此近年来利用人工力量来补充搜索引擎的不足，将人的智慧与机器的智慧结合起来，精确满足人们复杂的搜索需求也成为一种趋势，有人将这样一种方向称为社会化搜索引擎。

社会化搜索引擎是一个开放的概念，目前在国内外出现了很多自称为社会化搜索引擎的服务，虽然它们的原理与机制其实并不相同，但是，这种多元性恰恰为社会化搜索引擎的未来发展提供了更多的空间。而无论如何定义社会化搜索引擎，它们或多或少都与社会化媒体有关。

"人肉搜索引擎"机制可以看作社会化搜索引擎中的一种。"人肉搜索引擎"这个词起源于"猫扑"论坛，但是，与此类似的做法在很多网站都有。其核心，就是激发网民的力量，来共同寻找某个问题的答案。

问答类社区，也是典型的社会化搜索引擎。新浪的"爱问知识人"、百度的"知道"以及"知乎"等也是运用类似的思想来构建的社区。与一般的社区不同的是，对于特定信息或知识的需求或分享是人们在这类社区活动的直接动因。这些社区的成员一般可以有两类角色，即求知者和答疑者，当然，一个人的角色是可以随时变化的。对于答疑者来说，他们除了愿意将信息和知识与人分享之外，还希望通过答疑来获得一定的奖励，例如，等级的提升、积分或虚拟货币奖励等。

当然，社会化搜索引擎不限于社区的人肉搜索引擎机制，它也可以和维基（Wiki）技术结合起来。维基作为人们共同创造的知识的综合体，汇聚了大多数人的智慧，符合提供最精确搜索结果的思路，因此，有些社会化搜索引擎将维基百科中的词条放在搜索结果的第一位。

此外，标签、社会书签等功能，也被一些社会搜索引擎作为重要的资源开发。

2013 年 1 月，Facebook 正式发布其高级搜索功能——社交图谱搜索（Graph Search）。社交图谱搜索的对象并不是传统网页，而是用户们发布的内容或他们的行为数据，它可以语义分析等为基础，帮助用户从朋友分享的信息、上传的图片、点过赞的对象等海量数据中找到某个问题的答案。虽然这个机制与人肉搜索或问答类社区不尽相同，但是，它同样利用的是人们社交网络中的资源。

三、Web2.0时代:以人为核心的“个人门户”模式

Web2.0时代,社会化媒体进一步普及,社会化媒体本身也在不断发展,相比Web1.0时代的论坛,博客、SNS、微博、微信等,使人与人的关系构成变得更为开放、自由,人与人更大规模的连接得以形成,而这为信息传播模式的演变提供了基础。

(一)社会化媒体:人与人的连接平台

社会化媒体的本质,是将人与人连接起来。

社会化媒体是一种具有大众传播功能的社会结构,这种结构的核心要素主要是四个,即人、关系、内容及分享。

1. 社会化媒体的基本单元——人

毫无疑问,社会化媒体的基本构成要素,是“人”。而这里所说的人,首先应该从个体的层面出发。当然,在多数社会化媒体平台,在个体互动基础上,会形成群体,而群体的氛围会作用于个体。

无论是什么样的社会化媒体,都是要满足“人”的核心需求。虽然人们利用社会化媒体的需求各不相同,但有些方面是共通的,而其中社交的需求是最根本的。除了基本需求的满足外,社会化媒体还需要有足够好的个体获得报偿的机制及名声的彰显形式。

2. 社会化媒体的纽带——关系

社会化媒体平台上的个体不是孤立的;关系是把人们连接起来的纽带,也是让人们产生持续活动的动力。对于社会化媒体中的个体来说,关系可以从不同角度来认识。

(1) 线下关系与线上关系

有些社会化媒体致力于将人们的线下关系,或者说现实关系,移植到网络中来。而有些社会化媒体则是试图帮助人们在没有线下关系的前提下,发展出线上关系。虽然社会化媒体使得人们的线上关系与线下关系的界限模糊起来,但是,从用户角度来看,多数时候,他们自己心里还是试图划清两者界限的。因为线下关系往往有更多的约束性,而线上关系则相对自由。

(2) 强关系与弱关系

美国社会学家格兰诺维特最早提出了强关系与弱关系的概念。强关系是指联系频繁的关系,而弱关系则是联系不够频繁的关系。格兰诺维特指出,强关系往往是同质群体内部的纽带,而弱关系则是不同群体之间的纽带。

在社会化媒体平台上,同样也存在着强关系与弱关系的区分。

而在社会网络分析中,还有强连接与弱连接的区分,强连接是相对近的关

系，弱连接则是相对远的关系。第八章将对此进行进一步介绍。

但从某种意义上看，也许一些新兴的社会化媒体应用，如微博，反倒是在瓦解强关系与弱关系这样的概念。在那些地方，强关系与弱关系之间的界限不再那么清晰，甚至弱关系可以迅速转化为强关系。也许我们更应该关注推动关系形成的动因，例如现实社交需求、认同需求、利益需求、信息需求等，而不是仅仅关注关系的频率或强度。需求的强度同样会影响关系连接产生的影响力的强度。

(3) 直接关系与间接关系

在社会化媒体平台上，个体间如果存在着关系链条，有着直接的交往或互动，那么就形成了直接关系，而如果两者间没有直接的互动，但通过他人可以形成关联，这样的关系便是间接关系。

(4) 社交互动关系与信息互动关系

在微博等平台上，"加好友""关注""收听"等行为会带来关系，而"转发""评论"又会产生另一种关系。两种关系网络往往并不一致，例如，关注一个人，并不意味着一定要对他发出的微博进行转发或评论，相反，即使没有关注某个对象，也可以对其微博进行转发或评论。前者是基于社交的意愿，因此可以称为社交互动关系；而后者是基于信息的互动，可以称为信息互动关系。

除了以上几对关系，从关系产生的基础和效果来看，社会化媒体上的关系又可包含兴趣关系、传播关系、认同关系、结盟关系、利益关系、对抗关系、产品关系等。

关系的多样性，是社会化媒体的活力来源。不同的关系纽带，可以给用户带来不同的满足，也会带来相应的黏性，尽管强度不尽相同。

基于以上种种关系，每个用户可以在社会化媒体平台上形成自己的关系网络。而所有用户的关系网络最终形成一张无限复杂的大网。

3. 社会化媒体的核心产物——内容

完全脱离内容的社交，在以计算机为中介的互动中，几乎是不存在的，因此，社交活动给社会化媒体带来的最大的可见产物之一，是内容。内容是用户关系的外化方式。

与专业媒体的内容生产相比，社会化媒体生产的内容具有以下几个特点。

(1) 内容的海量性

由于参与者数量众多，社会化媒体生产的内容呈现出海量的特点。推特(Twitter)一天的内容超过 5 亿条①，新浪微博每天的微博数超过 1 亿条②。截至

① 《Twitter 日消息发送量达 5 亿条测试 Like 按钮》，见 http://tech.qq.com/a/20121027/000060.htm。

② 据新浪微博负责人提供的数据。

2015年7月,维基百科(Wikipedia)已有超过492万个英语条目,除英语外,还有8种语言的条目超过100万,包括中文在内的8种语言的条目在40万到100万之间。总语种达290种,总词条数超过3 558万。①

社会化媒体生产的海量内容,不仅满足了用户的社会交往、自我表达、社会分享等需求,也为专业媒体提供了丰富的资源。

(2) 内容的多源化

社会化媒体是开放的生产平台。所以社会化媒体的用户都是内容的生产者,每一个人都可以成为内容来源。

由于来源的多样化,社会化媒体的内容也就变得十分庞杂,它们有些是制度化、专业化生产的,而有些则是非制度化、业余化生产的,质量也参差不齐。

(3) 内容的碎片化

从内容方面看,社会化媒体所做的是一种碎片化的生产与传播。今天的社会化媒体中的碎片化生产与传播体现在两个层面上:

第一个层面是事实性信息传播的碎片化,这里的碎片,更多的是指信息来源的多元化、观察视角的分散化、信息文本的零散性和信息要素的不完整性。

第二个层面是意见性信息传播的碎片化,这个意义上的碎片,不仅指零散性,更指意见的异质性、分裂性。过去媒体所反映出来的社会意见的一致性,在社会化媒体平台上被大大削弱。社会化媒体平台上的意见形成,是各种碎片意见碰撞、冲突的过程。

事实性信息传播的碎片化是人们提到碎片化传播时关注的重点,但如果从长远来看,我们还应当注意意见信息的碎片化及其传播效应,因为它反映着整个社会生态的变化。

尽管内容的碎片化也常常被视作社会化媒体无序性的一种表现,但是,我们不能对碎片化内容的价值加以简单否定,如果具备对碎片进行鉴别与整合的能力,那么碎片化的内容也能成为专业媒体的有益补充。

4. 社会化媒体传播的主要动力——分享

尽管前文提到了人们在社会化媒体中的多种关系可能,但由于社会化媒体的核心产物是内容,因此与内容有关的"分享"(也就是信息互动)就成为社会化媒体传播中的主要动力。

从社会互动的角度看,分享是人们证明自己存在的方式,也是与他人互动的重要手段。但分享这种行为之所以在今天更为普遍,在很大程度上要归功于数字传播技术的发展以及Web2.0的结构模式。

① 资料来源:https://meta.wikimedia.org/wiki/List_of_Wikipedias。

数字世界的"分享",大多不像物质世界那样意味着利益的削减或割让,相反,这种分享基于"数字化"的传播或复制,几乎不需要成本,但往往还能带来"回报",例如提高社会声望、改善人际关系,或者说可以带来社会资本。在 Web2.0 平台上,由于传播网络四通八达,这种零成本、高回报的情形,更为普遍。因此,社会化媒体在一定程度上促进了分享这样一种利他行为,而分享行为的普遍化,反过来又提升了社会化媒体的社会影响力。

分享得以实现,还因为人们拥有了便捷的分享手段,智能手机这样的移动终端的发展,尤其使分享行为变得更为简单,且可以做到随时随地。

分享行为的普遍化,也需要时间上的支持。克莱·舍基的"认知盈余"理论,在一定程度上解释了今天的人们乐于分享的一个前提条件。克莱·舍基把全世界受教育公民的自由时间看作一个集合体,一种"认知盈余",进而指出"这是一个不平凡的时代,因为现在我们可以把自由时间当作一种普遍的社会资产,用于大型的共同创造的项目,而不是一组仅供个人消磨的一连串时间"。[①]

但值得注意的是,分享活动看上去是为了增强人们与社会的联系,但倘若只把分享作为证明自己存在的手段,或者只沉醉于与某几个固定关系的互动,甚至完全把屏幕上的分享当作对现实互动的逃避,也许人们反而会离社会更远。

(二) Web2.0 时代的"个人门户"模式

基于 Web2.0 思维的社会化媒体的兴起,带来了"个人门户"式的传播模式(见图 3-2),这一模式与大众门户时代的传播模式,有着显著的区别。总体来说,个人门户模式的基础是一个传播网络,它由无数的网络节点及它们之间的多元连接链条共同构成。换句话说,在这种模式中,大众传播是建立在人际传播网络基础上的。

"个人门户"时代的传播模式主要有如下一些特点。

1. 每一个节点成为一个传播中心

在个人门户模式中,每一个网络上的节点都是一个传播中心。每一个节点同时扮演着信息的传播者与接收者的双重角色。

无论是个人用户,还是媒体或其他机构用户,在个人门户的传播模式中,都存在这样一种节点。这意味着,个人的传播能力得到提升,而媒体或机构过去的中心地位,会被削弱。

每一个用户都是一个节点,这也就意味着用户数量的增长会导致传播控制难度的增加。

---

① [美]克莱·舍基:《认知盈余》,中国人民大学出版社 2012 年版,第 13 页。

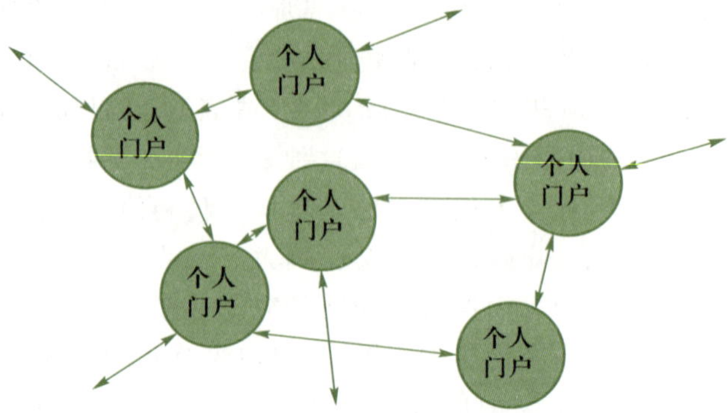

图 3-2 “个人门户”的传播模式

2. 关系成为传播渠道

在这种模式中,信息是沿着人们的社会关系网络流动的。也就是说,人际传播网络成为大众传播的“基础设施”,节点的社会关系(用社会学的概念来说,便是“社会网络”)成为信息流动的渠道。这也就意味着,在这样的传播模式中,关系渠道的数量与质量直接影响着信息的流动广度。传播者之间的竞争,开始转向对用户“关系”的争夺。

3. 社交和分享成为传播动力

在个人门户的传播模式中,社交和分享是内容生产与传播的动力。人们基于社交的需要而不断发布内容,这些内容也作为社交的“谈资”被他人分享。反过来,由于社交因素的加入,人们的确也可以提高对某些新闻的关注度,加深对某些新闻的了解。

4. 个性化信息服务得以实现

经由个人的社会关系网络进行的信息传播,更好地实现了信息消费的个性化。正如互联网研究者谢文指出的:“与以往的信息解构与重构的思路不同,Web2.0 着重在用户群的解构与重构。经过现实社会过滤和筛选后,由真实的个人和真实的社会关系组成的信息网络自动承担了网络信息的选择、过滤、传播和互动任务,使得信息与用户之间的相互匹配过程更自然、更精准、更智能、更高效。”①

5. 传播路径易于观察

这样的传播模式,使得每一个信息的落点以及流动的路径直接可感,用户的信息阅读的深度、信息引发的意见等,也更容易观测。

---

① 谢文:《互联网的解构与重构》,http://xw163tech.blog.163.com/blog/static/5629961920101130541475 76/。

6. 传播是多层级的

基于个人门户及其社会关系的传播是多层级的，信息需要经过多次传播才能不断扩大传播效果，但是，四通八达的人际网络，很容易推动“裂变式”传播的形成。

在这样的传播网络中，每一次信息传播的过程，都可能出现信息的变形。例如，网民在转发信息时附加自己的意见，或者对于原始信息进行增减。其中，意见的附加更为突出。因此，信息传播过程不是一个简单的信息复制过程，而是信息的不断再生产过程。

7. 整个传播格局呈现出“去中心化”—“再中心化”的过程

这样的传播模式，理论上意味着每一个传播者的起点是相对平等的。即使是专业媒体，如果没有足够多的关系渠道，其内容也难以实现有效传播。相反，即使是普通个体，如果善于经营关系，也能在这个平台上形成自己的影响力。这是对传统的传播格局的一个去中心化过程。

但是，这并非意味着网络中就不再有中心了。个人门户传播模式实际上同样会加速网络话语权力的分化，特别是在个体用户层面，因此，网络中最终还是会出现新的权力中心。

第二节　从手机短信到APP——手机媒体传播模式的变化

手机以人际交流的功能起步，逐步成为大众传播的平台。从公共信息传播角度来看，目前手机的传播模式主要包括手机短信、WAP和APP三种模式。

一、短信传播：中心式传播与网状传播的结合

在手机上，最早的公共信息传播手段是短信，但短信同时也是人际传播的手段，因此，手机短信是人际传播与大众传播的一个混合体，手机的人际传播与大众传播的界限并不那么清晰，起源于人际传播的内容，也可以通过不断的转发演变为大众传播。大众传播的内容也可以轻易地延伸到人际传播中。这正是短信传播的一个重要特点。

从公共信息传播模式来看，手机短信是中心式传播与网状病毒式传播两者的结合。

手机短信的公共信息传播有两种模式。

一是点对面的中心式传播，例如手机报就是基于这种模式传播的。

二是网状病毒式传播，即由手机用户基于人际网络进行的接力式点对点传播，这种传播的不断延续，会形成像病毒传播一样的大规模传播效应。虽然这种传播最初未必是基于大众传播的目标，但在某些情况下，一些引起广泛关注的信息可以经过这种方式不断扩散、放大，最终形成大众传播的效果。在早期，手机媒体中的舆论更多的是以这种模式形成的。

这两者在很多时候可以相互交织，后者往往是前者的扩散方式。

手机上的中心式传播虽然传播机制类似于互联网上的大众门户式传播，但是，信息的接收者更为被动，他们几乎没有信息选择的权利，也难以进行参与。

而手机上的网状传播，则接近于社会化媒体中的个人门户式传播，但是，人们的社会关系范围有限。同时，由于信息转发需要金钱成本，所以人们在信息分享方面更为节制。在SNS、微博等平台上，个人也可以实现点对面传播，而在短信平台上，人们之间也只能通过点对点的方式进行信息传递（群发本质上也是点对点的），这进一步提高了信息分享的成本，因此，除非是某些有重大公共价值的内容或是特殊的时间段（如春节），否则人们对大规模信息分享的热情是不高的。

二、WAP：手机上的简化 Web

WAP 技术原理与 Web 一致，但由于手机通信流量及传输速度等因素的影响，WAP 网站必须更轻巧，它的文件体积更小，页面窗口也要适应手机屏幕的大小。WAP 网站的界面也很简洁。一般都以一栏方式呈现。通过拖动屏幕的方式来实现界面的扩展。

WAP 与 WWW 一样，也是用层次化的方式组织信息的，但在手机终端上，过多的层次会带来信息浏览的高成本，例如在时间、流量等方面。需要不断打开新页面也会使用户失去耐心。因此 WAP 网站层次相对 Web 网站更简化。

在很长一段时间，WAP 模式受到了 APP 模式的冲击，但是，HTML5 技术的普及也许会给 WAP 带来新的机会。HTML 是网页制作的基本技术，2014 年 10 月29 日，HTML 的第五个技术标准——HTML5 标准规范最终定稿并公开发布。HTML5 可以实现多媒体内容的自由嵌入，互动更为便利，甚至可以实现 3D 效果，同时可以进行地理定位，有助于推动基于地理位置信息的应用。运用 HTML5 技术制作的网页也可以方便地在社会化媒体平台上分享。HTML5 技术在电脑终端和移动终端上都在进行普及，对于移动 WAP 来说，意义更为重大。

三、APP：Web 的垂直化重构

2010 年 8 月，美国《连线》杂志主编克利斯・安德森的一篇文章引起一些业内人士的关注。在这篇题为《万维网已死，互联网万岁》的文章中，安德森谈到了 APP 技术对 Web(万维网)的冲击。[①] 尽管人们对 Web 是否会消失产生了不同的判断，但在智能手机上，APP 的确对 Web 或 WAP 网站的应用产生了重要的冲击。

近年来，各类网站、媒体都在开发新闻资讯客户端，用客户端看新闻已变成人们的习惯。而在电脑终端上以网站形式存在的社会化媒体以及电子商务等服务，在移动终端上，也都变成了一个个 APP。

APP 的设计思路，简化了获取信息的路径，降低了获取信息的成本，更方便人们在移动状态下操作，同时，它也有助于固化用户的习惯。

另一方面，APP 重新包装了传统互联网上的信息与服务，强化了专业化服务。与传统的门户网站提供的"一站购齐"式服务不同的是，每一个 APP 只提供一种专业内容或服务，这有利于垂直内容的深化。APP 的界面也是针对每个特定应用的功能诉求和移动终端的屏幕特性而特别开发的。因此，形式可以更好地为内容服务。形式上的个性化也有助于专业化水平的提高。

对于用户来说，APP 也可以让他们的注意力更为专注。《经济学人》的研究者认为，在平板电脑上，媒体的 APP，是用类似传统杂志的模式进行信息打包传送的，这意味着人们在平板上可以把一本杂志读完，而不会像网站那样，受到没完没了由链接形成的信息迷宫的困扰，这有可能促进读者的深度阅读。[②] 对于其他媒体的客户端来说，也是同样的道理。

APP 所采用的专业化服务思路，意味着要对一个网站过去包揽的内容与服务进行垂直切割，各种不同的开发者都可以通过专业性的或特色性的内容与服务来争夺用户。因此，移动终端上的 APP 的开发，是对 Web 内容的一个垂直化重构。

APP 方式使得网站的内容被切割，在一定意义上削弱了过去门户网站的中心地位。但是，另一方面，"应用商店"的提供者，特别是像苹果公司这样的服务商，变成了另一种中心。虽然它不是传播中心，但作为平台的提供者和监管者，它可以通过对 APP 的审核与把关，来影响用户，形成另一个层面的集权。

在 APP 模式下，用户可以根据自己的判断与需要，将各种不同的应用组合起来，在桌面上构成他们自己的"个人门户"。但与在社会化媒体中的个人门户不同的是，这个个人门户承载的是由多种主体提供的更专业、更细分的服务，它

---

① 参见 Chris Anderson and Michael Wolff, *The Web Is Dead. Long Live the Internet*, http://www.wired.com/magazine/2010/08/ff_webrip/all/1。

② 张翃：《媒体未来路在何方》，http://zhanghong.blog.caixin.com/archives/40151。

们也能更好地满足用户的个性化需求。

第三节 场景化传播——移动互联网时代传播模式的新可能

移动互联网是互联网与手机网的融合,所以目前它还在很大程度上继承了Web、WAP、APP等模式。但是,从长远来看,移动互联网的传播模式也将发生新的变化。

每一种传播模式的形成,都与媒体要素有关。传统媒体和Web1.0时代,我们看重的媒体要素是内容及形式;Web2.0时代,关系成为媒体的核心要素。而移动互联网时代,媒体使用的时空概念发生了变化,时空测量需要在场景这个新维度下,于是,场景成为媒体的新要素。

传统媒体和Web1.0时代,整个传播模式是以内容为核心来建构的。Web2.0时代,传播模式是以个体及其社交行为为核心来建构的。在手机上,无论是短信还是WAP或APP,都是以内容或者人为中心来进行信息组织的。

既然移动互联网时代场景成为一个新的要素,那么,未来的新传播模式将可能以场景为核心进行构建。

一、场景:移动传播的新要素

尽管场景一词频频出现,但目前我们对于场景的分析,还是比较简单与表层的。事实上,构成场景的基本元素应该包括空间与环境、用户实时状态、用户生活惯性和社交氛围等(见图3-3)。而对于后三者,今天的研究与应用都还较为缺乏。

1. 空间与环境

场景不仅仅是一种空间位置指向,也包含着与特定空间或行为相关的环境特征,以及在此环境中的人的行为模式及互动模式。空间与环境不等同,但又不可分割,所以需要把它们当作一个要素来看待。它与人们的生活惯性这个变量密切相关,在很多时候,也与一定的时间相关联。

2. 用户实时状态

包括用户在此时此地的各种身体、行为、需求等数据,它们既可能基于用户以往的惯性,也可能具有偶然性、特发性。无论是在固定场景还是移动场景中,人们的实时状态,都会与空间因素共同作用。仅仅只注意空间要素而忽略个体的实际状态,是很难实现真正的个性化服务的。

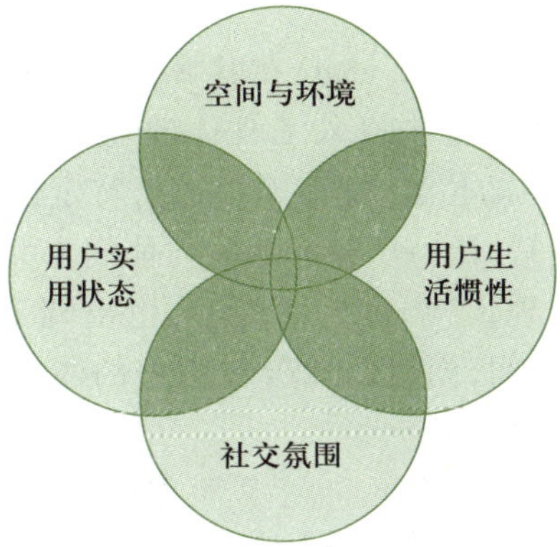

图 3-3　构成场景的基本元素

3. 用户生活惯性

人们在各种场景下的需求与行为模式，常常会带着他们以往的生活经验，打着惯性的烙印，惯性是理解他们行为走向的基本依据，因此，场景的分析，往往也要结合用户以往的习惯。

4. 社交氛围

社交氛围对于人们的活动（包括空间的变化方向）的确是有影响的，而且在今天，其影响越来越明显。因此，对于社交媒体中用户及其相关者的数据的分析，可以为场景分析提供另一个维度的支持。

场景的这四个构成元素，如何通过相应手段或技术来进行感知或测量，是进行场景化传播或服务的关键。而这有赖于定位技术、可穿戴设备和大数据技术等的应用及深化。

二、适配：场景化传播的核心目标

移动互联网包含内容、社交、服务等三大领域，移动互联网的发展将使得内容、社交、服务三种平台的交融更加深层，而未来的移动媒体也将在内容媒体、关系媒体与服务媒体三个方向上实现自己的拓展与飞跃。

无论是对于内容媒体、关系媒体还是服务媒体，“场景化传播”都意味着在对场景进行识别、分析的基础上，提供适配的内容、关系或服务。

适配意味着，不仅要理解特定场景中的用户，还要能够迅速地找到并推送出与他们需求相适应的内容或服务。对相关信息或服务的发现、聚合与推送能力，也决定着适配的水平。

基于地理位置的信息推送，已经开始在商业应用中推广，例如针对附近的移动用户推送打折信息。但在新闻类应用中，它的应用还很有限，但一些探索思路正初现端倪。

突发新闻网站(BreakingNews. com)在其客户端中应用了“让新闻追着用户跑”的新思维:在每篇新闻报道中嵌入了具体的地理位置信息,同时,该应用可以通过 GPS 找到用户所在的位置,把新闻推送给特定区域的用户。而换个角度来看这样一个思路,那便是,让用户躲开那些与他们无关的信息。

新华社推出的“我在现场”新闻客户端里,也出现了初步的 LBS 思维,即通过地理位置来聚合相关新闻,同时以此吸引用户的注意。尽管目前思路还比较粗糙,但也是一个有价值的探索。

服务适配比信息适配的范围更广,手段更多样,满足的需求更多元。

服务适配,与 O2O(线上—线下服务)有着密切关联。尽管并非所有移动服务的提供都一定要伴随着线下的活动,但通过各种智能设备理解人们在线下的行为,将线上与线下的服务结合起来,将是未来移动服务应用的一个重要方向。在这样的服务适配的推动下,线上与线下空间融为一体的趋势将更为明显。

服务适配可以只是针对用户的某个特定活动提供单一化的服务,也可以通过了解他的行为逻辑与习惯来提供综合性的配套服务。

但需要注意的是,无论是对信息还是服务的适配,都与一定的形式适配相关联。

从信息推送的角度看,适配不仅意味着内容与场景的匹配,也意味着形式与特定场景下的阅读需求相适应。

用户在移动场景中的活动特点是,时间的碎片化、情境和空间的快速切换。因此,移动媒体的表现形式一定要与移动阅读的时空相匹配。不同场景下信息阅读的个性化特点如何在呈现形式上做出适应,也需要在未来做进一步探索。

对于服务类应用,形式的适配的目标,是更为便捷、人性化的操作。“一指搞定”,是理想的境界。某些场景下,语音操作也是必要的。多数服务类应用都涉及支付,所以支付形式的优化,更为关键。

从场景适配的对象范围来看,又可以分为标准化适配和个性化适配两个层面。

标准化适配,是对共性的理解与满足,即针对用户群体在一个特定场景中的普遍性、一般性需求,进行信息、服务等方面的提供,使不同的用户都可以获得这一场景中的基本满足。

而个性化适配,则意味着要把个体用户的当下状态及既往习惯等都纳入考虑范围,是对个性的把握与满足。例如,某个地理位置可以接收到各类餐馆推送的信息,但是,如果了解到某个用户是回民的话,那么,给他推送的信息应该将那些不适合他的餐馆信息过滤掉。

三、场景化传播模式：信息流、关系流与服务流新入口的构建

移动互联网包含内容、关系、服务三个应用方向，相应的，移动互联网的传播模式，就是对信息流、关系流与服务流的组织模式。

信息、关系、服务都可以视作一种“流”，即它们是活性的，它们会在各种渠道不断流动，最终按照某种逻辑或结构在一些平台上汇聚、结合，它们流动的路径以及结合的逻辑（“流”的结构），决定了流的能量大小以及用户发现它们的几率和利用它们的程度。有助于强势的“流”形成的平台，也就具有成为“入口”的潜力。

当越来越多的信息与服务依赖场景这一变量时，场景本身可以成为信息组织、关系组织与服务组织的核心逻辑，可以成为信息—关系—服务等几者连接的纽带。因此，场景化传播模式的思维是，以场景为核心，来重新构建信息流、关系流与服务流的入口。

从网络信息的组织模式来看，门户时代已经锤炼出一套成熟的“话题信息流”的组织模式，即围绕话题的关系来进行内容组织。SNS、微博等社会化媒体兴起后，以关系为纽带产生的“关系信息流”和以时间为线索组织的“时间信息流”模式也日渐普及。

对于移动互联网来说，另一种信息流正在出现，那就是“空间信息流”，即在特定的地理位置上产生或者与某一特定空间有关的所有信息的汇聚。

空间信息流应该如何组织，空间信息流如何与其他三种信息流更好地整合，仍是一个新的课题。而这些问题的解决，是实现场景化传播的切入点。

从目前的情况来看，地图可以成为一个空间信息流的入口。例如，“高德地图”客户端可以通过新浪微博账号登录，与空间有关的微博信息可以在高德地图上显现。这意味着通过地图整合“空间信息流”已经变得可行。而在未来，新闻客户端也有可能与地图实现更深层的结合。

除了地图这样的空间呈现手段外，其他与场景有关的应用，也都可以考虑如何成为汇聚信息流的新手段。

场景也会成为关系流的一个新入口。

今天的社交平台，多是以人们的现实关系为逻辑来组织的，但是，在很多社交应用中，已经出现了以空间或其他场景要素为基础建构社交关系的功能，陌陌等移动社交产品，更是把空间这个要素发挥到了极致。未来应该会有更多的社交产品，继续发挥“场景”思维，通过场景来聚合人们的社交行为与社交关系。

基于空间的服务在移动端的服务类应用中已经不少，滴滴、快的打车等移动应用，其服务完全是建立在空间这个参数基础上的，未来在电子商务、在线医疗

等领域，也必然会有越来越多的以场景为基础的服务。

但今天基于场景的服务更多的是分而治之的、割裂的。因此，任何一个应用都很难称为“服务流”的入口。如果可以将与某一场景有关的一整套服务整合在一起，那么，场景的入口作用将更为显著。

思考题：

1. 你如何认识 Web1.0 时代的大众门户模式？
2. 你如何认识 Web2.0 时代的个人门户模式？
3. APP 与 Web 模式有何区别与关联？
4. 你如何理解移动传播中的“场景”及其应用可能？

第四章　新媒体的用户

传统媒体的使用者往往被称为“受众”，但在新媒体时代，“受众”这个词受到越来越大的挑战。一方面，传播者与受众的界限模糊了，受众不再是信息的被动接受者与消费者，他们也可以用各种方式参与到内容的生产与传播中；另一方面，新媒体传播中，过去表现为“不定量”的“多数”的“群体”（众），开始演变为个性化需求凸显的“个体”。

因此，本章将新媒体的使用者称为“用户”，并从更广泛的视角来分析新媒体用户的特点及其在新媒体中的活动。

第一节　用户在新媒体中的生存特点

新媒体不仅是一种传播媒介，也是一种生存空间，在这样一种生存空间中，人们具有不同于现实世界的一些生存特点。

一、数据化生存

新媒体时代，个体有了另一种生存方式，那就是“数据化”生存。数据，不仅仅是个体思想与见解的记录，也是个体的行为、活动的另一种形态，数据成为个体的映射与化身。社会化媒体应用、移动终端进一步刺激了个体数据的生成，未来可穿戴设备将使得更多人体本身的数据得到记录与分享。

从信息技术的角度看，任何数字化的信息都是“数据”，从个体对数据的控制关系角度来看，个体的“数据”有两种形式：一种是个体被动产生的数据内容，例如，作为用户，人们进入网络中的各种社区，都要进行注册并提供相应的个人信息，这些用户信息的形成是由网站发起的。另一种是个体主动生产的数据内容，无论是在论坛、即时通信、博客，还是 SNS、微博、微信中，用户都会自主地制造出大量的内容，这些内容，也是数据。

这两种类型的数据，都是对个体的描述与记录，当然，前者相对稳定，而后者不断变化。个体主动生产的内容，更能反映个体“数据化”生存中的心理与诉求。

今天，可穿戴设备正在带来介于“主动”和“被动”之间的另一种数据。一方面，人们可以决定是否接受使用可穿戴设备，这意味着他们具有一定的主动性；另一方面，一旦使用了这些设备，而人们对于其采集的数据的控制能力较弱，就会呈现出一定的被动性。

从另一个角度看，个体的数据又有"内容型"数据与"活动型"数据之分。"内容型"数据对应的情形是，用户行动的目的就是生产出直接在网络中发布的内容；而"活动型"数据（如人们在电子商务活动中的购买行为记录），本身并不是用户有意识生产的内容，而是用户活动的附属产物，但它同样是用户行为的重要记录，甚至是研究用户个性的重要依据。随着越来越多的人开始习惯于网络化生存，活动型数据，也成了个体人生中的重要痕迹。

在作为群体互动空间的论坛里，网民更多的是通过公共信息的交流和思想的交锋来显示自己的存在价值，获得社会归属，争取社会认同，因此，在那样的空间里，"数据"更多地具有公共记录与公共交流的偏向。当然，公共交流的背后，一定有自我表达、自我认同、自我实现的动因，只是从数据化的结果来看，相对而言，个体的自我轨迹较多地被掩盖。

而从博客开始，"数据化"的重点开始向"自我"倾斜。数据成为个体重要的生活痕迹，个体在其中体现出来的对自我形象的展示与控制较论坛时期更为明显。"数据"成为人们展现与塑造"自我"的重要手段。

尽管每个个体的数据化有"整饰"的成分，但是，这些数据至少在记录个人行为的同时，也记录下了很多社会场景、社会活动，并传达出这背后的社会情绪。这些记录，可以与大众媒体的记录形成一种补充、印证关系。数据记录的个人碎片与大众媒体的内容整合起来，就是更丰富的社会图景。数据反映的个人史，累积起来，也会成为社会史的一个部分。

但值得注意的是，这样一种数据化，也会使个体暴露在更多的风险中，正如维克托·迈尔-舍恩伯格指出，今天这个时代，遗忘变成例外，记忆成为常态，人类住进了数字化的圆形监狱。[①] 在未来，人们会更需要争取自己的数据的不公开权以及被遗忘权。

二、表演化生存

在很大程度上，用户主动生产的数据，是与他人互动的一种方式，从社会学的角度看，这也是一种表演。

（一）"表演"：社会互动的基本策略

美国社会学家欧文·戈夫曼的"拟剧理论"认为，在我们的日常交往和生活

① ［英］维克托·迈尔-舍恩伯格：《删除：大数据取舍之道》，浙江人民出版社 2013 年版，第 5~22 页。

中,人人都是表演者,在特定的情境、不同的舞台上认识到别人对我们行为的期待以及我们对他人思想、感情和行动的期待,会使我们不断根据自己身处的舞台以及交往对象调整自己的行为。戈夫曼认为,人们表演的区域有前台和后台之分。前台是人们正在进行表演的地方,后台则是为前台表演作准备的、不想让观众看到的地方。人们在前台的行为举止与后台是不一样的。一般说来,应防止观众进入到后台来,而且,在前台也必须防止那些与演出无关者进入到表演中来。①

印象管理(Impression Management,也译为"印象整饰"),也是戈夫曼提出来的一个概念,它是指个人意图影响他人对自己印象的现象与过程。通俗地说,它就是一种自我形象的管理。印象管理与表演,是一枚硬币的两面。

新媒体,特别是其中的社会化媒体应用,给予了用户"虚拟性"这一前提,也给人们提供了更多的表演舞台和表演手段。

(二)虚拟性:新媒体空间表演的前提

新媒体中用户的"表演"是基于数字化的虚拟空间。在这样的空间里,很多时候人们可以不透露个人的真实身份,进入"匿名"状态。

但新媒体中其实很难有完全的无条件的"匿名",从技术上来说,对网民进行定位与跟踪都是可以实现的。"匿名"是有条件的,有时甚至是网民的自我错觉。而从 SNS 应用开始,越来越多的新媒体应用需要用户采用实名方式。

因此,用户在新媒体空间中具有一定的身份自由度这样一种特性,用"虚拟性"来表达更为确切。

虚拟性意味着人们是用符号的方式来进入新媒体世界,这个符号可以是他的本名,也可以是昵称,即使他不用任何名称,那么他的 IP 地址也是与其对应的一个符号。尽管目前多数人是用动态地址方式上网的,因此,IP 地址是经常变化的,但是,IP 地址可以提供网民所在位置的线索。而 IPv6 全面采用后,人们更多地会与某个地址绑定,那时 IP 地址与人们的关系会更为固定。

虚拟性意味着现实身份与虚拟身份之间存在多重映射的可能,也就是说,新媒体用户对自己的角色可以进行多重设定,自由分解。人在虚拟环境下的表现,往往不是单一的。人们会在不同心情下或不同环境里扮演不同的角色。

但虚拟并不等于"虚假"。美国网络研究专家埃瑟·戴森认为:"假名更可能是这样一种面具:人们使用它来表现自己的真实面目而不是隐藏自己的本性;或者说它允许一个人真正表现其性格的某一方面。"②她还认为:"网络会对人类机构带来深刻变化,而对人性则没有什么影响……网络会使人性和人类的多样

① [美]欧文·戈夫曼:《日常生活中的自我呈现》,北京大学出版社 2008 年版,第 19~25 页。

② [美]埃瑟·戴森:《2.0 版数字化时代的生活设计》,海南出版社 1998 年版,第 70 页。

化得到张扬。”①

她的话是有道理的。虽然从表面看有些人在网络中面目全非,但一个人在网络中会变成什么样子,总是有他的现实基础的。应该说,网络生活还是一面镜子,只不过更像哈哈镜,它把人的某些特征夸大,某些特征缩小。但是如果没有现实的人,就没有镜中的像。

而新媒体中的互动,正是基于人们的现实需求进行的多重表演。要更好地理解与认识“虚拟性”前提下用户的行为及其互动,仍应从人性出发,并借助传统的心理学、社会心理学等理论。

(三)角色自由:新媒体空间表演的特点

用户的“表演”总是以对角色的设定为基础的。角色扮演是表演的主要过程。

社会心理学认为,角色是指处在一定社会地位的个体,依据社会对个体行为的期望系统,在社会化过程中将社会期望内化为对自身的期望系统而获得和形成的外在行为模式。社会身份是社会赋予个体的,比如年龄、性别、国籍、职业、财富等。每一个个体都会拥有多个身份,这在社会心理学中被称为“角色丛”(Role Set)。在社会生活中的不同场景,人们必须不断地变换自己的角色,以适应这些场景的特殊要求。根据角色的特征,可将其进行划分,如先赋性角色与获得性角色、活跃性角色与潜隐性角色、正式角色与非正式角色以及现实角色与虚拟角色等。

角色的社会心理学功能可以分为三种:互动(Interaction)、规范(Norm)和自我表达(Self Presentation)。

角色扮演心理过程又可以细分为角色获得(Role Taking)、角色表演(Role Playing)和角色转换(Role Changing)三个方面。

相比现实空间,新媒体用户基于角色的表演要自由得多。这体现在以下几方面。

1. 角色获得的自由

新媒体赋予人们的是一种“虚拟角色”(Virtual Role)。与真实的社会角色不同,新媒体用户的角色可以不受社会环境的限制。它的获得完全是出于个体的意愿。这种虚拟角色的功能,应以“自我表达”和“互动”为主,相对来说,“规范”的成分会少一些。

例如,在网络中常常会有人谎报自己的性别,这实际上也是网民自由主动选择角色的一种表现。有些人是因为自己本来就存在性别错乱,在网络中选择另

① [美]埃瑟·戴森:《2.0版数字化时代的生活设计》,海南出版社1998年版,第15页。

一个性别角色可以在一定程度上满足他们的心理需要。有些人是为了某些功利目的(例如取得别人的好感)而扮演另一个性别,也有些人是纯粹出于好玩。不管出于什么样的目的,这些人都是通过选择性别角色来表达自己或者与他人进行自己所希望的某种交往。

虚拟性这一前提也意味着,人们可以在新媒体中进行多重角色设置。不同的角色可以折射出现实心理状态与诉求的不同侧面。

2. 角色表演中的自由

在现实生活中,“作为一种社会角色,在观众面前表演,我们必须要保持相对稳定的状态”,而这是“我们的人性化的自我(All-too-human Selves)与我们社会化的自我(Socialized Selves)之间的一个重要差异”①。但是,在虚拟空间里,这种稳定状态可以在一定程度上被打破。这一方面是因为在非实名的状态下,人们可以更多地表现出“人性化的自我”;另一方面是因为人们的表演空间可以多样化,如果在一个表演空间里失败,人们可以转移到其他空间,这样,“稳定性”这样一个维持自我形象的前提,在某些空间里也就不再是必需的。

但是,在虚拟空间中人们的表演并非总是不稳定的,在那些对他们产生了重要意义的社区里,他们可能还是会保持着表演的相对稳定性。

3. 角色转换的自由

角色获得的轻易性,角色的多重分化可能,都意味着虚拟空间中角色转换的自由。当然,人们是否会转换自己的角色,核心影响因素是某一角色对他们的意义。一个角色如果已经积累了一定的社会资本,就意味着角色转换的成本高,人们在试图进行角色转换时就会有更多顾虑。

用户对自我角色的认定,不仅表现为他们在网上的行为,也可以直观地体现在他们的“代号”或“昵称”中。这些符号,可能产生于有意识,也可能产生于无意识,但都是自身的一种心理反应。

与此相关,在网上还有一种有意思的现象,就是网民通过停止使用某个“昵称”,来表达某种强烈的情绪。有些人将这称作一种“ID 自杀”。这种“自杀”现象的背后,除了包含某种潜台词外,还表明,网民已经意识到,虚拟角色的存在或消亡,已经有了某种实际意义。

(四)表演背后的心理动因

一个人会在何时何地扮演何种角色,实际上是他心理的一种直接反应。从某种意义上,人们在虚拟世界里的表现,往往与他在现实世界里的心理感受相关。因此,借助心理学的理论,我们可以从一定程度上来解释用户在角色设置与

---

① [美]欧文·戈夫曼:《日常生活中的自我呈现》,北京大学出版社 2008 年版,第 45 页。

表演背后的复杂心理。

心理学上有一种理论称为“认知失调理论”，它在一定程度上可以解释人们很多行为背后的心理因素。这一理论最早是由美国心理学家利昂·费斯廷格提出的。这一理论的基本出发点是，人们在观点、态度、行为等之间具有一种一致或平衡的取向。即两个认知元素之间要达到一致的趋向。①

所谓认知元素，是指一个人对自身、对自己的行为及对环境所了解的事情。两个认知元素之间的关系可以是无关、失调和协调。失调即指不一致、矛盾、不合适。

在费斯廷格看来，失调的原因包括以下几个方面。

1. 逻辑上的不一致：两个认知元素在逻辑上是冲突的。例如，如果一个人认为人在任何条件下也不能摆脱地球引力，但同时又认为人可以登上月球，那么，这两个认知元素就是处于失调的关系。

2. 文化习俗的不一致：两个认知元素在某种情境下可能是完全不失调的，但由于某种文化习俗的规定，在特定的情况下就变为失调。例如，在某些国家，给人送白菊花是一件非常不礼貌的事，如果某人事先知道这一习俗而给他人送白菊花，那么，这就是一种认知失调。但换了一个环境，也许就不会有任何失调。

3. 观点的普遍性（一种观点包含在另一种更普遍的观点中）：两个认知元素从表面看并无失调，但由于其中一个认知元素是包含在另一个更普遍的观点中，而那个观点可能会与另一个认知元素产生失调。例如，一个美国的共和党人，投票支持民主党的候选人。从表面看，这里不存在失调。但这个人是共和党人的认知，包含在这个人应该支持共和党候选人这个认知中，因此，失调产生了。

4. 过去的经验：如果一个人站在雨中而没有淋湿，那么这两个认知元素是失调的，这是从他站在雨中必然淋湿的经验中得到的。但如果这个人从来没有过淋雨的经验，那么，就不会有失调。

此外，其他学者认为，认知失调的原因还应包括：承诺、意志、责任等因素。

费斯廷格还认为，认知失调的程度取决于认知元素的重要程度。愈是重要的认知元素，所能带来的失调也就愈严重。

当出现失调时，人们会努力减少失调，其方法是，改变行为认知元素（改变自己的行动）、改变环境认知元素（改变对环境的看法或改变环境）或增加新的认知元素（用新的认知元素来加以平衡）。同时人们还会主动地避免可能增加失调的情境和信息。这导致人对于信息的高度选择性。

---

① 参见［美］利昂·费斯汀格：《认知失调理论》，浙江教育出版社 1999 年版。

费斯廷格还研究了失调程度与人们的信息行为之间的关系。他发现,当很少或没有失调时,个体既不追求也不避免失调信息。中等程度的失调,导致最大程度的主动追求减少失调的信息,避免接触增加失调的信息。极度的失调,导致追求增加失调的信息,使失调增加到不能容忍的程度,从而使情境的某些方面发生变化,最终减少失调。

对于群体可能给个体产生的心理影响,费斯廷格的"认知失调理论"做出的解释是,社会群体是个体认知失调的主要来源,也是他消除和减少可能存在的失调的主要来源。

减少由群体引起的失调的方法有:

改变自己的观点,使之与其他人的认知一致;

影响他人的观点,使之与自己的观点一致;

以某种方式使自己与别人不可比。例如贬损别人,认为别人是白痴等。

认知失调理论可以用于解释人们各种行为中隐藏的心理动因,它也可以帮助我们认识人们在虚拟世界扮演的角色、互动行为背后的动因。

三、节点化生存

新媒体将终端、内容、人、服务等连接起来,成为一张巨大的网。而新媒体用户,在这张网中的角色,是一个个节点。近十年来的社会化媒体应用,更使得用户作为一个节点的存在感变得明晰。

(一)作为社会连接单元的个人节点

作为网络节点的个体,一个重要的意义,是成了社会连接的单元。

SNS、微博、微信等新兴的社会化媒体用一种看似松散实则紧密的方式,将每一个平台上的个体连接起来,使每一个个体都能直接或间接地连接到其他所有的用户,"小世界理论"在新媒体中得到了更好的体现。

1929年,匈牙利作家弗里吉斯·卡林蒂(Frigyes Karinthy)在他的小说《链条》中提出了六度分隔的猜想,即平均而言,每两个人之间的关系间隔不超过6层,也就是任何两个人之间要形成关系,中间最多只需要经过6个人的中转。20世纪60年代,美国社会心理学家斯坦利·米尔格伦(Stanley Milgram)通过明信片邮寄实验证实了这一猜想,他得到的数据是,两个人之间的距离为4.4~5.7个人,数据因样本的不同而有所不同,但都没有超过6个人。于是,"六度分隔"理论得以确立。这个理论提示我们,只要处于现代人际社会中,任何两个个体之间都会产生直接或间接的联系。这个理论揭示了现实社会中人们关系的紧密性,它也被称为"小世界理论"。

在互联网发展的早期,人们更多的是在论坛等封闭的社区里活动,虽然每个个体也可以视作一个节点,但他与社区之外的用户之间的联系受到限制,所以这个节点的能量有限。而 SNS、微博等 Web2.0 的应用,在很大程度上改变了网民的关系模式,使得网民的关系网络更为开放,扩展到更大的范围,用户之间关系构成的社会网络的规模不断扩张,而人们之间的距离又在缩短,构成了一个更小的"小世界"。2012 年 1 月几位米兰大学的研究者发布的研究报告《四度分隔》指出,一项针对 7 亿多 Facebook 用户进行的研究显示,在 Facebook 上每两个人之间的中介者平均为 3.74 个,也就是分隔度数为 3.74 度。这也意味着,六度分隔的世界已经被 Facebook 缩小为四度。① 在近年的其他社会化媒体平台中,这样的情形也是普遍的。

社会网络中的关系成了影响网民行为和能力的重要因素,它在两个方向上作用于个人。

其一,它可以有效地放大个人的影响,尤其在 SNS 和微博等平台上。这意味着每一个个体都拥有了一个引爆器,如果具备"天时地利人和",这个引爆器可能迅速引起整个网络平台的大爆炸。

其二,它可能对个体施加更多的社会影响。今天的社会化媒体中的社会关系结构和信息传播结构,决定了作为社会网络中的关系节点的个体,受到的社会关系的约束与影响也更深。每一个社会关系,都是社会压力的一个传导线路。对于某一个体来说,无论是与他有直接联系的"强连接"用户,还是与他只有间接联系的"弱连接"用户,都有可能通过社会网络中的关系链条,对他产生影响。而社会网络中的群体互动,也可以对一个用户产生影响。这些影响体现在情绪、心理状态、意见与态度、行为等各种方面。

因此,当个体在更大程度上将自己的力量转化为社会性能量的同时,也在随时受到社会关系的影响,这种影响的广度与程度可能是前所未有的。

(二)作为传播中心的个体节点

当每个个体成为网络的节点时,这个节点也越来越多地具有了传播中心的属性。

如第三章所述,在 Web2.0 技术推动下,以 Web 网站为核心的"大众门户"传播模式受到了强大的冲击,而"个人门户"传播模式正在兴起。每个个人门户,就是一个基于个体意愿构建的传播中心。

这样一种传播中心,将个体作为信息的生产者、传播者与消费者的三种角色集成在一起,由此带来的传播机制变化,也使得专业媒体的"把关人"地位第一次真正受到挑战。

---

① *Four Degrees of Separation*:http://arxiv.org/pdf/1111.4570v3.pdf.

个体可以构建自己的传播中心，不仅意味着他可以通过自己的社会关系网络来进行信息的筛选，也意味着，个体可以根据需要去发现、收集与组合信息，借此形成对社会的认知基础和认知框架。对于某一个特定话题，个体可以根据自己的需要，依赖广泛的信息源建立起一个信息网络，这个信息网络也决定了个体对于话题的认知与解读。这个信息网络的复杂度以及认知与解读的深度，取决于个体的需要。

当然，并非所有个体都能很好地完成这样一种信息网络的构建。信息接触与使用中的选择性心理，人们对于信息的选择与判断能力，对无关信息的抗干扰能力以及其他媒介素养，都将是重要的影响因素。也就是说，作为传播中心的个体的信息素养与能力，决定了他们获取信息的质量。

第二节　新媒体用户的需求

新媒体之所以越来越成为人们生活中不可缺少的一部分，甚至像水、电一样，成为生活必需，是因为它日益丰富的功能，满足了用户多方面的需求。用户对新媒体的需求，可以分为关系需求、内容需求与服务需求三大方向。

一、关系需求

用户在新媒体中的需求，其核心是对社会关系的需求，即建立、发展自己的社会关系，维持自己在社会关系中的存在。关系的获得与维系，可以让用户更好地实现以下几方面的诉求。

1. 自我塑造

自我塑造需求可以表现为“自我认知”“形象管理”“自我表达”等。

美国学者查尔斯·霍顿·库利在他1902年出版《人类本性与社会秩序》一书中提出，人的行为在很大程度上取决于对自我的认识，而这种认识主要是通过与他人的社会互动形成的。他人对自己的评价、态度等，是反映自我的一面“镜子”，个人通过这面“镜子”认识和把握自己。

新媒体中的信息和互动，给用户提供了更多的“镜子”，与他人的互动可以给用户更多的反馈，因此，可以在一定程度上帮助用户加深对自我的认知。

在自我认知的基础上，人们会在各种新媒体空间中，通过各种方式塑造出心目中的理想形象，并围绕这个形象来进行自我表达，而这种形象塑造与自我表达，往往也需要通过互动来实现。

2. 情绪管理

对很多用户来说,新媒体中的种种行为,特别是互动行为,都是情绪调节与管理的一种方式。与现实空间相比,人们在新媒体中的情绪释放常常显得更为激烈。

有研究者称,网络等新媒体具有一种"去抑制"功能。所谓抑制是指现实生活中人们因为各种内心准则或社会规范的制约而表现出的行为自我克制。这种克制,是保证社会秩序和谐的必要条件。而在网络上,由于种种不同于现实生活的环境条件,这种克制大大减弱甚或不复存在了。人们的行为便出现一种"解除抑制"的特点。

在网络发展早期,这种去抑制功能表现得的确比较明显,但是随着实名的新媒体应用越来越多,新媒体作为一种社会形态,对人们生存的影响也越来越深刻,它的"去抑制化"特点,在一定程度上被弱化。人们在新媒体里情绪未必总能得到释放,在某些空间里(例如微信群、朋友圈等由强关系构成的空间里)在某些时候反而可能更容易被"抑制"。

3. 人际交流

在发展早期,新媒体就成了人际交流的一种工具。

在人际交流的范围、方式、深度、频率等方面,新媒体中的人际交流也有一定优势。从某种意义上看,新媒体促进了人际交往,也改善了一些人的人际交流质量,但这可能带来另一种方向的影响,即一些人与身边人的交流反而会减少。但是,我们并不能简单地断定人际关系的疏离一定是由新媒体带来的,而需要对现实的人际交流状况进行反思。

4. 社会互动

社会互动是在更为开放的、公共性的空间里用户间的互动。

新媒体中的社会互动可以以"分享""交往"和"参与"等不同形式表现出来。社会分享主要是信息层面的互动,社会交往是精神层面的互动,而社会参与则是行动层面的互动。

人们之所以进入到社会互动的层面上,是为了在更大的范围内获得归属感与认同感,也常常意味着更高的社会报偿。

5. 社会报偿

对于用户来说,使用新媒体的一个重要诉求,是获得社会归属感。

社会归属感是人类的心理需求之一。以马斯洛的需求层次理论来看,它属于人类的安全需要的一个方面,也是最基本的需求之一。

在新媒体中,社会归属感的获得有多种方式,加入一些稳定的社群,以及加入某些特定议题的讨论,是其中两种主要的方式。"议程设置"理论的提出者之一美国学者唐纳德·肖在十多年前提出了“议程融合”(Agenda Melding)理论，他指出，媒体设置的议程具有一种聚集社会群体的功能，这是因为人们都有一种对于“群体归属感”的需要。① 这个理论进一步解释了议程设置起作用的机制，也帮助我们认识到了议程与社会归属感之间的关联。当然，在新媒体中，能给人们带来归属感的议程，不仅仅是由媒体设置的。

人们对于新媒体的使用热情，还与社会资本的需求相关。

社会资本是社会学研究比较多的一个话题。其中代表性的研究者是美国华裔学者林南。他认为，社会资本是“行动者在行动中获取和使用的嵌入在社会网络中的资源。”②

通俗地说，对于个体而言，社会学意义上的社会网络多数情况下就是他的人际关系网络。这时，社会资本也就是个体在社交中的投入与回报。

从本质上看，由新媒体特别是社会化媒体形成的人际关系网络，给用户带来的，不仅仅是交流所带来的即时报偿(例如情绪、情感、信息等方面获得的满足)，还在于它所培养的社会关系能够带来的长期报偿。

从规模上看，新媒体交流可以突破时空限制，这就可以使人们的关系网络中的节点可以超越传统的生活范围；从交流的活跃度上，各种交流工具与手段的使用，可以有效地提高人们之间的交流频率和深度，从整体上提高交流的质量，给人们带来更丰富的交往体验和报偿；从关系网络的显性化方面看，社会化媒体将人们的交流对象用“好友”等方式加以直接提示，人们可以随时看到自己所拥有的社会关系，同时还可以通过查看好友的好友等方式将更远的关系链条揭示出来。人们也可以对自己的好友进行分类，以便用不同的方式来“经营”不同的社会关系。在这样的网络中，弱关系的激活也要容易得多。

一部分社会化媒体中的实名制(例如 SNS 网站)，也刺激了人们在新媒体中的社会资本的需求。有了实名制和由此而来的信任基础，人们社会互动的目标就会更明确，人们对于社会资本的投入与回报的预测也会更准确。

当然，上述需求的满足，不仅仅只是靠社会关系与互动，新媒体中的内容与服务，也可以在一定程度上帮助用户满足这些方面的诉求。

二、内容需求

作为信息传播的载体，新媒体为用户提供了海量的、不断更新的信息、知识

① Donald L. Shaw, Maxwell McCombs, David H. Weaver and Bradley J. Hamm: *Individuals, Groups, and Agenda Melding: a Theory of Social Dissonance*, *Journal of Public Opinion Research*, 1999(11).

② [美]林南:《社会资本——关于社会结构与行动的理论》，上海人民出版社 2005 年版，第 4 页。

以及休闲娱乐内容。这些内容,可以帮助用户更好地实现以下几方面的需要。

1. 环境认知

今天的新媒体就像传统媒体一样,成为人们了解外界信息、把握环境变化的一种重要手段。而环境认知的一个重要基础,就是新媒体提供的信息。

与传统媒体提供的信息相比,新媒体信息的来源更为多元,各种信息之间也存在着相互补充、相互校正的关系,这为人们更完整地认识社会环境提供了可能。

但值得注意的是,尽管理论上新媒体提供了更全面的信息,但是新媒体用户在信息获得方面更具有主动权,个性化信息服务也变得更便捷。这又可能在一定程度上影响人们对于环境的全面认知。

此外,与传统媒体不同的是,新媒体不仅仅是一个信息传播的渠道,它还是一个生活的空间。这使得新媒体不仅仅是一种拟态环境,它也成为真实环境的一部分——尽管这个环境是以数字化为基础的。因此,人们对于环境的认知,不仅仅来源于新媒体中的信息,还来源于与他人及群体的互动。

2. 个人发展

今天的用户,越来越多地依靠新媒体获得新信息与新知识,开拓视野,获得学习与工作所需的资源,促进自我提升。善于运用新媒体的人,往往会获得更多的个人发展动力与能力。

3. 休闲娱乐

休闲娱乐方面的需求,也是用户的突出需求。在线音乐、在线视频、动漫等各类内容产品迅速发展的背后,是强大的用户需求的驱动。

三、服务需求

今天的新媒体还给用户提供了各种形式的服务,这些服务也是用户需求中非常重要的一部分。新媒体对用户服务需求的满足,主要是通过以下两种形式来实现的。

1. 线上服务

通过各种线上的平台或工具,来向用户提供服务。

2. 线上与线下相连接的服务

今天新媒体的很多服务,是线上与线下服务的结合,这也使得新媒体在人们生活中的渗透更为广泛。

当然,以上几方面的需求并不是割裂的。人们对每一种新媒体的使用,以及人们的每个在线行为,都可能是多种需求的混合。而每一种需求的满足,也可能是多种应用同时作用的结果。

第三节　作为信息消费者的新媒体用户

新媒体用户在很大程度上仍然是以信息消费为主的，但即使从信息消费角度看，他们与传统媒体的受众，也有了很大的差异。

一、"个性化"与"社会化"并存的用户

（一）新媒体用户的"个性化"表现

在传统媒体中，受众的概念指的是"较大数量的""异质的"传播对象，即传统媒体的传播对象是"不定量的多数"。传统媒体正是在这一前提下，来研究自己的受众定位，并采取相应的传播与服务策略的。

新媒体技术使受众作为一个"个体"的存在有了意义。如美国学者尼葛洛庞帝所说，在数字化生存的情况下，我就是"我"，不是人口统计学中的一个"子集"①。

传统媒体的传播方式是"点对面"的，个体只是作为受众中的一员存在，任何一个传媒组织都不会针对某人的特别需求来进行传播。在传统大众传播媒介中，受众的个别需求是通过受众自己在"大众化"的信息产品中进行挑选而得以部分满足。而新媒体却使"点对点"的传播成为可能，也就是新媒体能够为个体"量身定做"，提供他所需要的有关信息。这就是我们所说的"个性化"服务。

目前，新媒体提供个性化服务的方式主要有两种：一是网站或客户端服务的提供者通过技术了解个体用户的需求偏好及行为特点，为他们推送符合其需求的信息。这其中，大数据技术的作用越来越显著。二是通过社会化媒体，用户自己设定信息来源，通过他人的筛选，来获得更个性化的信息。

未来的个性化信息服务将达到什么境界？尼葛洛庞帝对此进行的理想化的设想，也许可以成为一种参照：

"假如有家报业公司愿意让所有采编人员都按照你的吩咐来编一份报纸，又会是什么情景呢？这份报纸将综合了要闻和一些'不那么重要'的消息，这些消息可能和你认识的人或你明天要见的人有关，或是和你即将要去和刚刚离开的地方有关，也可能报道你熟悉的公司……你可以称它为《我的日报》

① ［美］尼葛洛庞帝：《数字化生存》，海南出版社 1997 年版，第 192 页。

(*The Daily Me*)。"[①]

"数字化的生活将改变新闻选择的经济模式,你不必再阅读别人心目中的新闻和别人认为值得占据版面的消息,你的兴趣将扮演更重要的角色……未来的界面代理人可以像新闻记者一样获取地球上每一份报纸、每一家通讯社的消息,掌握所有广播电视的内容,然后把资料组合成个人化的摘要。这种报纸每天只制作一个独一无二的版本。"[②]

当然,完全实现《我的日报》,目前在技术与成本上还有一定障碍。而过分个性化的服务,意味着人们对于自己不愿意看到或者不感兴趣的内容可以方便地加以选择、屏蔽,一种可能的危险是他们对于环境的感知与判断能力将下降,他们更容易营造出一个封闭的个人世界,他们所认为的世界,只是自己所打开的有限的几扇窗中的风景。

美国学者桑斯坦用信息茧房(Information Cocoons)这样一个概念来描述这样一种现象,他指出,信息茧房意味着,我们只听我们选择和愉悦我们的东西。[③]

虽然信息茧房是我们在信息超载时代的一种保护性措施,它也可以用传播学中的"选择性接触"等理论来解释,但是,当人只选择自己关注或符合自己需要的信息时,结果的确可能是作茧自缚,使自己失去对环境的完整判断。另一方面,如果所有人都为这样的茧房所束缚时,公共信息的传播、社会意见的整合,也会变得日益困难。

(二) 新媒体用户的"社会化"表现

虽然新媒体赋予了用户"个性化"的一面,但是,也应该看到,用户同时还有"社会化"的一面。这里的"社会化"不是指狭义的社会化(从自然人成长成社会人)过程,而是指人们在社会环境中受到影响的过程。

与传统媒体时代相比,新媒体用户的"社会化"特点显得更为突出。作为网络的节点,新媒体用户可以作用于他人,也会敏感地受到他人的影响,他们的"个性化"行为的背后,往往隐藏着非常强烈的社会环境的因素。

从信息消费的角度看,这种社会化突出表现在以下几个方面。

1. 个体的信息消费作为一种社会行为直接作用于信息生产

每个用户的点击、转发、评论等,都可能会对他人产生影响,当个别行为集合起来时,更是可能对信息传播的大局产生影响。并由此形成一种调节机制,作用于信息生产。

---

① [美]尼葛洛庞帝:《数字化生存》,海南出版社1997年版,第182页。

② [美]尼葛洛庞帝:《数字化生存》,海南出版社1997年版,第181页。

③ [美]凯斯·R.桑斯坦:《信息乌托邦》,法律出版社2008年版,第8页。

2. 用户间相互信息引导的线索越来越深地编织到整个新媒体的信息引导网络中

在各种社会化媒体平台上,用户间的信息引导,已经与网站或搜索引擎等形成的信息引导网络紧密交融。

尽管用户间的相互引导在一定程度上会降低人们在新媒体中获得特定信息或知识的成本,但是,这种引导未必总是高质量的。毕竟用户间的引导只是一种义务奉献而不是一种职业工作。

但不管怎样,用户之间的相互引导的线索日益复杂,其力量也在日益强大,人们对于信息的选择,对于知识的获取,已经越来越多地受到这种力量的影响。

3. 互动氛围在很大程度上影响着个体态度与行为并形成群体效应

在新媒体中,人们对信息的最终评价,往往不是基于自己的独立判断,而是在人际传播或群体传播渠道中与他人互动后形成的一种认识。这种认识,甚至会超越某一个别信息,而影响到个体对更高层面事物的判断。人们的意见表达以及行为方式,也是与他人互动的一种结果。

4. 信息消费成为人们编织社会关系网络的手段

在新媒体的社会环境中,有时信息消费只是手段而不是目的,信息消费只是一个人们用来寻找与发展社会关系的触发点,而融入社会群体是人们本质上的一个心理需求。正因为如此,人们不仅不会排斥信息消费的社会化,反而会主动地寻找有利于自己的社会化氛围。

5. 社会化环境将个体能量聚合为社会能量

新媒体可以将个体能量聚合起来,产生强大的社会冲击波。从信息消费角度看,这种能量的聚合效应,主要表现在网络议程设置、网络舆论形成等方面。

因此,新媒体用户所处的“社会化”环境及其互动结果,在一定程度上限制了他们的个性的形成与发展。新媒体中信息消费的“社会化”,在很大程度上会作用于人们个性化需求的形成过程。从一定意义上看,社会化的结果是,人们实际上越来越没有个性,人们的个性化需求,只是外壳上的五彩斑斓,在内核上却是单调同质的。反过来,信息消费在手段上的个性化,也许反而是在加速人们信息消费的社会化,最终便是在加速人们的趋同。

二、主动性与被动性并存的新媒体用户

(一) 新媒体用户主动性的表现

新媒体赋予了用户更多的主动性。

新媒体技术使得用户根据自己的需要“拉出”信息成为可能,也就是说,用户可以更加自由地选择自己喜欢的网站、信息、产品或服务。更重要的是,用户

的媒介消费行为，在时间上和空间上有更多的自主性，例如，他不必再根据电视台、电台的时间表来安排自己的行动，也不一定要在某个固定的空间里来看电视。

用户的主动性对于媒体的权力是一个挑战，因为这意味着媒体的传播意图并不总是能得到充分实现。这促使新媒体不断研究用户的需求、心理及行为习惯，在传播内容、手段、方式、渠道等方面做出相应的变革。

社会化媒体里，人们也可以自主设置自己的信息源，这意味着他们的主动性得到了进一步的提高。

新媒体用户的主动性也可以体现为参与性，他们可以更多地加入到传播过程中，可以提出自己对信息的需求，可以对传播的内容做出评价，他们也可以成为信息的发布者。

（二）新媒体用户被动性的表现

尽管新媒体平台本身给予了用户更多的主动性，但是从用户这端来看，人的本性又使得他们具有难以挣脱的“被动性”。

1. 新媒体用户依然是“懒”的

在人的本性作用下，新媒体用户依然会表现出很强的惰性，或者说他们依然是“懒”的。

这里所说的“懒”，指的是人们总是愿意以最小的成本获得最大的报偿。

美国传播学者施拉姆曾经提出了一个选择的或然率公式：

选择的或然率=报偿的保证/费力的程度

也许可以将上述公式稍作改造，以解释更广泛的现象：

选择的或然率=获得的报偿/付出的代价

付出的代价包括：金钱代价、时间代价、精力代价等。

用户在各种新媒体环境中，也会遵从这样一个公式。尤其是在社会化媒体这样复杂的信息环境里，人们更倾向于通过各种方式来缩减成本。

依赖他人，是降低成本的一种方式，这也意味着新媒体用户间会产生相互影响，且影响程度会越来越深。

依赖系统，例如网站本身的设置，编辑的安排，或者技术的引导，也是降低成本的办法。

而从阅读方面来看，多数时候，新媒体用户会采用偷懒的、简化的方式阅读，这表现在以下几方面。

（1）标题依赖：如果没有特别的吸引力，新媒体用户往往只是阅读标题，而不进入正文阅读。

（2）扫描式阅读：在新媒体阅读环境中，人们的视线往往一目十行，快速扫描，在扫描过程中，去搜寻主要的阅读目标。

(3) 关键词依赖：在某些时候，新媒体用户的理解与思考的耐心下降到词语这一层级，也就是说，他们只是在大段的文字中搜索、捕捉他们感兴趣的关键词，而没有耐心去关心一句话的完整含义，或对上下文的语境做出完整的理解。在抓取了关键词之后，他们会用自己的想象与理解去“脑补”其余信息，最终他们获得的、理解的信息，也许与原文已经有了较大的距离。

当然，新媒体用户并非永远是采用这样一种懒的、简化的阅读方式，如前所述，在某些特定的目标下，他们也可以组织起深度的阅读。

总体而言，虽然新媒体用户的懒是本性、是常态，但在一些因素的推动下，他们也可改变这种状态，其核心是对某些特殊报偿的追求。

2. 新媒体用户行为有很强的惯性

有很强的惯性，这是新媒体用户被动性的另一个体现。

新媒体用户的惯性表现在他们每天打开的网站或客户端相对固定，每次在网络中经过的路径相对稳定，在一个页面中他们浏览的对象或区域相对稳定，甚至在一个页面中，视线的流动轨迹都可能是相对固定的。

面对着新媒体中的海量信息，人们更会倾向于通过自己的行为惯性去降低获得信息的成本——一个陌生的对象消耗的用户时间与精力显然要更大。这样一种惯性，也可以视作一种路径依赖。

新媒体中的惯性形成，有时与内容的品质相关，但在新媒体用户面对着越来越多的同质化内容时，有时形式对于惯性形成的影响更为明显。形式上的熟悉，更容易让人们产生依赖。

此外，关系对于人们惯性的形成也是至关重要的。人们的关系圈子，更是惯性的一部分。

“捆绑”也会带来惯性。捆绑在一个社交平台上的内容或服务，可能比一个独立的客户端里的内容或服务更容易被人们接受。

因此，新媒体中的信息服务，既需要充分激发用户的主动性与参与性，同时，又需要充分地尊重和顺应用户的被动性。在用户的惰性与惯性上做文章，往往可能会产生产品与服务的创新。

第四节　作为新闻生产者的新媒体用户

新媒体用户不但是信息的消费者，还是信息的生产者，尤其值得关注的是，在过去由专业媒体垄断的新闻生产与传播方面，用户作为生产者的角色表现得越来越明显，作用也越来越大。

一、新媒体用户参与新闻生产的方式

新媒体用户扮演新闻的生产者角色体现在初级生产与再生产两个层面。初级新闻生产是以专业机构为主导的直接新闻生产过程，而再生产则是新闻报道在新媒体中发布后的扩散、增值过程。

（一）新闻初级生产中新媒体用户的参与

在专业媒体的初级新闻生产过程中，用户提供的某些资源可以被直接加以利用。用户参与的主要方式有以下几种。

1. 启动性生产

用户有意或无意地向媒体提供的新闻线索，是帮助媒体寻找报道题材、启动报道的一种方式。由于新媒体传播手段的便捷，用户向媒体提供新闻线索的渠道是畅通的。即使用户不主动提供，他们在各种渠道发布的内容，也常常会给媒体带来重要线索。

2. 资源性生产

用户参与各种形式的调查，为新闻报道提供了一定的报道素材与背景。个人网站、BBS 帖子、博客、微博、微信公众号等，都可能为新闻报道提供丰富的资源。

3. 原创性生产

一些具有一定新闻素质的用户，有意识地参与到新闻生产中，他们有时所提供的是完整的新闻报道或新闻评论。在博客、微博、微信平台中这样的原创性新闻生产越来越多。这些内容与专业机构的新闻生产的结合也越来越密切。

4. 互动性生产

有些新闻的生产过程，需要用户的参与。例如，网民与新闻事件当事人或嘉宾在在线访谈中的讨论，本身可能就是新闻中的内容。一些新媒体报道中，也加入了互动的手段，互动形成的内容或数据，构成了报道的一部分。

（二）新闻再生产中新媒体用户的参与

对于大多数新媒体用户来说，他们更多的是在新闻的再生产中发挥自己的作用，这主要表现在如下几个方面。

1. 扩散性生产

人们通常会通过电子邮件、论坛、博客、微博、微信转发自己认为好的或是有意思的新闻。这种方式虽然并不直接生产新的新闻，但是，它使新闻扩散，从而实现增值。用户成为新闻的义务推销者。而用户所选择的新闻，往往是出于他们的自然评判标准。

2. 提升性生产

在更多的时候，即使用户不直接传播、扩散新闻，但是，他们对于某一个事件、某一条新闻的意见反响，会在很大程度上提升事件或新闻的关注度。

3. 整合性生产

很多用户虽然不直接进行原创性新闻生产，但是，他们对媒体的新闻进行筛选、整合，根据自己的价值判断进行重新编排，从而为其他用户提供有序的新闻资源。在博客、微博、微信中，这样的生产行为是大量存在的。

二、新媒体用户参与新闻生产的特点

以用户的角色参与新闻传播，与自觉的、制度化的、专业的新闻传播机构的新闻传播，显然是有着明显差异的。新媒体用户参与新闻生产的特点主要体现在下列方面。

1. 大多数用户参与新闻生产是非制度性的

用户参与新闻生产，常常是无意中实现的。是否参与新闻生产，用何种方式参与新闻生产，也是一件随机的事，有些是偶然的机遇造成的，有些则是一时冲动的结果。甚至他们表达何种意见与态度也会由于新媒体中的情境不同而有所不同。

2. 用户新闻生产的能量大小取决于新媒体聚合的效能

用户参与新闻生产的作用与效果，并不取决于个别的用户。一条新闻如果只有少数几个用户转发或评论，其增值作用几乎等于零。只有很多用户同时参与转发，或有大规模的互动、讨论，才能达到提升新闻关注度与影响力的效果。因此，用户参与新闻生产时可能释放的能量大小，取决于新媒体的聚合效能。

这种聚合效能与很多因素相关。

(1) 它与参与人数紧密相关。很多人同时参与至少可以形成量上的积累，即使是简单的量的相加，也可以形成一种力量的聚合，这种力量聚合又会造成一种社会“压力”或“拉力”，使更多的人加入其中。这种滚雪球式的过程，可以产生强大的效果。

(2) 它与群体互动的规模与程度相关。很多新闻报道或事件引起人们的关注，是与用户的评论热度相关的，影响也需要经互动不断扩大。

(3) 它与专业机构的“催化”相关。个别用户的行为被聚合成群体效应的过程，既可以是完全的用户自发作用过程，也可以是专业机构通过一定方式进行“催化”的过程。例如，网站将某些新闻突出出来，以便引起更多网民的注意，这样可以激发更多人的参与。网站将一些网民评论放到网站更醒目的位置，也可以聚集起网民的注意力。

3. 用户新闻生产对专业机构生产具有依附性和嵌入性

用户新闻生产并不是一种完全独立的生产，它总是或多或少地依附于专业机构的生产过程，如果没有这种依附关系，用户的新闻生产就难以产生大众传播的效果。

但这种依附并不是一种表层的依附关系，而是一种深层的嵌入关系。它使专业机构的生产与受众的生产形成一种相互融合的共动过程。

4. 用户的再生产过程可以产生一种“正反馈”效应

从某种意义上说，用户的再生产行为像是一种正反馈：它使强者更强，弱者更弱。因此，新媒体用户的再生产行为，对专业机构的新闻生产，既是一种效果检验机制，又是一种效果的放大或削减机制。

第五节 群体互动对新媒体用户的影响

社会学意义上的群体的概念有广义与狭义之分。广义上的群体，指一切通过持续的社会互动与社会关系结合起来进行共同活动，并有着共同利益的人类集合体；狭义上的群体，指由持续的直接的交往联系起来的具有共同利益的人群集。①

但无论是广义的还是狭义的群体，都应该具备以下特征：有明确的成员关系，有持续的相互交往，有一致的群体意识和规范，有一定的分工协作，有一致行动的能力。②

符合广义或狭义群体条件的新媒体中的群体一般有两种情况。

一种群体是在现实世界已经存在的，它通过新媒体来发展群体成员间的关系。例如由班级论坛、班级群等来形成另一种形式的班级。

而另一种情况，则是通过新媒体形成新群体，如一些兴趣社团。新媒体中群体形成的途径很广泛，论坛、博客、网络游戏、SNS、微博、微信等，都有可能成为孕育群体的土壤。

但在新媒体中还有另一种情况，即虽然用户间没有形成长期持续的互动关系，也没有形成群体意识，但这样一种不稳定的人群聚合也会对个体以及某个特定环境带来影响，特别是在一些舆论的形成过程中。因此，本节所指的群体，并不限于社会学意义上的群体，而是也包括一些大规模的人群互动。

① 郑杭生等：《社会学概论新修》（修订本），中国人民大学出版社 1998 年版，第 190 页。

② 郑杭生等：《社会学概论新修》（修订本），中国人民大学出版社 1998 年版，第 190～191 页。

一、群体结构及其影响

群体结构主要可以从需求结构和权力结构两个角度来认识。

(一)群体内的需求结构

虽然加入特定群体的成员相对来说会有一定的共同性,但由于性格和背景的不同,人们加入群体的动机和需求也是不同的。群体成员的内在需求,是影响他们互动模式、频率以及效果的重要因素。

一个新媒体群体在一定意义上是一种"生态"系统,这个系统是否平衡,取决于成员关系是否协调,而需求关系在群体生态系统中起着重要的调节作用。成员的需求如果能实现互补,就能使群体形成一种"生态平衡",群体的和谐与稳定也就容易实现。

正是基于个人的需求,一个群体成员往往不是完全均衡地与其他所有成员进行交往,而是有所侧重,个体所选择的重点交往的对象及其交往的程度,往往是对个体形成影响的重要因素。不同成员之间关系的亲疏程度,也决定了群体最终的权力关系。

(二)群体内的权力结构

虽然新媒体中的群体存在于虚拟环境中,群体成员间的关系却是实在存在的,而且像物理空间一样,群体成员间会形成权力关系。

在新媒体中很容易聚集起人群,但是形成一个稳定的群体并不是一件容易的事。在新媒体中,如果一个群体没有明显的权力中心,往往它的凝聚力是不强的,作为一个整体的行动能力也不强。因此,权力中心的形成,对于群体的持续与稳定发展,关系重大。

除了意见领袖这样的权力"中心"外,新媒体群体中的权力结构关系,还包括成员之间的相互认同关系、结盟关系、对抗关系等。这些关系的形成,与群体成员的性格、需求等相关。

新媒体中的群体传播,往往是在一定权力结构关系影响下展开的。个体对于某一事物的态度与意见的形成,不单纯取决于个人的既有倾向,在很多时候还取决于权力中心以及其他成员的态度。

新媒体中群体内部权力结构关系的形成有两种情况,一种是在完全空白的状态下,通过自然的选择机制形成的,另一种则是对于现实中群体权力关系的继承或重新赋权。重新赋权的意思是,新媒体可能改变现实群体中的领导者地位,而赋予一些原本只是普通成员的人以领导者的地位。

一些学者认为,决定群体领导的因素之一是交流的信息量,一般来说,在交流信息中最活跃的成员也就是群体的领袖。[①] 这一点,在新媒体群体中体现得更加突出。

新媒体里的群体传播主要以文字为传播手段,因此,群体成员的影响力在很大程度上取决于他的文字表现力以及文字对其他成员的影响力。一般来说,高频率地发表意见,能够提出鲜明的观点,文字生动、幽默的成员,他们发表的观点更容易引起广泛注意和讨论。因此,这样的人居于交流的中心,也就更容易成为领袖。

(三)群体结构下的群体压力

在传统群体传播中,群体压力往往对群体成员产生重要影响。而在新媒体群体里,群体压力并非随时随地起作用,但它并没有消失,在某些时候,甚至表现得比现实空间更为强大。

在新媒体群体中,群体压力能否起作用,一方面取决于群体结构对个体的影响程度。权力中心突出、结构关系紧密的群体中,群体压力可能更大。在这样的群体中,权力中心作为意见领袖,会影响到很多成员,因而产生较为强大的意见气候压力。同时,如果每个个体都处于比较固定的结构关系中,例如,与某些人有牢固的同盟关系,那么,他的意见的形成就不能仅仅依据个人的判断,还需要与他人保持一致。

此外,群体压力是否产生作用,也与人们的"群体承诺"有关,也就是与个体对群体的认同度与依赖度有关。如果某个成员对群体的认同度与依赖度较低,那么他持有与群体多数意见相反的想法时,可能会表达出来,而不必惧怕后果,因为最坏的后果一般只是被迫离开这个虚拟群体,而在现实生活中的利益不会受到直接损害。当然,如果一个人对群体的认同度很高或依赖性很强,那就意味着,群体对他是很重要的,为了避免被赶出群体或被边缘化,他有时也会采取从众方式或结盟的方式以保护自己。

因此,在新媒体中群体压力是否起作用,如何起作用,既取决于群体的结构关系对个体的影响程度,也取决于人们对群体的认同度与依赖度。通常是这两种因素叠加在一起起作用的。

二、群体互动中的心理机制

新媒体给人们提供了前所未有的互动可能,人们在新媒体中的心理在较大程度上会受到与他人的关系以及群体氛围的影响。这种影响主要来自于两方面:一是在群体中某些特定的他者对某个个体产生的影响,二是群体整体氛围对

---

① [美]弗里德曼等:《社会心理学》,黑龙江人民出版社 1984 年版,第 522 页。

个体产生的影响。

(一) 他者的心理影响

很多社会心理学家都曾研究个体如何在态度、信仰、价值观和行为等方面追求与他人的和谐一致。因为,“一致”才不至于让人产生“心理的紧张”或不舒服感。这方面的代表有:海德的“平衡”理论、纽科姆的“对称”理论、奥斯古德的“调和”理论等。[①] 这些理论有助于我们理解网络中个体之间是如何相互影响的。

1. 海德的“平衡”理论

海德的平衡理论的主要观点是,不平衡的状态产生紧张,并产生恢复平衡的力量。对于平衡状态,他的定义是:“在这种状态中被感知的个体与所感觉的情绪无压力地共存。”

海德建立的研究模型是:一个个体 P(这个人也是研究对象)、另一个体 O 以及一个物质的客体(或观念或事件)X。海德需要研究的是:这三者之间的关系如何组成,而什么情况是“平衡的”,什么情况是“不平衡”的。

海德的结论是:如果三者关系在所有方面都是正面的,或者,如果两种关系是反面的,一种关系是正面的,那么,平衡状态就会存在。除此之外的所有其他组合都是不平衡的。

例如,如果 P 对 O 的评价是正面的,P 和 O 对对象 X 的评价也都是正面的,这就是一种典型的平衡状态。如果 P 对 O 的评价是负面的,即 P 并不喜欢 O,但 P 和 O 对 X 的评价都是正面的,这时 P 就会因为 O 与自己的看法一致而产生不平衡。

2. 纽科姆的“对称”理论

纽科姆则提出了“对称”(symmetry)的概念,来区别于“平衡”。与海德类似的是,他也提出,人有对和谐的需要。他用“趋向对称的持续张力”(persistent strain toward symmetry)来表达这种需要。

纽科姆研究的对象是一个最简单的传播行为模式,即个体 A 传达信息给个体 B 有关某事 X 的信息。在这个模式中,假设 A 对 B 与对 X 的倾向(态度)是相互独立的,那么这三者之间便组成了一个包含四个取向的系统。

(1) A 对 X 的倾向,包括 A 把 X 作为一个对象接近或回避的态度(以标志和强度为特征)以及对 X 的认知态度(信念和认知建构)。

(2) A 对 B 的倾向,与第 1 种情形一样。但纽科姆描述对人的倾向时,用的词是“正面的吸引”或“反面的吸引”,而描述对 X 的倾向时用的词是“喜欢”或

① [美]沃纳·赛佛林:《传播理论:起源、方法与应用》,华夏出版社 2000 年版,第 156~159 页。

"不喜欢"。

(3) B 对 X 的倾向。

(4) B 对 A 的倾向。

纽科姆进一步分析道:

如果 A 与 B 对 X 的意见不同,那么这种"趋向对称的张力"取决于 A 对 X 的态度有多强,以及 A 对 B 的吸引力有多大。当 A 对 B 的吸引力增强时,如果同时 A 对 X 的态度也增加,那么便会有如下结果:A 会竭力与 B 达到对 X 态度的对称——而这很可能会实现,并且 A 很可能加强对 B 有关 X 的传播。

纽科姆的理论,更强调个体之间为了达到"一致"而进行的传播。

3. 奥斯古德的"调和"理论

奥斯古德的调和理论(congruity theory),着重研究个体与"对象"及对象的"来源"三者之间的关系。他认为,当个体对"来源"和"对象"态度相似、而"来源"对"对象"主张否定时,或是当他对"来源"与"对象"态度不同、而"来源"对"对象"主张肯定时,不调和都会存在。即三者之间只有一个否定关系,或者所有关系都是否定的,就会出现不平衡。这一点,与海德的"平衡"关系的模式是一致的。

奥斯古德的理论,更强调个体对"来源"的态度的意义。因此,从传播者角度看,赢得受者的信任与好感,是让对方认同自己传播的内容或接受自己观点的一个有效方法。

以上三种理论虽然角度有所不同,但它们都揭示了一个现实,人们的心理状态并不仅仅取决于自身,而是会受到很多外力的影响,包括与他人的互动。

(二) 群体的心理影响

心理学的研究已经证明,群体的存在,会给置身其中的个体带来很多心理上的影响。当然,社会心理学研究中涉及的"群体",并非完全等同于社会学意义上的群体,有时更多的是指"人群"。

社会心理学家观察到的人群互动对人的心理产生的典型影响包括以下几方面。①

社会心理学家罗伯特·扎伊翁茨(Robert Zajone)认为,他人在场时,会形成一种社会唤起,促进优势反应,其结果是促进简单行为,削弱复杂行为。即在这种情况下,简单的事,人们能做得更好,而复杂的事则会做得更差。这种心理现象,被称为"社会助长作用"。

另外一些心理学家则注意到了一种"社会懈怠"现象:群体也可能使个体产

---

① [美]戴维·麦尔斯:《社会心理学》(第 8 版),人民邮电出版社 2006 年版,第 208~238 页。

生懈怠，且随着群体规模的增大，个体付出努力的程度在减小，因为在群体条件下，人们会受到搭“集体便车”的影响。如果评价对象是群体而不是个体的话，那么个体往往会减少自己的努力。

人在群体中失去自我感，即“去个体化”，也是一种常见的心理现象。即在群体情境中，人会失去自我觉知能力，从而导致个体失去自我和自我约束。

有关“群体极化”的研究则指出，群体讨论往往会强化其成员的最初的意向，例如，使偏激者更偏激。同时，群体讨论也会强化群体成员的共同态度，强化群体成员的平均倾向。

法国心理学家古斯塔夫·勒庞在他的《乌合之众——大众心理研究》中，对群体心理更是做出了系统的研究，他指出：群体是冲动、易变和急躁的；群体易受暗示、轻信；群体情绪夸张、单纯；群体偏执、专横、保守；群体既可能有极低的道德水平，也可以表现出个体根本达不到的崇高。[①] 尽管“乌合之众”这个中译名未必能准确反映勒庞所研究的“群体”这样一个对象，但是，群体对个体心理的影响，以及群体心理表现出来的特殊性，的确是值得高度关注的。

社会心理学中关于群体心理最有代表性的研究，是从众心理，即因团体压力的影响，在知觉、态度、判断与行为上表现出与团体内大多数人一致的现象。网络进入到我们的生活后，一些人认为，从众心理在网络中不再存在，或者表现程度较低。事实是否真的如此呢？

从费斯廷格的理论中我们可以看出，个体采取从众，是为了减少在群体中的认知失调。但是根据费斯廷格的理论，减少群体中认知失调的方法有几种，为什么人们更多地采用从众的方式？

应该说，从众方式，是减少失调的最简单的方式，因为改变他人特别是多个人的看法是一件非常困难的事，而把自己变得与别人不可比的方法，在大多数情况下也是行不通的。所以个体常常会通过认同别人的观点来减少失调。

但是一个人是否一定要减少失调，与他的失调程度有关。越是重要的认知元素，越能带来严重的失调。所以“从众心理”并不会随时随地发生，它更多地出现在与个体的利益直接相关的情境下。

由于不同的新媒体环境对个体的意义不同，因此，它们所带来的压力程度也是不同的。例如，与在一个陌生的社区里所感到的压力相比，在一个自己经常活动的群体里所感到的群体压力要大得多。人们可能不会在所有情况下表现出从众，但在某些社区里，从众行为甚至比现实空间更为明显。应该说，在新媒体中，从众心理的动因还会存在，但是在不同情境下作用的程度不同。

---

① ［法］古斯塔夫·勒庞：《乌合之众》，中央编译出版社 2005 年版，第 21～41 页。

社会心理学的研究认为,人们对自己的判断感越不确定,就越容易受其他人的影响。此外,群体特征对于从众心理的影响也很明显,如果群体由三个或更多个体组成、凝聚力高、意见一致、地位较高,则从众的程度最高。如果在公众场合做出行为反应,并且事先没有任何承诺,那么从众的比率也很高。[①]

研究新媒体中的从众心理,不能抽象地将新媒体作为一个整体,而必须具体地研究每一种具体情境(例如论坛、博客、微博、微信等不同环境的特点),以便分析从众心理出现的影响要素及其影响。

可以断定的是,社会心理学上的“从众心理”理论并不会因为新媒体环境而失效。只是它发生作用的条件起了变化。

社会心理学的理论,并不是针对网络等新媒体环境提出来的,但正如一些学者指出的,“网络社会也是一个真实社会,也是由人们的沟通和互访而形成的结构系统,只不过是一种全新的互动和沟通方式。但人这种社会符号,实体是不可靠的,只有理念思想才是真实的东西。新的互动方式并未改变人际互动的实质。”[②]传统的社会心理学的理论,仍然适用于新媒体。

三、群体互动带来的人群分化

群体互动不仅给人们带来心理上的影响,从长远来看,它也会带来人群的分化。

(一) 社会网络的“派系”带来的人群分化

在同一个平台上,因为兴趣、价值取向、意见不同等原因,人群还会发生进一步的分化。

美国社会学者在社会网络的研究中,通过“霍桑实验”“杨基城”研究等提出,在人们生活的社会网络中,除了家庭、班级、协会等正式群体外,还有一类子群体,他们称为“派系”(Cliques,也译为“小集团”“小团体”等),“派系”这种非正式关系可以把人们联络成为具有共同规范、价值、导向和亚文化的凝聚子群(subgrouping)。[③] 而“凝聚子群”的含义是:“凝聚子群是满足如下条件的一个行动者子集合,即在此集合中的行动者之间具有相对较强的、直接的、紧密的、经常的或者积极的关系。”[④]

“派系”或凝聚子群的概念,都强调了社会网络中的某些行动者之间的共同利益、意识、规范等的作用。

---

① [美]戴维·麦尔斯:《社会心理学》(第8版),人民邮电出版社2006年版,第167页。

② 夏学銮:《网络社会≠虚拟社区》,http://www.cycnet.com/education/lecture/000922037.htm。

③ [美]约翰·斯科特:《社会网络分析法》(第2版),重庆大学出版社2007年版,第84页。

④ 刘军:《社会网络分析导论》,社会科学文献出版社2004年版第153页。

关于“派系”和凝聚子群的研究是适用于所有社会网络的，互联网等新媒体中的社会网络也同样适用。

尽管新媒体中“派系”往往是以特定的社会化媒体平台为基础，但是，“派系”的影响往往会超出某个特定的平台，因为网民大多同时处于不同的平台和不同的“派系”中，网民个体作为节点，连接着不同的“派系”，所以一个“派系”的影响可能会通过一个个的网民节点扩展到网络中更大范围的人群中。

可以说，“派系”的形成与发展是新媒体人群分化的另一个重要基础。

新媒体中派系的形成，与很多因素有关，而其中，意识形态方面的价值观差异是一个比较重要的因素，而网民喜欢用“左派”“右派”“五毛党”“美分党”“公知”等称呼来区分网络中政治上的不同群体。

（二）权力落差带来的人群分化

新媒体中，各种社会化媒体空间里会形成不同的话语权力阶层。

从信息传播与意见表达两个方面引起的权力分化来看，用户大致会形成三个阶层（见图 4-1）。

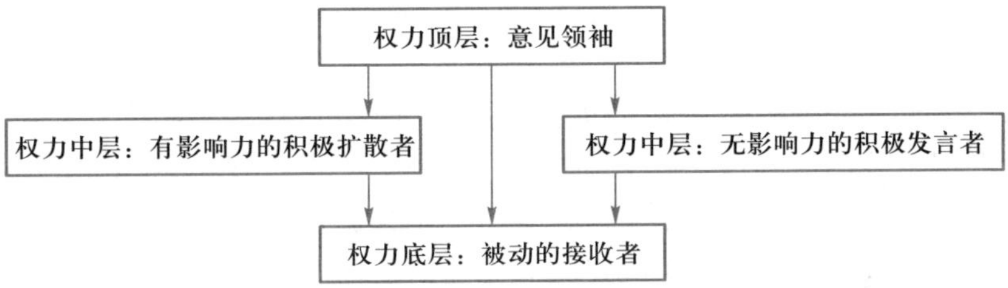

图 4-1　网民的权力分层

基于这样一种权力分层，可能会产生两种方向的人群结合：一是处于同一层级的人，为了更好地维护自己的地位，有时会形成横向的结盟；二是处于不同层级的人，出于相互的认同关系，会形成一种纵向的结盟。

这种权力结构，不仅会使人群出现分化，也会影响到网络信息传播的格局以及网络舆论的形成。

四、“群氓的智慧”还是“群体性迷失”？

群体互动会带来什么？在新媒体特别是社会化媒体兴起后，大量的研究都与此相关，而研究者得出的结论也出现了分化。一方乐观地认为群体互动会带来群体智慧，而另一方则认为，群体互动会带来更多的盲从等非理性现象。

（一）“群氓的智慧”及其形成原因

在关于新媒体的各种研究成果中，我们可以看到一种非常典型的判断：网络尤其是社会化媒体，促成了群体智慧的形成，这种群体智慧成为社会进步的重要动力。

美国学者克莱·舍基在《未来是湿的：无组织的组织力量》一书中谈到网络时代的影响时指出："群体的形成现在变得如探囊取物般容易"，"我们的能力在大幅增加，这种能力包括分享的能力、与他人互相合作的能力、采取集体行动的能力，所有这些能力都来自传统机构和组织的框架之外。"①

凯文·凯利在《失控》一书中用"群氓的智慧"来表达这样一种认识，他指出："群体被看作一种自适应的技巧，适应于任何分布式的活系统，无论是有机的，还是人造的。"②他以蜜蜂、蚂蚁、鸟群等动物的集体行为以及整个生物界的进化为依据，进一步揭示出了这种自适应带来的群体智慧的意义。他还指出："网络是群体的象征。由此产生的群组织——分布式系统——将自我撒布在整个网络，以至于没有一部分能说，'我就是我'。无数的个体思维聚在一起，形成了无可逆转的社会性……网络孕育着小的故障，以此来避免大故障的频繁发生，正是其容纳错误而非杜绝错误的能力，使分布式存在成为学习、适应和进化的沃土。"③尽管这本书完成得很早，但是，当时他的观察在一定程度上预言了今天社会化媒体时代的情形。

尼古拉斯·克里斯塔斯基、詹姆斯·富勒在《大连接》一书中则更是明确地说："社会网络可以表现出一种智慧，它可以让个体更有智慧，或者成为对个体智慧的补充。蚁群是'有智慧的'，尽管蚂蚁个体并不具有这样的智慧；鸟群是综合考虑所有鸟的意愿之后才决定飞向哪里的。社会网络可以捕捉和容纳人人相传的、不同时间的信息（信任规范、互惠传统、口述历史或者在线维基等），还可以通过计算将成千上万的决策汇总（例如为产品设定一个市场价，或者在选举中选出最好的候选人）。不管个体成员的智慧如何，网络都可以产生这样的效果。"④与凯文·凯利一样，他们也从动物界找到了依据，而作为社会网络研究的专家，他们把这样一种群体智慧产生的原因，主要归结于社会网络本身。他们认为，作为一种网络公共物品，"社会网络的目的是传播积极的、有益的东西，也许是快乐，也许是捕食者报警，也许是浪漫的伴侣。从某种程度上讲，不好行为或其他有害现象（例如细菌）的传播，只不过是我们为了获得网络带给我们的好处而必须付出的代价。""借助网络，人类可以收到'总体大于部分之和'的功效。

---

① [美]克莱·舍基：《未来是湿的：无组织的组织力量》，中国人民大学出版社2009年版，第12~13页。

② [美]凯文·凯利：《失控》，新星出版社2010年版，第18页。

③ [美]凯文·凯利：《失控》，新星出版社2010年版，第39页。

④ [美]尼古拉斯·克里斯塔斯基、詹姆斯·富勒：《大连接》，中国人民大学出版社2013年版，第315页。

新的连接方式的出现,一定会增强我们的能量,让我们得到上天原本赋予我们的一切。”①

《维基经济学》的两位作者,更多地从协作的角度来看群体的汇聚,从该书的副标题“大规模协作如何改变一切”,我们已经可以看到他们的乐观取向。作者指出:“新的大规模协作正在改变公司和社会利用知识和能力进行创新和价值创造的方式。这影响了社会的每个部门以及管理的方方面面……维基经济学是一门新的科学和艺术,它以四个新的法则为基础:开放、对等、共享以及全球运作。”②虽然《维基经济学》更多的是从商业模式的角度来看互联网的群体协作,但是,它同样揭示了这样一种群体协作背后的群体智慧。而维基经济学的四个法则,也从另一个角度说明了群体智慧产生的源泉。

总体来看,乐观的研究结论认为,群体力量带来了丰富的信息与知识,多元的认识视角以及多种观点的碰撞,这样一种能量聚合,使群体在某些方面可以变得更为智慧、更为强大。而群体的协同行动,在社会化媒体的支持下,也变得更易实现。

对于互联网等新媒体会带来群体智慧的乐观判断,往往是基于以下几个方面的理由。

1. 社会网络铺垫了群体智慧的基础

无论是哪位研究者,在谈及互联网带来的群体智慧时,都会或多或少地关注到互联网中个体之间的连接模式,而无论他们如何描述这种模式,基本上都可以放在“社会网络”这样一个视野下。

互联网上的社会网络的连接特性,首先是对等性、开放性。这种对等、开放,为个体的自由参与提供了基础,也为信息与智慧的自由流动提供了多种“路由”。

另一方面,正如尼古拉斯·克里斯塔斯基等在其《大连接》一书中指出的,社会网络是“自退火”的,即它能够使自己身上出现的间隙自动闭合,就跟伤口自我愈合的情形差不多。它从结构上保证了网络的完整性。③

2. 个体间的互补产生群体智慧

群体智慧优于个人智慧的乐观判断,甚至可以追溯到亚里士多德,他认为,

---

① [美]尼古拉斯·克里斯塔斯基、詹姆斯·富勒:《大连接》,中国人民大学出版社 2013 年版,第 314~321 页。

② [加]唐泰普斯科特、[英]安东尼·D.威廉姆斯:《维基经济学——大规模协作如何改变一切》,中国青年出版社 2007 年版,第 32~33 页。

③ [美]尼古拉斯·克里斯塔斯基、詹姆斯·富勒:《大连接》,中国人民大学出版社 2013 年版,第 316 页。

当多样化的群体都聚在一起时,……他们(集体地并且作为一个实体,而不是个体)会胜过少数最优者的意见当有许多人参与协商过程时,每个人都把他那一份良善和道德审慎带来。一些人懂得一部分,一些人懂得另一部分,而所有人在一起就懂得一切。[①]

凯斯·R.桑斯坦在《信息乌托邦》一书中解释协商群体能够运作并且产生良好的效果时,提到了三种机制:群体等于其最好成员、聚合(协商可以聚合信息和观念,使群体作为一个整体比其最好的成员知晓更多,做得更好)、协同与学习(群体讨论中的贡献与索取将筛选信息和观点,使得群体达成解决问题的良好方案)。他提到的三个机制,其核心都是个体间的互补。当然他强调,这三个机制发挥作用需要一定的条件。而在他观察的案例中,这三个机制常常未必导致积极的结果。[②] 但他提到的三个机制,往往也是支持群体智慧优于个体智慧这一判断的研究者所持的理由。

3. 群体互动有助于激发利他行为

在《大连接》一书中,两位作者提出了经济人假设与网络人假设,他们认为,从经济人假设角度看,人都是自利的,总是用尽可能低的代价获得最大的个人好处。而从网络人假设角度看,人的本性中既有利他和惩罚,也有欲望和反感,人不会是完全自私的,也会考虑他人的幸福。[③] 这里的网络人,更多地指的是社会网络也就是社会互动环境中的个体。这也表明,互动可以在一定程度上激发人们身上那些利他的因素。

克莱·舍基也认为,人在社会环境中的行为会有所节制,会表现得不那么自私。[④] 尽管这个判断不是在所有时候都是适合的,但是,在多数网络互动环境中,我们都可以看到,因为各种因素的影响,利他行为的确会得到较大程度的激发。

当然,不那么自私并非意味着网络的个体没有利己的动机,只是在互动环境下,他们往往会将利他与利己更好地结合起来,在利他的过程中也实现利己的满足感。如克莱·舍基所说,“在一个反馈循环中,个人动机和社会动机可以互相放大。”[⑤]分享行为在网络中如此普遍,就充分说明了这一点。而分享也是群体智慧形成的一个源泉。

---

① [美]凯斯·R.桑斯坦:《信息乌托邦》,毕竟悦译,法律出版社 2008 年版,第 51 页。

② [美]凯斯·R.桑斯坦:《信息乌托邦》,毕竟悦译,法律出版社 2008 年版,第 55~69 页。

③ [美]尼古拉斯·克里斯塔基斯、詹姆斯·富勒:《大连接》,简学译,中国人民大学出版社 2013 年版,第 244 页。

④ [美]克莱·舍基:《认知盈余》,中国人民大学出版社 2012 年版,第 127 页。

⑤ [美]克莱·舍基:《认知盈余》,中国人民大学出版社 2012 年版,第 98 页。

4. 自组织机制使群体聚合从混沌走向秩序

凯文·凯利等对于群体智慧形成的解释,更多的是从“自组织”这个角度出发的。从系统论的观点来说,“自组织”是指一个系统在内在机制的驱动下,自行从简单向复杂、从粗糙向细致方向发展,不断地提高自身的复杂度和精细度的过程。换句话说,所谓自组织,即指没有外界干预,仅仅只有控制参量变化,通过子系统间的合作,能够形成宏观有序结构的现象。[①] 尽管自组织理论最早研究的是自然界中的自组织,但是,后来人们也开始用它来研究人类社会的现象。而实践表明,在一些特定的社区或特定的时间内,或针对特定的对象,新媒体中的自组织现象的确存在,这一机制是可能起作用的。

(二)群体性迷失及其原因

与“互联网带来群氓的智慧”对立的另一方观点则是:网络群体汇聚的结果可能是,在群体心理作用下,个体会丧失理性,群体会出现集体性的或愚笨、或疯狂、或盲从的现象。

桑斯坦在《信息乌托邦》一书中提到了欧文·詹尼斯提出的群体盲思(Groupthink)的概念,即群体可能助长轻率的一致以及危险的自我审查,因而不能综合信息、扩大讨论的范围。[②] 在这本书里,桑斯坦本人也对群体智慧一定优于个人智慧的乐观看法进行了反思,指出了群体协商失灵或失败的种种可能及其原因,也谈到了“群体极化”对于群体协商结果的影响。他指出,群体极化现象指的是,协商群体的成员典型地选择与协商开始前他们的倾向一致的更为极端的立场。群体极化是协商群体的常态。[③]

“群体极化”这样的概念被国内研究者广泛引用,成为分析网络群体互动负面影响时常用的理论框架。

但不少研究者在使用“群体极化”一词时,对群体极化这一概念的理解是不够全面的。桑斯坦的著作使“群体极化”被更多人了解,但群体极化研究并非起源于桑斯坦,社会心理学领域早就有了很多相关研究。群体极化有两种情形:群体讨论往往会强化其成员的最初意向,例如,使偏激者更偏激;但群体讨论也会强化群体成员的共同态度,强化群体成员的平均倾向。[④] 从这个词的本身含义来看,它是中性的,群体极化未必一定会产生消极结果。

尽管新媒体中的确存在着群体极化现象,但滥用群体极化一词,或者把群体极化简单等同于群体的极端化,甚至把群体极化一定视作是“恶”的,也许都是

---

① 资料来源:http://thns.tsinghua.edu.cn/jsj00005/kaifa1.htm。

② [美]凯斯·R.桑斯坦:《信息乌托邦》,毕竞悦译,法律出版社 2008 年版,第 11 页。

③ [美]凯斯·R.桑斯坦:《信息乌托邦》,毕竞悦译,法律出版社 2008 年版,第 99 页。

④ [美]戴维·迈尔斯:《社会心理学》(第 8 版),人民邮电出版社 2006 年版,第 222~227 页。

偏颇的。

在国内关于网络群体互动的研究中，与群体极化一词一样被广泛使用的，还有"集体无意识"一词。

从学术研究的角度，我们有必要厘清"集体无意识"这个词的本来意义。

由心理学家荣格提出的"集体无意识"这个概念，是指由遗传保留的无数同类型经验在心理最深层积淀的人类普遍性精神。在1922年《论分析心理学与诗的关系》一文中，荣格指出，人的无意识有个体的和非个体（或超个体）的两个层面。前者只到达婴儿最早记忆的程度，是由冲动、愿望、模糊的知觉以及经验组成的无意识；后者则包括婴儿实际开始以前的全部时间，即包括祖先生命的残留，它的内容能在一切人的心中找到，带有普遍性，故称"集体无意识"。

在《本能与无意识》一文中，荣格指出，本能和原型共同构成了"集体无意识"。把它称为"集体的"是因为与个人的无意识不同。本能本质上是一种集体现象，也就是说，是一种普遍的、反复发生的现象，它与个人独特性没有任何关系。原型也和本能有着同样的性质，它也同样是一种集体现象。

因此，从"集体无意识"这个词的本义上看，它并非特指集体行为中的盲目、非理性。勒庞虽然指出了集体行为中出现的各种迷乱，也指出群体会受到无意识因素的支配，但他却并没有使用过"集体无意识"这样的词，把集体性的"无意识"等同于"集体无意识"，显然也是不严谨的。

为了避免对一些经典的学术概念的误用与滥用，本书将群体互动产生的非理性、盲从、极端等现象称为"群体性迷失"。

"集体无意识""群体极化"这些词也往往与"网络暴力""网络谣言"等联系在一起。这也表明，一些研究者把网络暴力、网络谣言等现象的出现，主要归结于网络中的群体互动。尽管这些分析并非没有道理，但过分关注网络互动这一原因，而忽略了个体原因，以及社会环境原因，也会使研究走向褊狭。但无论如何，网络群体互动在某些时候未必会带来群体智慧，而是向相反的方向发展，群体智慧也有被误用或滥用的可能。这一点，是不可回避的。

从相关研究来看，对于网络中的群体性迷失现象的解释，主要集中在以下几个方面。

1. 群体心理

对于支持群体互动会导致人们的盲目、极端等群体性迷失现象这一观点的研究者来说，法国心理学家古斯塔夫·勒庞在100多年前的《乌合之众》一书中的分析，往往成为支持这种判断的主要依据。其他社会心理学的理论，也是研究者常用的依据。

勒庞的分析，的确给了人们分析今天的网络现象很多的参照。但很多研究者往往只看到了勒庞对于群体心理负面影响的揭示，而忽略了他提到的群体心理可能带来的另一方面影响。事实上，勒庞曾指出，群体既可能有极低的道德水平，也可以表现出个体根本达不到的崇高。

一些研究者，也从“沉默的螺旋”“从众心理”的理论中找到了解释网络群体性迷失的理由，即强调了群体压力对个人心理产生的作用。

2. 信息的遮蔽

桑斯坦在《信息乌托邦》一书中指出，群体协商常常会失败的原因，一是由于信息的影响，二是由于社会的压力。从信息的角度看，群体“强调所有人或多数人持有的信息，而忽略少数人或一人持有的信息。”①

产生这样一种多数人信息对少数人信息遮蔽的原因是多方面的，从信息传播过程来看，互联网特别是社会化媒体中的信息传播，很容易产生“马太效应”，使某些少数派的信息沉没下去，或者被忽视。

信息遮蔽还有一种可能是个体对自己不感兴趣或不利于自己的信息遮蔽，“选择性心理”会使得人们依据个人的信息偏好来进行信息选择与传播，产生如桑斯坦所说的“信息茧房”（后文将对此进行进一步分析）。

无论是多数人的信息对少数人的信息的遮蔽，还是个体自己进行的信息遮蔽，都会使得人们在信息不完整的情况下做出判断，表达态度。这样的判断与态度，也就难免会产生偏差。在群体中，一个个体的判断偏差可能会得到广泛的传播，影响到更多人。如果这种遮蔽发生在那些作为权力中心的节点上，影响就更大。

3. 匿名效应

许多研究者也将网络互动带来的盲目与非理性，归结于网络的匿名效应。尽管网络中的“匿名”未必总是符合社会心理学中的“匿名心理”所要求的条件，但无论是事实上的还是自我感觉中的匿名，都会使某些个体的自我约束感下降，并在群体氛围的推动下形成一些冲动与盲目的言行。

但是，Web2.0 的应用，尤其是 SNS 中普遍实行的实名制，以及由熟人或者各种强关系构成的社会网络的约束，会使得真正的“匿名”变得越来越困难。所以匿名越来越难以成为解释网络群体互动中的非理性行为的主要原因。

（三）影响网络群体智慧形成的结构与机制因素

在有关互联网特别是社会化媒体的社会影响的观察与思考中，上述两种判断始终并行着。实际上，这两种判断并不是因为互联网或社会化媒体产生而产生的，它们与整个人类群体行为的发展过程相伴随。之所以今天受到格外关注，

① ［美］凯斯·R.桑斯坦：《信息乌托邦》，法律出版社 2008 年版，第 14 页。

只是因为社会化媒体时代人的汇聚规模与互动频率达到了前所未有的程度。

我们不能简单地去推论网络中的群体汇聚一定会导致群体智慧或群体迷失。个体的汇聚可以有很多种模式,不同的结构与机制,会导致互动产生不同的效果。

要避免或减少群体盲动与迷失,更重要的是改善连接、聚合及互动的结构及机制,使群体作为一个自组织,能够实现自我的修正与进化。理想的群体结构与互动机制体现在不同的层面。

1. 群体的连接模式:“多中心”的分布式网络

互联网上人们的连接构成了社会网络。一个完全无中心的社会网络结构不仅是不现实的,也是无效率的,特别是在信息的传递方面。事实上,无论起点怎样,就如兰·费雪所指出的那样,社会网络总会遵循“幂律法则”,逐渐形成自己的中心节点。但是,如果社会网络只有一个中心,那么风险也是巨大的。形成多中心的社会网络,既可以保证网络的效率,又可以避免一个中心被破坏和它出现失误时带来的风险,也可以防止单一中心所带来的信息遮蔽或误导。

当然,现在很难给这样的“多中心”模式一个量化的指标,这有赖于未来的更深层的研究。但至少我们可以看到,网络“中心”的质量,是影响群体互动效果的关键因素之一。在传播学里,我们经常用“意见领袖”这样的概念来指代这种中心。除了关注导致意见领袖脱颖而出的优胜劣汰机制外,未来我们还需要关心网络群体互动对意见领袖素质提出的更高要求。

另一方面,这种“多中心”结构,仍需要以“分布”为基础和保障,而不是传统的自上而下的中心模式。“分布”意味着可以获得更丰富的智慧源泉。

2. 群体的聚合结构:开放、流动中的秩序

群体的互动,不仅仅取决于个体间的连接方式,也取决于群体的整体结构与氛围。

克里斯·安德森在《长尾理论》一书中提到,维基是一种不同于《不列颠百科全书》的另一种“动物”。它是一个动态社区,不是一个静态的参照物。维基的真正神奇之处在于它的秩序:这个任由业余用户创作和编辑的开放式系统并没有陷入无政府状态。恰恰相反,它已经用某种方式将历史上最庞杂的百科全书组织得井井有条。①

维基百科的成功,的确在很大程度上得益于它的结构与机制。安德森之所以称它是一种“动物”,是因为它是开放的,有生长的过程,允许所有人参与,而这种开放性,对于不断发现与纠正错误是重要的。同时,也可以防止因成员关系

① [美]克里斯·安德森:《长尾理论》,中信出版社 2012 年版,第 65 页。

和权力结构的过于稳定导致的群体压力。

与之相反，在一些封闭的社区(例如某些论坛)里，人们之间的关系、社区的结构趋于稳定时，彼此之间的相互钳制力也就趋于强大，意见领袖的作用更强大，“沉默的螺旋”的效应也趋于明显。

开放的、流动的结构，不但可以增加群体的活力，而且也可以抑制关系的固化以及这种固化关系对人们的判断、意见和行动的影响。

但这种开放与流动性，并不是一盘散沙式的，维基的流动性同时还被一种稳定的目标所引导，因此，每个人进入这个空间都可以很快找到自己的方向与位置。

完全没有秩序的群体，很难实现高效率的智慧的聚合。但网络中的群体秩序，更多是以自组织方式实现的秩序，而不是由外力所强加的秩序。理想的秩序是怎样的，这种秩序如何获得，这也是值得进一步研究的问题。

3. 群体的协作机制：分工明确、有效激励、相互校正

群体要有效地完成协作，首先需要有一种明确且高效率的分工机制，并且这种分工不是靠某些权力的控制，而是靠一个自然形成的引导系统。在维基百科，这种引导系统就是词条。在“大众点评”“淘宝”这样的网站，一个商家、一个产品也可以看作是一个词条。

在“人肉搜索”的过程中，这样的分工实现起来更为复杂，但最终也能达成，这其中，明确的行动目标所起到的引导作用也是显著的。当然，虽然从寻找线索角度看，人肉搜索过程可以发挥群体的智慧，但从后果来说，人肉搜索导致的对个人隐私的侵犯等，又提醒我们要警惕和防范群体智慧被滥用。

对于个体智慧与行动的激发来说，激励与报偿机制也是必不可少的。

尽管新媒体的互动常常能激发人们的利他行为，但如果这种行为没有足够的回报的话，它也是难以持续的。人们参与分享、协作以及社会行动，都或多或少地包含了如克里斯·安德森所说的“声誉经济”或者“互惠经济”方面的考虑。因此，一个好的互动系统的设计，需要研究人们在社会报偿方面的需求，并给以充分的满足。

同样是基于维基平台，中国的百度百科等在质量等方面还有很多不尽如人意的地方，这与参与建设者的数量与水准有关，而这背后的原因之一，或许是维基类应用在国内的影响力有限，参与者获得的社会激励不足，因而影响到那些有专业知识特长的网民的参与热情。而“知乎”带来的声誉报偿显然超过百度百科等，其在专业性知识生产方面的能力也在不断提高。

一个良好的群体互动过程，还需要能产生一种有效的自我修正机制。当然，这更多的是由成员的相互监督、相互校正完成的。扁平的、分布式的连接模式，

对于这种相互校正的完成具有重要意义。

无论还存在着多少问题,相比以往的社会群体互动,新媒体对于促进群体的协作以及它的自我修正、完善等是起到了显著作用的,尽管目前它还远不是完美的。

4. 群体的协商氛围:“理想的商谈环境”

新媒体中的很多互动,是以群体协商的形式存在的。

哈贝马斯曾提出过“理想的商谈环境”的目标,其原则包括:“(1) 每一能言谈和行动的主体都可以参加商谈讨论;(2) a. 每人都可以使每一主张成为问题;b. 每人都可以将每一主张引入商谈讨论;c. 每人都可以表示他的态度、愿望和需要;(3) 没有一个谈话者可以通过商谈讨论内或商谈讨论外支配性强制,被妨碍体验到自己由(1)和(2)确定的权利。”[①]尽管完全实现这样一种理想几乎不可能,而且这样一种理想环境也需要制度的保障,但这些理想化原则,的确是有价值的。

在新媒体中,推动某些空间里的理想的商谈环境的营造,是必要的,而这也有赖于更多个体的协商素养的提高。

当然,希望新媒体在所有情况下都能满足以上的理想条件,是不切实际的,更不能用人为的方式去过多干扰互动过程。前文讨论了几种理想状态,只是为了在某些重大社会协商过程或协作项目中,为激发用户群体智慧创造更好的环境。但这并不意味着,新媒体中的一切群体互动都要在理想状态下进行。一定程度的混沌、无序,是必然的,也是社会现实的正常反映。

(四)“群氓的智慧”适用的情境

除了要考虑群体互动的结构与机制等因素外,判断何时群体智慧会形成,我们还需要考虑群体互动面对的目标的性质或情境。

从现有的案例观察来看,在互联网中的以下两种情境下,群氓的智慧更有可能被激发,并且发挥它的作用,当然这两者存在一定的交叉。

1. 以简单任务为导向的情境

维基百科的成功,除了与其合理的群体结构模式有关外,还与任务本身的导向明确、线索简单有关。每一个词条是一个明确的任务导向,是一个靶子。面对这样的具体目标,人们可以有的放矢、各显其能、各得其所。

前文提到了社会心理学家扎伊翁茨提出的“社会助长作用”现象,即,他人在场时,简单的事,人们能做得更好,而复杂的事则会做得更差。从这个心理现象的角度,我们可以在一定程度上解释,在线索简单的任务实施过程中,网络群

① 吴冠军:《中国社会互联网虚拟社群的思考札记》,载《21世纪》2001年第2期。

体的作用是积极的。在这样的任务面前,网络群体中的人们还可以进一步分工,使自己的任务进一步简单化。

我们可以看到,研究者列举的网络激发群体智慧的许多案例,都发生在这样的情形下,除了维基之外,各种形式的"人肉搜索"也是如此。

类似的,在一个事实的真相的探寻过程中,如果事实不是过分复杂,且参与者足够多元的话,群体的智慧的确是可以发挥它的作用的。但是,如果事实本身复杂,那么要完成真相的探究过程,仅仅靠网民的自发协作,还是会有一定困难的。

2. 以创造和分享为导向的情境

如果群体的互动目标,是为了创造某种新形态(如一个软件、一个网络文化产品),或生产、分享信息与知识,那么这样的互动往往有助于群体智慧的激发。因为互动促进了人们的互利,互动也会带来竞争,使人们的积极性进一步提高。如果有足够的社会回报(至少在精神层面)的话,那么个体参与的持续度会得到更有效的加强。

维基类应用、豆瓣网、电子商务网站中的点评等,都体现了这种互动的效果。尽管也有"水军"对这样一种智慧带来干扰,但问题并不出在群体互动本身上。

而在下列情形下,也许不能简单地期待群体智慧发挥作用。

(1) 公共意见的形成过程。

公共意见是各种不同个体意见的汇聚与博弈过程,它既不是简单的个体意见的相加,也不一定是多数人意见的反映,甚至也不是意见的优化过程。公共意见的形成本来不存在绝对的对与错,因此,也很难说这个过程究竟是发挥了群体的智慧,还是被群体性迷失误导。无论公共意见最终表现为什么,它都是社会现实的一种体现。

(2) 公共决定的形成过程。

尽管以往很多研究都在揭示,多数人的决定也许会优于专家,而这方面一个典型的应用,就是陪审团制度。但也有许多研究者提到,在做决定时,多数人未必一定会导致正确的决定。

桑斯坦提示我们,群体有两种汇聚方式,一种是统计性群体,一种是协商性群体。从做决定的角度看,统计性群体即是指根据多数人的意见来做决定,但如果群体中每个人犯错的几率都超过50%的话,那么这个群体犯错的几率有可能接近100%。而对于协商性群体而言,协商也未必能得到正确的结果,其原因是信息影响和群体压力。①

① [美]凯斯·R.桑斯坦:《信息乌托邦》,法律出版社2008年版,第26~76页。

从前文提到的"社会助长作用"这样一个社会心理的角度来看，做决定是一个复杂行为，它需要对各种信息的了解，对多方面情况的判断，以及相应的知识做支持，在网络中，局面更为复杂。因此，互动反倒可能会削弱人们在这种复杂行为方面的能力。

但即使如此，在此过程中涌现出的丰富的信息与意见，仍有参考价值，对于最终做决定的组织或个人来说，这些信息与意见是不容忽视的。

即使是积极肯定网络群体智慧的研究者，也都看到了在这种群体互动中可能出现的问题，但他们认为，这些问题的出现，是一种代价，是为了避免更大的问题发生。而像桑斯坦那样冷静地分析了群体协商中可能出现的种种失误或失败的研究者，也在他的《信息乌托邦》一书的最后指出："现在比以前任何时候，人类更能找到寻求广泛分散的信息和创造力以及聚合它们成为卓有成效的整体的方法，当然，新方法的最终价值取决于我们如何使用它。"[①]而个体的社会交往素养、社会协作素养、社会协商素养等的提高，无疑对提升网络互动这一新方法的价值是重要的。

从人类的发展历程来看，互联网等新媒体所带来的空前的群体互动，使得个体智慧转化为群体智慧的可能性大大增加。尽管群体力量有被滥用的可能，但作为一个开放的不断进化的系统，新媒体也为纠正这种滥用提供了可能。

思考题：

1. 你如何认识新媒体用户的数据化生存、表演化生存和节点化生存？
2. 你如何理解新媒体用户的"懒"？
3. 你如何理解新媒体用户"个性化"与"社会化"并存的特点？
4. 你认为新媒体用户的新闻生产有哪些特点？
5. 你更倾向于新媒体带来"群氓的智慧"还是"群体性迷失"？为什么？

---

① ［美］凯斯·R.桑斯坦：《信息乌托邦》，法律出版社2008年版，第243页。

第五章　新媒体中的数字信息形式及其加工

新媒体传播是以各种形式的信息为基础的。与传统媒体时代不同的是，这些信息都需要用一定数字化的格式在计算机或手机中保存，运用一定的软件进行加工处理，再通过相应平台向用户发布。新媒体中的信息传播，需要以了解基本的信息形式和基本的信息处理技术为前提。

本章会涉及很多技术概念和软件，但限于篇幅，不能展开，读者可以根据需要进行延伸阅读。

第一节　数字化信息格式

新媒体中，需要了解下列常见的文件格式。

一、常见的数字图片文件格式

对数码照片或其他数字形式的图片进行处理，需要了解以下常见的文件格式。

1. BMP 文件

BMP(Bitmap)文件是 Windows 中的标准图像文件格式，已成为 PC 机 Windows 系统中事实上的标准，有压缩和不压缩两种形式。*.bmp 以独立于设备的方法描述位图，可以有黑白、16 色、256 色、真彩色等几种形式，能够被多种 Windows 应用程序支持。

2. GIF 文件

GIF(Graphic Interchange Format)是 Compuserve 公司在 20 世纪 80 年代初，针对网络传输带宽限制推出的一种图像格式。它采用无损压缩方法中效率较高的的 LZW 算法，具有高压缩比的特点，主要用于图像文件在网络中的传输。考虑到网络中的实际情况，*.gif 除了一般的逐行显示方式外，还增加了渐显方式。即，用户可以先看到图像的大致轮廓，随着传输过程的继续而逐渐看清图像的细节部分。这种方式也被其他图像格式采用。最初，GIF 格式只是为了存储单幅静止图像，称为 GIF87a，后来进一步发展成为 GIF89a，它可以同时存储若干图像进而形成动画。现在网络上许多动画文件都采用了 GIF89a。GIF 格式的图像应用范围很广，是可以在 Macintosh、Amiga、Atati 以及 IBM 等不同类型的机器间进行移植的一种标准图像。

3. TIF/TIFF 文件

TIF/TIFF(Tag Image File Format)格式文件由 Aldus 和微软联合开发，最早是为了存储扫描仪图像而设计的，因而它也是电脑上使用最广泛的一种图像文件格式。这种格式支持的颜色深度最高可达 24 位，因此存储质量高，细微层次的信息多，有利于原稿的复制。该格式有压缩和非压缩两种形式，其中压缩采用的是 LZW 无损压缩方案。但 *.tif、*.tiff 格式变体很多，兼容性较差，它需要大量的编程工作来全面译码。在 Photoshop 中，*.tif 文件可以支持 24 个通道，是除了 Photoshop 自身格式外，唯一能存储多于 4 个通道的文件。

4. JPEG 文件

JPEG 是 the Joint Photographic Experts Group(联合图像专家小组)的缩写，是用于连续色调的图像压缩的一种标准。其主要方法是采用预测编码(DPCM)、离散余弦变换(DCT)，以及熵编码，以去除冗余的图像和彩色数据。属于有损压缩方式。*.jpg、*.jpeg 是一种高效率的 24 位图像文件压缩格式，同样一幅图像，用 *.jpg/*.jpeg 格式存储的文件大小是其他类型文件的 1/20～1/10，通常只有几十 k 字节，而且颜色深度仍然是 24 位。其质量损失非常小，几乎感觉不到。*.jpg、*.jpeg 文件在网络上的运用十分广泛。

5. PNG 文件

PNG(Portable Network Graphics)是一种可以存储 32 位信息的图像。采用无损压缩方式，目前越来越多的软件开始支持这一格式。在网络上也越来越流行。它采用的是高速交替显示方案，只需下载 1/64 的图像信息，就可显示低辨率的预览图像。但它不支持动画。

二、常见的数字音频文件格式

对数字音频进行加工处理，需要熟悉各种常见的音频文件格式。

1. WAV 文件

.wav(Wave form Audio File)是微软公司开发的一种声音文件格式，它符合 RIFF(Resouce Interchange File Format)文件规范，用于保存 Windows 平台的音频信息资源，被 Windows 平台及其应用程序所支持。.wav 格式支持 MSADPCM 等多种压缩算法，支持多种音频位数、采样频率和声道，是目前 PC 机上最为流行的声音文件格式，但这种格式文件一般体积较大，使用受到一定限制。

2. AIF/AIFF 文件

.aif/.aiff 文件是苹果公司开发的一种声音文件格式，被 Macintosh 平台及其应用程序支持。目前，基于 Windows 平台的许多应用程序也支持这一格式。*.aif/*.aiff 支持 ACE2、ACE8、MAC3 和 MAC8 压缩，并支持 16 位 44.1kHz 立体声，也是一种较为流行的声音文件格式。

3. AU 文件

这是 Sun Microsystems 公司推出的一种经过压缩的数字声音文件格式，也是新媒体中常用的声音文件格式之一，多由 Sun 工作站创建。Netscape Navigator 浏览器中的 Live Audio 可用来播放 *.au 格式文件。

4. MP1/MP2/MP3 文件

MPEG 是 Motion Pictures Experts Group(运动图像专家小组)的缩写，代表运动图像压缩标准。这里的音频文件格式指的是 MPEG 中的音频部分。MPEG 音频文件的压缩是一种有损压缩，根据压缩质量和编码负责程度的不同可分为三层，分别对应 *.mp1、*.mp2、*.mp3 三种声音文件。*.mp1 和 *.mp2 的压缩率分别为 4:1和 6:1~8:1，*.mp3 的压缩率则高达 10:1~12:1。例如，1 分钟左右的 CD 音质的音乐，未经压缩需要 10 MB 的空间，而经过 MP3 压缩编码后，只有 1 MB 左右，同时音质基本保持不失真。因此，目前 MP3 在网上使用十分广泛，在计算机中许多多媒体播放器也支持 *.mp3。

5. RA 文件

RA(Real Audio)是一种流媒体格式的声音文件，适用于流式播放。对应的播放器为 RealPlayer。强大的压缩量和极小的失真使它成为目前新媒体音频格式中非常重要的一种。

6. AAC 格式

AAC(Advanced Audio Coding)，中文译为“高级音频编码”，是手机常用的音频格式，被称为“21 世纪数据压缩方式”，AAC 所采用的运算方式与 MP3 的运算方式有所不同，AAC 可以同时支持多达 48 个音轨，15 个低频音轨，更多种取样率和比特率，以及多种言语的兼容能力，具有更高的译码效率，总括来说，AAC 可以在比 MP3 文件缩小 30%的前提下提供更好的音质。

在一些情况下，需要将某一格式的音频文件转换成其他格式的文件。目前有不少用于格式转换的软件，用户可以根据需要选用。

三、常见的数字视频文件格式

1. AVI 文件

AVI(Audio Video Interleaved)是微软公司开发的一种符合 RIFF(Resouce Interchange File Format)文件规范的数字音频和视频文件格式,被多种操作系统支持。该格式未限定压缩标准,只是作为控制界面上的标准,不具有兼容性,用不同的压缩算法生成的 *.avi 文件,必须用相应的算法才能播放出来。该格式主要用于保存电影、电视等各种影像信息,多用于多媒体光盘。

2. MOV 文件

.mov、.move、*.movie 是苹果电脑公司推出的一种数字音频和视频文件格式,其压缩比率较大,质量较高,适用于流式播放。在 Windows 操作系统中,可用 QuickTime 播放器进行播放。

3. ASF 文件

*.asf 是微软制定的流媒体格式,它支持多种压缩/解压缩编码方式,并可以使用任何一种底层网络传输协议,具有较大的灵活性。对应的播放器是 Windows Media Player。

4. RM 文件

RealSystem 是网上非常普及的一种流媒体技术,它的文件格式为 *.rm。其性能表现非常稳定,大量的流媒体服务网站都采用了这项技术,对应的播放器为 RealPlayer。

各种视频格式间有时需要进行相互转换,可以选用不同的软件转换器。

5. MP4 文件

使用 MPEG-4 编码技术的视频格式,其压缩比高,而视频质量还能保持较高水平。

6. 3GP 文件

这一格式由 Nokia 与 Apple 共同开发。它使用 MPEG-4 和 H.263 两种影片编码方式,以及 AMR-NB 和 AAC-LC 两种声音储存方式,它的文件体积小,因此可以将视频以更经济的方式存放在手机或是其他移动设备里。但用 Apple 的 QuickTime 播放器也可以在电脑上播放 *.3gp 的影片。

第二节 新闻照片的数字化加工

在媒体中应用的图片有很多种不同类型,新闻照片是常见的一种,而它的数字化加工有更多的限制。因此,本书主要介绍与之相关的一些原则与加工方式。

一、新闻照片数字化加工的原则

尽管技术提供了方便快捷的图片加工方式,但是,技术的滥用,特别是在新闻照片加工中的滥用，却是值得警惕的。新闻照片的数字化加工必须遵循以下一些原则。

1. 真实至上

像文字、电视等新闻报道形式一样，新闻照片的生命来自“真实性”。如何防止利用技术伪造或篡改新闻照片，成为人们普遍关心的一个问题。以下三个案例，都是摄影人员滥用计算机图片加工技术导致新闻照片失真的例子。

例 1①：

在中国，最广为人知的假新闻照片，当属陕西省村民周正龙用 PS 技术伪造的华南虎照片，它也曾是国内舆论的焦点。

2007 年 10 月 12 日，陕西省林业厅公布了该省农民周正龙用数码相机和胶片相机拍摄的华南虎照片，照片摄于 10 月 3 日。据称，这组照片是自 1964 年以来陕西对野生华南虎生存的首次记录，证明野生华南虎在中国境内没有灭绝。

但自照片发表后，有关这组照片真伪的辩论在网络上却从没停止过，后来还不断升级。包括华南虎专家、林业专家、中科院专家等在内的权威机构和个人纷纷加入辩论行列。摄影网站——色影无忌成为这场辩论的主战场。11 月 15 日，四川省的一位网友称“虎照”原型为一张年画，3 天后年画生产商展示了其 2002 年制作的存档底版图。大多数人把它作为了“虎照”做假的直接证据。最后这张照片被认定有假，周正龙以诈骗罪被判处有期徒刑 2 年 6 个月。

PS 的“华南虎”照

在中国一些重要的新闻摄影比赛中，也几次出现技术合成的照片。

例 2②：

2008 年 2 月，《大庆晚报》摄影记者刘为强就其 2006 年发表的造假照片——《青藏铁路为野生动物开辟生命通道》（见图 5-1）进行公开致歉，此前该照片已获得 CCTV《影响 2006》年度新闻图片铜奖。但经查证核实，照片为 PS 合成图片。

例 3：

在国外，这样的案例也屡见不鲜。近年非常著名的一个伪新闻照片的例子是《洛杉矶时报》摄影记者布莱恩·沃斯基（Brian Walski）从前线传回的关于伊拉克战争的一张图片。作为派驻伊拉克前线的摄影记者，布莱恩·沃斯基 2003

① 资料来源：http://xfwb.hj.cn/Read.asp? NewsID=21113。

② 资料来源：http://forum.xitek.com/showarchives.php? threadid=504479。

图 5-1 经过 PS 的“藏羚羊”照片

年 3 月 30 日传回一张英军士兵和伊拉克平民的照片（见图 5-2）。《洛杉矶时报》将其刊登在头版，照片同时被发往《洛杉矶时报》所属的论坛报系的其他报社，很多报社都采用了该照片。

但该报系中的《哈特福德报》的一位雇员无意间发现了这张照片的蹊跷——背景中有些人是重复的，当照片在电脑上放大 6 倍的时候，人们清清楚楚地看到，这是一张合成照片。是由图 5-3 的照片和图 5-4 的照片合成的。① 2003 年 4 月 1 日，《洛杉机时报》在其网站上刊登更正声明，并做出开除布莱恩 · 沃斯基的决定。

此外，也有一些图片编辑出于各种考虑，对记者发回的照片进行不恰当的加工。

2004 年 3 月 11 日，西班牙报纸 *EIPAIS* 的摄影记者帕布罗在一起火车爆炸事故现场拍摄了一张照片，随后他通过路透社发往世界各地。在照片左下角前景的突出位置，可以清晰地看到一块尸体的残片，据说是一条人腿。一些图片编辑在使用这一照片的时候对其进行剪裁，如在尸块上压字，这样的处理是得当的。但是也有几家英国报纸，如《每日电信报》《太阳报》《泰唔士报》《每日邮报》等则用数字手段把尸体碎片抹去，而另一家英国报纸《卫报》则将尸块的颜色处理成灰色。②

尽管用 PS 技术将过分刺激的部分抹去的意图是避免人们看到过于血腥的场面，但是，还是有不少读者对这样的做法提出了质疑，因为它们已经损害了照片的真实性。

---

① 任悦：《我们还能相信自己的眼睛吗？》，http://voice.chinafotopress.com/1st/word/c_01.htm。

② 任悦：《我们还能相信自己的眼睛吗？》，http://voice.chinafotopress.com/1st/word/c_01.htm。

图 5-2　用电脑合成的英军士兵与伊拉克平民的照片

图 5-3　用于合成图 5-2 的第 1 张照片

图 5-4　用于合成图 5-2 的第 2 张照片

这些案例不断警示人们，在数字时代，新闻照片的真实性已经受到越来越多技术因素的威胁。而审慎地运用技术，坚守新闻报道的基本操守，是数字新闻工作者应该坚持的基本原则。

合成演示

由于各种原因，记者拍摄的新闻照片往往并不完美，在后期对它们进行一定的加工不可避免，但是，对新闻照片加工的原则与尺度如何把握，不仅成为一个新闻业务问题，也成为一个新闻伦理与道德问题。

从目前各媒体的一般规定中我们可以看到，在运用相关技术对新闻照片进行加工时，需要遵守的原则是：不能对图片中的内容做任何的增减或篡改，不能造成视觉信息的改变或视觉符号相互关系的改变，纪实照片不得因版面需要而被拉伸、变形，不能有任何对读者信息接受造成误导的做法。①

① 曾璜等：《图片编辑手册》，中国摄影出版社 2003 年版，第 63～64 页。

允许的操作包括：剪裁照片；加光减光，将照片的局部加黑或增亮，或改变照片的反差；技术性修正，但只局限于矫正色差、矫正白平衡、矫正镜头光学变形、矫正影像边缘失光、矫正透视变形及电子噪音等；修掉照片上由于洗印、扫描、打印而产生的污点；对照片的局部进行漂白。

2. 用户体验优先

尽管新闻照片具有重要的价值，但是，在新媒体中，必须注意环境对照片传播带来的限制。而这些环境限制也会影响到用户体验。从用户体验的角度看，数字照片的加工必须考虑以下两方面。

(1) 照片尺寸的合理性：照片尺寸过大，传输时间过长，会使用户失去耐心，最终适得其反。当然，今天的网络带宽已经有了很大改善，一些非常重要的照片可以适当提高分辨率。也可以将像素小的照片作为示意，在它上面加上高清照片的链接，以满足用户需要。

(2) 照片格式的适配性：数字照片都有相应的格式，并非所有格式的照片都能在用户的电脑上顺利打开。因此，在进行数字化加工时，必须考虑到一般用户的电脑环境，采用更易被打开的照片格式。

3. 兼顾传播需要

在保证良好的用户体验的前提下，如果网络带宽条件允许，当然可以根据自己的需要，提供质量更高、效果更好的照片，以获得更好的传播效果。

二、新闻照片数字化加工的工具

目前新闻照片加工的主要软件包括以下几种。

1. Photoshop

Photoshop 是奥多比(Adobe)公司推出的一款功能十分强大、使用范围广泛的平面图像处理软件。目前 Photoshop 是众多平面设计师进行平面设计和图形、图像处理的首选软件。它可以便捷地完成各种复杂的处理效果，使用起来也不是太复杂。

2. Fireworks

它是奥多比(Adobe)公司网页制作工具——“三剑客”之一，主要用于图形、图像的制作，虽然功能不如 Photoshop 强大，但是，在制作网页图像方面有自己的优势。它也能满足新闻照片加工的基本需求。

3. ACDSee

它是一个非常流行的看图软件，其专业版本也支持图像处理功能，新闻照片加工所需的基本功能它都具备。

三、新闻照片数字化加工的主要任务

无论利用哪一种软件,新闻照片加工的主要任务都包括以下几个方面。

1. 格式转换

将图像文件格式转换成适合传播的格式。通常在软件中用“另存为”就可将图像保存成不同的文件格式。

2. 像素调整

将高像素的照片调整为低像素的照片,以便于传输。

3. 剪裁照片

在不对受众产生误导的前提下,适当对布局进行剪裁。

4. 转灰度图

某些时候需要将彩色照片转成黑白照片(灰度图),各软件都提供了这方面的操作。

5. 曝光调整

不少照片在拍摄时存在曝光不足或曝光过度的现象,或者对比度不理想,在数字化处理时可在一定程度上对这类问题进行纠正。可以通过“亮度/对比度”进行调整,也可以利用“色阶”或“曲线”进行更精确的调整。

6. 色彩调整

如果照片出现“偏色”,可以通过“色相/饱和度”或“色彩平衡”下面的操作来进行纠正,或通过“照片滤镜”来调理色温,纠正偏色。

7. 照片的透视变形矫正

用广角镜头拍摄照片时,容易产生透视变形,可用软件加以修正。但不同照片的操作不尽相同,有些时候一次操作可以基本解决问题,有些时候则需要多次操作。

8. 在照片上加文字

将图片与文字合成在一起。例如,焦点图片或专题的栏头图片,往往需要这类加工。

9. 照片的分切

分切照片的目的,是将一张大的图像切分成若干个小块,这样便于在网络环境中传输。利用软件的“切片工具”可以完成这一操作。

10. 其他调整

用作专题栏头照片的新闻照片,有时还会做局部漂白、图片叠加等其他操作。

四、新闻照片在新媒体中的主要应用方式

新闻照片在新媒体中常常不是孤立的，它往往会和文字、音视频等配合使用。新媒体中的新闻照片的应用形式主要包括以下几种。

1. 简单图文组合

多数情况下，新闻照片在新媒体中的使用是采用简单图文组合的方式，这又包括两种情况：以新闻照片配合文字新闻，以文字说明配合新闻照片。

作为文字新闻配合的新闻照片应该能达到以下目标：能恰当地陪衬消息、烘托文字新闻的气氛；能吸引读者注意，引起他们阅读文章的兴趣；能够对文字内容起补充或证实的作用。

新闻照片的文字说明的写作要求是：解释与补充图片未能充分揭示的信息，图片中已有的信息通常在图片说明中无需简单重复，图片说明要简洁，图片说明要准确，图片说明与图片的基调应该一致。

2. 焦点新闻照片

焦点新闻照片是目前国内新闻网站在其首页或新闻频道的首页普遍采用的一种图片表现形式。它出现在页面的显著位置（通常是屏幕的左上角），形成页面的一个视觉中心。焦点图片是表达编辑意图、吸引受众注意力的一种重要方式。

选择与处理焦点新闻照片，除了要注意新闻照片处理的一般原则外，还需要突出以下几点。

（1）新闻价值重大：从某种意义上说，焦点新闻照片是新闻页面中另一种形式的头条。因此，只有具有较大新闻价值的照片，才能放在焦点图片的位置。

（2）足够的视觉冲击力：在挑选焦点图片时，应该尽可能选择那些具有强烈视觉冲击力的图片，让人在一瞥之中就被牢牢抓住。有些情况下，可以通过图片的剪裁来获得更好的视觉效果。但是，为了不损害原照片的真实性，应该提供与焦点图片链接的原始照片。

（3）以少胜多：焦点新闻照片应该能够通过有限的篇幅表达尽量多的内涵。但这并不意味着画面中表现的对象或信息要很多。过多的信息很可能会削弱对主体的表达。追求信息的完整，也可能削弱画面的冲击力。

（4）恰当烘托：焦点图片在页面中是否能“抓人”，不仅取决于新闻照片自身，也取决于相应的编辑手段。新浪网在实践中总结出这样一条经验，那就是通过给图片加上细线框，可以更好地使图片在页面中凸显出来，这种做法现在已经被普遍采用。此外，与图片相配合的文字的处理也十分重要。一些网站将说明文字或文字标题作为普通文字处理，放在照片的下方。而有些网站则将文字与图片合成在一起，用黑体等视觉冲击力强的字体，有时加上勾边效果，这些手段，

都有助于烘托出焦点照片来。

3. 图片专题

图片专题是多张照片加上相关文字构成的一个集合,具有新闻性的新闻图片专题更为常见,图片故事就是一种典型的新闻图片专题。

图片故事是运用一组图片及相关文字说明来反映新闻事件、讲述新闻故事,反映一个人物命运或者表现一种社会现象。图片故事的线索集中,图片之间有着强烈的逻辑关系。

4. 图片幻灯

图片幻灯是网络中的一种特有形式。它是运用 Flash 等技术将图片组成一个连续播放的单元。通常情况下可以分为自动播放与控制播放两种。

这种形式常常用于集纳新闻照片。幻灯中的图片可以是同主题的,也可以是不同主题的。图片幻灯也是一种整合其他媒体形式新闻的方式,文字新闻、文字说明、音频资料等都可以借幻灯的形式整合在一起。

第三节　音频的数字化加工

在新媒体信息传播中,常用的音频素材包括新闻类音频(如广播新闻、采访录音等)、音乐等。这些音频有时也需要进行一定的加工。

一、音频数字化加工的基本原则

与照片的数字化加工一样,音频的数字化加工,也需要考虑用户体验与传播需要两者的平衡。

1. 保证用户体验

从用户体验的角度看,文件体积的大小仍是一个主要的考虑因素。多数声音文件都会采用压缩文件格式,压缩比高时,文件体积小,便于传输,但压缩过度,也可能造成声音的失真,所以需要两者兼顾。

与数字图片一样,数字音频也有相应的格式,不同格式对应不同的播放器。声音文件格式的选择,要考虑用户的接收环境。

2. 满足传播需要

为了使声音的传播达到良好效果,音频加工时还需要保证声音有足够的响度,有适当的动态范围,如能听清音乐的低潮和高潮。另外,还要有效控制噪音,保证声音的保真度。

如果是新闻方面的音频,那么在进行音频加工时,同样也注意新闻的真实性原则，如果利用声音的剪辑等手段，歪曲声音素材的原貌，同样是与职业道德相违背的。

二、数字化音频加工的工具

音频新闻数字化加工的工具通常是各种音频处理软件，即录制、编辑、播放声音的工具软件。对新媒体编辑来说，常见的音频处理软件是 Audition。它是一种数字音频编辑和 MP3 制作软件，可以方便地进行录音、声音的剪裁和声音的合成等工作，还可以进行放大、降低噪音、压缩、扩展、回声、延迟等各种处理。它模拟专业录音棚里的多轨录音机，利用声卡可以同时处理多达 64 轨的音频信号，具有极其丰富的声音处理手段和直观先进的参数调节功能、卓越的动态处理能力。利用系统的预置模式，即使是新手也可以完成各种声音效果。它还可以在 AIF、AU、MP3、Raw PCM、SAM、VOC、VOX、WAV 等文件格式之间进行转换，并且能够保存为 RealAudio 格式。

三、数字化音频加工的主要任务

音频加工的主要任务包括以下几种。

1. 格式转换

将声音文件格式转换成适合传播的格式。除了音频加工软件本身可以完成的格式转换外，还有一些专门的软件可以完成这方面的操作，可以在网上查找下载。

2. 声音的剪辑

根据需要对声音文件中的某些部分进行“裁剪”，或将一个声音文件拆成几个片段，也可以将几个不同声音片段进行拼接。

3. 音量的增强与减弱

既可以是整个声音文件音量增强或减弱，也可以是声音文件中的某一段的音量调整。

4. 声音的淡入与淡出处理

声音的淡入（渐强）与淡出（渐弱）是常见的特效，通常软件会将其作为一个固定的命令。

5. 声音的相位处理

声音的相位指的是声音在听觉上的位置，它是构成立体声效果的重要因素。

6. 降噪处理

由于各种各样的原因，录下的声音中，或多或少会存在噪音，需要在后期进行处理。

7. 声音的合成

把多个声音放置在不同音轨上进行合成，成为一个声音文件。

8. 从视频文件或 CD 中获取音频素材

Audition 等软件不仅能直接处理各种音频文件，还可以将视频文件中的声音素材提取出来，进行单独编辑。

四、音频信息在新媒体中的主要应用方式

在早期的网站中，音频信息的利用并不充分，特别是在新闻网站中。但音频的可伴随性特点，使得它非常适合移动传播，因此，在移动传播时代，音频节目的价值被重新发现，一些新闻客户端也开设了专门的音频频道。一些社会化媒体应用，如喜马拉雅、荔枝 FM 等也是主要基于音频这一手段。

目前，从内容的关系来看，音频信息在新媒体中的运用可以分为单媒体应用与多媒体应用两种方式。从信息的发布与收听的同步性来看，可以分为直播（实时应用）和点播（非实时应用）两种方式。

1. 单媒体应用与多媒体应用

单媒体应用，指的是音频信息是独立的，没有与其他形式的信息配合使用。

多媒体应用，则是指音频信息与其他媒体形式的信息内容集成在一起，形成相互配合的关系，如在图片幻灯中，可以加入图片的拍摄者或当事人的录音等。

2. 直播与点播

与传统的广播媒介不同，在新媒体中，受众既可以在音频信息发布时即时收听，也可以在它发布后随时收听。

一些时效性很强的新闻，通过直播方式发布，可以更好地吸引受众注意力，也可以提高信息受众接收信息的时效性。

点播则是目前音频信息的主要应用形式，它使用灵活，信息保存也更方便。

第四节　视频的数字化加工

今天的新媒体传播中，视频化趋势日益突出，视频内容在新媒体中的比重不断上升，在新闻、娱乐等领域，视频更是扮演着不可替代的角色。因此视频的数字化加工，也成为新媒体编辑的必备能力。

一、视频数字化加工的基本原则

1. 注重用户体验

像图片、音频一样,视频的数字化加工,也需要注重用户体验,要便于传输,便于观看,文件体积的大小、格式等,都要从用户角度来进行考虑。

另外,多数视频需要考虑配上字幕,便于不同的用户在各种不同的条件下观看。字幕的文字大小、色彩、滚动速度的选择,也要以便于阅读为目标。

2. 遵循视觉与认知规律

视频往往是对现实世界的记录,即使需要进行加工剪辑,也应该与人们观察、认识现实世界的逻辑相吻合。

视频剪辑时应该保持动作的完整性,画面的组接应该符合一定的逻辑,便于人们理解。

在拍摄与进行镜头组接时,还应该注意轴线规律,即拍摄的方向保持在轴线的同一侧,避免出现"跳轴",即主体在画面中朝向的突然转换,例如上一镜头人物是在画面的左边,下一镜头突然变到了画面的右边。这会破坏空间的统一感,造成理解混乱。但是,在某些情况下,跳轴不可避免。为了校正跳轴镜头,可以在两个镜头间穿插一些镜头进行过渡。

不同景别的镜头取景范围的大小不同,画面所包含的内容也不同,为了使观众能看清画面的内容,不同景别的镜头长短应当有所不同,对固定镜头而言,一般的规律是:全景持续 6 秒以上,中景 3 秒以上,近景 1 秒以上,特写 1~2 秒。对于移动镜头,时间长短应以交代清楚所要表达的内容、动作内容完整、节奏协调为取舍标准。

3. 形式为内容服务

视频软件提供了多种多样的特技效果,但是,如果只是为了炫耀技术而加上各种特技,让人们看得眼花缭乱,效果也许适得其反。形式是为内容服务的,应该尽可能控制特技的使用,即使需要特技,也应该是内容表现的需要。

新闻类的视频,同样应该把真实性放在首位,避免在剪辑中有意或者无意地造成对新闻事实要素的遗漏或者对事实原貌的歪曲。

二、数字化视频加工的工具

数字化视频编辑,也称为"非线性编辑",这是相对传统电视视频编辑的"线性"特点而言的。目前的非线性编辑软件很多,Adobe Premiere 是其中一个具有代表性的产品,它尤其适合非专业人员。它的主要特点有:集剪辑、特技应用、场景切换、字幕叠加、配音配乐等功能于一身,具有广泛的素材兼容性,进行视频格式转换十分方便。在 Adobe Premier 的帮助下,许多原先只能由专业影视制作人员才能完成的作品，一般爱好者就可轻易完成。它也有实时预览功能，可以方便地监视编辑效果，提高编辑速度。

三、数字化视频加工的主要任务

数字化视频加工的主要任务包括以下几方面。

1. 格式转换

将视频文件格式转换成适合传播的格式。与音频类似，除了利用软件本身的操作外，也可以利用一些专门的视频格式转换软件。

2. 视频的剪辑

对视频文件中的某些部分进行“裁剪”或将几个不同视频片段依据时间顺序进行拼接。

3. 视频的合成

将几个轨道上的视频内容以某种方式进行组合，如“抠像”，使它们产生一种复合的视觉效果。

4. 添加转场或特殊效果

镜头切换时，有时需要采用一些转场的特效，如“淡入”“淡出”等，这可以利用软件的相应功能完成。

5. 为视频添加字幕

拍摄的视频本身没有字幕，添加字幕是后期制作中的一个重要工作。

6. 声音素材的编辑与合成

在 Premiere 这样的软件中，声音素材可以单独编辑，也可以将视频自带声音之外的音频素材合成进去。

四、视频信息在新媒体中的主要应用方式

像音频信息一样，视频信息在新媒体中的应用也可以从以下两个角度考虑：

1. 单媒体应用与多媒体应用

视频新闻在新媒体中可以独立出现，这是单媒体化的应用方式。但显然，这种方式使得视频信息仍然处于“孤岛”之中。因此，理想的状态是通过不同方式将视频信息与其他信息结合起来，形成多媒体应用。视频可以作为主角，也可以作为配角。

目前国外一些网站的多媒体专题，往往以视频为主体，再辅以文字、照片、图表等其他手段，起到了比较好的传播效果。

2. 直播与点播

视频直播正在成为新媒体信息传播的一个重要方式，特别是在新闻报道

方面。

视频新闻直播起源于电视。在新媒体中,视频直播技术也越来越多地用于新闻报道。新媒体中的视频直播不仅继承了电视新闻直播的优越性,而且还可与新媒体传播的互动性、传播手段的多元化、信息的互通性等特点结合起来。

视频点播则可以方便用户随时随地收看,有更大的灵活性。

第五节 新媒体中的信息发布技术

各种不同形式的信息,最终需要通过某种方式整合起来,这是更高层次的加工。这些信息在网络或手机平台上发布,才能为用户所获得。目前,新媒体中最具代表性的信息发布技术主要有以下两个方向。

一、WWW 网页发布技术

通过 WWW 技术将信息传送给网民,网民利用浏览器来阅读网页,这仍是目前网络中最常用的一种信息发布方式。网页制作技术涉及以下几个层面。

(一) 网页制作的基础技术:HTML 与 CSS

前文提到的 Web 网站,其网页制作的基础技术是 HTML。

HTML 即 Hypertext Mark Language,它的中文译名是“超文本标记语言”。

人们用 HTML 语言创建网页的过程是,在正文内容基础上加上 HTML 的标记,以指明正文内容如何在屏幕上显示(如位置、大小、色彩等),以及图片、音频、视频等多媒体内容的位置及其表现方式。再由 HTTP 进行数据传输,由客户端浏览器软件解释执行 HTML 标记,将结果显示在显示器上。

用 HTML 设计网页,可以直接用“记事本”这样的文本编辑器,但这要求设计者记忆一定的 HTML 标记,并且知道如何使用它。相对来说,这项工作有一定难度。后来技术人员开发了一些辅助性的工具软件,如 Dreamweaver 等,帮助人们在不懂 HTML 情况下,进行网页的制作。

目前 HTML 的标准已经发展到 HTML5,尽管它还在发展阶段,但大部分浏览器已经能在一定程度上支持它了。HTML 5 强化了 Web 网页的表现性能,特别是在动画表现能力方面,可与 Flash 相媲美,HTML 也适用于各种不同的操作系统平台。

尽管 HTML 使用非常广泛,但是 HTML 的局限性也是明显的,于是 XML 应运而生。

XML 是 eXtensible Markup Language(可扩展的标记语言)的缩写,是 W3C

(World Wide Web Consortium)组织于1998年2月发布的标准。XML也是一种标记语言。

HTML与XML的主要区别在于:

HTML是一种“显示描述”语言,它仅仅描述了Web浏览器应该如何在页面上布置文字、图形等,并没有对互联网上最重要的东西——信息的本身含义进行描述。例如,一个内容为“苹果”的数据,既可以指水果的种类,也可以指一种电脑的品牌,还可能是服装的品牌等,但HTML无法描述这个数据究竟是何种意义,因此,在人们进行数据检索时,智能化的程度就不会高,检索结果也不会理想。

而XML允许自由地定义标记来表现具有实际意义的文档内容,例如,在上面提到的数据“苹果”的前后加入<computer>和</computer>这个自定义的标记,就可以说明,这个“苹果”指的是电脑。因此,XML有助于智能化网络的构建。同时,在XML中,设计者只需要注意文档的内容,而文档的表现形式则交给CSS(层叠样式表)和XSL(可扩展样式语言)来完成。以前的HTML对数据表现的描述能力是十分有限的,如它不能描述矢量图形、科学符号等对象,只能通过图像来表现这些对象,而XML解决了这方面的问题。

当然,在目前,HTML和XML是相互补充的,各种浏览器都可以同时处理这两种语言。

在网页制作中,HTML经常要与CSS配合使用。CSS即Cascading Style Sheets,中文译为“层叠样式表”,是由W3C组织制定的一套独立于HTML语法的标准,主要用于定义某些对象的表现形式,它可以突破HTML的局限,使页面上的对象(如文字、图片等)产生多样化的效果。

专业的网页设计人员,都会用CSS来专门定义网页的各种表现形式,其优点是:一处定义、多处使用,这使得网页的表现非常统一,并且容易修改;使用CSS可以减少网页的代码量,增加网页的浏览速度,减少硬盘容量。

CSS类似于HTML,也是一种标记语言。CSS的编辑方法同HTML一样,也可以是任何文本编辑器或网页编辑软件,还有专门用来编辑CSS的软件。

(二) 常见的网页制作工具软件

尽管HTML、XML、CSS等是网页制作的基础,但是它们掌握起来有一定的难度。对于普通设计者来说,要制作出美观大方的网页,通常还是需要靠各类工具软件。

在网页制作软件中,Dreamweaver是专业级软件的代表,它可以满足各种复杂页面的制作要求。它原来属于Macromedia公司,与该公司推出的Fireworks和Flash并称为网页制作“三剑客”。后来,该公司被Adobe公司收购,现在的

Dreamweaver也就被称为 Adobe Dreamweaver。

微软的产品 MS Frontpage 也曾是普通用户制作网页的一个便捷工具，是入门级的傻瓜式网页制作软件。它具有功能丰富、简单易用的特点。系统预置了多种主题（Themes），使设计者不费吹灰之力就可设计出美观而页面风格一致的站点，但这些主题难以满足网站的个性化表现需求，在今天已经渐渐被淘汰。

除以上两种工具外，Word 软件也可以制作网页，只要将文件保存为 HTML 格式，就可以将 Word 页面转成网页。

（三）网页制作的高级技术

尽管 HTML 是网页设计的基础，但是 HTML 的能量仍是有限的，特别是要处理交互功能或动态效果时，它往往显得力不从心。下面这些工具则是对 HTML 的有力辅助。

1. CGI

CGI（Common Gateway Interface），中文译为“通用网关接口”。它是运行在服务器上的一段程序，提供同客户端的 HTML 页面的接口。绝大多数的 CGI 程序被用来解释处理访问者通过网页上的表单提交的信息，并在服务器产生相应的处理，或将相应的信息反馈给浏览器。因此，CGI 程序使网页具有交互功能。

CGI 可以用任何一种高级语言如 C，C++，C shell、Visual Basic、Delphi 等编写。但目前最适合于编写 CGI 的是 Perl。

2. ASP

ASP 是一种在 Web 服务器端运行的脚本语言，它类似于 HTML、Script 与 CGI 的结合体。ASP 以对象为基础，因此可以使用 ActiveX 控件继续扩充其功能。ASP 可以和 HTML 或其他脚本语言（VBScript，JavaScript）相互嵌套，此外，它内置 ADO 组件，因此可以轻松地存取各种数据库。总体来看，它的运行效率比 CGI 更高，程序编制也比 HTML 更方便且更有灵活性，程序安全及保密性比 Script 更好。

3. JavaScript（脚本）

JavaScript 是一种基于对象（Object）和事件驱动（Event Driven）并具有安全性能的脚本语言。JavaScript 的出现，可以使得信息和用户之间不仅只是一种显示和浏览的关系，而是实现了一种实时的、动态的交互能力。与 CGI 相比，它的设计更轻松。JavaScript 采用小程序段的方式实现编程。它的基本结构形式与 C、C++、VB、Delphi 十分类似。但它无需这些语言一样要先编译，而是在程序运行过程中被逐行地解释。它与 HTML 结合在一起，从而方便用户的使用操作。

4. Java Applet

Applet 可以翻译为小应用程序，Java Applet 就是用 Java 语言编写的这样一些小应用程序，它们可以直接嵌入到网页中，并能够产生特殊的效果。包含 Applet 的网页被称为 Java-powered 页，可以称其为 Java 支持的网页。Applet 本身不能单独运行。

当用户访问这样的网页时，Applet 被下载到用户的计算机上执行，但前提是用户使用的是支持 Java 的网络浏览器。由于 Applet 是在用户的计算机上执行的，因此它的执行速度不受网络带宽等因素的限制。用户可以更好地欣赏网页上 Applet 产生的多媒体效果。

在 Java Applet 中，可以实现图形绘制、字体和颜色控制、动画和声音的插入、人机交互及网络交流等功能。

（四）信息自动发布系统

虽然网站制作的核心技术是 HTML 和 CSS 等，但是，为了信息发布的便捷化和标准化，网站通常会采用新闻发布系统（也称为内容管理系统，简称为 CMS）来编辑，在这样的系统里，不需要编写 HTML 或 CSS 代码，也可以实现信息的发布。

不同网站采用的发布系统不尽相同，但不论具体操作方式如何，这类系统的功能是大同小异的。

网站编辑的工作主要涉及新闻发布系统中的如下子系统：

1. 日常新闻发布系统：主要用于日常信息、滚动新闻的发布。

2. 直播系统：主要用于突发新闻事件的图文或多媒体直播，或者新闻事件的持续报道。

3. 专题生成系统：在这个系统中，编辑可以选择相应的模板或模块生成自己所需要的专题。一些网站还有专门将微博内容整合成专题的系统。

4. 图片幻灯系统：用于发布幻灯式的图片集锦。

5. 调查系统：针对某一事件或话题制作调查问卷、在网络中发布问卷，并进行调查结果统计。

6. 评论管理系统：对用户的留言、跟帖等进行实时的管理。

7. 排行系统：对基于不同指标产生的内容排行情况进行统计、管理。

8. WAP 管理系统：可以将 WWW 网站的内容转化为适合 WAP 网站传播的内容。

一些新闻发布系统还包括站内信息全文检索系统、博客（微博）管理系统等。

利用新闻发布系统，网站编辑在多数时候不需要涉及 HTML 等代码就可以完成信息发布,但是很多发布系统中都有 HTML 的编辑器,在这种模式下对网页的内容进行调整,效率更高,因此,网站编辑也需要掌握一定的 HTML、CSS 等知识。

此外,在制作专题时,除了利用网站的专题模板外,有些重要的专题,也需要突破模板的限制,进行专门的设计与制作,所以掌握 Dreamweaver 等网页制作工具,也是对网络编辑的基本能力要求。

二、PDF 技术

PDF 是 Portable Document File 的简称,即可移植文档格式。现在的"PDF 格式"指的是 Adobe PDF。

它虽然不是网页设计的基本格式,但它是全球电子出版的实用标准,在新媒体中的应用也很广泛。

PDF 是一种通用文件格式,能够保存任何源文档的所有字体、格式、颜色和图形,而不管创建该文档所使用的应用程序和平台。Adobe PDF 文件为压缩文件,需要使用 Adobe Acrobat Reader 来浏览打印 PDF 格式的文件。使用 Adobe Acrobat 软件,则可以将任何文档转换为 Adobe PDF。

PDF 文件的优点包括:

1. 保证精确打印:PDF 文件是以 PostScript 语言图像模型为基础,无论在哪种打印机上都可保证精确的、颜色准确的打印效果。

2. 特别适合屏幕上的阅览:不管显示器是何种类型,PDF 文件精确的颜色匹配保证真实再现原文。PDF 文件无论怎样放大也不会损害清晰程度。

3. 高效的浏览:创建 PDF 者可以加入书签、Web 链接,读者可以直接使用电子化的便笺、高亮显示、下划线等来对 PDF 文件进行标注。

4. 加密特性:用户可以控制机密文件的访问权限。

5. 跨平台:PDF 独立于软件、硬件和创建的操作系统。无论用户使用 Windows还是 Unix 操作系统,无论使用苹果机还是一般 PC 机,PDF 格式的文件都可以畅通无阻。

6. 文件采用压缩格式:与 HTML 相比,同样内容的页面,PDF 格式的文件体积是 HTML 格式的 1/5。

由于 PDF 格式的优越性,一些印刷报纸也利用 PDF 格式,在网络中提供与原报版面完全相同的报纸,这可以方便那些偏好报纸阅读方式的读者。

目前,最常见的 PDF 文件阅读软件是 Acrobat Reader。而 Adobe Acrobat Professional 可以将多种格式的文件(如 Word 编辑的文件)转换成 PDF 格式。

思考题：

1. 新闻照片的数字化加工的原则是什么？
2. 分析一张 PS 不当的新闻照片。
3. 音频的数字化加工的原则有哪些？
4. 视频的数字化加工的原则有哪些？
5. 今天的传媒人需要掌握哪些数字信息处理技术？

第六章　新媒体信息的组织

新媒体信息需要通过一定形式组织成可以传播的单元，新媒体信息的组织方式与手段，在某些方面与传统媒体有所差异。本章将主要讨论新媒体环境下信息组织的特殊规律。

第一节　新媒体信息的层次化组织

层次化的信息组织是新媒体中信息传播的一个基本特点。本节主要以新闻为例来说明新媒体信息层次化整合的基本要求与方法，这些要求与方法也基本适用于其他方面信息的加工。

一、超链接与新媒体文本的层次化

新媒体信息层次化的技术基础，是伯纳斯·李在 Web 思想中提出来的超链接。

（一）超链接的意义

超链接（Hyperlink），是网络信息传播中的一个特殊手段，在今天的移动互联网中，它也得到了继承。它使得网络文本与传统文本在写作与阅读等方面产生了一些根本性的区别。恰当地运用超链接手段，可以提高信息传播的效率，但另一方面，滥用或误用超链接，也可能适得其反。

在传统的媒体中，文本或节目都是以线性的结构传达的。报纸上的文章由文字以固定顺序形成，人们的阅读也就只能沿着这个固定顺序进行。而在广播电视节目中，这种线性特征表现得更为显著。

但是，在网络等新媒体中，信息之间的关系则可以看作是网状的，信息之间往往存在着多样化的联系。人们只要点击那些下画线，也就是设置了超链接的地方，就可以从一篇稿件跳到另一篇稿件，从一个网站跳到另一个网站，传统的线性阅读的习惯，也在一定程度上被打破了。

从信息传播方面看，超链接打破了传统信息文本的线性结构，它使信息之间的联系得以增强。

对于新媒体新闻传播来说，超链接的作用可以体现在解释与扩展关键词、延伸报道、改写稿件、整合多篇稿件等几个方面。

（二）新媒体文本的基本层次

由于网站和客户端中的内容是由层次树的结构方式组织起来的，因此，其文章的内容往往不像报纸中的文章那样一次呈现，而是在不同级别的页面上逐渐出现的。与之相应的，在进行网站或客户端的新闻写作或编辑时，可以采用将内容分层的做法。

通常一篇文章的完整层次包括：

层次一：标题；

层次二：内容提要；

层次三：新闻正文；

层次四：关键词或背景链接；

层次五：相关文章等延伸性阅读。

通过这样的层次，稿件的信息呈现方式发生了改变。而要实现各层次之间的联系，主要就是利用超链接的方法。

例：①

层次一：标题

“维基解密”引爆最大泄密事件

层次二：内容提要

2010 年 11 月 28 日，“维基解密”网站曝光逾 25 万份据称是美国国务院的机密文件，将诸多美国外交内幕和盘托出。这是迄今外交史上最大规模的泄密事件。

层次三：新闻正文

中新社华盛顿 11 月 28 日电，迄今外交史上最大规模的泄密事件 28 日发生。当天，“维基解密”网站曝光逾 25 万份据称是美国国务院的机密文件，将诸多美国外交内幕和盘托出。

“维基解密”公布的秘密文件包括 25 万多份外交电报及 8 000 份外交指示，多数文件的落款日期注明在 2004 年以后，更有约 9 000 份文件的落款日期注明在 2010 年 1 月至 2 月之间。

这些被认为是往来于美国国务院和美国约 270 个驻外使领馆的机密文件记

---

① 资料来源：http://www.china.com.cn/international/zhuanti/2010-12/02/content_21466268.htm。此处根据教学需要做了相应加工。

录了诸多外交内幕,例如:

——美国国务卿希拉里2009年7月曾签发指示,命令外交官搜集联合国高官的手机号、电邮地址、信用卡号甚至飞行里程卡号,并要求刺探联合国秘书长潘基文的领导、决策风格以及对联合国秘书处的影响力;

——沙特国王阿卜杜拉曾反复敦促美国攻打伊朗核设施,直言应"砍下那条蛇的头";以色列国防部长巴拉克也曾对美国建言,2010年年底之前是攻打伊朗核设施的最佳时机;

——美国在劝说别国接收关塔那摩监狱囚犯时讨价还价,曾告诉斯洛文尼亚,只有同意接收囚犯才能面见总统奥巴马,而小国基里巴斯接收囚犯后,曾得到美国价值数百万美元的奖励;

除诸多外交内幕,被曝光的机密文件还穿插有"首脑秘闻"。比如在一份电报中,美国外交官声称利比亚领导人卡扎菲在2009年访美时与一名"妖娆"的乌克兰金发女护士形影不离,而阿富汗副总统马苏德去年访问阿联酋时,被发现竟然携带了巨额美元现金。

28日公布文档前,"维基解密"已对外做出预告。为了尽可能降低文档曝光后对美国外交关系的损害,美国政府近几日一直忙于"灭火",国务卿希拉里更亲自致电多国外长做出解释,提前打定"预防针"。

作为一家专门揭弊的网站,"维基解密"今年7月和10月曾分别公布9万多份阿富汗战争机密文件和近40万份伊拉克战争机密文件。前者将驻阿富汗美军滥杀平民的种种细节曝光,后者则指仅在2004年至2009年期间,伊拉克战争就造成10.9万人死亡,其中包括6.6万名平民。

层次四:文中超链接(以下划线标识)部分

当然,在实际操作中,不一定要在上述每个对象上都加超链接,可以根据读者对象的情况来选择对其中一些对象进行解释。

层次五:相关专题和相关新闻

- 拜登称阿桑奇为高科恐怖分子研究合法拘捕途径
- 英媒曝光阿桑奇性侵报告长达68页充满细节描写
- 英国高等法院今日将决定阿桑奇是否可以保释(图)
- 美部分政客视阿桑奇是头号公敌呼吁将其处死
- 维基解密:巴西防范恐怖攻击的能力非常脆弱
- 维基解密:澳大利亚担心以色列对伊朗发起进攻
- 欧洲媒体:美国对维基解密反应过激狂妄虚伪
- 联合国:维基解密泄密事件正掀起"网络战争"
- 普京谴责逮捕阿桑奇称违背西方宣称的民主价值

- 英专家称瑞典未正式起诉阿桑奇引渡“非常困难”

这样一种分层写作模式,也适合长篇文章的改写。改写时,留取文章的主要线索,将详细的论述与展开部分,用超链接的方式完成。

如果要将多篇稿件整合在一起,思路也类似,每一篇文章在第一个层次中只显示标题和内容提要,其他部分用超链接方式展开,多篇文章的内容提要组织在一起,形成一篇新的稿件,这可以从更多角度来反映一个较为复杂的新闻主题。后面的“新闻报道单元”部分将进一步展开这方面的介绍。

下文将对新媒体环境下新闻的五个层次的操作要点进行详细分析。

二、标题的制作要点

标题是一篇文章的“眼睛”,也是吸引读者眼球的重要方式。新媒体时代,在媒体内容的竞争中,标题的作用也显得十分突出。

(一)新闻标题制作的基本原则

在标题制作中,要求最严格的是新闻稿件特别是消息类新闻稿的标题。即使在新媒体平台上发布,新闻稿件标题也需要遵循以下原则。

1. 突出新闻亮点

新闻标题的制作,首先是一个新闻价值的判断与提炼过程。

一篇稿件的内容可能是非常丰富的,将什么样的内容放到标题中以吸引读者,这是制作标题过程中需要做的一个最基本工作。因此,制作标题的重要任务,是寻找稿件中的亮点,即对稿件中出现的事实进行分析、提炼,决定将什么样的事实放到标题中。

突出新闻中的亮点,可以从以下几个角度来考虑。

(1)强调特殊性

新意,是新闻价值的一个要素,新意也即特殊性,是一个事物与同类事物相比与众不同的地方,因此,如果能将新闻中最具特殊性的事件在标题中加以强调,就能突出新闻的核心价值。如果稿件中只有一件主要事实,则可对它的5W(何人、何时、何地、怎样、为何)进行分析,在标题中突出其中最有特殊价值的一个或几个W。

例:

① 国土部将严厉追究违法用地

② 国土部将利用卫星遥感图片查违法用地

在上面这组标题中,第一个显得比较平淡,而第二个则突出了查处违法用地的特殊手段——“利用卫星遥感图片”,新闻的新意因此得到强调。

(2)突出接近性

新闻价值往往来源于接近性,将与读者关系最密切的事实放进标题加以介绍,就能引起读者的关注。

例:

李克强变“超级推销员”:拉美建铁路欧洲卖装备

这条新闻的主题是分析中国政府推动国际产能合作的政策及行动,在标题中以李克强变“超级推销员”这样一个视角来切入话题,既生动,又拉近了与普通读者的距离。

(3)突出阶段性特点

一个跨度较大的发展中事件,将最新的发展与变化放进标题,突出在这一阶段新闻事件的特点,这既可以让人最快地获得最新的动态,也可以避免让人感觉似曾相识。

例:

中国高中生交流团访问日本冲绳县石垣岛为中日撞船事件发生地

上面这个例子,用副题的方式说明了“石垣岛”的特殊地理位置,这也同时提示了这一中学生交流团访日的背景,即中日撞船事件后中日关系一度紧张的这一特殊阶段。这一新闻的特别意义也就因此体现出来。

(4)烘托关键数据

数据常常比文字更具有说服力,也常能让人感觉眼前一亮,将稿件中出现的关键性数据放进标题,也是标题制作的常用手法。

例:

上路6年发生11起事故,谷歌无人驾驶汽车安全吗?

本例中将谷歌无人驾驶汽车上路6年后的事故数量这一数字突出出来,使人们带着对谷歌无人驾驶汽车的安全性的好奇进入正文阅读。

(5)释疑解惑

针对读者可能产生的疑问,将读者最关心的内容放进标题。不仅使标题更加具体,也使其针对性更强。

例:

① **交通部:出租车改革方案即将出台**

② **交通部:出租车改革方案或涉专车经营**

在上面这组标题中,第一个只是说明改革方案将出台,而第二个则直接回应了人们对专车运营能否合法化问题的关心,更能引起读者的关注。

但需要注意的是,如果把握不得当,突出亮点时也可能产生以偏概全的现象,给人带来误解。突出亮点的同时,还必须遵循准确性原则。

2. 准确传达信息

准确是标题制作的基本原则,它是对标题内容与形式两方面的基本要求。

从内容提炼方面看,要做到准确,就要求标题突出新闻的实质与精华,防止以偏概全,防止将“芝麻”放大成“西瓜”的现象。

从形式方面看,用词准确,表达到位,也是准确传达信息的基本要求。

3. 符合标题规范[①]

标题最终要落实到文字上,标题的文字有一定的规范。

在新媒体中,新闻编辑工作大多数时候涉及的是消息标题的制作。消息标题应该标出动态的事实,因此它通常应该是一个完整的句子——或者是主谓结构,或者是主谓宾结构。但是表示判断的“……是……”结构不能成为消息标题。

但在某些情况下,也可以在事实基础上加入一定的议论。标题中发表议论的部分,被称为虚题。它以说理为主,即表达从个别事实中抽象出来的一般原则、道理、愿望、意义等。与之对应,标题中叙述事实的部分称为实题。一个消息标题可以没有虚题部分,但绝不能没有实题。

从结构上看,一般将消息标题分为单一型和复合型两种。

单一型标题只有主题,没有辅题。复合型标题,则在主题之外,还包含辅题。辅题分为引题和副题两种。

(1) 主题:主题用以说明新闻中最重要或最引人入胜的事实和思想,是标题中最主要的部分。主题在整个标题中字号最大,位置最为显著。主题可以是实题,也可以是虚题。如果是虚题,那么,整个标题中一定还有实题性质的辅题。

(2) 引题:引题位于主题之前,引出主题。它的用法有以下几种:通过交代和说明相关背景、意义、目的、原因、气氛、方法等引出主题;通过直接叙述主干事实的起始部分引出主题;通过提出或议论引出主题。引题可为实题,也可为虚题。

(3) 副题:副题位于主题之后,用事实对主题进行补充或解释。副题一定为实题。

复合型的标题可以是下列几种组合形式:引题+主题,主题+副题,引题+主题+副题。

但在新媒体中,新闻标题往往只有主题部分。

(二) 网站与客户端新闻标题制作的特殊规律

除了遵循新闻标题制作的一般原则外,在新媒体中,制作新闻标题也需要注意一些特殊规律。

1. 兼顾提示要点与引导阅读双重需要

标题是新闻稿件的多级阅读的起点,是新闻内容最基本层次的提示。在很

① 郑兴东、陈仁风、蔡雯:《报纸编辑学教程》,中国人民大学出版社 2001 年版,第 143~153 页。

多情况下，受众只是通过阅读标题来获得基本信息，而不再点击进入正文阅读。因此，标题应该能传达事实的基本要素。如果不能做到5W都齐全的话，至少应该揭示大部分的要素，并且力争做到准确无歧义。

另一方面，标题担负着吸引眼球、引导下一步阅读的作用。在没有正文出现的情况下，在同一个级别的标题中，只有那些具有"亮点"的标题，能赢得更高的点击率。传统新闻标题讲求"确定性"，要标出新闻事实。因此，悬念式的文字是不能作为消息标题出现的。但是，在新媒体平台上，为了带来点击率，有时故意使用悬念式的手法。也有些标题采用静态写法，例如使用"……的……"结构。这些不"确定"标题，往往引起人们的好奇，带来较高的点击率。多数读者对这些标题也是认同的。这种标题最后是否会被专业编辑认同与接受，还需要再观察。但在保证准确的前提下，适当作些尝试，也未尝不可。

但是，为赚取点击率，一些网站把新闻标题的"煽情"作为唯一的卖点，很多标题对新闻内容断章取义，有些甚至是"挂羊头卖狗肉"，让人点击进去后大呼上当。以标题中耸人听闻的字眼吸引人们点击的现象，被称为"标题党"。但这样的做法带来的效应只会是暂时的。网络编辑应该以专业的态度对待标题的制作。

2. 标题制作要便于新闻检索

在新媒体中，新闻在首次发布之后，并不是从此就消失了。它们都存在于数据库中，随时可能被用户通过数据库查询、搜索引擎检索等方式搜寻，或者被编辑作为相关新闻与其他新闻相链接，或者被新闻自动检索系统搜索出来后发布到新的网站。这些都是新闻的再次利用方式。一条新闻被再次利用的次数越多，利用率就越高，传播面也就越广。而新闻要能被顺利地检索出来，标题的制作是一个关键。很多时候，检索系统的查询依据是标题中是否出现相应的关键词。因此，在制作标题时，要尽可能将新闻中的关键人物、关键事件名称等放入标题中，因为这几类词往往可能是查询中较易当作关键词的。

3. 标题的结构要尽量简化

在新媒体中有一种趋势，那就是标题结构基本上采用单一型标题而很少采用复合型标题，通常只有一行题。这是因为，为了方便用户的快餐化阅读，网络或手机新闻一般不采用虚题，这简化了标题的结构；另外，由于在页面上是将同一栏目的标题集中在一起，供人选择，复合型标题占用的版面空间太大，不便使用。即使有辅题，在栏目中也不出现，只与正文一起出现。

4. 尽可能满足对字数的限定要求

很多网站或客户端会对标题做出字数上的限制，这是版面安排上的需要，如有些网站或客户端规定标题字数不超过20字，有些则规定某些栏目中的文章标题字数要尽可能统一。在制作标题时,应该注意到这方面的限制。但是,字数要求不能成为一种机械束缚。削足适履将是得不偿失的。

5. 在标题中适当突出新闻中的其他信息手段

在编辑中,越来越多的文字稿件在正文层中会被辅以其他形式的相关稿件,如图片、音频、视频等。为了让读者在标题层次即获知这些稿件的存在,可以在标题中加上"(图)""(组图)""(视频)"等字样或便于识别的图标等,来引起读者的阅读兴趣。

(三)让标题引人入胜的技巧

上面介绍的原则与方法主要适合消息类稿件的标题制作。但在微博、微信中,很多文章并非新闻消息,它们在制作标题时,可以有更大的灵活性,也可以运用更多的技巧。

一位美国研究者在《七种可以让公众入魔的标题》(*7 Types of Headlines That Will Turn on People's Attention Like Magic*)一文中,总结了标题写作中需要重点凸显的内容,包括:①

1. 有争议的问题;
2. 有趣和有冲击力的事;
3. 教程和指南;
4. 列重点、告诉人们怎么做;
5. 突出新鲜事;
6. 直接推荐、给出意见;
7. 指出原因。

尽管这些技巧并非是针对新媒体传播的,但是,它还是可以给新媒体文章的标题写作提供启发。

结合中国用户的阅读习惯,在社会化媒体传播中进行标题制作时,常常运用的技巧包括:

1. 强调故事或观点的戏剧性与冲突性;
2. 通过数字的运用给人权威、理性的感觉;
3. 强调阅读的效率或可以获得的报偿;
4. 强调前所未有;
5. 触动人们感情的柔软之处;
6. 击中人性的软肋(怕吃亏、怕孤立、怕错过、怕落下……);

① *7 Types of Headlines That Will Turn on People's Attention Like Magic*:http://www.bloggingpro.com/archives/2014/03/19/7-types-headlines-will-turn-peoples-attention-like-magic/.

7. 展现利益的诱惑；

8. 突出流行词汇。

以上这些技巧，不仅适用于博客、微博、微信等平台文章的标题制作，在某些时候也可以在制作新闻标题时作为参考。

三、内容提要的写作要点

内容提要，是对文章的主要内容进行概括的一种文字，它介于标题与正文之间。与标题相比，内容提要更详细，传达的要素更多，但与正文相比，它又要简短得多。在新媒体中，内容提要的运用越来越普遍。

（一）内容提要运用的主要场合

1. 在导读页紧接标题出现

导读页包括网站或客户端的首页、频道的首页或栏目的首页等。在这些导读页中出现的内容提要，通常适用于那些重要的文章。

2. 在正文页的标题后出现

这时，内容提要是作为标题与正文之间的过渡。

3. 在正文中出现

这类内容提要通常在正文中每一段落前出现，可以提示该段落的主要内容。

（二）内容提要的主要作用

1. 吸引读者点击

由于字数的限制，很多标题难以充分揭示文章中的各种重要信息及要素，因此，仅靠标题有时还不足以吸引读者。如果在文章的标题后加入一段内容提要，就可在一定程度上弥补标题本身的不足，更好地吸引读者的注意力。

2. 揭示文章的要点

在新媒体的阅读环境中，大多数人都不愿意阅读过长的文章，或者在阅读长文章的过程中不容易抓住文章的要点。而由编辑加工制作的内容提要，可以帮助读者迅速获取文章中的精华，同时，内容提要也起着一定的导读作用，使人们更有目的地阅读全文。

3. 调节阅读节奏

在标题与正文之间或者正文的各个段落之间加入内容提要，还可在一定程度上调节读者的阅读节奏，使他们的视觉有一个暂时的停顿，这样会获得更好的阅读效果。在手机客户端的界面上，内容提要的作用更为突出。

（三）内容提要的写作

内容提要的写作，是一个对文章内容进行分析、判断和再提炼的过程。通常可以采用下列两种思路，即全面概括与提炼精华。

全面概括是内容提要写作中最主要的方式。它的目标是,用凝练的语言将文章中的主要信息或观点概括出来,使读者可以更迅速地把握文章的主要内容。

对于以传达新闻信息为主的文章来说,要全面概括文章的内容,就需要明确新闻的五个要素,将这五个要素或其中最重要的几个要素,在内容提要中加以介绍。

有些文章主要介绍的是人物的观点,这类文章的内容提要的主要目的,不是传达一般的信息要素,而是突出人物的主要观点。因此,可以对文中所涉及的观点进行简要的概括。在形式的处理上,可将每一观点列一行,用提示符号加以强调。

在某些情况下,文章内容本身较为丰富,如果要全面概括,很难突出文章的重点。这时,也可以考虑在内容提要中只强调文章中最具价值、最有新意或最容易吸引人们的某些内容。

标题与内容提要的作用是非常相似的,它们之间是一个层层递进及相互配合的关系。如果确定一篇文章要同时使用标题和内容提要,就要从一开始即考虑如何实现两者的互补,考虑将什么样的要素放在标题里、什么样的要素放在内容提要里,两者内容不能有太多的简单重复。

四、正文的写作要点

为了便于在新媒体环境中传播,新媒体平台文章的正文写作需要注意一些特殊的规律,主要包括以下两点:

1. 简短明快

人们阅读新媒体文章多是采用"快餐式"阅读方式,因此,新媒体文章也要相对"轻巧",才能适应人们的阅读。轻巧可以从几个层面的"短"体现出来:

文章宜短:尽可能使文章简短。如果不能避免长文章,可用小标题的方式,将长文章分成小块。小标题既可提示本段主要内容,又可起到一个缓冲的作用。

段落宜短:可能的情况下,应对文章多分段。每一段只需有一个中心意思。一个段落最好不超过五行。分段还有一个好处:网络或手机页面在呈现文章时,段落之间自然会出现一个空行,这样人们的眼睛可以在段落间有一个短暂的休息,减少视觉疲劳。

句子宜短:一句话尽可能简短,句子成分也不要过于复杂。美国学者弗雷奇曾建议美联社的记者每个句子不要超过 19 个字,而美国的《时代》与《读者文摘》的句子长度不超过 17 字。尽管目前还没有人对中文句子的合适长度做出定量研究,但尽量精练显然是必要的。

2. 具有可扫描性

国外一些研究者认为,网络文章应该具有“可扫描性”(scannable),即可以让读者在一瞥之中便捕捉到那些重要的要素。为此可以将重要内容用某些方式突出,例如,加粗、用特殊色彩等。也可以利用“列表”的方式将要点一一列出。如前文对标题写作技巧的总结,就是用列表方式。这样更便于人们在视线的扫描中抓住关键信息。

五、文中超链接的运用

在文章中运用超链接,可以对文章中的一些内容进行扩展。

1. 通常需要加入链接的对象

文章中的重要或关键人物;

文章涉及的过往事件;

文章涉及的重要历史、地理背景等;

文章中涉及的一些重要组织、团体、机构等;

文章中涉及的一些重要的概念、科学名词等;

文章中涉及的一些政策、法规、文件等;

其他文章中没有展开但有必要做进一步解释的对象。

2. 通常链接到的对象

相关信息:通过链接以解释或补充与关键词有关的信息。例如,在一些人物名字或机构名称出现时,加入他们的微博链接,而有些财经类新闻中,经常会在上市公司的名称上链接其股票价格等信息。

相关报道:通过链接提供一个或一组与当前对象相关的报道。

相关网站:链接直接将读者带到某个对象的网站。

相关搜索:一些网站加入的链接关键词被受众点击后,受众会利用搜索引擎搜索包含该关键词的相关文章。

3. 使用超链接时应注意的问题

第一,注意超链接的量与度。

稿件中加入的链接应该注意量与度的问题,这就要考虑以下几个因素:

其一,读者对象的层次。不同网站的读者定位在层次上有所不同,不同层次的读者对于某些知识掌握的程度是不同的。例如,对于一般网站来说,IT 技术名词通常可以加入链接来进行解释,但对于 IT 网站的读者来说,解释也许就是多余的。

其二,形势与时局的变化。在某些特殊形势下,对于常识也可加以链接说明。例如,在伊位克战争期间,关于伊拉克基本情况的介绍,有助于人们了解战争的背景以及战争的进程,因此,对这些常识性的内容也可以设置超链接。

第二,注意超链接打开的方式。

在当前窗口中打开,即将新页面代替当前页面。但这是一种最不合理的做法,因为它完全改变了当前的阅读目标。在文章中加入超链接时,应当注意避免这种方式。

在新窗口中打开,这是最常见的一种方式,在不影响当前阅读页面的情况下,再打开一个新页面,这有助于保持阅读目标的基本稳定。但是,很多时候,还是免不了让读者脱离既定轨道。

在当前窗口中加链接的关键词附近打开一个小窗口,这是现在一些网站采用的做法,相对来说,它可以在一定程度上解决网民阅读目标转移的问题,但目前还不能做到适用于所有场合。

六、延伸性阅读的配置

利用超链接,可以设置一些延伸性阅读,丰富和发展文章内容。延伸性阅读可以包括“相关文章”“跟帖”“发表评论”等相关内容。这部分既可以作为阅读的一种延伸,又可以作为互动的一个入口。它们通常也可以被视作层次化文本的一个部分。

对于新闻报道来说,相关新闻是一种典型的延伸性层次。相关新闻通常是在正文之外加入的与当前新闻有关的新闻链接。目前,多数网站是利用新闻发布系统自动完成此工作的。其程序是,编辑记者输入本文关键词,系统以此关键词为依据,寻找本网站新闻库中其他含有此关键词的新闻。编辑记者根据需要从系统搜索的结果中进行一定的筛选。

第二节 新媒体信息的结构化整合

新媒体中的海量信息容易使受众在时空中迷失,他们获得了无数信息,却常常无法厘清这些信息的关联,信息丰富带来的可能不是对事物理解的加深,反而是对信息意义的更深困惑。而新媒体编辑的一个重要责任,就是通过对信息关系的梳理,为受众“解读”信息以及信息间的关系,为他们理解新闻事件或社会现象提供一个更有逻辑的框架。

因此,今天的新媒体信息,越来越强调结构化,也就是,围绕某一主题收集相关信息,并对信息之间的内在关系进行梳理,最终运用一定的形式将这些信息进行有逻辑的呈现,从而实现对主题更为深入的揭示。也就是说,通过内容的结构关系来更全面、深刻地揭示新闻的意义。

新媒体的容量远远超过传统媒体,这为信息的结构化整合提供了物理空间。超链接等手段,也为结构化整合提供了一种技术性的方式。

新媒体的结构化整合主要体现在两个层面,即报道单元式整合和专题式整合。

下文将以新闻为主要对象,对这两种整合方式进行分析。其思路,常常也适用于其他类型的信息。

一、新媒体新闻的单元式整合

新媒体中的报道单元,是对日常稿件进行整合的一种手段,常常是以一篇特定的稿件为主干,辅以少量的相关稿件(包括不同形式的稿件),这是一种小规模的稿件集合,通过稿件间的相互补充、相互配合,以求达到更好的传播效果。

与新闻专题相比,新闻报道单元的主要特点是:

首先,它是以某一稿件为骨干的,其他稿件都是以它为中心服务于它,因而报道线索明确。而新闻专题在多数情况下都是由若干栏目构成的,线索也相对复杂。

其次,报道单元的容量相对较小,通常也是不可再延展的,即不会像某些新闻专题那样不断进行更新。这种报道单元往往是对现有新闻素材的被动利用,其新闻稿件可以出自不同的来源。

今天的网站或客户端的每条新闻,基本上都是以一个报道单元来呈现的。

(一)新闻报道单元的构成

从报道单元的信息构成来看,报道单元可以是纯文字稿件组成的,也可以是多媒体稿件组成的。

多媒体报道单元中可以运用各种形式的手段,包括文字消息、文字评论、新闻照片、新闻图表、动画、音频、视频、互动手段等。当然,在实践中,一个新闻事件的报道不一定能获得全面的素材,因此,往往只能是多媒体手段中某几个的组合。常见的组合模式包括:文字+图片,文字+音频,文字+视频,文字+图片+视频,文字+图片+音频。

(二)新闻报道单元的逻辑结构

无论是纯文字的还是多媒体的报道单元,稿件的组织都需要遵从某种逻辑关系。通常报道单元的逻辑结构可以从以下几条线索来考虑。

1. 以层次化信息构成报道单元

虽然很多网站并没有明确采用报道单元这一概念,但在日常稿件的处理中,由于信息的分层处理,一篇稿件已经自然形成了一个报道单元。作为第五个层次的“相关新闻”或“延伸阅读”等内容,就是对主体新闻的补充与延展,它们可以在更大程度上满足人们对新闻事件的来龙去脉、前因后果的了解,或对同类事件进行比较的需求。

主体新闻稿件与配置的“相关新闻”之间的逻辑关系主要包括:

事实+背景+影响;

当前事实+起因+进展过程;

当前事实+相关事实+共同影响。

当然,编辑应该根据每一新闻事件的特点和读者的需求来决定新闻单元的配置,而不能只是机械地套用某一模式。

2. 以不同角度的稿件构成报道单元

一个新闻主题往往可以有多个报道角度,在传统媒体时代,受到版面空间或报道时间的限制,对于绝大多数的题材,一个媒体往往只能从一个角度进行报道。虽然记者、编辑们在选取角度时是充分考虑了媒体的受众对象需求的,但是,这种单一角度的报道仍然有时难以充分满足受众的需要。

而新媒体则使得多角度报道的同时呈现有了平台基础。因此,在构建报道单元时,针对一个特定的主题,将几篇不同角度的报道整合在一起,也成为一种可行且有效的方式。

多个角度稿件构成的报道单元,可以由两种方式完成:

其一,记者在采访写作时就将报道分解成若干个小的报道。

其二,编辑将不同媒体或不同记者采写的同一主题的不同角度的报道根据其内在关系组织在一起,便于读者从不同侧面了解新闻事件。

这样一种报道单元的各篇稿件基本上分量相当,但是,在编辑时,还是需要突出其中一条新闻。例如,将与受众关系最密切或人们最关心的一条新闻作为主干新闻,拟定报道单元的标题时以该新闻为主,其他新闻的内容,在标题中可以不体现,或者以副题的方式来处理。

3. 以时间为线索整合报道单元

新闻碎片化的一个主要表现,是由时间上的点状报道带来的线索的断裂感。克服这样的碎片化现象,时间线是一种有效的手段。在国外的新闻网站上,以时间为线进行报道是一种非常常见的方式。

时间线的编辑思路是,对于发展中的报道对象,截取它发展进程中的那些重要时间点,以此为线索来组织相关稿件,使这些稿件成为一个有序的整体。它操作简单,但对提高传播效果却有显著作用。

除了文字形式的时间线外,也可以利用信息图表或 Flash 技术等整合出更具形象感的时间线。

二、新媒体新闻的专题式整合

所谓新闻专题，主要指以网站、客户端等为载体，运用各种媒体手段对重要的主题或事件进行组合或连续报道的形式。它是新闻整合的一种重要方式。也是新媒体新闻与其他媒体新闻竞争的主要手段之一。

（一）新闻专题的意义及类型

新闻专题是新媒体特色的深度报道方式。所谓深度报道，是对主体新闻的时空维度进行深度扩展的报道，它通过对主体新闻的生成背景、波及影响和发展趋势进行全面展示与剖析而深刻地反映客观环境的最新变动状态。[①] 利用新媒体的巨大容量、可利用的丰富资源，以及多种媒体的报道手段，新闻专题可以在多个层面、多个视野上展开立体化的报道。它可以更好地满足人们对于一个事件或主题在广度上与深度上的信息需求。

此外，新媒体的新闻专题可以视作一种新闻的原创手段，好的新闻专题的选题与角度，出色的专题制作，是竞争力的体现。在新媒体采访权尚未完全放开的情况下，新闻专题在新媒体的新闻竞争中具有重要的地位。

不同的专题内容，需要用不同的方式去组织与实现。因此，制作新媒体新闻专题的第一步，是进行专题方式上的选择。专题可以从不同角度进行分类。

1. 采访型专题与编辑型专题

一些专题通常是由网站针对一定的选题，组织力量进行采访报道，最终制作而成的。这可以称为采访型专题。采访型专题是网站一个重要的原创内容。

但是目前新媒体新闻专题更多地属于编辑型专题，即在一个特定的主题之下，进行相关材料的组织与整合。也就是说，素材通常是现成的，编辑的任务是按照一定的方式将这些材料组织起来。

但是，网站原创能力并非只能通过采访型专题来体现。在编辑型专题里，通过选题上的策划、报道的角度与内容的选择等，也可以充分地体现出网站编辑的社会观察力与思考力，以及新闻素质。

2. 事件性专题与话题性专题

事件性专题是指针对某个新闻事件来展开报道，而话题性专题往往只有一个话题方向，并不起因于某个特定的新闻事件，但是它在内容中也会涉及一些新闻事件。

事件性专题通常具有很强的时效性，而话题性专题并不特别强调其时效性。

现在新闻网站的专题多是事件性专题，但是事件性专题最大的问题是，它是

---

① 高钢：《新闻采访写作》，高等教育出版社 2012 年版，第 189 页。

被动的，往往是由外界条件（例如突发新闻事件）所决定的，由于各个网站都会对某一新闻事件做出反应，也就容易产生彼此雷同的现象。因此，话题性专题更能体现网站在选题策划上的竞争力。

3. 全面集纳型专题与结构化解读型专题

尽管新媒体新闻专题是对新闻内容进行结构化组织的手段，但在实践中，专题的结构化程度不尽相同。有些新闻专题追求的是客观、全面，稿件之间只是用简单分类的方式加以组织，也就是较为粗略地对内容进行分类、集纳，栏目名称通常为“滚动消息”“最新消息”“各方反应”“图集”“网友评论”等，这是一种较为松散的结构，在专题里通常不会体现出编辑的主观判断。中国的网络新闻专题是以这种模式起步的，并且在很长一段时期内作为网络专题的主流存在着。而另一种新闻专题则更讲求稿件之间的逻辑关系，整个专题往往像一篇文章一样，通过谋篇布局形成较为严密的结构，这种结构本身传达了编辑对新闻对象的主观认识与判断，也就是他们对新闻的解读。它们可以分别称为全面集纳型专题和结构化解读型专题，在此简称为集纳型专题和解读型专题，有些网站也将后者称为评论型专题。

集纳型强调专题的客观性，把对新闻的解读工作交给了读者；而解读型专题重视编辑对新闻主题的认识角度，并通过内容的逻辑安排体现编辑对新闻的解读。搜狐的“点击今日”、网易的“另一面”、腾讯的“今日话题”等栏目中的专题，都是解读型专题，其他网站的解读型专题也越来越多。

我们不能简单地评价这两种专题模式孰优孰劣。应该说，这两种不同性质的专题的出现都有其合理的渊源。不同的方式，也体现了不同网站的新闻理念。不同的形式也适用于不同的题材。

但是，做解读型专题有更大的风险。如果编辑对于新闻事件或社会现象的判断与认识不到位，或者存在偏差，就可能对受众产生误导。

即使是解读型专题，也要防止将网站乃至编辑个人的价值判断凌驾于客观事实之上，或者出现一边倒的情况。它同样要注意内容的客观、平衡与中立，对新闻的解读应该建立在尊重新闻事实的基础上。

结构化解读方式通常用于进行话题性专题的组织，当然，一些事件性专题，如果能找到一个较小的报道角度，也可以用这种方式进行组织。

最近几年来，随着网民阅读需求的变化，海量内容构成的集纳型专题在各网站的比重在显著下降，而简洁的解读型专题越来越常见。

4. 动态型专题与静态型专题

对于动态事件，大多数专题都是伴随着事件的进展而不断更新的，专题始终处于一个开放的过程中，这类专题可称为动态型专题。

动态型专题的内容是在不断变化的，这既是它的优势，又是它的劣势。这种动态更新性可以在更大程度上保证报道的时效性，但是，如果编辑方法不得当，又可能给用户的阅读带来困惑与负担。

而有些新闻专题，则是一次性完成的，一旦推出后，便不再更新，这可称为静态型专题。这种专题的内容相对完整，线索清晰，但灵活性与可扩展性较差，它比较适合话题性专题。

以上说明了新媒体新闻专题不同角度的分类，但在实践中，一个专题往往具有多种特征。例如，一个专题可能同时兼有采访型、解读型、静态型等三种不同类型专题的特点。

从专题的承载形式看，网页、Flash 动画、电子杂志等，都可以成为专题的"包装"手段。

近年来，网民越来越多地转移到移动终端看新闻，在移动新闻客户端里，大容量的专题较为少见。

（二）新闻专题的选题策划

不同类型的新闻专题，其选题策划的思路不尽相同。

1. 事件性选题的策划

事件性专题的选题策划，主要有两种。

(1) 重大突发事件

在新媒体中，专题启动迅速，在应对重大突发事件上，具有自己的优势。此外，凭借大容量、多媒体等长处，它可以为受众提供全面、丰富的信息，满足受众各个层面的需求。

重大突发事件虽然是现成的选题，但是，它也很容易造成同质化竞争，因此，往往需要通过报道角度与内容等方面的策划，来更好地发挥网站的资源优势。

重大突发事件通常可以有如下几类报道思路。

后果式：即注重突发事件发生后的过程的报道，让受众最及时地获得各种相关信息，了解事件的进展及其结果。

前因式：即通过报道探求突发事件的起因、背景，以及其他社会环境因素，让受众更深入地理解偶然事件中所包含的必然因素。

影响式：即全方位关注事件所带来的社会影响，为受众释疑解惑。

当然，在以上这些大的思路下又可以找到不同的报道角度。

(2) 可预知重大事件

可预知的重大事件指的是已经知道时间安排与进展的某些重要活动或事件，例如奥运会、"两会"等。这类专题的选题策划要重点考虑的不是报道的对象，而是报道的时机、报道的规模、报道的角度以及报道的手段等。

从报道的时机来看,可预知事件的报道通常有如下两种。

先发式:在重大事件到来之前的某个时间点,便启动新闻专题,以此求得先声夺人的效果。但是,提前多长时间开始报道,是一个需要谨慎思考的问题。专题启动过早,一方面与受众的关注点脱节,不容易引起受众的注意;另一方面,也会使网站的报道过程拖得过长,使网站过早疲软,到重大事件发生时,反而没有了气势。因此,要在全面衡量的基础上,找到一个合适的时机推出专题。如果能找到一个最新的报道由头来启动专题,可能会带来更好的效果。

同步式:新闻专题的推出与重大事件的发生基本同步,这样的专题让人感觉时效性强,也容易与受众的需求节奏同步。但是,这种方式容易形成多家网站报道"撞车"的情况,难以凸显网站的影响力。这时就需要通过专题的角度的选取、内容的组织、形式上的设计等方面来弥补。

从报道的规模与角度来看,可预知重大事件的新闻专题的组织主要有两种。

全景式:全面展现新闻事件的面貌,给受众提供丰富的信息。这种思路与多数受众的需求是吻合的,一般更受欢迎。但是,如果网站的采编力量不足,则有可能造成报道面虽广却缺乏深度的情况,此外,内容与其他网站趋同的现象也可能发生。

特写式:只是选取某一个横截面或纵截面反映新闻事件。它的好处是可以将有限的力量集中起来,在一个角度上开掘得很深,也容易形成特色。但是,如果角度选取不够合适,也可能适得其反。另外,多数受众仍然需要全面了解事件,专题角度过窄,会影响到他们的阅读兴趣。

2. 话题性选题的策划

一些重要的社会现象或问题,也常常成为新媒体新闻专题的选题对象。这些现象或问题,有些已浮出水面,是"热点";而有些还深藏不露,是"冰点"。针对"热点"或"冰点"社会现象或问题开设的新闻专题,是对网站选题策划能力的一种重要考验。

在没有具体事件依托的情况下,要找到合适的选题,首先需要高度的新闻敏感和判断分析能力,需要各种信息与知识的积累,而这是一个长期的磨炼过程。网络编辑需要在实践中不断地提高自己在这方面的能力。

此外,任何一种社会现象都并非孤立的,很多事物间都有着千丝万缕的联系。如果善于从已知的新闻选题中推演出新的新闻选题,就可能从杂乱的线索中找到清晰的选题目标。

有些话题可能并非重要的社会现象或问题,但它们是网民感兴趣的对象,这些话题也常常可以成为网络专题的选题目标。编辑可以通过论坛、博客、微博、微信、百科等渠道发现网民关心、热议的话题。

当然,一些话题也许并不具备普遍的社会意义,不能引起广泛关注,但如果与自己的机构相关,它们也可以成为专题的选题对象。

3. 活动型选题的策划

在媒体的报道竞争中,出现了一种现象,那就是媒体为了做出独家新闻,造成社会影响,会结合当前形势,有意识地策划某些活动,媒体作为活动的主体,也作为报道者,来组织整个进程。这种方式,存在一些争议,但是,它在媒体实践中还是大量存在的。如果把握恰当,这样的活动也能产生较好的社会效益。

对于一些网站、企业或机构组织的活动来说,专题也是反映活动的进展、效果及影响的一个好的方式。

对于这样的专题策划来说,需要同时考虑活动本身以及专题组织两方面的因素,主要包括以下三方面。

社会效益:策划的活动一定要将社会效益放在首位,为吸引公众注意力而进行炒作的做法是不可取的。

报道空间:有些活动虽然本身有意义,但从媒体角度来看,报道空间有限。在进行活动的筹划时,要尽可能考虑它是否适合于做专题,报道能在多大规模、多长时间的跨度内展开,活动开展的场所是否便于组织现场报道,是否利于各种媒体手段的应用。

投入产出:策划的活动往往需要较大的投入,因此,还需要从投入产出比的角度考虑活动及其相关报道的经济效益。

这样的活动,最终可以以事件性专题的方式来呈现。

(三)新闻专题的结构设计

新媒体新闻专题的结构设计,是进行内容选择与组织的依据,也是报道角度与报道思想的重要体现。它意味着针对选定的主题与角度,设计相关的栏目并用合理的结构将内容组织起来,同时选择最合适的手段来表现各个方面的内容。

目前的新媒体新闻专题通常有以下几种结构方式。

1. 平行聚合式结构

平行聚合式结构是新媒体新闻专题中采用得最多的一种栏目结构方式。它的总体思路是,每一个栏目反映主题的一个侧面,多个角度的栏目集成后,较为全面地反映出全貌或某个突出的局部(见图 6-1)。

在平行聚合式的结构中,各个栏目之间的地位是相对平等的,顺序是自由的。

平行聚合式结构的主要目标是完整地表现主题或某个特定的角度,它比较适合信息十分丰富、事件处于动态发展中的集纳型专题。但一些解读型专题也可以采用这一模式。

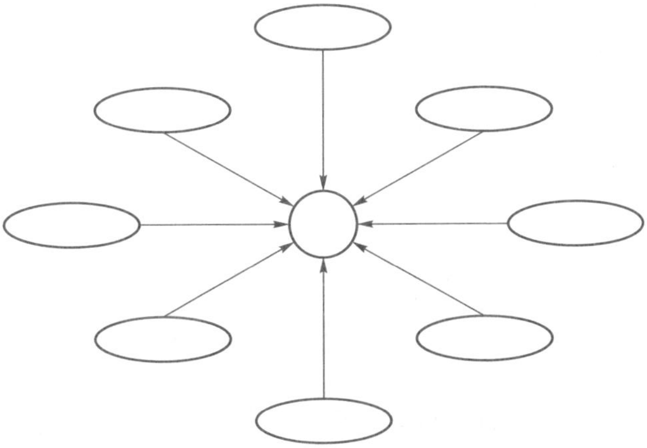

图 6-1　新媒体新闻专题的平行聚合式结构

2. 层层递进式结构

在层层递进式的专题结构方式中，各个栏目之间存在着逻辑上的先后顺序，前一栏目的内容是后一栏目的基础，后一栏目是对前一栏目的发展与深化（见图 6-2）。

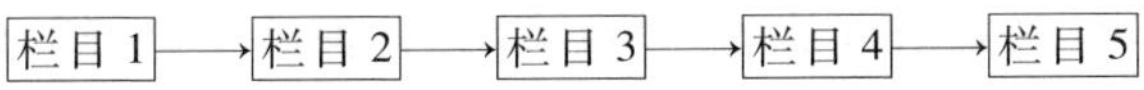

图 6-2　新媒体新闻专题的层层递进式结构

在递进式的结构中，主要的逻辑关系可以是以下三种。

时间上的递进关系：以时间的顺序来组织栏目，条理清楚，符合人们的认识习惯。

观察事物的顺序：就像人们观察事物的顺序一样，在一个新闻专题中，也可以以全景—中景—近景—特写等渐进顺序来表现新闻事件或新闻主题。

分析事物的顺序：分析事物往往有着由表及里、从认识现象到探究原因的一种发展过程。在进行专题构思时，也可以依据这样一种逻辑来组织栏目。这也是目前国内新媒体新闻专题中用得较多的一种方式。

从某种意义上看，这种结构的专题更像是一篇经过扩展、整合的长篇新闻稿，每一个栏目是稿件中的一个段落，栏目名称是稿件中的小标题。只是，稿件并非由一个作者完成，因而可以更加丰富而深入。这种模式是解读型专题常常采用的。

3. 观点争鸣式结构

不少专题侧重于揭示事件或问题的影响，它们常常是以观点的冲突作为结构内容的基本依据的,即每一个栏目集成一个方面的观点,各方观点同时呈现,这便是观点争鸣式结构(见图 6-3)。

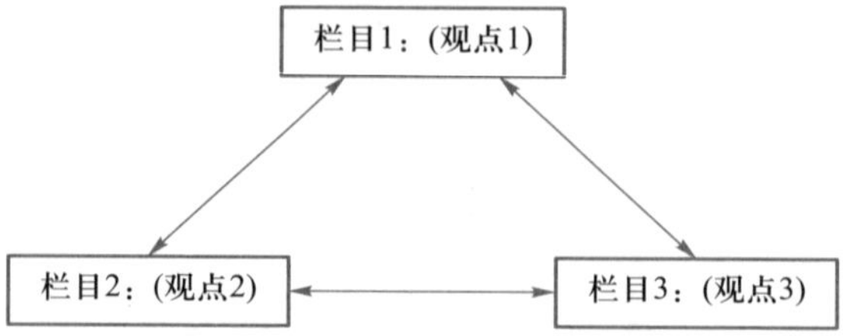

图 6-3 新媒体新闻专题的观点争鸣式结构

这种栏目的结构方式,内容集中,线索明确,能让人迅速抓住要点,但也可能忽略一些非典型观点。

当然,除了以上三种结构,新媒体的编辑还可以根据题材的需要进行结构规划,不必过于拘泥于现有的条条框框。

(四)新闻专题的版面设计

当新闻专题在网站这样的平台上呈现时,其版面设计,仍然具有重要价值。专题的版面,不仅是承载信息的空间,也是引导阅读的手段。好的版面,既要符合一定的审美要求,又要条理清晰、重点突出、方便阅读。好的设计往往可以提升内容的价值,相反,蹩脚的设计可能会埋没好的内容。

但在移动客户端中,专题已经简化为报道单元,其形式也相对简单。所以下文的介绍主要是针对网络新闻专题的。

1. 专题栏头设计

大多数专题都有一个标题区,点明专题的主题。在国内网站的新闻专题中运用尤为普遍。但这个区域没有统一的称呼,本书借用报纸版面中的概念,称其为栏头。

专题的栏头是专题吸引人们注意力的第一个要素,也是烘托专题气氛的一个重要手段。一个精心制作的专题栏头,可以使人们在瞬间形成对于专题的基本印象。

专题的栏头设计需要遵循以下三方面的原则。

醒目抢眼:抢眼的栏头产生的视觉冲击力,容易引起人们对专题的阅读兴趣。

文字表述准确:专题栏头中少不了文字,这些文字是整个专题的标题。专题的标题要简洁而准确地说明专题的主题,它的撰写原理与新闻标题是类似的。文字的字数要尽量精简,诸如“专题报道”这样的词可以略去。这样可以使每一个字的字号尽量大,以便显得更为抢眼。

情绪传达到位：每一个专题都有自己特定的情绪与气氛，或者沉重，或者庄严，或者轻松明快……栏头是最直观地传达这种情绪的一个窗口。如果栏头传达的情绪不够明确或不够准确，甚至发生错位，就会影响读者对于专题的阅读。栏头的情绪传达主要通过两种要素完成：一是栏头所采用的图片。大多数专题的栏头会选用与主题紧密相关或者直接表现新闻事件的图片，作为栏头的背景。图片的内容、色彩等都会传递出一种气氛。因此，应该在图片的选择与加工上做文章，有些时候，可以用 Photoshop 等软件适当改变图片的色调，以获得更为准确的情绪表达。二是栏头的文字的字体、字号与色彩的运用，特别是文字的色彩，往往能传达出一定的情绪。

但近年来，新浪、搜狐、新华网等网站也开始简化栏头的设计，去掉了背景、图片等元素，采用纯文字的方式呈现。

2. 专题的版式设计

专题的版式设计主要体现在它的首页上。因为它是整合专题各种内容的主要载体，内容也相对繁杂，更需要进行专门设计。而正文页可以沿用网站一般页面的风格或专题首页的风格。

在很长一段时间，国内网站的新闻专题都采用三栏式设计，通常中间一栏是核心内容的滚动更新，而旁边两栏是视频内容和背景资料等（见图 6-4）①，在专题的中部，会有小图片集锦或高清组图。

图 6-4 网易关于“东方之星”倾覆事故的专题页面

① 资料来源：http://news.163.com/special/kelunqinfu/。

但是，近年来，两栏式的专题版式也开始在一些网站中出现（见图 6-5）①。除了分栏减少外，在专题首页呈现的内容也大大减少。一些重点内容的标题的字号显著加大，甚至有些从过去的“一行式”表现上升为“色块式”表现（见图 6-6）②。信息图表、大幅面图片，在专题的版面中，占据了更显著的位置。有些网站专题的层次也被简化，一些过去需要二级页面展示的内容可以通过首页内的交互区域来展示，这避免了网民不断打开新页面的麻烦，也使焦点内容在网民的注意力区域中得到有效曝光。

图 6-5 搜狐网关于“东方之星”倾覆事故的专题页面

显然，这种形式上的简化与专题内容本身的简化是分不开的。

总体来看，目前网站的新闻专题在内容和形式上都在做减法。这在一定程度上与移动客户端的冲击有关。

3. 专题的色彩

专题的栏头、图片、文字等要素中都包含了色彩，一些专题还有一些功能性色块，如用以区分空间的色块或背景色。

专题中的色彩主要有以下四方面功能。

传情达意：色彩能直接传达出专题的基本气氛。因此，专题在设计栏头、选用图片及使用其他色彩元素时，应该注意与专题内容的气氛相吻合。

引导视觉：专题中色彩是一种重要的视觉元素，在引导视觉运动方面具有重

① 资料来源：http://news.sohu.com/s2015/dongfangzhixing/。

② 资料来源：http://news.sina.com.cn/c/z/2015qglh/。

图 6-6　新浪网 2015 年“两会”专题版面之一

要作用。有时候往往是醒目的色彩引起了人们的阅读欲望。因此，专题要利用栏头及图片等的色彩给读者的眼睛以适当的刺激，激发人们的点击欲望，同时，也可通过色彩的变化来引导视线的合理运动。

分割版面：有些情况下，色彩的主要功能是区分空间，使专题内容的分区更为明显，方便阅读。这时使用的主要是色块，如在某些栏目名称下铺加色块，或者是在某些栏目所在的区域加背景色块。但即使是这些色块的运用，也不能盲目，它们一方面要服从于专题整体情绪的需要，另一方面要注意整体色彩调配的和谐。在不少专题中，色彩运用的失败，往往来自于色块颜色的不和谐。

营造美感：虽然美感并非专题所要追求的主要目标，但是，如果一个专题具有和谐的色彩搭配，那么就可以通过形式来提升内容，使它获得更多的关注。因此，在实现了传情达意、引导视觉等基本目标的前提下，应该尽力通过色彩来满足人们的审美需要。

4. 专题中的线条

线条在专题中的主要作用是分隔空间以及突出重点内容。在运用线条中，应该注意它的几个相关要素：线条粗细、色彩。

一般来说，在网页中，细线条给人眼睛的刺激较为适中，它既能起到强调的作用，又不会喧宾夺主，因此，在图片、文字周围加框时，以细线为主。如果不是特别必要，应尽力避免使用过粗、过黑的线条，以免版面显得过于笨重。

黑色的线条在专题中使用较为普遍，因为它不会与图片等其他色彩产生冲突，如是深色背景，则常用灰色或白色线条。如果需要使用彩色线条，应该考虑版面的整体色彩安排。

专题中使用的线条数量要适中,要避免可有可无的线条的使用,因为线条同样需要占用宝贵的空间,线条过多,会影响主体内容的安排,同时也会造成视觉上的混乱。

5. 专题中的字符

新闻专题的页面上往往有大量的文字,文字的外在表现形式如字体、字号、色彩等,都直接影响到专题的传播效果。

除了栏头外,专题中其他文字的选择应该考虑到大多数人的阅读习惯,因此,除非情况特殊,专题中稿件的标题与正文都以宋体字为主,即与一般的新闻稿件的使用方式一致。因为宋体字的粗细适中、笔画清晰,适于大量阅读的场合。而且,报纸等平面媒体也是采用宋体为主要字体,它们培养了人们的阅读习惯,新媒体新闻类页面的设计要尽力适应这种习惯。对个别重要稿件的标题可采用黑体字以示区别。

专题中一般文字的字号以 5 号字为常见,也有一些网站采用“10 点”大小的字号,比 5 号字略小。各栏目的标题字号可以略大些。

像一般新闻页面一样,专题中的文字多采用蓝色或黑色。有时,也可以根据版面整体的色彩搭配来决定是否采用别的色彩。但无论用什么样的色彩进行搭配,首要的问题是文字在色彩上的易读性,要尽量避免文字对视觉的长时间的强烈刺激,减少视觉疲劳,在正文的文字设计中尤其要注意这一点。

在新闻页面中,应避免采用斜体字,专题也不例外。因为斜体字占用更多空间,阅读也不方便。

6. 专题中的模板

目前,大多数新闻网站在制作新闻专题时都是利用模板。模板是专题既定风格与版式的一个载体。它由设计人员事先设计好版式,并成为新闻自动发布系统中的一个部分,当需要制作新的专题时,只要根据需要设置相应的栏目名称、添加相关稿件等即可,而无需重新设计版式。

使用模板的好处,首先是可以在极短的时间内完成专题的制作,因为,编辑只需在已有的版式中对号入座地添加相应内容。对于突发事件的专题来说,模板是实现时效性的一个重要保证。

其次,利用模板,可以实现一个网站专题版式风格上的继承与统一,便于读者的阅读。同时,这种统一的风格一旦被读者接受,就可能成为网站品牌的一个重要组成部分。

因此,在常规情况下,专题的模板要保持一定的稳定性,这就要求在制作一个模板前充分研究读者的阅读心理与习惯,同时考虑到信息传达的有效性及审美上的需求，制作出能经得住时间考验的模板。

但是，对于某些新媒体新闻专题，可以抛开模板。因为模板会在一定程度上限制专题的报道思路，也容易造成削足适履的状况。

对于有些特别重大的专题，进行专门的版式设计，可以更好地满足“浓墨重彩”的传播需要。

（五）新闻专题中的互动

互动是新闻专题中的重要组成部分之一。新媒体新闻专题中的互动通常包括以下几种。

1. 受众调查

专题中的受众调查是为了及时了解网民的意见与看法。从调查目的与主题来看，可以直接针对当前新闻事件与主题收集意见，也可以让受众对与本专题相关的社会现象发表评论，或者征求受众对当前多媒体报道本身的内容、设计、制作等方面的评价。受众调查不仅可以为网站收集受众的反馈，也可以让受众有一个宏观的比较，了解到对某一问题的不同态度。针对新闻事件或社会问题开设的调查也在一定程度上揭示了新闻事件与现象的社会影响，这时，调查已经成为报道中的一个有机组成部分，在某些情况下，调查结果甚至可以成为一种新闻线索。

因此，在新闻专题中，受众调查通常是需要的，但是，应该精心设计调查问卷，有效利用调查结果，使调查能真正服务于专题，而不是成为一种摆设。

2. 受众评论

受众评论在专题中的表现形式，主要是专题中开设的留言板或 BBS，或者将博客、微博等导入专题。它们为受众表达自己的意见与态度提供了更直接的途径。评论的数量在一定意义上可以反映出人们对新闻事件或现象的关注程度，也可以提升专题的影响力，使更多的人对专题产生兴趣。

除了以上两种常规做法外，专题中还可以利用相关技术在某些报道部分加入互动，使受众成为报道的一个直接参与者。

此外，还可以在专题中加入“分享”到博客、微博、微信等功能，使专题内容更容易进入社会化媒体的平台。

（六）用户生产新闻的专题整合

在公民新闻时代，用户生产内容（UGC）越来越丰富，涉及的主题也越来越广泛。如何将那些分散的、碎片化的内容有机组织起来，将这些碎片拼成一幅完整的画面，成为了 Web2.0 时代网络编辑所面临的一个新课题。

尽管用户生产的新闻也可以与网站策划的专题结合起来，但是，在那样的专题中，用户生产的内容仍然只是作为互动方式担当配角。而在未来，用户生产的新闻应该越来越多地成为主角，除了现有的专题模式外，还应该有与之相适应的新形式使它们的能量得到更好的开掘。

用户生产的内容可以直接整合到网站的一般专题中，也可以生成专门的UGC专题，后者的主要思路有两种。

1. 微专题

"微专题"是对微博内容进行整合的一种模式。微专题主要由以下几部分组成。

要点提示：将事件或话题的关键信息简明扼要地提示出来，以便人们更好地了解相关要素及背景。

相关新闻：将网站已有的相关报道嵌入专题中，通常是视频新闻。

微博评论：这是微专题的核心部分，即将相应主题下微博中的评论依时间顺序排列。有些时候，还会把一些核心人物的微博内容或代表性的观点放在醒目位置。

相关链接：与话题相关的扩展性内容，可以链接的方式提供，以便人们需要了解详情时可以转到相关页面。这里面也可以包含相关微博账号的链接。

发布微博：为人们看完专题后发表感想提供一个直接的入口。

有些专题可能还设立调查，以了解人们的意见与态度。

2. 维基词条

维基应用是网络中一种开放、协作式内容生产平台，百科类平台是目前最常见的维基应用，第八章将对它进行进一步分析。维基词条这一方式为网民参与新闻整合提供了一个可行的思路。

例：[1]

图6-7是一个维基平台上新闻整合的一个案例。它借用的是维基词条这样一个框架，但是，从效果来看，它也就是一个新闻专题。与一般词条不同的是，因为它针对的是一个新闻事件，因此，新闻要素传达的完整性、准确性要求更高，而这可以通过内容的结构设计来引导。在此例中，包括了"事故经过""立调查组""总理之行""悼念活动""部门致歉""赔偿标准"等十三个方面。当然，这个结构也是在不断完善中的，如早期的词条包含"事故简介"与"事故经过"两个板块，但两者可能存在交叉，这会影响到人们在更新、编辑内容时的条理性，后来，经过优化后，去掉了"事故简介"部分。如果将词条作为一种新闻专题的整合方式，那么专业编辑在结构设计方面，应该起到一定的引导作用。

很多维基平台上，词条的内容结构是参与生产的用户自己来设计的，但如果

① 案例来源：http://baike.baidu.com/view/6171322.htm。

图 6-7　基于维基词条的新闻专题示例

网站把它当作一个新闻专题模式的话，也可以由网站编辑来设计更为专业的内容结构，以引导用户更全面、完整地参与新闻专题内容的建设。

第三节　新媒体平台信息的多媒体融合

新媒体平台为多种媒体的整合传播提供了技术可能。但是，当过去分属于不同媒体平台的不同手段汇聚在一个平台时，它们之间的关系究竟是什么样的？是物理变化还是化学变化？

在实践中，尽管很多网站拥有多种媒体资源，但是，这些媒体资源并没有被整合在一起，它们仍然是分属于不同频道，以单媒体的方式使用的。

也有一些新闻专题中具备了多种媒体资源，但它们的关系仍然是松散的、疏离的。

多媒体整合，不是各种形式的新闻的简单堆积，而是在对各种新闻手段的优势、弱势进行综合分析、权衡的基础之上做出的一种信息资源配置。它不仅要充分发挥每一种手段的长处，而且要使各种不同形式的新闻之间相互呼应、相互沟通，形成一种合力，给受众带来丰富的信息和全新的体验。它应该是一种化学性融合与反应，而不是简单的物理性叠加。因此，近年来，一些好的多媒体报道，也被称为融合性报道。

要实现这种化学变化，既需要对每一种信息的作用有透彻了解，也需要对它们的整合原则和整合方法有深入认识。

一、多媒体融合报道的主要形式

在新媒体中,多媒体融合报道的形式主要有以下几种。

一是利用 Web 或客户端页面将多种信息整合成一个报道单元或专题。在 HTML5 技术越来越普及的今天,在 Web 页面和手机客户端中的多媒体融合报道,也可以具有丰富的动态及互动效果。

二是利用 Java、Flash 或其他技术等将多种信息整合成报道单元或专题。

三是利用电子杂志、电子报纸技术等整合成专题。

在实际运作中,并不一定要在一个报道中动用所有的多媒体手段,应该根据整体的安排,有针对性地组织素材。在许多报道中,可以将一种手段作为主角加以突出,例如,突出图片或突出视频,这样,可以更好地表现专题的个性。受众在阅读时,也容易找到重点。

此外还要特别注意,如果在多媒体报道中应用的各种素材存在版权问题,一定要妥善解决,防止侵权。

需要注意的是,运用 Java、Flash、电子杂志等技术整合的多媒体新闻相对来说制作成本较高,周期也较长,因此,并不是在所有的报道中都一定要运用这些手段,在成本与效果之间找到一个平衡,非常重要。

二、不同形式信息的特点

要在多媒体融合报道中发挥每一种信息形式的长处,就需要对它们各自的特点及适用范围有充分的了解。

(一) 文字

虽然在多媒体报道中,图片、音视频等手段会占据重要位置,但是文字常常是不可或缺的。

在多媒体报道中,文字的作用主要表现为:

1. 及时、全面传递信息

图片、音视频虽然有自己的优势,但它们未必能传达一切信息,而且这些素材的采集与编辑较之文字也更困难、更费时。因此,在时效性要求高、信息需求广泛的情况下,文字仍然是专题中的主力军。许多多媒体专题首先是通过文字形式启动的,之后再用其他方式加以补充。

2. 进行深度分析

多媒体报道需要具备文字的深度分析能力。这种深度分析也是其他信息手段不能替代的。

3. 评论

许多专题都试图通过评论来为受众更好地解读新闻,而在评论方面,文字的力量也是不可取代的。多媒体报道中的文字评论可以是网站编辑或特约评论员撰写的评论,也可以是约请相关领域专家撰写的评论,还可以来源于网友的评论。

4. 黏合各种素材

如果没有文字,很多时候,图片、音频、视频等内容之间便会处于一种离散的状态,缺乏有机结合。文字可以充当黏合剂,将各种类型的稿件整合起来。

5. 提供背景与知识

在背景与知识性资料中,文字资料通常占有很大比重,因为它较易获得。要完成各种不同主题的专题,网站需要各方面的资料积累。从来源看,资料可以来自网站自身的数据库、各种知识库以及其他网络资源,有些时候,也需要借助报纸、杂志和书籍等。

(二)图片

除了新闻照片和信息图表这些图片新闻素材外,在多媒体报道中利用的图片资料还可以包括:漫画、记者的照片、采访对象的照片、资料照片、报纸版面照片等。当然,在实践中还需要创造性地利用其他图片形式。

从多媒体报道角度看,图片的作用主要有以下几种。

1. 传达现场感

让受众获得对于新闻现场的直观感受,记住那些有代表性的瞬间。这不仅有助于加深他们对新闻的理解,也有助于加深他们对新闻的记忆。这时利用的主要是与主题或新闻事件直接相关的新闻照片。

2. 定位报道基调、烘托气氛

受众在接触专题时,往往第一印象来源于专题中的照片。他们对专题的基调的认识也来源于照片。因此,应该在专题中选取一张或几张最能反映报道对象特征及报道基调的图片,作为页面的视觉中心,让受众在瞬间形成对专题的基本认识。图片也可以渲染报道的气氛。除了专题的焦点图片外,大量图片的集锦式使用,也可以传达强烈的情绪。

3. 补充、解释新闻信息

虽然文字可以传达大量的信息,但是,有些信息仍需要通过图片来补充。信息图表也可以用直观的方式阐释某些文字信息。

4. 提供旁证

图片可以在一定程度上作为旁证材料,增加文字新闻的说服力。

5. 调节视觉感受

图片是影响视觉感受的重要因素。当页面上充斥着密密麻麻的文字而带来视觉疲劳时，一张图片可能会引起视觉上的兴奋。图片的大小、位置等对于视线的流动也会起到一定作用。因此，在多媒体报道中，图片的运用不仅是报道内容上的需要，也是设计形式上的需要。

6. 消除距离感

当人们通过纯文字信息符号来接触报道时，因为缺乏直观印象，可能产生一种距离感，特别是对报道中出现的人物或场景。而照片有助于消除人们心理上的这种感觉，拉近他们与报道对象的距离。

7. 设置导航

如果将图片划分为若干“热区”，每个热区上链接不同的对象，那么图片可以作为一种导航手段。利用 Flash 技术也可以使图片产生导航与内容整合能力。在地图类的图片上，导航功能体现得更为明显。

8. 提供比较

通过一些资料图片，能形成纵向与横向的对比。也有些多媒体报道会提供多家报纸对于同一事件报道的版面照片，这些照片既可以活跃页面的气氛，也便于读者进行比较。

9. 传授知识

一些与新闻主题相关的图片，也能起到知识介绍的作用，这些知识不仅可以开阔人们的视野，也可以为新闻报道服务。

多媒体报道中的图片，可以以静止的方式出现，也可以用幻灯的方式连续播出，或者被集成到动画中。图片可以单张运用，也可以成组运用。

图片的使用应该是有层次的，重点图片一定要给予足够醒目的位置与足够大的空间，而一般的图片则可以淡化，有些图片甚至不必在专题的首页出现。

在进行图片素材的采集时，就需要考虑到它的分量与运用方式，以便使采集到的素材最大限度地满足后期制作的质量要求。

需要记住的是，不要在报道中无谓地堆积图片，一定要适量、适度。在编辑与制作阶段，要对图片进行认真的筛选。

（三）音频

多媒体报道中可以利用的音频素材主要包括：相关的音频新闻、采访录音、录音历史资料、背景与环境音响、音乐等。它的作用主要表现为：

1. 补充信息

音频新闻与其他形式的新闻常常是从不同的角度、不同的侧重点对新闻进行报道，因此，音频新闻可以补充在其他新闻中没有出现的信息里。

2. 渲染现场感

利用与新闻事件相关的现场音响，可以让人如临其境，产生感同身受的效果。

3. 加强真实性

当事人、目击者的述说，是一种“证据”，可以增强新闻在真实性方面的说服力。这些录音材料，不一定要制作成完整的新闻，而是可以用音频片段的方式，在合适的地方整合到多媒体报道中。例如，当文字稿件出现了某个人讲话的引语时，可以提供一个链接，让受众收听他的原始录音。当图片中出现了某个人物时，也可以在他的图像上加入一个录音的链接。

4. 传达报道的基调

与图片一样，音频也可以让人直观地感受报道的基本情绪，特别是音乐的运用。一些多媒体专题会加入背景音乐，如果背景音乐选择恰当，那么可以形成一种贯穿始终的情绪氛围，让受众沉浸其中。

在多媒体报道中声音运用的主要方式包括：

(1) 作为链接，由受众点播；

(2) 作为背景声音，伴随受众的阅读过程；

(3) 为了使多媒体报道拥有足够的音频素材，可以考虑在采访时对每个采访对象的讲话进行录音，当然其前提是征得对方的同意。此外，网站应该有一个基本的音频素材库，积累一些常见的自然音响、音乐等资料，以备不时之需。有广播媒体背景的网站的过往音频新闻，是很好的历史资料，应该加以充分利用。也可以从一些视频中将其音频部分分离出来，作为素材。

（四）视频

多媒体报道中可以利用的视频素材主要包括：相关的视频新闻、视频资料等。除了各媒体提供的新闻外，视频资料也可以来源于一些影视作品等，当然，这类素材的使用一定要谨慎，不能滥用。

视频素材在多媒体专题中往往兼具图片、音频、动画等的作用，运用得当的话，可以获得很好的效果。但是，鉴于目前网络传输的状况，一般受众不会在专题中点播太多的视频内容，因此，在使用视频素材时，应该精挑细选，将最有代表性与说服力的视频内容放到专题里。如果要用到多段视频材料，应该将某一段或某几段作为重点突出出来。

（五）动画

目前新闻专题中的动画可以采用 HTML5、Java、Flash 或者其他方式来完成。它既可以是多媒体信息的一种整体整合形式，也可以是更大型的多媒体报道中的一个组成部分。它的作用表现在以下几方面：将某些素材整合在一起，形成大报道中的一个小单元；作为替代性材料，弥补报道中需要而又缺乏的影像材料的不足；活跃报道的气氛，使报道更加生动；提高报道的互动程度。

但是，动画作为一个信息传播单元，其文件容量可能比较大，过量使用动画会增加网页的负担,反而影响信息的接收。

(六)互动

除了受众调查、评论等互动手段外,多媒体报道还可以利用相关技术来增加受众与报道内容之间的互动,加强受众在阅读过程中的控制能力,丰富受众体验或增强他们的个性化体验,收集受众反馈信息。

三、多媒体融合报道的原则

总体来看,多媒体信息整合的原则为:

1. 物尽其用

前文分析了每一种信息手段的优势,在多媒体报道中,首先应该根据每种信息手段的特点来考虑它们在整体报道中的作用与位置。要使每一种素材的作用得到相应的发挥,而不是让它们成为摆设。

为了更好地挖掘多媒体素材的潜力,有时需要借用一些技术的手段,例如,Flash 技术带来了图片的新的运用方式,比如可以使静态图片产生“推”“拉”“移”等运动镜头效果,恰当运用这些手段,可以提升信息的价值。

2. 取长补短

多媒体信息传播不仅要考虑每一种信息手段的独立使用效果,还要考虑它们结合以后的效果。运用得好,会使各种手段相得益彰、相互补充、相互映衬,而运用失败,也有可能使得各种信息手段相互冲突、彼此拖累。一个理想的多媒体报道,应该产生“1+1>2”的效果。

3. 有机融合

一个好的网络多媒体报道,不应该是各种单媒体手段的简单堆积。这些手段应该被结合在一起,成为一个有机整体,相互交融。就像合唱一样,不同信息手段扮演着不同的声部,有着自己独特的“音色”,但任何一个声部都不是突兀的、孤立的,而是与其他声部相互配合、浑然一体的。

四、多媒体融合报道案例分析

下面将分析几例新媒体发展不同阶段的多媒体融合报道,虽然有些案例已经显得有些过时,但是它们体现了不同阶段媒体人对融合报道的思考以及实践的演进过程。

(一)案例 1:《亲历——伊拉克战争这五年》①

2008 年,路透社为纪念伊拉克战争五周年制作了一个新闻专题(见

① 案例地址:http://iraq.reuters.com/。

图 6-8)：《亲历——伊拉克战争这五年》(*Bearing Witness: Five Years of the Iraq War*)。它以在伊拉克前线亲历战争的路透社记者的自述这一视角，来反映战争的影响。

图 6-8 路透社制作的《亲历——伊拉克战争这五年》专题界面

伊拉克战争，举世瞩目，五年间，也已经有太多的关于战争的报道，如何回顾这五年，又如何给人们提供认识战争的新视角，路透社以多媒体报道做了有益的探索。

这个报道没有使用惯常的宏观视角，因为那种视角的报道在此前已经有很多，它选择了亲历战争的记者的更微观的视角，让三位在伊拉克有过较长报道经历的记者(包括一位女记者)讲述他们的所见所闻，以及自己的亲身经历，从更日常的生活、更平民的视野来反映战争的影响，同时也表现了记者勇于为自己的职业理想献身的精神。这样一个视角也更具人性化色彩。

报道所采用的“亲历”这样一个视角，也为多媒体素材的运用作了铺垫，因为它从标题上便强调了各种感官元素在报道中的位置。

视觉材料是这个多媒体报道的主体。伴随着三位记者的讲述，新闻中出现了大量的图片与视频，这些视觉元素反映了战争血淋淋的一面，同时也反映了伊拉克人民的一些日常生活，甚至包括理发店中的新娘、轮椅篮球赛等场景。战争的残酷与人们的乐观与希望，两者交织在一起，传达出十分复杂的情绪。

整个报道中出现的图片数量是惊人的，但每一张图片都是经过精心挑选的，具有极强的震撼力。有些图片虽然人们在以往的各种媒体上见到过，但是当它们被组织在一起时，再加上听觉的刺激，仍然能给人以前所未有的冲击。视频和图片被有机地结合在一起，虽然视频的总体比例比图片小，但是也都是最经典的那些瞬间的记录。

此外,这个报道还专门设了一个"时间线",将更多的图片组织起来,这些图片依据最简单的逻辑线索——时间排列,但是这个最简单的逻辑在这里却是最合理也是最具有张力的,当人们把光标放在时间线上时,一张张图片从人们眼前走过,就仿佛整个战争的进程、战争时期的一幕幕在人们眼前走过,人们有一种回顾历史的感觉。当然,每一张图片都可以放大,可以看到更多的细节和相关文字说明,它们可以让时间停留在某个特定的时刻,让人们思考与回味。

在这个报道中,声音的运用也十分成功。整个新闻报道中,是记者的讲述与现场的各种新闻音响的交织。例如在简介(Introduction)的开头部分,画面中出现了一位记者,他的一句话"对记者来说,伊拉克战争是史上最危险的战争,但我认为我们冒这个险是值得的"引出了整个新闻报道,他的话很平静,但是却蕴含了一股强大的力量,使受众在瞬间产生一种复杂的感受。紧接着,刺耳的枪声响起,这既是对那位记者的话的回应,同时也给整个新闻报道做了一个基调方面的铺垫。在"简介"的其他部分,与画面中各种震撼人心的图片、视频片段相配合的,是各种具有强烈现场感的新闻音响,它们让人们产生了一种与记者感同身受的紧张情绪。

这个报道中也运用了地图、图表等多媒体背景资料,除了总体性地图外,还针对石油资源分布、人口分布、战争中的伤亡情况等做了更个性化的地图。由于这个报道涉及参与报道的记者,因此,还有一个专门的地图是关于记者的安全指数的地图,告诉人们,在这次战争报道中,有多少记者殉职,哪些地区对记者来说是风险最大的地区。

而文字在这个报道里是次要的,除了图片说明和简单的提示外,几乎不见文字的痕迹,这更凸显出这个报道的"多媒体思维"。

(二)案例 2:《纸袋与塑料袋的战争》[①]

美国 MSNBC 制作了一个多媒体的新闻专题(见图 6-9),其主题是《纸袋与塑料袋的战争》(*Battle of the Bags*),它探讨的是纸袋与塑料袋哪个更环保的话题。

这个专题综合运用了图片、视频、录音、文字、调查等多种手段,但它们之间是无缝集成的,它们整体构成了一个类似电视片的报道,但这其中,又有很多电视片无法实现的"互动"。

这个专题自称为"互动之旅"(Interavtive Journey),它的意图是更多地将受众作为这个报道中的主角,让他们自己去探索、体会并做出自己的判断、抉择。

① 案例地址:http://www.msnbc.msn.com/id/23358591/。

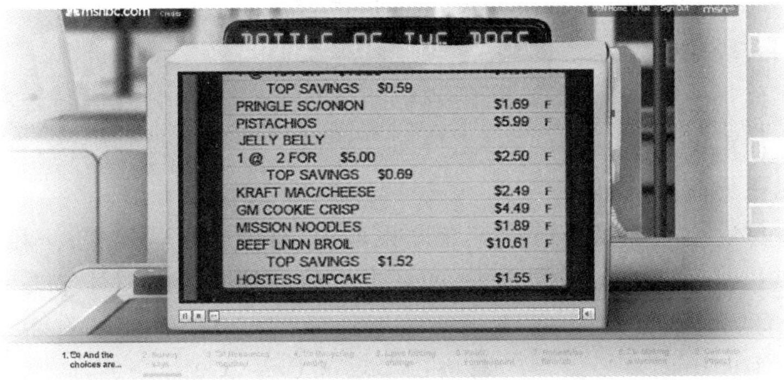

图 6-9 MSNBC 网站制作的《纸袋与塑料袋的战争》专题界面

该新闻报道开头的视频中,有对普通人的采访,他们或选择纸袋,或选择塑料袋,并有着各自的理由,这种采访也像一个小型的抽样调查,但报道并没有停留于此,接下来,它提供了一个让每一个受众参与的调查,每一个人都可以根据自己的情况填写问卷,而且马上可以看到总体的统计结果。

这一调查显示了人们在没有看这个新闻报道的情况下所作的选择,以及社会整体的状况。它也成了新闻的一个重要背景资料,这个背景不是静止的,而是随着受众的参与不断发生变化的,每一个受众都成为了背景资料的贡献者。

在这样一种背景下,报道开始真正展开。它从能源消耗、回收利用情况、相关法规、专家观点等几个方面把两种包装袋各自的优缺点做了比较,这既是一个新闻的展开过程,也是一个引导人们作出判断与决定的过程。报道最后,用一个"那么"(So)把最终的抉择推向受众:在掌握了这些信息之后,你们的决定是什么?

受众作出最后决定的环节也是由一个调查问卷支持的,但在这里,不是简单地让人们选择是用纸袋还是塑料袋,而是想告知受众,系统会根据人们的选择向他们具体指出使用不同种类袋子的数量会如何影响地球:帮助减少了多少树木的砍伐,对保护环境做了多少贡献。

这是一个把互动作为新闻的发展线索而不是"配饰"的多媒体新闻报道。人们自始至终都在参与,都在思考。

除了互动思维的成功运用外,文字、图片、声音、视频等不同手段的运用方式也是值得学习的。

文字在这个报道中比重并不大,这是与多媒体新闻报道的特点相适应的。它只是把文字用在了刀刃上,即把美国各州有关包装袋使用的相关法规用文字来表现。因为相关法规很多,每个人感兴趣的法规也不尽相同,而且理解法规需要花一定的时间,这些因素都决定了文字是最合适的载体。除此之外,这个报道中很难看到大段的文字。

图片在此报道中运用得很多,但它们更多的时候与视频有机结合在一起,一些静态图片加上了镜头运动的效果,使图片中的一些细节得到强调,看上去与视频的风格也更为统一。

声音素材的运用也富有特色。在此报道中,有四种声音素材:一是电视采访中本身的声音,二是解说,三是音乐,四是专家的采访录音。整体来看,新闻音响占多数,音乐是为了活跃气氛、调动情绪而加的,它是配角,只要有需要,它会让位于解说或新闻中本身的声音。最值得一提的是专家录音的处理。报道选取了两位意见不同的专家,一位支持纸袋,一位支持塑料袋,她们的意见可以为受众提供不同角度的参考,她们每个人的录音并不是作为一个整体直接放在新闻中的,而是根据要点切分成不同的段落,作为点播的对象,受众可以点击某个按钮听到某个专家在某个要点上的回答,而不必将一个采访录音从头听到尾去寻找要点,这样可以给予受众更自由的选择。

这个报道运用了大量视频,包括各种资料性素材和外采的视频。这些视频串联起了整个报道,使报道整体更具有现场感、流动性。而且也与人们喜欢看电视节目的习惯相吻合。

这个多媒体新闻报道的界面设计也别具一格,它模拟了超市收银台,因为这是与包装袋使用关联最多的一个情境。整个新闻共分为九个段落,一个个段落就像收银台传送带上的货物,从人们眼前“走”过,新闻的流程在这样一个既生动又很贴切的情境中展开。此外,人们也可以通过按钮在不同的段落中进行切换,自由地快进或回放。

尽管这样一个复杂的“互动之旅”并不合适一切题材,但是,它的思路还是可以被更多的多媒体新闻报道借鉴的。

(三)案例3:《雪崩》[①]

《雪崩》(*Snow Fall*)是《纽约时报》推出的一个融合性新闻报道(见图6-10),主要作者为《纽约时报》记者约翰·布兰奇(John Branch)。2013年,该报道获得普利策新闻奖“特稿写作”(Feature Writing)奖。

《雪崩》以16位滑雪者的经历为主线报道了美国的卡斯克德山脉“隧道溪”滑雪场的一次雪崩灾难,这16位滑雪者中有人幸运地活了下来,也有人在雪崩中失去了他们的生命。尽管布兰奇的文字报道已经惊心动魄,但为了给受众更多身临其境的感受,报道充分运用了各种类型的动画、视频、图片等视觉材料。

---

① 案例地址:http://www.nytimes.com/projects/2012/snow-fall/#/?part=tunnel-creek。

图 6-10　《纽约时报》的多媒体融合报道《雪崩》的专题界面(局部)

报道一开头,就展现出一幅狂风卷起漫天飞雪的动画,而与之对应,文字报道的第一句话是:“随着一阵猝不及防的声响,雪没有任何征兆地穿过树丛喷涌出来,形成了一道两层楼高的白色高墙。”这两者的呼应,一下就把读者拉入到那个充满危机的环境中。当报道开始进入正文的第一部分时,屏幕上出现了似乎是航拍的卡斯克德山区的地表视频,而事实上,这是一张计算机生成的动画,它是图片编辑杰里米·怀特(Jeremy White)收集了这个地区的地图数据以及激光雷达数据后,通过计算机建模来实现的模拟效果。

报道的第四章,也出现了计算机模拟的自上而下不断延伸的雪崩的行进路线,真实地还原出雪崩的全过程,在其中,我们也可以看到几位滑雪者当时的大致位置。

对于这样一场灾难来说,当时的完整情形是任何一个亲历者都不可能描述清楚的,也无法在事后用图片或视频来还原。报道团队充分利用了计算机技术来模拟与还原现场及过程。通过模拟动画、卫星地图与气象动画等的结合,人们可以了解为什么雪崩会发生,也可以了解每个滑雪者所面临的险境。

与之前的多媒体报道相比,在《雪崩》这个特殊事件的报道中,在数据处理基础上完成的场景模拟,成为了报道中极为关键的手段。

视频也是这个多媒体报道的主要手段之一。除了交代地理与气候环境,视频还用于呈现对当事人的采访。尽管文字报道记录了幸存者的逃生过程,但是,文字的力量毕竟有限,通过视频让一些幸存者直接面对受众来讲述他们的故事,可以更直接地打动受众。而这些视频出现的位置也对应于文字报道中的相关部分,视频与文字形成了相互的映衬。

在报道中,当事人的名字出现时,在版面右侧都会有展现他们生活画面的幻灯片。这些在传统文字报道中可能是作为背景的内容,通过图片展现时,显得更为生动、鲜活,对那些灾难中逝去的生命,人们也会产生更为痛心的感受。

报道共分为六章,每章以一个独立的页面呈现,而每章的开头,都有一张满屏的大图,揭示这一部分的主题或烘托气氛。

报道中还有一个独立的部分,是16位滑雪者的照片,尽管在文字报道中,也穿插着他们的一些照片,但是,任何时候,人们想看到某一个名字所对应的那张面孔时,都可以打开这组照片。这使得每个文字呈现的名字背后的那个"人",都变得更加"可触及"。

报道中也运用了一些来自于当事人的视频和图片素材,这些珍贵的素材,展现了雪崩之前他们滑雪的某些片段,甚至是雪崩后搜救他人的场景。

在音频方面运用的一个特色是,报道中加入了雪崩后人们向"911"报警的电话录音。类似这样的声音素材,在美国媒体的其他多媒体报道中也常常出现。

在版式设计上,报道中所应用的图片,被嵌入到了文字段落中,与文字内容的结合更为自然。该报道的图片编辑斯蒂夫·杜雷斯(Steve Duenes)指出,这样一种设计的目的是,让读者进入多媒体的内容,穿过多媒体,最终又从它们中走出来,读者不会觉得这是在绕弯路,而是觉得多媒体就是叙事的一部分。[①]

在多媒体报道中,如何在多媒体的运用与用户体验间进行平衡,是一个需要把握的问题,《雪崩》在这方面,做出了较好的示范。

在报道中出现的视频,其长度都控制在1分钟左右,这使得人们即使观看相关视频,也不容易从文字阅读中游离。网页还会根据读者鼠标浏览动作的快慢,自动调整视频的播放速度。

为了完成这样一个多媒体报道,在选题策划阶段,布兰奇便与该报网络版数字设计部进行沟通。为了满足后期音视频、图片、动画制作的需要,相关视频记者、摄影记者配合布兰奇一起进行采访。计算机数据处理专家,对于这个报道的完成,也起到了重要作用。

这一报道,也被一些人认为是数据驱动型报道的代表。遭遇雪崩的一些滑雪者在全美有一定的知名度。事故经媒体报道后立即在Twitter和Facebook上发酵,社会化媒体中产生了与此相关的大量评论。布兰奇在接受采访时说,通过数据抓取和挖掘工具,他们获得了社交媒体上有关雪崩事件的热点话题和关键词,以此为依据着手该新闻专题的策划。[②]

《雪崩》发布后6天中,获得了290万访问量和350万页面浏览量。[①]其发布

① 资料来源:http://www.poynter.org/latest-news/top-stories/198970/how-the-new-york-times-snow-fall-project-unifies-text-multimedia/。

② 刘小青:《从〈雪崩〉看大数据背景下新闻生产的变革》,载《青年记者》2013年第12期下。

的策略是,网络先行,3天后这个报道才在报纸上推出。同时,《纽约时报》还专门为这个报道发行了电子书,之后在周末版《纽约时报》上推出了特别报道。

该项目由11人的制作团队共耗时6个月完成,期间的耗资高达25万美元。

尽管《雪崩》看上去获得了很大的成功,但是它的成功是否可以复制,一直也是业界争议的话题。一个较为集中的观点是,这样一种费力、费时、资金方面投入巨大的尝试,不可能在太大程度上被其他媒体效仿。也有一些批评者对于这个专题中多媒体运用的效果提出了批评。

(四)案例4:《解密国安局档案》①

2013年6月,原美国中央情报局(CIA)成员爱德华·斯诺登将美国国家安全局(NSA)关于"棱镜"监听项目的秘密文档披露给了英国《卫报》和美国《华盛顿邮报》。这个被称为"棱镜门"的事件,引起全球关注。6个月后,《卫报》作为第一个得知并披露文件的媒体,制作了《解密国安局档案》这个专题。

这个专题的一个核心目标,是让普通人理解"棱镜"这一监听项目对他们来说意味着什么,唤起他们对互联网隐私安全问题的重视以及对个体隐私权的保护意识。

《解密国安局档案》的专题界面(局部)

与《雪崩》不同的是,《解密国安局档案》这个专题报道的主题(互联网中的隐私问题)是抽象的,也无法用大场面的视频来进行重现。但是,在这个专题报道中,视频却依然扮演了非常重要的角色。记者们在调查过程中,对6位不同领域的代表性人物进行了采访。在报道开头,是一段介绍采访对象的视频,视频只有25秒,但介绍了每个采访对象的身份、采访地点、采访时长等信息。而在整个报道中,体现采访对象观点的视频,就像文字报道中的"引语"一样,出现在报道的各个部分,它们有力地增强了报道的"实证性",避免了由记者转述可能造成的信息偏差。而在技术上,这些视频的播放处理也非常独特。当每一个采访对象的视频进入页面的主体位置时,视频就会自动开始播放,一旦页面拖动,这些视频就会自动停止播放,视频下也有用户可以控制的"播放/停止"按钮。这样一种设计不仅减少了用户的点击动作,改善了用户体验,也使得这些视频的播放率大大提升。视频中的背景也被处理成白色的,隐去了视频播放时常见的播放窗口,使采访人物与整个专题融为一体,成为报道中的有机体。

在整个专题中,信息图表的作用也是突出的。

① 案例地址:http://www.theguardian.com/world/interactive/2013/nov/01/snowden-nsa-files-surveillance-revelations-decoded。

例如，为了展现各方的反应，报道将与此事件相关的世界政要、相关机构的代表以及斯诺登等人物的照片集成在一张信息图表上，点击每一个人的头像，就可以看到他对此事的主要观点。

为了解释“三级监控”及其影响，报道设计了一个交互式信息图表（见图 6-11）。用形象的方式解释了对一个人的“三级朋友”进行网上信息监控时波及的人群之广。用户可以选择从 1～2 000 内的某一个数字（这是人们在社交平台上的直接好友数量的常见范围），便可以看到一级（直接朋友）、二级（朋友的朋友）、三级朋友（朋友的朋友的朋友）的数量，而信息图表对每一个数字都会采用类比的方式，来增强人们对数量规模的感受。例如，如果一个人在 Facebook 上的一级好友数量是 190 个——意味着比一架“协和”飞机的乘客数量都要多，他的二级好友数量将会达到 31 046 个——这比整个哥伦比亚大学的学生数量还多，而他的三级好友数量则会达到 5 072 916 个——这个数量超过了科罗拉多州的人口总数。通过这样一种互动过程，很多人可能会对 NSA 监控与自己的关系产生前所未有的体会。

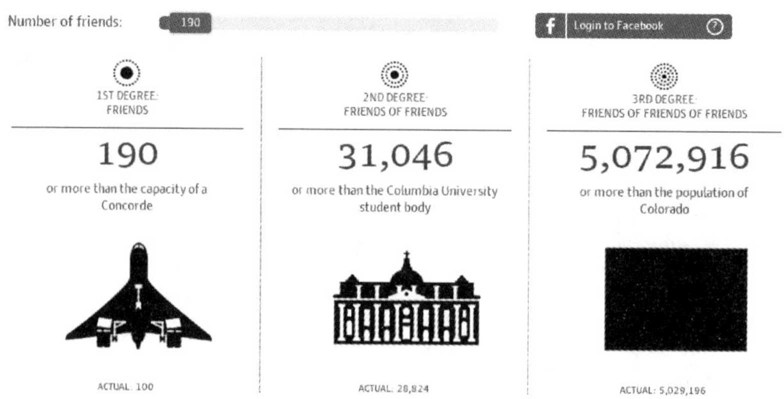

图 6-11 英国《卫报》制作的《解密国安局档案》中关于“三级监控”的信息图表

报道中还用信息图表解释了人们在网络中的个人信息数据的类型、可能泄露的渠道，元数据的含义及风险，以及信息加密与解密的过程等。运用信息图表对这些技术性很强的内容进行解释，可以让人们更深入地理解这些技术对自己意味着什么。而对这些技术及其影响的理解，也会影响读者对整个事件的判断与态度。

报道中还有一个细节的设计，在第一部分临近结尾之处，可以看到一个在不断跳动的数字，这个数字是“你”打开专题页面这段时间内，NSA 收集到的网上数据量，为了让人们理解这些数据的量级，还有另外一个数字告诉人们，这些数据相当于多少部时长 2 小时的高清电影的数据量。

《解密国安局档案》专题，为相对抽象主题的多媒体呈现，提供了多方面的启发。

第四节　新媒体信息的页面组织与设计

对于用户来说，他们接触新媒体信息，往往是在“网页”这样的界面上。网页是进行信息组织的另一个基本单元。

本节仍是以新闻页面为例分析网页的组织与设计，但同样，这些原理也基本适用于其他类型的网页。

一、新媒体页面的类型及功能

网页的类型可以从终端类型和结构层次等不同角度进行分类。

（一）基于不同终端的网页及其各自特点

1. 电脑终端上的网页及其特点

在电脑终端上，内容主要是通过 Web 网站来发布的。Web 网站的页面，存在着两个维度的延伸可能性：一是页面的大小可以根据需要来进行扩张，通常是页面的宽度固定为一个电脑屏幕的宽度，而长度可以不断延伸；二是在页面之间可以通过超链接进行关联，许许多多的页面通过链接构成了一个网站整体，而一篇文章也可以通过分层的方式出现。

因此，Web 网站的页面通常比报纸或杂志版面的容量要大得多，更重要的是各页面之间构成了一个相互链接的“网络”，而网站整体形成了一个层次树的结构。下文将对此进行进一步的介绍。

2. 移动终端上的网页及其特点

移动终端上包括 Web 网页、WAP 网页和客户端页面等几种不同类型的页面。

WAP 网页是 Web 页面的简化版，其结构通常也比 Web 网站更简单。

在页面的结构关系上，新闻客户端的页面与 Web 网站的页面也是相似的，通常客户端也有一个首页，通过首页可以到达不同的栏目或者不同的文章阅读页面。

（二）基于不同结构层次的网页及各自功能

网站或资讯类客户端的内容组织多采用层次树结构，在这样的结构里，一个网站（或客户端）设立若干主要频道（或栏目），每个频道（栏目）里的信息可以再分成一些子栏目。首页称为一级页面,首页下的频道(栏目)称为二级页面,二级页面之下的页面称为三级页面,依此类推。通常大型的网站先分频道,再分栏目,如果网站规模小的话,就直接分成若干栏目。导航系统将所有内容组成一棵由主页出发的树,用户的浏览过程是从树根(即首页)向树干(频道或栏目)和树叶(正文页)扩展的过程(见图 6-12、图 6-13)。

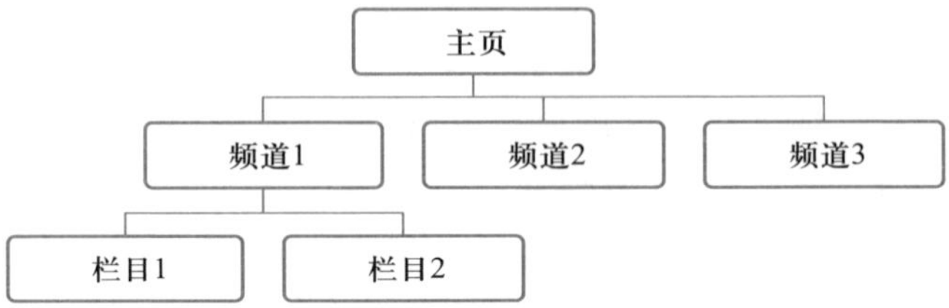

图 6-12 网站的层次结构示意图 1

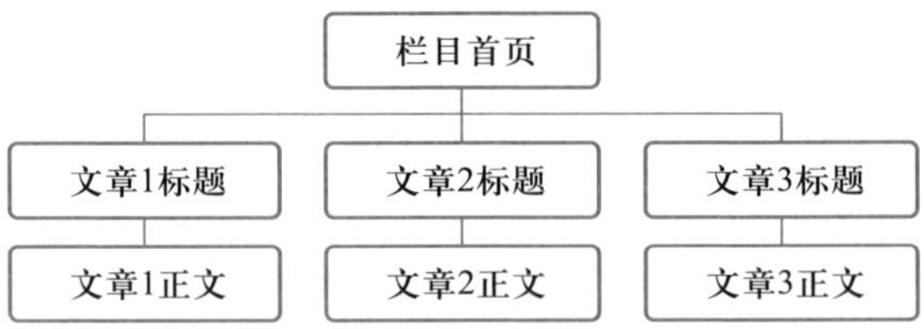

图 6-13 网站的层次结构示意图 2

鉴于这样一种结构特点,通常网站的页面可以分为两类:

一类是导读页,包括网站首页和各个频道或栏目的首页;

另一类是正文页,即每一条正文的页面。

这两类页面的功能不同,在版面空间的组织上也有所不同。

导读页的主要作用是将重要或最新的内容推荐给用户——主要手段是列出标题,同时引导人们进入到正文的阅读中。在这个意义上,导读页相当于杂志的封面。

但与杂志封面不同的是,网站的导读页承载的内容要比杂志封面多得多,而且人们往往通过标题就可以获得对文章的基本了解,因此不一定都会进入到正文的阅读,所以,导读页本身也是一个快捷化的阅读界面。导读页不仅要导读,还要让它们本身具有一定的"可读"的内容,特别是那些重点的内容。

导读页的表现形式,也直接决定了用户阅读的方便程度,用户的阅读习惯也往往是由导读页培养起来的。

导读页在某种意义上也是一个网站的"门面",就像报纸版面风格能成为报纸形象的一个组成部分一样,导读页的版式设计,也能体现一个网站的风格与水准。

正文页的功能是将一篇文章完整地展现出来,并为延伸性阅读提供空间或入口。在正文页,除了文章的主体内容外,还可以配有相关的多媒体内容,如图片、视频,通常还有相关文章推荐、相关博客或微博推荐以及网民评论等延伸性阅读内容,这部分内容有些直接呈现在正文页中,也有一些是提供相应的链接。

二、新闻网页设计的相关因素

新闻网页设计中要考虑的因素,包括编辑意图的传达、网民的阅读习惯以及用户体验。

（一）新闻网页设计与编辑意图的传达

新媒体的新闻编辑需要用各种手段,表达自己对稿件的价值判断,并将这种判断体现在页面的编排中。在网页设计中体现编辑意图的方法包括以下几种。

1. 推荐手段

最直接的表达编辑意图的方式,就是推荐新闻。在网站中,推荐可以包括以下手段。

用弹出式窗口,推荐重要新闻。但由于许多网民的电脑中都安装了屏蔽弹出窗口的插件,这种方式的作用越来越受到限制。

设置头条新闻或焦点图片。与报纸一样,头条常常是编辑重点推荐的新闻,此外,多数网站会将重要的新闻图片放在醒目的位置,称之为焦点图片。但是新媒体新闻的头条新闻或焦点图片不像报纸那样受到固定的出版周期的限制,一个头条新闻或焦点图片的生存期不一定是一天,可以更长,也可以更短。

设立推荐类栏目或专门的页面空间,将重点内容放在其中。

通过排行榜推荐新闻。排行榜可以按照点击率、评论数等指标来形成。排行榜往往容易引起人们的关注,推荐效果明显。

2. 时间手段

新媒体新闻发布在时间上是开放的,因此,时间也可以成为表达编辑意图的一种手段。主要方式有:

新闻的更新频率:同一事件或主题的相关新闻更新频率越高,表明这个事件或主题越受到重视。

新闻在网页中的驻留时间:一条新闻在导读页驻留的时间越长,通常表明新闻越重要。

3. “强势”手段

网页设计中,实现强势比较有效的方式是图片,用给稿件配图片的方式,可以吸引读者的视线,并促使他们阅读正文。

网页的设计与报纸版面的设计有很大的不同,为方便读者的阅读,不使读者产生过度的视觉疲劳,网页的字符、色彩、线条的运用应尽量简单统一,即使有所变化,也不可能像报纸那样丰富。而色彩、线条的主要作用已变成装饰或分割而不是强调。当然,这些手段并非完全不能用。例如,也有一些网站利用特别的字号与字体,来强调重要新闻。在一些特殊时刻,色彩也会成为表达编辑情绪的重要手段,例如,在 2008 年 5 月 12 日四川汶川发生强烈地震后,很多网站将网页改成了黑白色(灰度图),以表达对遇难者的哀悼。之后,这种方式成为重大灾难发生之后新闻网站的一种常规做法。

此外,用动态方式(如动画)呈现的内容也比较容易吸引视线。当然,静与动是相对的。如果网页中动态的元素很多,那么“动中取静”反而更容易引起关注。

4. 结构手段

由于网站采用层次结构,一些文章会先被读到,而另一些则只能较晚出现。主页是第一个被访问的页面,所以一般新闻网站都在主页上设立重要新闻一栏,给予重要新闻最早被读者访问的特权。在某些特殊情况下,甚至可以临时打破网站的原有结构,突出重要内容。例如,在 2003 年 3 月 20 日伊拉克战争爆发后,新浪和搜狐等网站都将首页改换成了美伊战争的专题页面,让网民一登录网站就可以直接进入战争专题。

(二)新闻网页设计与网民阅读习惯

与报纸的版面设计不同,新闻网站的版式并不是每天都更换,一般要保持几个月,甚至有些长达数年。除非是网站整体结构改变的需要或网站发展思路的调整,否则,网站一般不进行改版。

产生这种现象的原因,除了技术、制作成本与速度等方面的考虑外,网民阅读习惯的制约也是一个重要因素。

虽然还没有全面的实证研究的支撑,但是,从实践中可以观察到,网民容易形成稳定的网上阅读习惯,且习惯一旦形成,会牢固维持。对于网民来说,这可以减小获得信息的成本,提高信息获取效率。因此,新闻网页设计需要充分尊重网民已经形成的阅读习惯,也需要尽力固化网民的阅读习惯。

具体来说,在网站的阅读中,网民的习惯可从以下几方面进行研究。

1. 网民视线在页面中的第一落点

网民在打开某个网页后,一般视线会立即落到页面中的某个区域,这个落点是网民阅读的起点,通常也反映了他们对该网页中某一内容与服务的依赖程度。对于某个特定的网民来说,浏览不同类型的页面时,视线的第一落点不尽相同,但是,在类似首页这样的页面中,这个第一落点可能是相对固定的。

网民视线的第一落点的形成与以下因素相关。

网民在网页中最关心的内容或服务：例如，如果网民在某个网站最常用的服务是邮箱，那么，视线一般都是从邮箱链接这一区域开始的。

网站的编排手段：如果网站编辑对某一区域进行了强势处理，那么，这个区域比较容易成为第一落点。

虽然不同网民的视线第一落点可能有所不同，但是，网站应该尽量让自己需要重点推荐的内容（如头条或焦点图片）成为多数人视线的第一落点；这就需要对网民的需求进行调研，并通过编辑手段的强化来达到自己的目标。

对网站用户的视线第一落点规律的研究，需要借助科学的手段与方法，近年来，眼动仪实验被越来越多地采用。

眼动仪是认知科学、心理学和医学研究中的一项主要设备，它是通过观察人的眼球活动来对人的心理、认知状况等进行分析的。因为，眼动可以反映视觉信息的选择模式，对于揭示认知加工的心理机制具有重要意义。

眼动技术先后经历了观察法、后像法、机械记录法、光学记录法、影像记录法等多种方法的演变。[①]现代的眼动仪也不断成熟，头盔式眼动仪、台式眼动仪、遥控式眼动仪等相继出现。

目前国内外最普遍采用的是台式眼动仪，它的外形与一台电脑显示器差不多（见图6-14），但它内置了广角摄像机和近红外发射系统，能够在完全自然的状态下记录人们的眼动轨迹、面部表情和声音等。而像眼镜一样的眼动仪，也正在兴起。

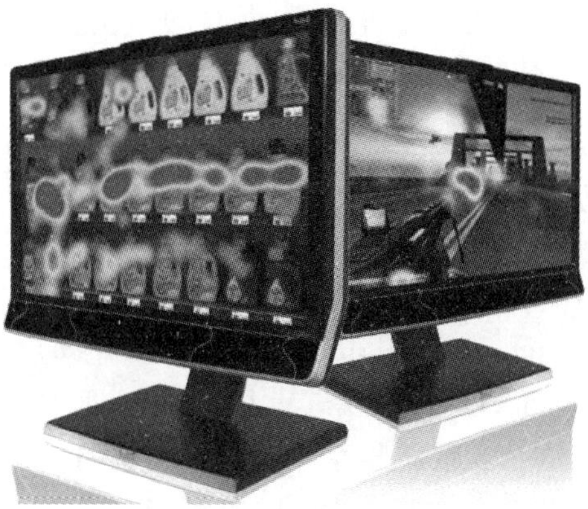

图6-14　台式眼动仪[②]

① 参见《眼动仪概述》，见 http://www.docin.com/p-55484803.html。

② 资料来源：http://www.senztech.cn/showpros.aspx? proid=164。

眼动仪可以记录三种基本眼动方式：注视（fixation）、眼跳（saccades）和追随运动（pursuit movement）。通过三种不同方式记录的数据，可以分析人眼注视的区域及注视时间，对物体各部分的注视次序，看物体时瞳孔大小变化等数据。通过这些数据，研究者可以分析出人们看物体时的关注点，其兴趣所在、理解难点和浏览习惯等信息。

眼动仪可以对独立的被试进行观察与记录，通过眼动轨迹对他进行个人心理的分析，也可以将多个被试的眼动轨迹叠加起来，形成"热区图"（Heatmap），这样可以更好地了解人们行为的一般规律。

眼动仪过去主要应用于医学、心理学、运动心理学等学科及其各个分支的研究中。随着新闻传播学科自身的不断发展以及传媒业发展的需要，传播心理与传播效果的研究日益受到重视，20 世纪 90 年代以后，眼动仪也开始应用于传播效果的研究中。网页设计的效果，就是眼动仪运用比较多的一个研究领域。

美国的波伊特研究所（Poynter Institute）从 1990 年开始就开展了基于眼动设备及分析方法的研究。2003 年年底，波伊特研究所联合"埃斯特劳新闻与新媒体研究中心"（Estlow Center for Journalism & New Media）以及 Eyetools 公司共同进行了"眼动 3"（Eyetrack III）的研究，这项实验有 46 位被试参与，他们主要的任务是浏览新闻网站和实时的多媒体内容。这次实验的发现也具有一定的启发意义：[①]

实验表明，被试的视线通常最早落在页面的左上角，在那个区域"盘旋"一阵后，再从左向右移动，在顶端停留一段时间后，再往下移动。

实验人员根据被试的视线扫描规律总结出了新闻页面各个区域的重要程度的排序，如图 6-15[②] 所示。当然，这只是依据接受测试的新闻页面得出的结论，并不一定适合所有网站。

另一项利用眼动仪研究网页设计与网民视觉规律的代表性研究，是由雅克布·尼尔森（Jakob Nielsen）等人在 2006 年进行的。他们在研究实验中发现，被试阅读网页时常常会呈现"F"状的模式。用户视线通常会先沿水平方向移动，多是在内容区的上部，这个视线扫描活动形成了字母 F 上面那一"横"；然后，用户视线向下移动一些，继续作水平扫描，形成了 F 的第二"横"；最后，用户的视线沿着内容区的左侧做垂直扫描。有时这种扫描相对较慢，且有规律。从记录

① Steve Outing and Laura Ruel, *The Best of Eyetrack III: What We Saw When We Looked Through Their Eyes*, http://www.poynterextra.org/eyetrack2004/main.htm。

② 图片来源：http://www.poynterextra.org/eyetrack2004/main.htm。

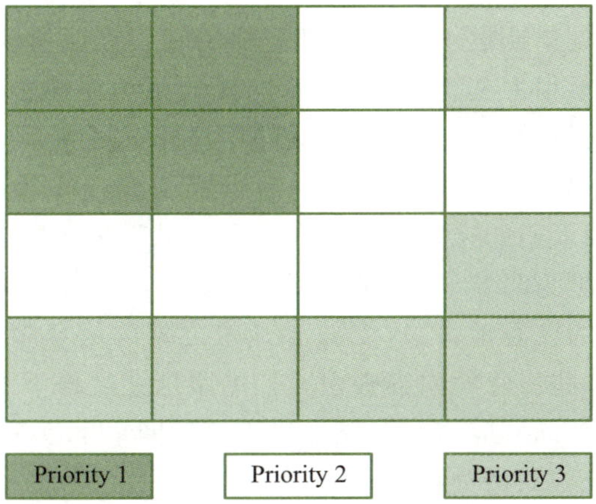

图 6-15 2003 年波伊特研究所等进行的“眼动 3”实验总结的网页区域重要性排序图

注：Piority1：最重要区域 Piority2：次重要区域 Piority3：最不重要区域

的热点图来看，是一个实线的竖条。也有些时候，用户视线扫描得较快，在热点图上看是虚线的竖条。这个竖条部分形成了 F 的那一“竖”。

实验热区图（见图 6-16）以不同的色彩呈现关注度的高低，其中红色表示该区域受关注度最高，黄色次之，蓝色再次之，灰色则表示基本没有被关注。①

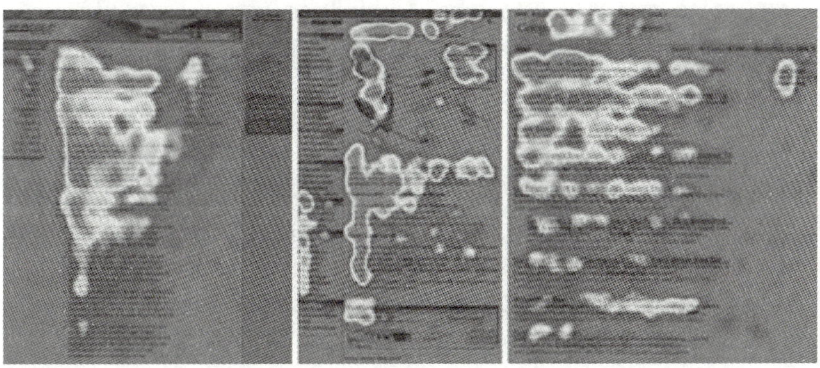

图 6-16 雅克布 · 尼尔森等人总结的网页视觉的“F”模式

经过对不同的网站进行测试，研究者认为，被试的视线扫描规律在不同的站点和任务中保持着很高的一致性，总体来看都像英文字母 F。这个 F 模式的实验结论对网页设计具有一定的启发意义。但也有研究发现，中国网民的阅读习

① F-Shaped Pattern For Reading Web Content，http://www.useit.com/alertbox/reading_pattern.html.

惯有所差异,没有形成明显的 F 形。

上述两个研究是早期运用眼动仪研究网民阅读规律所获得的成果,今天的情况可能已经发生了很大变化,不同网站网民的阅读规律也会有所差异。但这一研究方法,对于更科学地认识不同网站的用户阅读规律,仍是适用的。

2. 网民视线扫描的核心地带

在网页浏览中,人们的视线虽然会有横向扫描和纵向扫描两种运动,但通常纵向的扫描式阅读更为明显,尤其是在阅读正文页时。而在纵向扫描时,会形成一个人们视线移动的核心地带,这个核心地带之外的信息多数会被人们眼睛的余光扫视,除非有某些特殊的内容吸引人们的眼球使之停下来。

因此,在设计网页时,应该尽可能地将主要新闻集中放在一个垂直延展的区域中,避免在横向区域的过分扩张。

3. 网民视线移动的速度

受到电子阅读环境的影响,网民在网络中的阅读速度通常比报纸要快,视线往往是从上至下进行快速扫描。导读页主体内容的栏宽,正文页的正文段落每行的宽度,都需要在考虑网民视线扫描速度的基础上进行安排。

4. 不同类型信息吸引网民视线的能力

网络是一个多媒体的信息环境,在这样的环境中,什么样的信息符号更容易吸引网民的视线,这是一个值得关注的问题。这方面研究在国内目前还不多,但国外已开展了一些研究。如上文提到的波伊特研究所在“眼动 3”之前进行的“眼动 2”实验发现,网络新闻的读者打开网页后首先看的是文字(特别是提要和图片说明),而不是图像①。当然,经过这么多年,用户习惯是否发生了变化,需要进一步研究。

网站的页面风格与网民阅读习惯之间是一个互为作用的关系。一方面,网站的页面风格会影响到网民的习惯;另一方面,当网民习惯反作用于网站时,网站的页面风格会不断固化、延续下去。

当然,这并不意味着网站绝对不能改变版式风格,但是,改版应该是在尊重原有的版式框架基础上的改革。其中,一些重要栏目、网民常用的服务(如邮箱)等内容的起始位置,应该尽可能保持不变,栏目名称也应尽可能保持稳定。

(三)新闻网页设计与用户体验

新闻网页设计除了需要考虑用户阅读习惯外,还需要考虑用户体验。

用户体验(User Experience,简称 UE)是用户在使用产品过程中建立起来的

① Eyetrack: A History of News Consumer Behavior。

感受。对于网站来说,用户体验体现在易用性、网站访问效率等方面。好的用户体验与以下因素相关。

1. 网页信息传输与打开的速度

一个网页文件体积的大小,直接关系到用户调用该页面时的速度。所以设计时,应该尽可能使文件大小控制在一定的数量级内。

影响页面文件体积大小的一个主要因素是多媒体信息。即使今天网速越来越快,也不能不加节制地使用多媒体信息。

多媒体信息中,图片的使用是最普遍的。图片数量多,且质量高,就必然会带来较大的传输负担。设计者常常采用的一种折中办法是,在页面上先用一张分辨率较低、尺寸较小的图片作为示意(也称为缩略图),再把它与一张质量更高的同内容图片作链接,用户看到示意图后,可以根据自己的喜好决定是否需要继续调入好的图片。此外,在制作时把一张大的图片切成若干小图片,也是一种常用的做法。

在网站中使用动画、音频、视频等媒体手段时,同样需要考虑到传输速度问题,必要的情况下要进行压缩,以减小体积,但压缩实质上就是降低音视频文件的质量,压缩时应该保证文件的质量仍然在用户可以接受的范围内。

2. 界面设计的简洁性与稳定性

前文提到,网页设计应该充分考虑到用户在电子显示器这样一种载体上阅读的心理习惯,总体而言,对于多数用户来说,简洁的界面是他们的偏好。简洁并不简单体现为内容数量的多少,而在于页面板块分割的清晰和分割原则的统一。合理的分割可以使用户的视线快速定位于某个板块,从而找到他们所需要的内容或服务。

界面设计还需要特别重视稳定性。因为它与用户的习惯是一个互动的关系。过于频繁的改版,不利于用户习惯的养成,也会增加他们获取信息的成本。有时改版也会造成部分用户的流失。

3. 网站结构的适宜性

新闻网站内容越多,往往结构也就越复杂,但是,如果能用合理的方式来组织,同样可以给用户带来良好的体验。

结构的合理性首先体现为栏目划分逻辑的合理性,网站的栏目不要在过多的逻辑标准下进行划分,以免造成混乱。某一标准下分割的栏目之间要尽量避免内容的交叉,否则可能会使用户感到困惑。不同逻辑下分割的栏目应该在导航系统的外在形式上进行明显区分,以便用户根据自己的需要来进行选择。例如,可以让用户很清晰地区别按内容性质进行分类的栏目和按用户定位来区分的栏目这两种不同的导航系统。

其次,网站的层次应该适中。过多的层次会使一些信息“沉没”,使之被用户接触的概率减少。而层次过少,则可能使一个层次上的内容过于繁杂,给页面设计与布局带来困难。

目前来看,网站的结构组织方式主要有两类思路。

一类是中国网站较常采用的方式,其特点是,网站(频道)的导读页,更多地强调的是内容的广泛。在导读页上推荐的新闻数量较多,有些甚至可以达到几百条。导读页面一般长达多个屏幕。这种方式的好处是,用户在一个页面中,可以进行较大范围的选择,以决定重点阅读对象。同时在此过程中,又可以通过标题快速获知一些主要信息。但是,其问题在于,页面过于繁杂,阅读的负担较重,此外,它可能导致用户点击进入各栏目的几率下降。整体上看,也就是用户进入下一层次阅读的几率较小。

另一类是以美国网站为主要代表的方式,这些网站的导读页信息数量相对较少,一个栏目下通常只放三到五条新闻标题,但是多数重要新闻除了标题外,还有新闻内容提要。用户如果要获得较为全面的新闻,需要点击到具体栏目。这种方式,在一定程度上提高了用户获得新闻时的成本。但是,它会促使用户做一些深度的阅读。另外,对于提高网站的点击量也是有好处的。简单清爽的导读页设计,也可减少用户做阅读选择时的困惑。

对于以上两种不同思路,我们不能简单地以好坏来加以比较。这两种方式应该说都有一定的形成背景。例如,中国网站的导读页风格,在一定程度上与早期中国用户上网的成本有关。在高成本的情况下,用户都希望一个页面提供的信息能更多些。尽管现在上网的成本已经低了很多,但早期的习惯形成后却不容易改变。此外,中国网站在整体新闻数量上的追求,也必然会在导读页上反映出来。

衡量哪种方式更行之有效,更主要的是看用户的接受与适应程度。

4. 导航系统的合理性

网民在网页中的转换主要靠导航系统。导航系统要实现的目标是:保证浏览者知道自己在哪里,保证浏览者知道如何返回主页或上层,保证浏览者可以在高层与低层之间自由切换。

5. 栏目名称的准确性与指向的明晰性

从用户体验角度看,栏目名称的准确是易用的前提,栏目名称应对应着明确的指向,让用户一眼就知道哪个栏目可以找到自己需要的内容,这有助于减少他们获取特定内容的时间。

6. 页面色彩的舒适度

页面色彩搭配有一定的美学规律,但是美观并不是网页色彩使用的唯一标准,舒适在某种程度上比美观更重要。除非是特殊需要,否则一般情况下页面色彩不应给用户的眼睛产生强烈的刺激。

7. 查询功能的便利性

很多用户需要查询过往新闻,网站需要设立有可供查询的数据库,在页面设计中突出显示查询的入口,也要提供多种查询方式,包括关键词查询、标题查询及按时间查询等。

8. 用户参与的便捷度

很多网站都有互动功能的设计,如调查问卷,还有一些需要用户提交的内容,如申请注册成为会员等。这些功能意味着用户的额外付出,为了使用户愿意参与,在设计网页时,应该提供尽可能多的便捷手段,例如,尽可能多提供可供鼠标选择的菜单项,减少用户使用键盘输入的工作量。

9. 广告呈现的和谐性

广告目前仍是新闻网站主要的盈利模式之一。广告内容出现在新闻网页常常是难以避免的一件事。但过多、过大的广告,会干扰用户对页面的阅读体验,也未必一定能带来好的广告效果。另外,有些广告内容如果与旁边的内容产生冲突的话,也会让用户产生不适,如在一篇悲痛基调的文章旁出现欢乐的广告。因此,广告的表现形式,需要与用户体验结合起来考虑,应该与整体的页面氛围相协调。

三、Web 网站的新闻网页设计

Web 网站的导读页与正文页的设计思路有所不同。

(一) Web 网站导读页的设计

一个网站的导读页主要可以分为以下几个级别:网站首页(一级导读页)、频道首页(二级导读页)、栏目导读页(三级导读页)。它们的设计原理大致相似。通常为了保持一个网页的一致性,各级导读页的风格最好大致相似,特别是同类频道或栏目。

导读页的版式设计,仍是一种平面设计。它的总体设计原则应体现实用性与审美性的统一。实用性,既指网页内容易于阅读,又指编辑意图能得到充分表达。审美性则表现为文字、色彩、图像、动画等多种手段运用后产生的综合美感。这种美感不仅能更好地烘托内容,也在潜移默化中培养着网站的亲和力。

从一般意义上看,网页与报纸的版面等有很多相似之处,因此,它所需遵循的原则也与版面设计原则相类似。根据视觉传达设计的理论,版面的设计应体现对比、统一、平衡、节奏、动感的原则①。

过去网站的导读页可以归纳出若干种版面风格，如门型、T 型、川型、三型等，但现在新闻网站的内容越来越庞杂，版式也越来越难以用某种风格去概括，在设计时需注意几个重点问题的处理，而不必拘泥于某些固定的模式。

1. 导读页视觉冲击中心（CVI）的设计

视觉冲击中心（Center of Visual Impact，CVI）是美国心理学家 B. F. 斯金纳提出的一个概念，是指一个平面中视觉冲击力最强的地方，因此也是首先吸引视线的地方。斯金纳认为一个有创造性的和谐的版面设计，就是要在版面上安排一个强有力的 CVI。

一个平面上，只能有一个 CVI。否则多个视觉重心间会形成相互干扰，最终起不到引导视线合理移动的作用。

同样，在导读页的设计中，也需要有一个 CVI，这个 CVI 通常是由图片形成的，现在网站普遍采用的“焦点图片”，往往就是一个 CVI。除此之外，图片和文字的组合，也可以成为 CVI。

用焦点图片来作为页面的 CVI 时，需要考虑给予图片合理的尺寸，虽然理论上说，图片尺寸越大视觉冲击力越强，但为了给其他内容足够的呈现空间，通常网页上的焦点图片尺寸并不应太大，而为了将图片有效地凸显出来，可以给图片加上一个细的边框。

CVI 出现的位置，通常是网民在打开页面时视线的第一落点，前文已经分析过，一般情况下第一落点所在的区域是在导航条之下的页面的左上角。目前新闻网站的焦点图片多数是放在这一区域的。当然，如果有特别的设计需要，通过相关的编排手段，也可以在其他位置形成 CVI。

焦点图片既可以是单张呈现的，也可以用幻灯的方式将一组图片滚动播放。

2. 导读页的分栏设计

在导读页的版式设计中，合理的分栏是十分重要的。

分栏的合理首先指几个栏的宽度比例的协调。过于均衡的切分会使版面显得死板，而反差较大的分割，又会使版面失去平衡。

分栏的合理性还意味着每一栏宽要适合用户的快速扫描式的阅读。

目前国内新闻网站的导读页，三栏的设计最为常见。多数网站的三栏的宽度大致相当，有些网站的三栏中，有一栏会相对较窄。这种三栏设计，并非从上到下一气贯通的“川”型，而是在某些地方会有一定的水平分割，或栏宽变化。

通常这样的三栏中，有两栏是用于呈现滚动更新的文章标题的，另一栏是特

① 张福昌、王延羽：《视觉传达设计》，山东美术出版社 1995 年版，第 45~74 页。

别推荐内容或广告部分。

这样一种三栏式分割之所以流行，是与网民阅读习惯相关的。用三栏方式分割出来的每一个部分，宽度比较适合网民视线的垂直扫描，而且其中放文章标题的那个部分，宽度与目前新闻标题字数吻合，多数在 20 字左右。

三栏的分割方式，也使得版面不至于显得过于单调或繁杂，整体的平衡感也较好。

多数网站会将主要内容放在中间的一栏中，这是基于对网民视线移动线路的习惯性判断。当然，这种习惯实际上是由网站培养起来的。有些网站在首页的设计中将主要内容放在靠右的一栏，这是因为人们需要用鼠标拖动滚动条，视线也容易落在右边。

无论将最重要的内容放在哪一栏，都需要用相应的方式引导网民的视线移动。如果不能成功地做到引导网民的视线移动，可能就会使人在阅读时感觉不舒服、不适应。

也有网站在其较低层次（如频道或栏目）的导读页中，会采用两栏式设计。

国外新闻网站的导读页页面风格与国内有所不同。通常更简洁，出现的文章标题较少。

3. 导读页的视线引导

网页往往比报纸等版面中的内容更复杂，前文提到网民视线在网页中有一个主要的流动区域，但如果网页的内容布局与这个区域不完全吻合，就需要用一些手段对网民视线进行引导，这主要包括：

栏宽：一般宽度较大的栏目更容易引起网民的注意。

色彩：色彩本身吸引视线的能力不同，例如通常深色更容易吸引人们的目光。此外，大面积的色彩也往往更容易吸引视线。因此，一些具有“强势”效果的色彩往往能引导视线的自然流动。当然这里所说的色彩并不一定是单纯的色块，而是可以体现在文字的色彩、图片的色彩、线条的色彩等各个方面。

线条：在网页设计中，线条除了可以进行内容分割外，还可以在一定程度上暗示视线的移动方向。

除此之外，图片、字符的表现形式等，也会在人们的视线移动中起到一定的引导作用。在实践中，需要综合考虑各种因素，使之共同作用，为网民的阅读形成一个有序的导向。

（二）Web 网站正文页的设计

正文页是新闻或信息进行完整展示的页面，直接关系到新闻与信息传播的质量。虽然它的设计相对来说较为简单，但也是不可忽视的。

1. 页面的长度控制

一个网站每天采用的稿件成百上千,它们的长度不可能整齐划一,如果不加处理的话,有些长文章的页面会过长。在页面设计时,可以通过将一条稿件分割成若干个页面的办法,来对页面的长度进行控制。

但是,一个页面相当于几个屏幕大小较为合适,不能一概而论。过去一般认为,一到两个屏幕大小是合适的。但是以这样的单位来进行页面分割,会将稿件变成过多的“碎片”。而有些网民并不喜欢不断地点击链接。就像很多人在读报纸时遇到转页就会放弃一样。另外,一条稿件放在一个页面中,下载一次就可以获得全部内容,这便于离线浏览与打印。因此,不能过分强调页面的短小。只有找到一个合适的分割比,才能更好地满足读者的需要。

如果一篇文章分成若干页面,最好在页面上部显著的位置注明此文章有几页,并且将每一页的标题显示出来,以引起读者的注意。

2. 页面的字体、字号与色彩

正文页最注重的是阅读的舒适度与信息传递质量,而字体、字号、色彩等这些基本的设计元素,正是影响以上效果的重要因素。

从目前的实践来看,中文字体中,最适合在网页上使用的正文字体是宋体。从字号上看,10~12 点大小的字,是比较适合阅读的。

色彩搭配方面,白底黑字或白底蓝字都是比较合适的。

在正文页的设计中,要以满足一般读者的阅读习惯而不是以彰显自己的个性为目标。因此,无个性的设计可能反而是最理想的。

3. 页面的空间处理

正文页内容构成简单,空间处理起来也就较为容易。一般来说,导航条位于页面的顶部,文章标题与正文位于其下。正文之后,也可能还有附加内容,如相关文章等。

但是,不要使文章正文占满整个屏幕。那样,一行文字太长,就会造成阅读时的混乱。合理的宽度是屏幕的 1/2 到 3/4 之间。剩余的空白,可以用来放附加内容。例如,相关文章、推荐内容、广告等。但无论有没有附加内容,都应该留出一定的空白。除了减少阅读负担外,还可以增加页面的美感。

国外一些网站的正文页,页面留白相当多。读上去比较轻松舒适,这种做法值得借鉴。

在一般的新闻网页中,每个自然段之间都会有一个空行,这不仅使得内容的层次更为清晰,也使得人们在阅读时,眼睛不时地可以得到短暂的休息。

4. 页面的附加内容处理

正文页除了承载文章的正文外,通常还有一些附加内容。这些内容虽然不一定与主体稿件有直接的联系，但是，它们充分利用了正文页的空间，使网站想要推荐的内容有更多展现的区域。这些附加内容主要包括：网站重点推荐的文章、网站重点推荐的专题、网站重点推荐的博客或热帖、广告等。

在进行页面设计时，既要给这些附加内容以相应的空间，又不能让它们过分冲淡了正文；对于广告，应该用明确的方式标识出来，以免与主体内容相混淆。特别是需要注意内容之间的协调。例如，如果主体内容是严肃的，而周围充斥着庸俗的小广告，那么，就会让人产生不舒服的感觉。

（三）Web 网站导航系统的设计

Web 网站导航系统中最主要的手段是导航条。

导航条专指那些承担固定的导航功能的按钮或链接。它是体现网站结构、实现网页间联系的主要手段。导航条的功能包括：上、下级页面间的链接功能，同级页面之间的链接功能，与首页的链接功能。

为了完成这些功能，通常至少需要三套导航条：

1. 返回首页的导航条

它提供到网站首页的链接，这样，即使浏览者迷失了方向，也可以回到起点，从头再来。

2. 本级栏目导航系统

它们提供与当前内容处于同一层次级别的栏目的导航，便于进行同级别的阅读。这套栏目导航系统，通常也做成按钮的形式。

例如，如果在“新闻”这个频道下有“时政”“社会”“科技”“体育”“娱乐”等若干栏目，那么在这些栏目的所有文章页，都应该有一套到上面所有栏目的导航条。

3. 本页面经过的路径系统

一个理想的导航系统应该在每一个正文页显示到达该页经过的路径，并加上相应链接，这样，可以随时退回到该路径中的任一层。

这个系统的实现方法通常是下列模式：

首页>一级栏目>二级栏目>三级栏目……

如：首页>新闻>时政新闻>国内新闻……

有些情况下，如页面过长时，还应加入“页内导航”功能。如在恰当位置加入“回首页”的功能，方便浏览。

除了导航条外，网站中的导航手段还包括：

图片映射：指在一个图片上加入多个链接，这是一种特殊的导航手段。例如，在一张地图中，对于地图中的每一个区域加入链接，点击不同区域，就可链接到不同的内容。

目录:目录是将一组导航链接集中在一起,按照其结构关系进行排列的组织方式,在目前的网站设计中,通常用于“站点地图”的实现。

四、移动客户端的新闻网页设计

前文指出,移动终端的新闻传播主要有两种形式:一种是利用 WAP 网站或简化的 Web 版,另一种是利用移动客户端。

WAP 网页的设计规律与 Web 网站的设计规律有一定的共通性,也与新闻客户端有很多相似性,所以此处主要分析新闻客户端的界面设计。

(一) 移动客户端的导读页设计

目前移动客户端的首页采用的设计思路主要有两个方向。

1. 偏网页型:与网页风格类似,但页面基本是一栏的设计,有专门的导航条,文章在第一个层次出现时以标题为主,点击标题就可看到正文。

2. 偏报纸或杂志版面型:每一页是一个简化的报纸或报纸版面,容量比报纸版面容量要少,有些版面中有突出的头条,文章在第一层次出现时,既有标题,也有内容提要,点击后可以进入到正文阅读。

这两种形式,前一种在手机这样的移动终端上更为普遍,而后者在平板电脑这样屏幕较大的移动终端上可见。

不管采用什么思路,移动客户端的导读页的界面设计需要考虑以下原则:

1. 主次分明:重要文章应该适当突出,次要文章则可以淡化。让读者在一瞥中能抓住重点。通常可以在重点文章的标题前加上小的图片,既可以通过图片来增加文章的吸引力,也可以通过小图片来调节版面的节奏,使版面有一定的变化。

2. 字号适宜:字号大小的选取标准是,大多数用户不需要频繁地放大或缩小屏幕。

3. 层次简单:移动终端对应的是人们在碎片时间、移动空间中的快速阅读,因此应尽量简化内容的层次,减少手指的动作。

4. 导航清晰:移动客户端的界面中,有若干种导航的方式,可以在版面中直接放置明确的导航条,也可以通过点击某些地方打开导航条。无论如何,以尊重用户的习惯为基础,同时要让所有人都能便捷地找到和运用导航系统。

5. 页面美观:尽管版面最主要的功能是承载内容,但是,视觉上的美观对于媒体的品牌形象以及激发阅读兴趣也是重要的。图片、色彩、对比等都是在视觉效果处理中需要考虑的。

6. 手势规律明晰:移动终端屏幕小,所以很多页面需要通过手指动作(手势)来进行扩展,页面间的切换也是通过手指动作来完成的。拖动(滑动)方向的设计，需要形成固定的规律。例如，在一个页面中的屏幕扩展用垂直滑动，在频道或文章间切换时用水平滑动，总之要让用户能很快找到拖动规律并适应。必要时应加以提示或提供“帮助”功能。

（二）移动客户端的正文页设计

移动客户端的正文页，通常是用一栏的方式来呈现正文内容的。

与传统的印刷媒体版面和电脑终端的网页不同的是，为了在相对较小的屏幕上呈现内容，移动客户端上的正文通常可以不在段首空两个字，这样的版面看上去也会更整齐。

但是，为了让人们在阅读时眼睛能得到随时的缓冲休息，在段与段之间加上一个空行，也是常规性做法。

在字号和色彩的选择上，也应该是以适合多数用户的使用习惯为基本原则。有些文章可以适当通过某些关键词的色彩变化来提示重点阅读内容。但是过多的色彩变化，不是一种好的用户体验。

一个页面中，最好有一两张与正文匹配的图片，可以分别出现在标题与正文之间以及文章中的某个位置，图片既可以加强内容的实证性，也可以在视觉上起到调节作用。但如果没有合适的图片，也不必削足适履。

文章页的手势扩展或切换设计原则与导读页是一致的。

在文章页还有一个问题需要考虑，就是文字、图片的放大。有些客户端可以做到用手指实现无限级别的放大，而有些则只能用放大按钮将文字或图片进行有限级别的放大，从用户角度来说，无限级别的放大应是更方便的。

此外，如果需要对页面中的一些重点内容进行放大，也可以设计成通过单击或双击等手势来实现。

（三）移动客户端的导航与工具系统的设计

就像网页一样，移动客户端的界面中，也必然有导航系统，还有一些常用的工具系统，导航和工具系统是影响用户体验的关键要素之一，需要精心设计。

1. 导航系统的清晰可辨

与 Web 网页相比，移动客户端的导航系统往往更为隐蔽，这是为了将有效的版面留给主要内容。但导航系统是用户在移动终端阅读时的引路者，如果寻找导航系统本身是一件困难的事，那么，用户体验一定不太好。因此，无论是将导航系统放在某些位置（如屏幕下方），或是用动态的方式显示，都必须给用户以清晰的提示，使他们能很快地发现导航系统。

2. 导航系统的双向性

导航系统并不只是把用户指向下一个层次的页面，还需要将用户带回到上一个层次的页面。因此，导航是双向的，对于“返回”这个方向，一定不能忽略。

3. 工具系统的易用性

一些客户端还设置了一些工具性操作,如“收藏”“分享”“评论”“频道定制”“个人中心”等,这些工具通常会用图标示意或者几个工具集成在一个提示图标下,这时图标设计及放置的位置应该遵循网络中的通用规则。一般来说,工具系统隐蔽性更强,所以相关的提示更为重要,必要时可以在页面中用动画的方式提示用户这些工具的使用方法。

思考题:

1. 新媒体中的新闻标题如何才能实现更好的传播效果?
2. 你如何看待新媒体中的“标题党”现象?
3. 新媒体稿件正文中的超链接配置如何才能产生更好的效果?
4. 结合案例分析一个网络新闻报道单元的构成。
5. 以自己感兴趣的一个网络新闻专题为对象,分析其选题、内容组织与形式上的优缺点。
6. 比较分析同一主题下不同网站的新闻专题。
7. 分析一个你认为有特色的融合性报道。
8. 新闻网页设计中的用户体验体现在哪些方面?

第七章　新媒体信息的可视化传播

可视化,指的是用图形、图像等视觉符号方式来进行信息的传达。

尽管图形、图像类信息在新媒体中广泛存在,但是还有一些信息原本是“非图形化”的,例如,文字、抽象的数字等,将这些信息转化成图形的过程,即为“可视化”过程。

有研究指出,我们对图的处理要比文本快得多,这与大脑处理信息的方式密不可分。大脑同时处理图片中的数据,而处理文本则要采用线性方式。例如,对拼音文字而言,人在阅读文本的时候,大脑首先对其解码,将这些字母与记忆中存储的形状相匹配,进一步理解这些字母如何组成单词,单词再组成句子,句子最后组成段落。尽管这一解读过程只需瞬间完成,但与大脑处理图像的方式相比,还是需要消耗更多的脑力。所以在某种程度上,利用信息图表进行传播,受众在生理上就更容易与所传播的信息联系起来。①

这意味着,从人的认知规律来看,人的大脑处理图形、图像等视觉符号的速度远远高于对文字的处理速度,因此,可视化的确是信息的一种“快捷”呈现方式,如果运用得当,其传播效果通常要好于文字传播效果。

在新媒体信息超载的情况下,可视化有助于提高信息获取的效率。此外,在新媒体特别是社会化媒体平台上,可视化的信息图表,也更便于传播与分享。

第一节　与信息可视化传播相关的概念

在今天我们提到信息可视化时,也常常会听到信息图表、数据可视化、数据新闻等与之相关的概念。这几者有着密切联系,但也有一定的区别。

一、信息图表

信息图表(Information Graphic,简写为 Infographic),是信息可视化的结果。

① [加]马克·斯米克莱斯:《视不可当:信息图与可视化传播》,人民邮电出版社 2013 年版,第 7 页。

加拿大研究者马克·斯米克莱斯指出,信息图表是一种将数据与设计结合起来的图片,有利于个人或组织简短有效地向受众传播信息。它是可视化的数据或概念,它们把复杂的信息传递给受众,使其快速消化和理解这些信息。[①]

根据道格·纽瑟姆(Doug Newsom)的概括,作为视觉化工具的信息图表包括:图表(chart)、图解(diagram)、图形(graph)、表格(table)、地图(map)和列表(list)等。[②]

综合不同研究者的定义,可以认为,信息图表指一切将知识、信息或数据形象化、可视化的手段。

信息图表可以是静态的图片,也可以是具有互动效果的图片。在交互式的信息图表中,用户的鼠标可以成为探索深层信息的工具,也就是说,在信息图表中隐藏着一些信息,它们可以通过鼠标的动作触发出来。

一些可视化数据或信息图表,也在与动画结合起来。例如,群邑公司制作的《指尖上的中国》系列,在国内网民中受到广泛关注。这个系列将中国移动互联网发展的相关数据及图表,通过动画的形式呈现出来,信息图表的动态化展现,可以给人留下更深刻的印象。

二、数据可视化

从前面的介绍中可以看到,可视化的对象包括数据、信息和知识等,因此,数据可视化(Data Visualization)是信息可视化中的一种。

数据可视化需要具备两个要素:一是可以被用于分析的数据,二是其形象化的呈现。也就是说,数据可视化既强调"可视化",更强调这种可视化的基础是"数据"。

目前在数据可视化领域所处理的数据,主要包括数值型数据(即我们通常所说的数字)、文本型的数据以及"关系"(例如社会化媒体中人们的相互关注关系、信息转发关系,企业间的合作关系、投资关系等)。数据可视化往往需要借助一些专业软件。数据可视化虽然在新闻领域得到更多的关注,但显然,它不仅仅用于新闻领域。支付宝提供的个人账单已经可视化,类似的,在商业领域里,数据可视化手段必然会日益普及。

而一般信息图表中的形象化呈现,并不一定都要以数据的分析与加工为前提。目前在国内流行的"图解"类信息图表,大多只是将文字符号简单地转换成形象易懂的图形符号,很多都并不能称为纯粹的数据可视化作品。因此,信息图表是一个比数据可视化涵盖范围更广的概念。

---

① [加]马克·斯米克莱斯:《视不可当:信息图与可视化传播》,人民邮电出版社2013年版,第1页。

② 《信息图表设计的概念与历史》,参见 http://www.douban.com/group/topic/16410517/。

也有人将信息图表与数据可视化对立起来，认为不包含数据可视化的图解才是信息图表。但是，在现实中，把这两者截然分开并不现实。

今天的技术，已经不满足于“可视化”，数据的呈现方式，正在向“可听化”(Sonification)等方向拓展。获得“信息是美的”数据可视化大奖“交互式作品”类银奖的“倾听维基百科”(Listen to Wikipedia)①，是一个极具创意的案例。它将维基百科上的每一个信息的变动都用视觉与听觉双重手段表现出来，不断变幻的极似中国古乐的声音，是维基百科上文章的变动信息的呈现，声音越低沉表示文章变动越大；与此同时，视觉化手段——圆圈也呈现着这些变化，圆圈大小反映着变动的大小，色彩反映的是编辑者的身份(注册用户、非注册用户或机器人)。任何一个新用户加入进来，这个图表都会显现他们的用户名及欢迎语。点击每一个圆圈，可以进入到相应的维基百科页面。这个交互式信息图表，使人们在大珠小珠落玉盘似的视觉与听觉感受中，亲眼目睹了维基百科的成长历程。

可以想见，在未来，类似的创新还将不断出现。

三、数据新闻

当我们谈到数据可视化时，又会涉及一个比它更大的概念：数据新闻。

数据新闻，也可以称为数据驱动的新闻，这个概念的正式提出，在2009年前后。

数据新闻记者墨科·劳伦兹(Mirko Lorenz)对数据新闻的定义是：数据新闻是一个工作流程，它意味着深入到数据之中，对数据进行清洗、结构化，为特定目标进行数据过滤，以及通过可视化来完成报道。② 他的定义不仅说明了数据新闻的特点，也概括了数据新闻的基本流程。

维基百科对于数据新闻的界定是：数据新闻指对大规模数据进行分析、过滤与加工，在此基础上形成新闻报道。维基百科还提及了国外研究者的一个代表性观点，那就是数据新闻越来越多地建立在可以免费获得亦即开放的互联网数据的基础上，利用开源工具进行处理。③ 尽管维基百科对于数据新闻的界定并非是最准确的，它提到的“大规模”“开放”“开源工具”等也不一定是数据新闻的必备元素，但是，维基百科中关于数据新闻的定义，体现了近年来大数据技术背景下业界、研究界对数据新闻的一些新的认识。

尽管数据新闻这一概念近年来才出现，但是多数研究者认为，数据新闻的源头可以追溯到20世纪中期在美国出现的计算机辅助报道。1952年，CBS已经

---

① 具体作品参见：http://listen.hatnote.com/#sthash.740HdS3S.dpuf。

② Lorenz, Mirko, *Data driven journalism: What is There to Learn*, http://www.slideshare.net/mirkolorenz/datadriven-journalism-what-is-there-to-learn.

③ http://en.wikipedia.org/wiki/Data_driven_journalism.

采用计算机辅助报道的手段来预测美国大选的结果，20 世纪 60 年代后，在美国，调查报道记者通过对公共数据库的信息的分析来发现新闻线索也变得普遍。而公共服务类新闻，也在利用计算机作为辅助手段来预测趋势、告知常识，或者揭露政府或私人企业的不端行为。数据新闻的先驱者之一北卡罗来纳大学教堂山分校的菲利普·梅耶(Philip Meyer)曾通过对 1967 年底特律骚乱中相关材料进行数据分析，得出判断，认为这场骚乱的参与者并非都是文化程度低的南方人。而 20 世纪 80 年代比尔·戴得曼(Bill Dedman)的报道——"金钱的颜色"，则揭露了美国主要金融机构在贷款政策方面的种族歧视问题。斯蒂夫·道伊格(Steve Doig)在"哪出了错"的报道中，通过对 20 世纪 90 年代初期发生的安德鲁飓风造成的破坏模式的分析，揭示出城市开发的政策和进程带来的影响。①

美国新闻界的一种看法是，数据新闻与计算机辅助报道是不同的，计算机辅助报道主要是把数据的收集与分析作为提高报道能力的一种手段，而数据新闻则主要把注意力放在数据上，也就是把数据作为一种核心要素而不是一种附加手段。当然，也有人认为，这两者并没有本质区别。②

在美国，20 世纪 70 年代初期，还出现了与计算机辅助报道相似的另一个词"精确新闻"，其目标是将社会科学与行为科学的研究方法引入到新闻采访报道中。这一概念的提出者菲利普·梅耶认为，记者要更好地保证新闻的客观性和真实性的话，就需要掌握更多的数据收集和分析的能力。③ 尽管与数据新闻有着一定的血缘关系，但精确新闻也并不等于数据新闻。

《纽约时报》阿隆·菲尔霍夫(Aron Pilhofer)认为，数据新闻是一个概括性术语，它包括了在持续发展着的一整套新闻叙事的工具、技巧与方法，涵盖了从传统的计算机辅助报道(使用数据作为"信息源")到最前沿的数据可视化和新闻应用等。④

菲尔霍夫的界定是较为合适的。如果基于这样一个认识，我们可以看出，数据新闻涵盖了新闻生产的一整套流程，数据可视化只是这个流程中的一个环节。一切利用数据来发现新闻、呈现新闻要素、解释新闻的手段和形式，都可以称为数据新闻。但它并不一定要求结果的"可视化"。

尽管数据新闻、数据可视化和信息图表几者有一些区别，但在现实中，的确难以在它们之间划出一条清晰界线。在新闻传播领域，这几者在很多时候更是彼此交织的。

---

① http://datajournalismhandbook.org/1.0/en/introduction_4.html.

② http://datajournalismhandbook.org/1.0/en/introduction_4.html.

③ http://datajournalismhandbook.org/1.0/en/introduction_4.html.

④ http://datajournalismhandbook.org/1.0/en/introduction_2.html.

在某种意义上,数据新闻、信息图表与融合报道也有一定的关联。数据新闻和信息图表可以是融合报道的一个构成部分,也可以成为一个融合性报道的完整载体,因为交互式信息图表本身具有整合信息的功能。例如,时间线这样的信息图表,既可以基于时间线索展示事物的发展过程,也可以将成百上千的各种形式的报道整合在时间的坐标上。融合报道的核心,是将多种形式的报道内容在深层方面结合起来,而信息图表这个框架往往具有这样的优势。

无论给相关实践或作品贴上什么样的标签,将数据作为新闻报道的资源甚至是核心资源,用数据思维来进行新闻报道,都已经是大势所趋,而数据可视化,也成为数据新闻的一个重要表现形式。

在国外,英国《卫报》和美国《纽约时报》在数据新闻方面的探索,被认为代表了今天媒体在这个领域的最高水平。

2009 年,英国《卫报》的西蒙·罗杰斯(Simon Rogers)开办了《卫报》的数据博客(Guardian Datablog)。最初,这个博客主要是提供《卫报》新闻报道背后的相关数据。后来,它的内容日益丰富,今天它已经包括多种数据资源、各种案例、数据新闻的工具及教程以及与数据新闻相关的各种资讯。

2012 年首先在互联网上推出的《数据新闻手册》[①],是数据新闻领域的一个重要研究成果,同时也是这个领域一个重要的协作生产与分享平台。虽然从名称上来看,这是一部传统书籍,但在本质上它是一个基于众包模式的、可以不断更新的在线项目,参与者通过谷歌在线文档完成协作式写作,参与者来自英国的《卫报》、BBC、《金融时报》,美国的《纽约时报》《华盛顿邮报》、美国独立新闻机构 ProPublica,德国 Zeit 在线等。这样一个项目的创意来自 2011 年在伦敦召开的 MozFest 2011 会议,在欧洲新闻学中心和开放知识基金会的倡导下,十几位富有经验的数据新闻实践者在网络中参与了这样一个协作写作项目。[②] 其电子版于 2012 年 4 月底上线,其纸质版将由 O'Reilly 出版,而不同语言版本的翻译也由各国志愿者合作完成,其中包括中文版。

第二节 信息图表的应用方式及在新闻中的作用

一、信息图表的三大应用方式

目前的信息图表的制作主要有三大方向:一是数据可视化,二是看图说话,

① http://datajournalismhandbook.org/1.0.

② 《协作、开放、免费、全球——荐〈数据新闻手册〉》,http://www.neweyeshot.cn/archives/10575。

三是以图整合。三者的目标有所不同,制作也有所差异。

1. 数据可视化:"量"与"关系"的形象再现

如前文的分析指出,信息图表不等于数据可视化,但数据可视化是信息图表的一种应用方式,即将数据信息的"量值"或"关系"等转变为直观的图形。在信息处理技术中,数据并不仅指数值型的信息(也就是我们常说的数字),也可以指文本、图片、音视频等其他类型的信息。数据的可视化加工,目前主要指将数值型、文本型的数据及其关系用视觉化手段,例如图片、动画等形象呈现出来。但在未来,声音等数据的可视化分析也将越来越普及。

数据可视化往往需要借助一些专业软件,这些软件可以将数据转化为各种直观图形,包括带有一定互动效果的图形。数据的可视化在国内外的案例中都有体现。

例 1:①

网易"数读"栏目中的信息图表——"十年间,他们问了总理什么问题",对 2003 年至 2012 年间的"两会"总理记者招待会上记者的提问进行了统计,统计结果显示,10 场中外记者见面会共有包括中国在内的 12 个国家的媒体获得 130 次提问机会。其中,外媒记者"抢走"了 67 次,占总提问次数的 52%。国内媒体对经济增长和经济政策最感兴趣,其次是和民生相关的房价、通胀话题。国外媒体记者提问最多的是双边和多边问题。除了这些基本数据统计外,图表中还对提问的关键词进行了词频分析。这个案例中的数据对象是"文本",通过文本的词频分析,揭示了总理记者招待会上记者提问的内在规律。用字号的大小来体现词频的可视化效果,被称为"词云"。

十年间,他们问了总理什么问题

例 2:②

《纽约时报》网站制作的一个信息图表,对奥巴马政府 2012 年的财政预算的构成情况进行了直观的呈现。这种图表的类型被称为"树图"(Treemap),树图的好处是,它可以体现多层次的数据及其关系:不仅可以显示每一个大的预算项目在总预算中的比例,也可以揭示构成每一个预算项目的子项目及其数值。每个部分的预算额度可以从它的面积中得到体现。而每个部分的颜色则说明了这项预算相比上一年是增加

奥巴马政府 2012 年的财政预算

① 案例地址:http://data.163.com/12/0316/00/7SM693C600014MTN.html。

② 案例来源:http://www.nytimes.com/packages/html/newsgraphics/2011/0119-budget/index.html。

了(绿色系)还是减少了(红色系),颜色的深浅说明了变化的程度。鼠标移上去时,还可以看到与各部分有关的具体数据。

目前的数据可视化有三个主要方向:

针对数值型数据的可视化。可视化的形式可以是饼图、柱状图、折线图等,它们的作用主要是显示各个数据的量值,并进行直观比较,或展现其变化规律。

针对文本型数据的可视化。可视化结果可以是词树(Word Tree)、词云(Word Cloud)、标签云(Tag Cloud)等,它们的作用主要是对文本的特征进行直观呈现,如词出现的频率、出现的语境等。

针对关系类数据的可视化。事物、人或各种组织机构的关系,都可以通过网络图(Network Diagram)等进行呈现。

目前已有很多成熟的软件可以实现上述类型的数据的可视化。

如果要制作出更多创造性的信息图表的话,还需要突破现有的可视化工具的限制。因此,专业的数据可视化的制作者,往往会拥有更基础的技术。

目前的数据可视化中的数据,主要是数值型、文本型的数据,以及“关系”这样的数据,而音频、视频信息的数据分析与可视化还相对有限。这两个领域的数据可视化,将是未来发展的一个新方向。这也有赖于相关技术的发展。

对于现成的数据进行可视化处理相对简单,而如果要对新闻进行可视化加工,其基础在于将具象的新闻对象,变成抽象的数据对象。新闻的“5个W+1个H”中,何人、何时、何地这三者本身就可以作为数据处理,但何事、如何、为何这些过去难以当作数据看待的要素,以及复杂新闻报道中的背景揭示、影响分析等,如何转换成数据,则是具有挑战性的问题。这些问题的解决不仅仅是可视化的基础,也是整个数据新闻流程的开端,在实际操作中,它往往是在数据收集之前就要进行考虑的。

对于那些不能直接作为数据来处理的较为抽象的新闻要素或者概念化信息,可以考虑寻找其中一个或几个可以用数据来呈现的具体元素,例如腐败现象这个抽象问题,往往与权钱交易有关,其中的关系网络、金钱数额,都是可以用数据来表现的。

2. 看图说话:信息的视觉化萃取

除了数据可视化外,信息图表的另一大方向是“看图说话”,也就是把文字信息变为形象符号,以视觉方式引导人们对信息的关注与思考,在国内,这个应用方向通常被称为“图解”。图解类信息图表可以不包含数据可视化的成分,但也有很多时候,两者是交织着运用的。国内媒体制作的信息图表中,图解类的比重更大。

今天的媒体，特别是新媒体，面对着一对极大的矛盾：一方面是信息的高度过载，另一方面是受众变得越来越懒。“看图说话”型信息图表的流行，在某种意义上是这种矛盾的产物。信息图表是信息萃取与精华提炼的一种重要方式，对于受众来说，这意味着他们可以用更小的代价更快地获得信息精华。这种图表常常也引导着解读与思考信息意义的方向与路径。

3. 以图整合：多元信息在图形上的集成

在新媒体平台上，信息图表还有另外一种可能，即作为集纳各种信息的“容器”，实现信息的整合与导航。那些具有互动功能的信息图表特别是时间线和地图，往往可以成为不同时间、不同来源的内容或稿件整合的框架。这些信息图表中的链接，可以将用户带向原始素材的来源。比如搜狐网制作的信息图表——“我的微博日志”。

例 3：[1]

搜狐网在 2010 年的玉树地震专题中制作了一个“我的微博日志”的信息图表。它以地图为基础，将网民在微博中发布的相关消息，定位在特定的时间与空间坐标上，点击地图中的不同地区，可以看到不同地区的网民发出的微博消息，同时，还可以点击图表左边的时间，看到每天的不同进展。

我的微博日志

当然，上面三个方向并非泾渭分明的，一个信息图表可能兼具上面三种可能性。

二、信息图表在新闻报道中的主要作用

无论是对数据进行可视化加工，还是看图说话，或是以图整合，信息图表对于新闻信息呈现与解读的意义，主要表现在以下几个方面。

1. 提示要点

一条新闻中的重点内容，如果用信息图表的方式提示出来，可以使人们更好地关注、理解和记忆这些要点。

例 4：[2]

2013 年 11 月，《中央关于全面深化改革若干重大问题的决定》发表以后，新浪新闻中心根据《决定》内容制作了一个名为《你将会变化的人生》的信息图表，它以一个

你将会变化的人生

① 案例来源：http://news.sohu.com/s2010/yushudizhen/。

② 案例来源：http://news.sina.com.cn/c/t/20131115/1944146.shtml。

虚拟人物“小明”为例，说明了这些重大改革措施对普通人的生活将产生的九个方面的影响，要点提炼准确、表达明晰。尽管从信息图表制作角度看，它几乎没有什么技术含量，甚至“图”的成分也不多，但这样的信息图表对读者还是很有帮助的。

这类信息图表，不单是信息要点的简单罗列，它同样需要有内在的逻辑，即信息的版面位置（上下顺序、左右对比等），应该能体现信息要点之间的内在关系。

2. 图解过程

很多时候，信息图表可以将一个事件的发展过程图示出来，使人们有更直观的认识。

例5：①

《纽约时报》网站制作了一个信息图表——“还原波士顿马拉松爆炸案现场”，它从袭击之前、第一波爆炸、第二波爆炸、爆炸之后等四个阶段分别呈现了犯罪嫌疑人所在的位置及其他相关信息，包括爆炸之前犯罪嫌疑人现身的图片。读者可以点击每一个过程的按钮了解细节。

还原波士顿马拉松爆炸案现场

3. 揭示关系

在新闻事件中，各种对象间常常会出现各种复杂的关系，例如人物关系、利益关系、结构关系等。信息图表有助于梳理与揭示这些关系，很多时候，对于报道者来说，梳理这些关系的过程，也是对事物的认识不断深化的过程。

例6：②

2014年7月，财新网推出了可视化产品“老虎家族——周永康案关系网”，其升级版标题为“周永康的人与财”。它用高度凝练的界面，将周永康案涉及的各种人物和机构之间的关系进行了全面的呈现。也许从作品的界面来看，内容并不算太复杂，但是，每一个在图表中展现出来的关系链条，都蕴含着太多的故事与信息，它们的背后是记者艰苦、深入的调查与采访。这个案例的特殊之处是，它的数据并非是通过计算机系统进行的数据抓取和自动分析，作为可视化依据的主要数据，即当事人或机构之间的“关系”，都是由记者们的调查来揭示与证实

周永康案关系网

① 案例来源：http://www.nytimes.com/interactive/2013/04/17/us/caught-in-the-blast-at-the-boston-marathon.html。

② 案例来源：http://datanews.caixin.com/2014/zhoushicailu/。

的。这个作品可以视作记者功力与技术能力结合的一个范例。

4. 梳理进程

在国外,"时间线"是一种非常常见的信息图表,其主要作用,一是以时间为依据将相关内容整合起来,二是以时间为线索揭示整个事物的变化过程。与前面图解过程的信息图表相比,"时间线"这样的方式,通常涉及跨度很大、线索较多的事物的演变全程,而不是一个单一事件的发展过程。

例7:[①]

英国《卫报》制作了"解读骚乱"专题的一个信息图表。它的思路是以"时间线"为线索集成相关报道。图中既有以天为单位形成的时间轴(横向),也有按小时为单位形成的时间轴(纵向),当然两者是相关联的。在拖动时间轴时,可以看到对应时间点上有关骚乱报道的提示图标,点击此图标可以看到报道的主要内容提示和相关图片,进一步点击则可以链接到相关网页中。而一个报道涉及的关键词、报道的主要方向,可以从横向时间轴上方的关键词提示以及图标本身的外观得到体现,这进一步方便了人们去寻找自己感兴趣的内容。

时间线

5. 展现情状

信息图表也是展现事物的形势、状态等的一种重要手段。

例8:[②]

财新网"数字说"频道制作了一个信息图表专题,题为"三公消费龙虎榜",它将各类政府机构的三公消费数据用可视化的手段呈现出来,它同样采用了"树图"形式,每种颜色代表一类政府部门,而每类政府部门下又包括很多机构,每一政府机构的三公消费规模一目了然,鼠标移到每一个部分,还可以看到它对应的机构名称和具体数据。

三公消费龙虎榜

6. 阐释观点

信息图表也在日益变成表达观点或进行评论的一种方式。

有些信息图表,表达或隐含了媒体或编辑的某种态度与意见,是媒体"借图""说话"的一种手段。完成这样的意见传达,手法之一是在信息旁加上简单的评论,以便人们对这些核心信息的意义有更深刻的理解;手法之二是通过对要

---

① 案例来源:http://www.guardian.co.uk/uk/interactive/2011/sep/05/england-riots-timeline-interactive?CMP=twt_gu。

② 案例来源:http://datanews.caixin.com/2013/sangong/。

点的组合逻辑来体现态度。

在这类信息图表的视觉信息组织中，包含着一种内在的论证思路。数据以及其他视觉信息手段成为了论据，当充分的论据按照合理的逻辑呈现、演进时，一些观点的达成也就是水到渠成的事了，尽管有些图表并没有直接的观点呈现，但一切已在不言中。

当然，通过信息图表进行观点的表达，也应当基于全面、客观的信息呈现，而不应是断章取义基础上的个人偏见。

例 9：[①]

“政见”团队与《壹读》杂志联合制作的信息图表——“国企知多少”2.0 版。这个信息图表的数据来源是 2012 年 9 月 1 日发布的“中国企业 500 强”榜单。该信息图提取榜单中的关键数据，呈现出国企在企业数量、营业收入、资产总额、净利润总额等方面占据的绝对优势，也反映出它们在盈利水平和劳动生产率上的问题。信息图表虽然没有直接的观点陈述，但是，在这些数据的呈现与对比中，人们已经可以得出自己的判断。

国企知多少

7. 揭示规律

例 10：[②]

美国某网站制作了一个美国人出生日期规律的可视化信息图表，该图中的每一个格子对应某一天，这一天生日人数越多，则格子里的颜色越深，人数越少，则颜色越浅。这个信息图表用一目了然的方式揭示了美国人出生日期的分布规律，每一个人都可以从中看到自己的生日是否常见。

你的生日常见吗

8. 实时交互

今天的新闻报道，不仅要揭示已经发生的新闻事实，还要努力收集与反映受众的反馈，尽管新闻跟帖、博客、微博等渠道产生了非常丰富的受众反馈，但这些反馈一般难以与新闻本身进行实时的结合。而一些具有互动功能的信息图表本身就是一种数据“采集器”，可以实时收集受众意见，并且将它们马上转化为新闻内容的一部分，成为新闻延伸与深化的基础。

9. 个性化服务

今天的信息图表正在向着深层次的、个性化的数据分析发展。例如，在一些个性化的交互式信息图表中，每一个用户都可以将自己的相关数据输入进去，从

---

① 案例来源：http://cnpolitics.org/2012/09/soe2/。

② 案例来源：http://thedailyviz.com/2012/05/12/how-common-is-your-birthday/。

信息图表里获得个性化的数据处理结果,信息图表变成了一种个性化工具。

例 11:[①]

《纽约时报》网站制作了一份信息图表——“租房还是买房?”,它实际上是一个在线的个性化计算器。用户可以在信息图表中输入自己希望买到的房屋的价格、在该地打算居住的时间、贷款额度与期限、房屋税等数据,信息图表就可以计算出一个月租价格,如果能在这个月租标准以下租到同等条件的房子,则租房更为合算。这可以帮助用户根据自己的情况做出判断:在特定的条件下,是买房合算还是租房合算。

租房还是买房

以上从不同角度说明了信息图表在新闻报道中的作用,显然有些图表同时兼具数种功能。

第三节　数据新闻及可视化中的数据收集与处理

对于数据新闻及数据的可视化加工来说,数据收集与处理,是应用数据的重要前提。

一、数据新闻及可视化目标下的数据处理流程

要完成数据新闻或数据的可视化加工,其前提是获得有用的、可靠的数据,再在此基础上进行数据的加工与分析。

研究者保罗·布拉德肖(Paul Bradshaw)曾提出数据新闻的倒金字塔结构(见图 7-1),这个结构概括了数据新闻所需要的几个步骤。[②]

1. 数据的收集(Compile):通过各种途径收集相关数据。

2. 数据的清洗(Clean):通常包括两个方面,去除人为的错误,以及进行数据格式的转换以便进行相应处理。

3. 了解数据的背景(Context):就像对待其他信息一样,对于数据,我们也需要了解数据是由什么人在什么时间什么样的情况下采集的,数据收集的方法是什么,此外还需要了解与数据有关的术语,清楚数据的含义。在这一前提下,还需要了解此数据的背景数据,以便在更大的背景下进行分析。例如,

---

① 案例来源:http://www.nytimes.com/interactive/2014/upshot/buy-rent-calculator.html? _r=0&abt=0002&abg=0。

② *The Inverted Pyramid of Data Journalism*, http://onlinejournalismblog.com/2011/07/07/the-inverted-pyramid-of-data-journalism/.

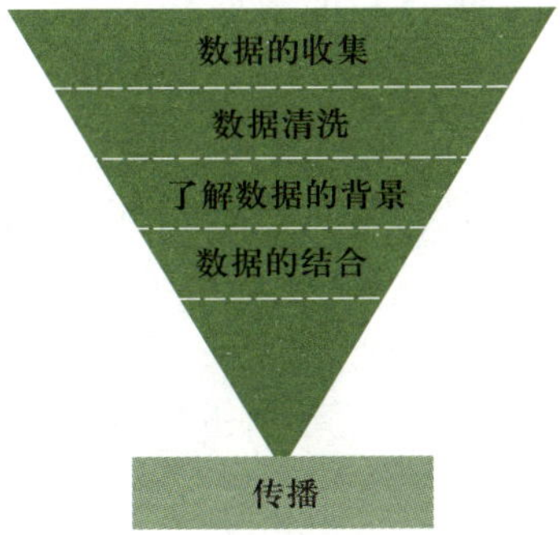

图 7-1　数据新闻的倒金字塔结构

仅仅了解一个城市当前的犯罪案件的数据是不够的，还需要把它放在这个城市的人口数据或警察局的数量等背景之下，或者与 5 年前的犯罪数据进行对比。

4. 数据的结合（Combine）：将两个不同系列的数据结合起来，往往可以发现更多深层次的问题，例如把一个数据系列与地图这样的数据结合时，那么基于空间的数据分布规律将更加一目了然。

经过以上这四个步骤，数据里的杂质便越来越少，所以从数据量来看，这是一个倒金字塔式的结构。最终，经过筛选、加工的数据还需要进行传播（Communicate），即通过各种手段特别是可视化手段，将数据的结果呈现出来。

这个倒金字塔结构提到的数据处理过程，也适合非新闻类数据可视化的数据加工。

二、数据新闻及可视化的数据来源

用于数据新闻或可视化的数据的发现或采集，可以依赖不同的渠道，主要包括：

1. 来源于新闻或媒体的数据

数据新闻的数据来源，可以是媒体已有的报道，对这些数据进行归类统计、分析和可视化呈现，可以带来新的数据新闻。例如前文提到的网易制作的信息图表——“十年间，他们问了总理什么问题”，就是以媒体的公开报道为数据资源的。有些记者采写的报道中，包含了丰富的数据，也可以以这些数据为基础来生成可视化图表。

具有媒体属性的网站，本身也有大量数据，例如网站发布的内容就是一种主要的数据。一些专业方向的“垂直”网站，更有可能集成了某些专业领域的数据。

2. 来源于政府机构、组织或企业的数据

政府机构、各类组织以及各企业都会发布很多公开信息,这些公开信息可以作为已有数据的背景或对比性信息,也可以加以单独利用。

在美国等国家,有很多公共的信息或数据库,其中美国的 Data. gov 是其中的一个代表。在美国政府的"开放政府计划"(Open Government Initiative)的背景下,2009 年 5 月 21 日,Data. gov 上线发布。Data. gov 网站公布的数据主要由联邦政府授权机构进行采集与整理,用户还可以推荐其他的数据集载入网站。此外,网站还提供地图索引方式链接各州政府公开的数据集。

当然,对于这些来源的数据,特别是组织和企业的数据,需要对它们的可信度进行判断。

3. 来源于数据库的数据

今天的网络中有越来越多的专业数据库,包括各类期刊的数据库等,这些数据库中的数据也可能成为数据新闻的来源。

4. 来源于用户的数据

对于网站来说,来源于用户的数据是重要的数据资源,这包括两方面:一是用户主动生产的内容,二是用户各种行为记录的数据。

在今天,网站的数据来源越来越多地依赖于用户的"自我数据化"。这种自我数据化,既可以表现为用户通过各种网络平台主动发布与自己的生活状况、意见态度、情绪等有关的内容数据,也表现为被各种新媒体平台记录下来的用户的各种行为数据。这些行为数据,是持续的、相对准确的,更重要的是,个体数据可以汇聚为整体数据。"自我数据化""个体行为数据化",为数据新闻及数据可视化,开辟了一个全新的资源空间。

通过对用户数据的挖掘,可以将个别的、分散的行为中蕴含的共同规律揭示出来。例如,淘宝网曾对各地网民在网购中所买商品的种类进行统计,并用地图的方式展现了各地网民在网购中的不同偏好。①

对于来源于用户的数据,网站可以用各种技术进行记录、统计与分析。而数据分析者也可以通过一些工具对这些数据进行收集。

5. 物联网数据

在物联网的传感器日益普及的今天,各种物体采集或发出的数据也越来越普遍,物联网数据将成为数据新闻及可视化数据的重要来源。

2014 年春节期间,百度推出了"百度迁徙"项目,它通过对用户手机的 GPS

---

① 《淘宝发布首份趣味消费地图:2011 年度,包裹里的"中国地理志"》,载《钱江晚报》2012 年 2 月 28 日。

定位数据的收集与整理,将分散的个体用户的迁徙轨迹聚合起来,呈现出春运期间中国人口流动的整体面貌。央视《晚间新闻》开设的《“据”说春运》栏目,多次引用了“百度迁徙”的数据。这样一种对春运人口迁徙的全貌及其内在规律的揭示,是过去传统的新闻采访报道无法企及的。GPS 定位数据,就是物联网数据中的一种,未来类似的数据采集与应用思路,必将越来越普遍。

对于物联网数据的采集与分析,将成为数据新闻的一个新的挑战。

6. 其他数据来源

各类年鉴、各类统计或发展报告等,也是数据新闻的数据来源。

三、网络数据采集的具体方法

上面介绍了数据的主要来源,可以看到,大部分数据现在存在于网络中。在具体操作中,我们还需要通过一定的渠道、工具或方法,进行网络数据的发掘、采集或录入。

(一) 网络数据采集的常用工具

网络中的数据大多直接存在于网页中,看上去它们都是触手可及的,用“CTRL+C(复制)”和“CTRL+V(粘贴)”就可以搞定。但是,有些网页中的数据不能以有效的数据格式下载,有些网页的数据规模庞大,靠人工方式操作费时费力,有时几乎是不可能完成的任务。所以,很多时候我们需要网页数据的抓取工具。

下面介绍的是一些常用的工具。

1. 获取网页表格中的数据

虽然多数网页表格中的数据可以直接复制、粘贴,但为了更高效地进行数据获取,可以利用一些抓取工具。

例如,利用 Excel 软件中“数据”功能下的“自网站”操作(不同版本的使用方式有所不同),可以直接将网站表格中的数据导入到 Excel 中。

利用 Firefox 浏览器提供的 Table2Clipboard 插件(用户可通过搜索引擎下载),也可以将网页表格中的数据以正确的格式粘贴到剪贴板中。

2. 抓取 PDF 中的数据

有些网页是用 PDF 文件来展示数据的。要将这些 PDF 中的文件转成可以利用的数据,一种常见的思路是,利用网上可以找到的格式转换软件,将 PDF 文件转换成 Excel 格式,当然,不同软件的转换质量会有所差异。

如果 PDF 是基于图像生成的,那么用上述方法实现数据提取就行不通。可以尝试用 OCR 软件将图像识别成文字,再设法从中进行数据提取。

3. 批量下载网页文件

Firefox 浏览器提供的 DownThemAll! 插件(用户可通过搜索引擎下载),可以批量下载网页上的文件、图片等。从这些文件中,可以再进行数据的提取。

4. 从网页中抓取数据

有些网页中出现了我们需要的数据,但是它们被淹没在网页繁杂的内容中,并且还带有 HTML 的各种标记,需要通过一定方法将它们提取出来。通过 JavaScript 抓取数据,是常见的方法,此外,Python Beautiful Soup 也是非常常用的抓取工具。

要直接从网页中抓取数据,也可以通过一些软件来实现,例如国内的"八爪鱼"软件。

对于上面这些工具的具体使用方法,有兴趣者可以自学。

数据新闻和可视化数据的采集工作有些相对简单,而有些则比较复杂,需要较好的技术能力才能实现。

(二) 众包化数据采集

今天的数据新闻还需要更多地利用网民的力量来进行数据的收集。英国《卫报》在很多时候会将其读者转化为数据的采集者。《卫报》的西蒙·罗杰斯在接受采访时说,"如果现在有一个有意思的项目,我们需要人来录入数据,就可以让读者帮助我们。这是我们在调查国会议员开销时所采用的方法。当时有 45 万份文件,但时间非常少,几乎干不了什么事情。那除了向读者开放项目,还能有什么更好的方法吗?"①

这样一种方式,可以称为"众包化"的方式,也就是当我们需要的数据无法从一个数据来源获得时,可以建立一个平台,通过激发网民的参与,使他们成为数据的生产者或贡献者。

四、数据的预处理

在运用数据讲故事或进行数据的可视化之前,我们必须对数据进行一定的预处理。

(一) 数据"可用性"的判断

在采用任何数据之前,都需要对数据的"可用性"做出甄别。可用性的鉴别目标主要包括以下几种。

1. 对数据的真实性、权威性等的判断

在数据随手可得的时代,我们更应该警惕数据应用中的误区,特别是要避免使用虚假、错误或失效的数据。

对数据进行鉴别,首先需要对数据的来源进行分析,来自权威部门采集的数

① 《〈卫报〉数据博客的众包式数据》,http://datajournalismhandbook.org/chinese/getting_data_5.html。

据相对可靠，收集数据时应该尽可能以最权威部门采集的数据为准。当然，即使这些部门提供的数据，也需要加以进一步分析。

对于来自商业化机构采集的数据，需要格外小心，因为商业利益的干扰，常常可能导致数据出现偏差或者“不公正”。

对同一方向下不同来源的数据进行比较，往往可以帮助判断数据的质量。

2. 对数据产生背景的了解与分析

对数据可用性的鉴别，还需要了解数据产生的背景。数据是在什么时候、什么情况下生成的？它们是否还适用于现在的情况，是否适合我们所要表达的主题？这些分析，一是有助于我们了解数据的时效性，判断它们是否仍然有效，二是有助于我们了解数据的价值及适用范围。

3. 对数据质量的分析

数据也有质量的好坏。数据的完整性，是其质量的一个基本标准。例如，在一次调查问卷中，如果多数问卷的回答都不完整，那就意味着多数人的数据都不完整，这样的数据质量显然是较差的。又如，一个地区的犯罪记录数据，如果在某一个时间段内没有数据，或者数据明显偏少，那也意味着整个数据不完整。

数据的一致性，也是判断质量的一个重要指标。如果一组数据存在着相互矛盾的地方，那么数据的质量就让人存疑，需要进一步判断这种矛盾产生的原因，再决定数据是否可用。

4. 对数据在特定主题下的价值的判断

即使数据本身没有任何错误，但我们还需要判断，在我们要表现特定的主题时，我们使用的数据是否具有真正的价值或足够的说服力。

这种判断主要表现在两个方面：

一是数据对特定主题或观点的支持能力。例如，如果我们要反映中国青少年网民的行为特征，仅仅用一个大学的抽样调查数据是否有说服力？

二是在此主题下数据的完备性。某些数据的确可以为某些主题服务，但仅有这些数据还不充分，需要有更多的数据作为它的背景或者比较对象，才能揭示主题。例如，我们只说明今年的高考录取比率，而没有既往的数据做比较，那么这些数据的意义就不能完全体现出来。

数据可用性问题往往是数据新闻或信息图表制作中一个重要但又往往被人忽视的问题。如果在数据新闻或信息图表中充斥着不可靠或不充分的数据，那么它们就失去了意义甚至成为“陷阱”。

（二）数据的“清洗”

数据的清洗是完成数据新闻或数据可视化前的一个必备步骤，其目的是为了提高数据的质量，为可视化做好准备，具体工作主要包括：

1. 去除数据中的杂质

即使数据来源可靠，也难免收集到的数据中存在一些“脏数据”，“脏数据”通常包括以下几种。

错误的数据：例如数据出现逻辑上的错误或不合理，数据值超出正常范围或录入过程中产生错误。

重复的数据：有些数据在数据表中多次出现。

不完整的数据：一个数据记录可能存在若干字段，例如个人信息包括姓名、性别、年龄、学历等字段，如果某些数据缺失了其中的一个或几个字段，那么数据就是不完整的。

相互冲突的数据：有些数据之间可能会存在一些相互矛盾之处。

这些问题，可以通过相应的数据分析工具来发现并进行处理。

对于错误数据，需要根据错误性质进行相应调整或删除。

对重复数据的处理比较简单，直接删除就可以。

而不完整的数据，则需要进行补充。有些数据可以通过补充收集获得，但对于难以再收集的数据，一个简单的办法是用某个变量的样本均值、中位数等代替无效值和缺失值。但这样的处理可能会产生较大的偏差。另外，也可以通过其他数据来推断缺失数据。在不影响数据规模或数据分析效果的前提下，也可以删除某些不完整的数据记录或者某个字段。

对于相互冲突的数据，可以通过校正数据、删除不合理数据等方式进行调整。

2. 规整数据格式

有些数据本身没有问题，但格式上有些混乱，例如，年月日的表示，有的用“××年××月××日”，有的用“××-××-××”等；又如一个单位名称有些用全称，有些用简称，这些格式都需要进行统一。有些数据本身没有错，但数据单位可能不一致，也需要通过统一单位，使数据格式一致。

数据清洗需要借助一些工具。较为简单好用的数据清洗工具包括 Open Refine、Excel 等。

Open Refine（原名 Google Refine）是 Google 发布的一个用于数据分析的工具，它可以安装在本地电脑上，通过浏览器打开。利用 Open Refine，我们可以完成数据错误的清洗和统一格式等工作。

Excel 本身也可以进行数据的清洗工作，在 Excel 中有多种方法查找重复数据、检查数据错误等。

五、数据新闻及可视化目标下的数据分析

从数据分析本身来看，数据分析可以包括对比分析、交叉分析、相关分析、回归分析、聚类分析等多种方法，而从数据新闻或可视化的角度来看，分析的核心目标，是寻找数据间的关系，并通过各种可视化手段来揭示数据的关系。

保罗·布拉德肖在数据新闻的倒金字塔结构中提到的第四个阶段“数据的结合”，对于数据新闻来说至关重要，而数据的结合，本质上，是发现数据之间的关系。

数据之间的关系，是事物之间关系的一种表现形式。数据关系的揭示，对于新闻或某一对象意义的深层发现，具有重要意义。

1. 在数据关系中探究背景及原因

尽管大数据时代一种代表性的观点是，因果关系不再重要，相关性的挖掘才是重点。但是在数据新闻里，因果关系的挖掘不仅存在，而且仍然是很重要的。

对于数据新闻来说，这一点尤为重要。因为新闻报道的任务，不仅仅是告诉人们发生了什么，还要告诉人们这些事为什么发生，而原因的揭示，往往就是因果关系的发现。

在某些时候，相关性分析实际上也是揭示因果关系的基础。

例 12：[①]

2011 年 8 月，英国发生全国性骚乱，当时英国首相卡梅隆的观点是，贫困并非导致骚乱的主要原因。但在骚乱发生后，英国《卫报》启动了一个名为“解读骚乱”的项目，这个项目的目标是通过数据收集及相关分析手段，对骚乱产生的原因及影响进行深层研究。项目组在他们搜集的法庭数据的基础上完成了一个对比性的信息图表——“贫富因素与骚乱”，在一张显示各个地区贫富等级的英国地图上，2 000 多个骚乱参与者的家庭住址被标识出来，从图中可以清楚地看到，骚乱参与者绝大多数居住在英国的贫困地区。当骚乱参与者的家庭住址这样的数据与展现贫富等级的地图数据两者被关联起来后，贫富因素与骚乱之间的相关性，得到了一定揭示。尽管这并不能证明两者之间的直接因果关系，但它为因果关系的进一步研究提供了基础。

贫富因素与骚乱

2. 在数据关系中梳理共性

数据可以帮助我们将分散的个体、孤立的现象之间的共性或共同规律挖掘与呈现出来，这同样有赖于对数据本身关系的分析。

---

① 案例来源：http://www.guardian.co.uk/news/datablog/2011/aug/16/riots-poverty-map-suspects。

例 13：①

关于诺贝尔奖获奖者的信息图表——“诺贝尔奖获奖者的规律”(Nobels, no degrees)(见图 7-2)在名为“信息是美的”信息图表设计大赛的 2013 年度评奖中获得数据可视化金奖，它通过对 1901 年到 2012 年间六大类诺贝尔奖获奖者的个人信息的数据进行梳理，帮助我们发现了获奖者的某些共同特征。

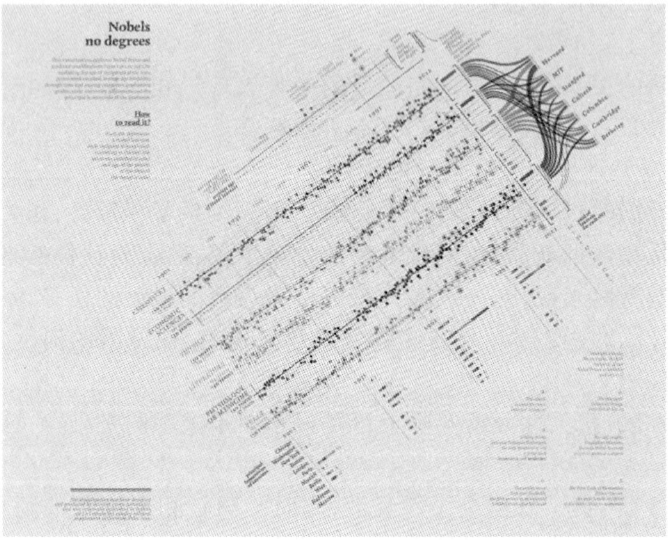

图 7-2 信息图表——“诺贝尔奖获奖者的规律”(局部)

这个看上去像乐谱的图表，按照诺贝尔奖的类别列出了六个时间线，线上每一个点代表一个获奖者，它们被定位在获奖的时间点上，而此时获奖者的年龄，也在图中被标识出来，从中可以看到获奖者集中的年龄段。在时间线的右端，列出了世界上最著名的 7 所大学，通过指向这几所学校的线条可以看出来，大多数获奖者都出自这几所名校。同时，该类获奖者的学位构成也在右侧用条形图进行了统计，从中可以看出，医学奖获奖者的博士比例为 100%，而文学奖和和平奖的博士比例则较低，甚至很多人没有学位。在六条时间线的下方，是对获奖者出生地进行的数据统计，以 30 年为一个统计周期，在 1901 年至 1930 年间，出生于巴黎的获奖者比例最高；1931 年到 1960 年间，出生于伦敦的获奖者最多；1961 年到 1990 年，纽约出身的获奖者占了上风；1991 年到 2012 年，纽约继续保持优势。这个出生地

① 案例来源：https://www.behance.net/gallery/14159439/Nobel-no-degrees。

的比较图显示了 20 世纪 60 年代后获奖者从欧洲向美国转移的动向。

“信息是美的”数据可视化大奖的银奖作品“如何赢得奥斯卡”[①],也是同样的思路,这一作品将 1928 年以来奥斯卡最佳男/女主角获得者的获奖角色进行了分析,从角色的性别、角色属性(历史人物或是虚构人物)、角色出生地、故事发生的年代、角色的职业特点、是否有性场景、影片结束时角色是否还活着等若干个维度,总结出最有机会获得奥斯卡奖的角色的特点。其发现是,一个虚构的、来自北美地区的女性角色,故事发生在现在或不远的过去,在影片中没有性场面,在影片结束时仍活着,其扮演者有更大的机会获得奥斯卡最佳女主角奖。尽管这样的数据分析未必是准确可靠的,但是这样一种在设定的数据维度上进行规律挖掘的思路,是具有借鉴意义的。

例 14:[②]

腾讯网的“中国发言人——外交部发言人表达可视化分析”(见图 7-3),是目前国内运用数据思维进行新闻发现和新闻呈现的一个范例。这个作品以 2009 年 2 月至 2013 年 5 月间外交部网站 1 000 余篇新闻为基础,对外交部历任 6 位发言人涉及 16 项事务议题、涵盖 21 个国家和地区的回答进行了数据分析。

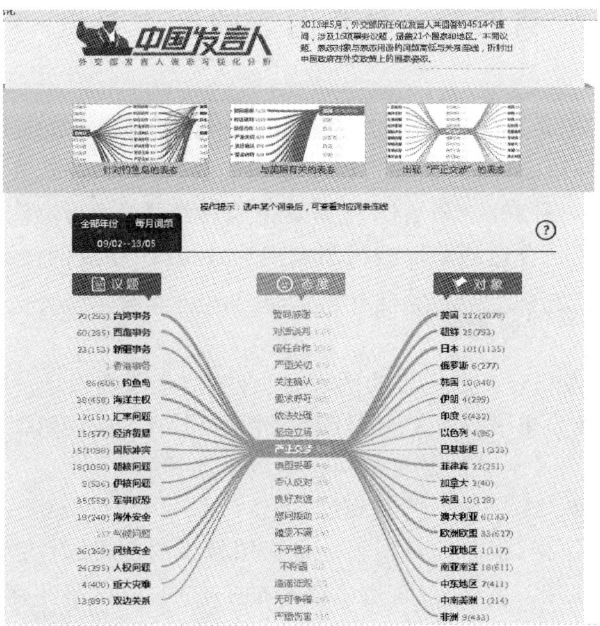

图 7-3 腾讯网的信息图表——“中国发言人——外交部发言人表达可视化分析”(局部)

① 具体作品参见:http://djchina.org/2014/02/24/iib-awards-2013/。

② 信息图表出处:http://news.qq.com/newspedia/attitude.htm。

数据分析首先是对外交发言人经常使用的不同属性的词语进行词频分析，例如，赞同感谢类的词语总共使用 1 120 次，严重关切类的词使用 676 次。尽管词频分析的思路在今天的数据新闻中并不少见，但本专题在词频统计之外，更多地通过对词语间的关联、词语出现的语境的分析挖掘，去揭示中国外交表态中的常见模式和内在规律。例如，“严正交涉”一词，经常出现在台湾事务、西藏事务、新疆事务、钓鱼岛等议题中。如果是与台湾事务有关，则经常指向的是美国、日本两个国家；如果是与西藏事务有关，则指向美国、日本、印度、英国、欧盟等国家或地区。这样一种数据挖掘，把外交部发言人的发言表态规律直观地呈现在人们面前，此外，这个作品还提供了每月词频的统计，将中国外交的阶段性焦点以动态的方式呈现在人们面前。这个可视化成果为人们理解今天中国的外交政策、外交格局提供了一个新颖的视角。

当一些事物的共同规律变得日益明晰时，一些不断重复的行为或变化模式甚至可以上升到“模式”或“模型”的高度，这样的模式或模型，不仅可以呈现或解释当下，也可以用于预测未来。

第四节 信息图表的制作要点

自称为数据记者的大卫·麦克坎德雷斯（David McCandless）在 TED 演讲中指出，图形是一种语言，这种语言可以改变我们的认知和观点。[①]

要掌握这样一种新的“语言”，首先要完成思维方式的转换。在思维方式转换的基础上，寻找到合适的逻辑结构与表现形式，并用相应的技术来实现它。

一、信息图表的逻辑结构

有些信息图表只有一个简单的图表，而有些信息图表则是一系列图表及相关文字的组合。无论是单一的图表，还是图表的组合，其内在的逻辑结构都是重要的。

目前信息图表最常见的逻辑结构包括以下几种。

1. 基于“叙事”或“论证”的逻辑结构

像文字表达一样，很多信息图表也是运用叙事的逻辑，对一个主题或事物进行介绍、描述或解释。当然，叙事也可以有很多方式，可以是并列式，也可以是递进式等。

也有不少信息图表是基于对某一观点的阐释、分析过程来组织内容。其思

① 演讲视频参见：http://v.qq.com/page/7/A/q/7AxhsetMTAq.html。

路与文字评论的论证思路类似。

这两者都直接借鉴了文字表达的逻辑,常用于“看图说话”类信息图表。

例 15:①

“央视新闻”公众号的信息图表——“400 亿丝路基金钱谁出”,对 400 亿丝路基金的“外汇资产”来源进行了层层深入的解释。我国宣布建立 400 亿美元丝路基金政策后,遭到一些网友的质疑:当中国还有很多人上不起学、看不起病时,为什么国家出这么多钱成立这样一个基金？而图表的解释让人们看到,基金的来源是外汇储备,它只能在国际市场上使用,无法直接解决上学、看病等民生问题,图解进一步分析了外汇储备的不同投资渠道和收益,说明成立丝路基金的经济价值。这一图表针对网民心中的疑惑,用图解的方式进行了说理。

400 亿丝路基金钱谁出

2. 基于“比较”的逻辑结构

在可视化数据或信息图表中运用比较的思路是非常常见的。饼图、柱状图本身就是对比的手段,而更复杂的信息图,可以将“对比”的思路放在更大的时间跨度和空间跨度上。

例 16:②

某网站制作了中美互联网上市公司对比的一个信息图表(见图 7-4),它的思路是通过市值这样一个数据,来展现中美两国互联网企业发展的不同状态,进而揭示影响这种状态的原因。尽管数据本身并不复杂,但是,当把时间跨度设定在 1996 年至 2012 年、空间跨度放在中国与美国两个国家时,我们可以看到,在 2012 年及其之前上市的中国互联网公司,其成立时间均在 2006 年及以前,而 2006 年后,美国还有大量新的互联网公司诞生,其中不少已上市。两个不同国家互联网行业的活力与创新性水平,通过直观的数据呈现,被充分展现出来。而从市值大小这个数据维度看,中国互联网市场是腾讯与百度两家独大的格局,而美国市场上,尽管 Google 更为强势,但 Amazon、Facebook、Twitter、Youtube 等也有相当规模,市场较为均衡。这个信息图表传递了这样一种判断,寡头垄断的格局对中国互联网企业的不断发展与创新是一个妨碍。当然,从数据分析的角度看,这样一种判断存在问题,后文将做进一步分析。

比较可以直陈差异,也可以在不动声色中,让人们了解矛盾与冲突。因此,比较性的图表,往往具有一种内在的张力。很多时候,它们也具有评论的力量。

① 案例来源:http://news.cntv.cn/2014/11/09/ARTI1415538913651962.shtml。

② 案例来源:http://yuqing.people.com.cn/n/2013/0329/c210117-20968254.html。

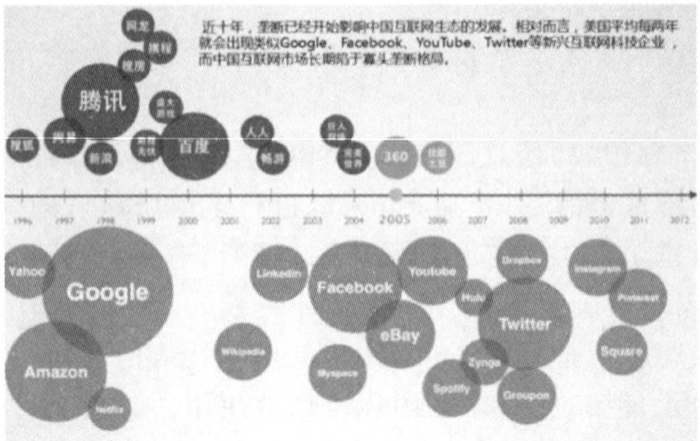

图 7-4 某网站制作的信息图表——“寡头垄断危害中国互联网发展”

当然，就像文字表达一样，比较性的可视化图表虽然有自己特定的数据比较维度，但是，它也需要将客观性原则放在首位。

3. 基于“演变”的逻辑结构

可视化数据或信息图表中，展现事物演变过程的逻辑也是常用的，在某种意义上，这也是一种比较，只不过它是基于时间维度的比较。这种思路可以直接通过可视化软件中的折线图、堆栈图等来实现，也可以通过更复杂的“时间线”等揭示更大跨度的变化过程。

例 17：①

英国《卫报》“解读骚乱”项目中的一个数据分析成果以信息图表的形式呈现出来。研究人员将 Twitter 上超 250 万条与英国骚乱有关的数据进行提取、分析，研究在此次骚乱中 Twitter 所扮演的角色，其中一个重点是研究谣言在 Twitter 上的流传过程。这是一个可以交互的动态图表，当拖动时间轴的滑块时，可以看到各种不同颜色的气泡的运动过程，其中代表着谣言及其支持信息的是绿色气泡，代表着反对谣言的信息的是红色气泡，代表质疑谣言的信息的是橙黄色气泡，代表一般性评论的是灰色气泡。气泡的运动，也就是各种声音在 Twitter 上的传播及相互作用过程。在很多个案中，绿色气泡的势力在红色气泡与橙色气泡的“围攻”下，最终会逐渐衰落，这个过程形象地说明，Twitter 本身具有对谣言的识别与澄清能力。

Twitter 上的谣言传播

当然，上面这个例子比较复杂，技术上难度也大。而更多的信息图表，主要以时间为线索来图示一个事物的发展、变化过程。

① 案例来源：http://www.guardian.co.uk/uk/interactive/2011/dec/07/london-riots-twitter。

4. 基于"关联"的逻辑结构

这种结构的思路就是将事物之间的联系或数据之间的相关性直观呈现出来。

多数时候，不同事物之间的"关联"是用形式上的线条来代表的，如前文提到的"老虎家族——周永康案关系网"。但在某些案例中，也可能通过空间关系等来体现，如前文图 7-13 所示案例。

关联还有另一种可能性，即一个事物需要通过多维度的数据来展现，而不同维度的数据之间也存在着相关性，这种相关性的揭示往往可以让人们看到事物的深层。

例 18：①

新华网制作了一份交互式信息图表"打虎拍蝇记"。该图表的数据取自中纪委网站"案件查处"栏目中落马官员的数据，这些数据可以分为时间和地域、年龄和级别四个两两交叉关联的数据维度。

时间维度体现出中纪委通报的落马官员数量在 2012 年至 2014 年间的变化，而地域维度展现了各地落马官员数量的对比。

年龄和级别维度的数据，展现了落马官员级别、年龄的比例关系，并通过可视化的方式探索了级别和年龄两个维度之间的相互关联度。

当然，信息图表并不局限于以上几种逻辑结构，有些信息图表也可能把几种逻辑结合使用，但是，无论如何，一个好的信息图表作品，一定要有清晰的逻辑线索。

二、信息图表的构成要素

在制作信息图表时，需要注意以下几个方面的构成要素的运用。

（一）信息图表的视觉符号

信息图表中的视觉符号主要有两类，一类是数据可视化后的图形，一类是不依赖数据的图形。

1. 基于数据的可视化图形的选择

对于可视化图形来说，具体表现形式的选择非常关键。因为每一种图形适应的数据性质不同，视觉表现的特点也不同。具体而言，常见的可视化图形功能特点是：

饼图：显示一个数据系列中各项的大小及在总体中所占的比例，也就是一个整体中的各部分及其关系。

① 案例来源：http://fms.news.cn/swf/fanfu/。

圆环图:像饼图一样,圆环图显示各个部分与整体之间的关系,但是它可以包含多个数据系列。

条形图:显示各个项目之间的比较情况。条形图用的是水平条来体现数据量值。

柱状图:用于显示一段时间内的数据变化或各个项目之间的比较情况。柱状图用的是垂直条来体现数据量值。

折线图:显示随时间而变化的连续数据,适用于显示在相等时间间隔下数据的变化趋势。

堆栈图(面积图):强调数量随时间而变化的程度,用于引起人们对总值趋势的注意。也可以显示部分与整体的关系。

散点图:显示若干数据系列中各数值之间的关系。

树图:显示多个层次的数据及数据之间的关系。所谓多层次数据指的是,一个数据可以分为若干子项目,而子项目还可以继续细分出子项目。例如,在某企业的“产品销量”这个数据项目下,包含电子产品销量、图书销量、音像制品销量,而电子产品销量又包括电脑销量、手机销量、配件销量,图书销量又分为自然科学类图书销量、人文社科类图书销量、教材教辅销量,音像制品销量包括音乐产品销量、影视产品销量、教育产品销量、游戏产品销量等。如果要将这些数据在一个图表中进行呈现并进行比较,树图是一个非常好的形式。

雷达图:比较几个数据系列的聚合值。

地图:用于基于地理空间的数据项目的比较。

网络图(关系图):用于展现对象之间的各种关系。

词云图:用于呈现文本中词语出现的频率。

在信息图表中,如果要用到可视化图形,一定要选择合适的图形。

当然,对于有创造力的信息图表制作者来说,他们深知人们可能已对柱状图、饼图等常规手段产生了审美疲劳,因此会不断地引入新的视觉手段,让数字形象更“性感”。

例 19:①

“中国幸福地图”是腾讯网以 1 000 多万名网友参与的调查数据为基础制作的一个中国网民对所在城市满意度的信息图表(见图 7-5)。在这个图表中,没有用常规的柱形而是用一个个立体的小人形代表了满意程度的百分比。数据可视化中的“形象”创新,是未来可视化设计中的一个重要方向。

如果要像上例一样进行个性化的可视化,需要注意,可视化结果中的比例关

① 案例来源:http://news.qq.com/zt2013/xingfuditu/。

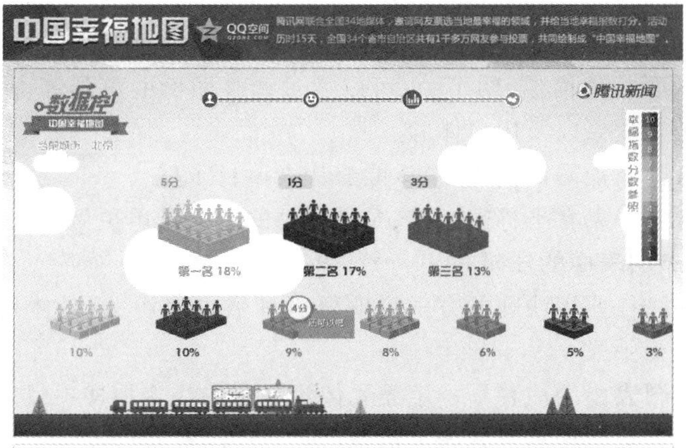

图 7-5　腾讯网制作的信息图表——“中国幸福地图”(局部)

系要正确体现数据间的关系,可视化的图形应该直观易懂。

2. 与数据无关的图形符号选择

与数据无关的图形符号的选择更为自由,但总体原则是直观、简洁。

可视化的目标是降低信息的复杂度,使大脑更快接收、理解信息。如果图形符号选择过于复杂、晦涩,那么就难以实现这样的目标,甚至增加了人们的负担。

(二)信息图表的标题

信息图表是一个完整的信息传播单元,因此,它也需要有标题。

标题是信息图表的阅读起点,它不仅可以对信息图表的内容进行提示、提炼,也可以从一开始就铺垫信息图表的阅读线索。有些信息图表的标题采用疑问句方式,以引起读者更多的好奇心和阅读兴趣。

信息图表的标题的角度要尽可能小,避免过于宽泛的表达。信息图表的标题的提炼与表达也应该准确,避免误导。

(三)信息图表中的文字

除了标题外,信息图表中可能还存在其他的文字,它们的作用包括以下两种。

1. 对图形、图表等的意义进行补充说明。尽管可视化符号已经传达了丰富的意义,但有些通过图形、图表等无法传达的内容,需要用文字直接揭示。

2. 起到起承转合的连接作用。在一些图形、图表间加入文字,可以使整个信息图表形成连贯的意义,文字构成整个图表的核心线索。

(四)信息图表中的图例

在信息图表中,很多时候需要用到图例,图例说明了可视化图表中不同的数据系列所代表的内容，例如用颜色或者形状来区分不同数据。可视化软件通常可以自动添加图例，但这些软件也允许对图例的文字和颜色等进行自由设置，图例中的文字说明应该简洁、明了，也可以通过调整图例的色彩等，使信息图表呈现出更好的美工效果以及用户体验。

如果是人工添加图例说明，应该能够让人一目了然。

信息图表中如果有坐标轴，应该对坐标轴的意义及单位做出明确标识。

（五）信息图表中的注释

信息图表往往要用注释的方式说明资料和数据来源，这是体现信息图表可信度的一个重要手段。

尽管信息图表中的注释不一定需要像论文中的注释那样项目齐全，但是，也必须让人们能够通过提示查到相关信息。

注释可以放在图表标题区域，也可以放在图表的最后，或者在重要数据或信息出现的位置，加上相关的注释说明。

（六）信息图表中的互动

有些信息图表包含一定的互动元素。互动元素的设计应该遵循“必要”“明晰”“有效”等原则，可有可无的互动坚决舍弃。互动意图应该明确呈现出来，便于用户发现和使用。

三、信息图表中的视觉设计

一个信息图表如果由很多的元素构成，就需要讲求版面布局，这一方面需要考虑美观的因素，另一方面也需要考虑内在逻辑的因素。

一个信息图表中采用的具体表现形式（如饼图、柱状图等），既不要过于单一，也不要过于繁杂。过于单一的形式，可能感觉单调，容易让人产生审美疲劳。但过于繁杂的形式，让人眼花缭乱，难以抓住重点，也难以形成完整的印象。

色彩对于信息图表的成功也很关键。和谐是色彩运用的基本原则，在这个基础上，可以结合图表的主题来设置颜色。常见的色彩搭配方法，如对比色搭配、邻近色搭配、同色系搭配等，在信息图表中都可以运用。一些信息图表会采用强烈的色彩对比，例如在黑色背景上加上橘黄色的图案或文字。通常这样的色彩搭配容易吸引人。但是，也需要考虑用户眼睛的承受能力，过多过强的色彩刺激，可能会影响信息的接收。

四、信息图表的用户体验

除了讲求内在逻辑和视觉效果外，信息图表还需要强调用户体验，用户体验也是信息图表传播效果的重要评价指标。信息图表的用户体验，需要遵循以下几个原则。

1. 明晰

信息图表的用户体验，首先应该表现为“明晰”。图表的内在逻辑、图形的意义等，应该能够让人一目了然，不能把信息图表变成一个挑战人们智力的游戏。

如果信息图表中有互动区域，应该明确指出它们的存在，否则设计者精心的安排，可能不能被用户发现，也会影响到信息的充分传达。

2. 好看

从用户这端来看，信息图表好坏的另一个重要衡量标准确是“好看”。这既体现为审美上的“好看”，也表现为用户体验上的“好看”，用户体验上的“好看”更是重点，也就是说要让用户在不必费太多力气的情况下，就可以看清图表中的内容，抓住要点，并能产生深刻印象。

有很多信息图表，包括一些优秀的作品，其思路非常清晰，内在逻辑也简单明了，但是，因为版面本身的限制，很多线条交织在一起，线条的走向与归属是很难分辨的，因此，信息传达的有效率受到了限制。类似这样的问题，仍是未来可视化实践中需要继续解决的。

如果传播平台允许互动，一些细节可以通过互动方式来展开。这样可以在保证版面清爽的同时，根据需要展开更多的细节信息。

3. 高效

在新媒体平台上，信息图表的传播必须以高效为前提。在新媒体平台，人们对一个页面打开时间的容忍度大约是两三秒，如果信息图表的文件体积过大，受众多数没有耐心等待其打开。

文件体积的限制往往意味着信息图表的版面不能过大，而在版面有限的情况下，如何保证用户能看清楚每一个细节，这也是需要考虑的。

如果在信息图表中应用互动手段，也需要有所节制，今天的用户是懒的，不能期望他们在一个信息图表中做很深的互动探索，除非有特别的互动诱惑。一般来说，应该减少不必要的互动。

五、信息图表的制作工具

信息图表的制作工具主要有以下几类。

1. 数据可视化工具

对于那些需要依赖一定的数据生成的信息图表，常见的工具包括 Excel、Tableau（它的免费版本是 Tableau Public）、水晶易表（Crystal Xcelsius）、IBM Many Eyes、Visual. ly Create、Google Chart、百度 Echart 等这样的专门数据可视化

工具,它们可以将数据转化为饼图、柱状图、折线图、基于地图的分布图等,有些图还带有互动效果。IBM Many Eyes①、Visual. ly Create②、Google Chart③、百度的Echart④是在线工具。其中,Visual. ly Create是一个傻瓜式的可视化工具,其特长是从社会化媒体平台导入数据进行可视化。

词云的制作,也有一些专门的工具,例如Tagxedo⑤、Wordle⑥、Tagul⑦等。IBM Many Eyes等也可以完成词云的制作。但有些工具不能对中文生成词云。此外,在中文的词云制作中,对文本进行"分词"处理是必需的前提,即将一段中文拆分成一个个的词,这往往需要用到分词软件。

如果是社会关系数据的可视化,可以利用Gephi、Ucinet等社会网络分析软件。如果数据相对简单,也可以用其他绘图工具来进行关系绘制。

2. 图形、图像处理工具

要完成图解类的信息图表,或者将各种基础的图表整合在一张大图上,可以利用Adobe Illustrator、CorelDRAW、SmartDraw、Photoshop、Visually Create等工具。

而要做出美观的信息图,通常需要制作者有一定的美术基础。

3. 交互式效果制作工具

制作具有交互式效果的信息图表,可以结合Flash与ActionScript技术。HTML、CSS与JavaScript等技术的结合也是常见的互动信息图表的制作方法,通常可以采用D3等工具。

更专业的工具还包括Pathon、PHP、Processing、R等。

信息图表制作涉及的软件非常多,本书无法对具体软件的使用做详细介绍,有兴趣者可以自学相关软件。

六、信息图表制作与传播中的常见误区

(一)数据应用与分析中的误区

如果在信息图表中要应用数据,需要特别警惕数据应用中的陷阱。

在数据应用中,不注意数据的代表性,简单地用局部数据来证明全局状况,是一种常见的误区。

---

① 网址:http://www-969.ibm.com/software/analytics/manyeyes/。

② 网址:http://visual.ly/creative-services/infographics。

③ 网址:https://google-developers.appspot.com/chart/。

④ 网址:http://echarts.baidu.com/。

⑤ 网址:http://www.tagxedo.com/。

⑥ 网址:http://www.wordle.net/。

⑦ 网址:https://tagul.com/。

另一个常见的问题是，只提数据的绝对值，而不把它放在大的背景或动态发展过程中去比较。很多时候，数据的绝对值并不能说明什么问题，只有比较才能揭示出数据的意义。

平均数误用，也是数据应用中的一个代表性误区。简单的算术平均数（一组数据的总和除以这组数据的个数）并不总能反映一个群体中的平均状态。从统计学角度看，有些时候，中位数（将一组数据按大小顺序排列，处在最中间位置的一个数）或众数（一组数据中出现次数最多的数），更能反映一般状况。需要根据对象的具体情况选择不同的平均状态的代表值。

还有一些信息图表有数据的分析，这些数据分析可能是通过可视化图表直接展示的，也可能是通过文字来进一步揭示的，这时需要特别注意数据分析的合理性。

数据分析中常见的问题之一，是将事物间的“相关关系”错误地解释为“因果关系”。

例如图 7-4 所示信息图表——“寡头垄断危害中国互联网发展”，图表本身的数据呈现思路是好的，但对数据意义进行解释的文字却出现了偏差。图中的数据只能表现出中国互联网的垄断与其近十年来发展的停滞存在一定相关性，但是，是否一定是垄断导致了发展的停滞，目前的数据并不能支持两者之间的因果关系，因此，文字的解读是有问题的。

相关性只能表示两个对象（如 A 与 B）之间存在着一定关联，即 A 出现时，B 也出现了。但是很多时候，这并不意味着 A 一定导致 B，或者 B 一定导致 A，有可能是另一个因素导致 A 与 B 同时出现。在我们的日常生活中，错将相关关系当成因果关系使用的情况屡见不鲜，但作为专业的信息图表制作者，一定要避免这个误区。

在制作信息图表时，需要反复考量自己拥有的数据究竟能说明什么问题，是否可以充当论证主题的充分依据。在用文字进行数据及其关系的解释时，也要防止“过度解读”。

（二）表现形式中的误区

信息图表的表现形式应用中，也存在着一些误用的风险。

1. 图形选择失当

尽管有些图形的功能看上去是相似的，但实际上它们呈现的效果还是会有所差异，如果我们在表现某些数据对象时选错了对象，就可能会影响传播效果，或者对用户产生误导。

例如，饼图是一种常见的可视化图形，但是它主要适用于各部分相加为100%的对象的比例关系呈现，也就是呈现一个整体中的各个部分之间的数据关系。如果几个数据并非这样一种关系,用饼图来表现,就是不合适的。另外,如果某一个或某几个局部的数据值过小,在整个饼图中难以得到体现,这样的数据,也应该避免用饼图呈现。比如过于接近的一组数据,用饼图来反映时,各个局部的差异不容易被人们的眼睛辨别出来,其效果也会受到影响。

2. 单位失当

单位选择不当,也会使可视化图形出现误导。例如,在横轴或纵轴上的某个单位过大,可能使得本来数值差距较大的数据在视觉上的差距被缩小,反过来,单位过小,则可能放大数据间本来的差距,这两者都会对受众产生误导或欺骗。

(三)应用中的误区

在信息图表的应用中,也常常会出现失当的情形。

1. 滥用信息图表

信息图表进入媒体之初,的确让人眼前一亮,因为与此前的传播手段相比,它有新意,在早期,也容易抓住人们的眼球。但是,如果毫无节制地使用信息图表,甚至只是把信息图表当作一个花哨的装饰,那么,最终人们也会对这种形式失去兴趣,甚至产生抗拒。

采用信息图表的主要目的,是减轻人们的阅读负担,提高信息传播的效率,如果一个信息图表达不到这样的效果,就需要果断地舍弃它。

2. 传播平台选择失当

有些信息图表本身是有价值的,但如果放错了传播平台,也可能使其效果打折扣。例如,有些信息图表需要足够大的尺寸,足够丰富的色彩,加上互动功能,才能传达足够多的细节,但如果放在报纸上,给予的版面空间不够,只能呈现黑白色彩,又没有互动可能,这样的信息图表就难以实现应有的效果。很多信息图表都可以在微博、微信平台传播,但这些平台同样也会限制信息图表的呈现效果,如果要为这些平台制作信息图表,就需要采用适合这些平台的更有效的方式。

本章分析了信息可视化传播的主要思路,但是在实践中,要完成好的信息图表并非一件易事。财新传媒的 CTO 黄志敏认为,做数据新闻,需要的是又懂内容、又懂技术、又懂设计的人。但他同时表示,这样的人才目前在国内一个都没见到,最好的情况是懂其中的两样。"所以我只能是把不同的人组合到一起。"①但是,信息可视化和数据新闻的实践的发展在呼唤兼有内容的策划与领悟能力、技术的实现能力和艺术的表现能力的多元人才,未来的新闻传播人才也需要向这样的复合型人才方向发展。

---

① 《纸媒试水新媒体,是下大海不是进游泳池》,http://chuansongme.com/n/952944。

思考题:

1. 你如何认识信息图表、数据可视化、数据新闻之间的关系?
2. 结合具体案例分析信息图表在新闻报道中的作用。
3. 自己设定一个选题,收集可以用于此选题报道的相关数据。
4. 数据的可用性判断包括哪些方面?
5. 试分析一个信息图表的逻辑结构,它在结构上是否有问题?
6. 信息图表中的用户体验主要表现在哪些方面?
7. 信息图表制作中常见的误区有哪些?

第八章　新媒体中的主要社会化媒体形式

社会化媒体对今天的新媒体用户来说，越来越重要，不同时期出现的社会化媒体，也用不同方式满足了人们的社交及信息需求。

第一节　论坛："古老"的社会化媒体

网络论坛，通常是指以各种话题讨论为主的 BBS。它是利用网络手段所开展的一种多对多交流方式，也是网络中最早的社会化媒体之一。

1994 年 5 月，国家智能计算机研究开发中心开通曙光 BBS 站，这是中国大陆的第一个 BBS 站。也可以说，论坛与中国互联网的诞生几乎是同步的。

在 1994 年之后的十年间，论坛在中国的网络发展中，扮演着至关重要的角色，尤其是对民意的表达、思想的活跃、文化的多元化等，起到了不可替代的作用。

2005 年以来，博客、微博等应用的兴起对论坛产生了一定的冲击，但目前论坛并没有完全失去它的价值。在某些方面，它还具有自己的优势。根据 CNNIC 发布的《第 35 次中国互联网络发展状况统计报告》，截至 2014 年 12 月，中国网民的论坛使用率为 19.9%，全年增长率为 7.2%。[①]

一、网络论坛的形式

从技术手段看，网络论坛主要以 BBS 为主，但在组织方式上有着区分。主要包括以下方面。

1. 专题式论坛

即基于某个特定事件或话题开设的论坛，例如，新闻跟帖就是一种专题式论坛。这种论坛往往是临时性的，成员构成也不稳定。诸如"百度贴吧"这样的论

---

① CNNIC：《第 35 次中国互联网络发展状况统计报告》，http://www.cnnic.net.cn/hlwfzyj/hlwxzbg/201502/P020150203551802054676.pdf。

坛,也可以算作专题式论坛。

2. 综合式论坛

大多数网站所采用的都是这种方式,如人民网的“强国论坛”、新华网的“新华论坛”,还有“天涯论坛”“猫扑社区”等。当然,这些论坛通常又可进行类别区分,形成分论坛,但总体来说,每一个分论坛的内容仍然是综合的。这类论坛是长期存在的,讨论话题可以随时改变,但这种改变是取决于论坛中的网民的。相对来说,在这些论坛里,网民的构成是比较稳定的。常常会有一批较为忠实的成员。

3. 专业式论坛

此类论坛通常是专注于一些专业性较强的领域。这类论坛的人员构成同样是较为稳定的。

从论坛的管理方式看,又可分为以下几种论坛。

1. 有限制式论坛

通常是一些较为稳定的论坛,特别是小型论坛采用的方式。在这里,无明确身份的人,即过客,通常只能阅读别人的意见,而不能发表自己的意见,也就是说,所有发言者都要有明确的 ID。

2. 半限制式论坛

既提供身份注册功能,也允许无身份的人发言,但所有这些无身份者的标识都是一样的,例如统称为“过客”。

3. 无限制式论坛

允许随意发言,发言者无须事先注册身份,而是随时为自己确定一个代号或者完全匿名发言。

限制的大小,不仅代表了意见表达的方便程度高低,也影响着意见表达的自由度。在有限制的论坛中,一般人们会对自己的言论更加谨慎,因为他们的言论是与他们在这个论坛中注册的网络 ID 联系在一起的。尽管网络 ID 不是人们现实生活中真实身份的代表,但却是他们网络中的身份。这种身份对于不同人的意义可能不同。当人们花费一定的时间注册一个身份进入某个论坛时,往往是基于对这个论坛的一种基本认同。因此,从总体看,要求所有发言者都注册身份的论坛,所吸引的大都是对这个论坛有明显兴趣的人,这就比较容易形成一个稳定的圈子。在一个相对稳定的论坛里,ID 是个体被论坛中其他人接受,并成为这个群体中的一员的一个主要标识。为了保持自己在论坛中的地位,人们一般会避免发表不利于自己形象的言论。

在这样一些稳定的论坛中,个体可以通过 ID 来塑造自己,即使这个形象与现实生活中的自我有所不同,但也是个体自我的一种表现形态。经营这样一种自我并不容易,因此人们不会轻易地毁坏它。

在半限制的论坛中，对于有固定身份的人来说，情形与上面提到的限制性论坛类似，但是对于以过客身份发言的人来说，就等于无限制。且所有非注册用户都只有一个身份，这就容易造成意见表达的混乱。

在无限制的论坛中，所有人都可以随时为自己设定一个 ID 来发言，或者完全匿名发言，这使得人们的身份形成与转换异常方便，因此，意见表达的方式会更加灵活与复杂化。一个人甚至可能自己演起“双簧”，即分身为若干人来发言，甚至让这些不同的自己相互冲突。当个体这么做时，可能动机很复杂。有时是为了增加帖子的数量、活跃论坛的气氛，有时也可能是为了让自己的主要的意见凸显出来。

二、网络论坛的意义

网络论坛是网络传播中的一个重要组成部分，从整体上看，论坛的作用可以从四个不同层面表现出来。

（一）网络论坛对网民的价值

网民使用社会化媒体的动机可以分为三个层面：第一个层面是自我表现层面，第二个层面是社会互动层面，第三个层面是社会报偿层面，包括社会归属与社会资本等。论坛也是如此。由于网络论坛的结构与传播特点，网民在论坛中的突出诉求表现在以下几方面：自我表现与表达、获得社会归属感、获得环境认知、获得社会认同。

（二）网络论坛对网站的作用

网络论坛多数依附于门户网站，对于网站来说，虽然经历了社会化媒体产品的不断更迭，论坛在它们的经营中仍然具有较为重要的地位，这是因为，网络论坛对于网站具有多重价值。其中主要的价值体现在以下几方面。

1. 培育用户黏性

论坛是早期的门户网站培育用户黏性的重要手段。在其他社会化媒体兴起之前，论坛是一个网站的网民之间互动的主要空间，网民之间的互动，给网站带来了人气，也促进了网民间的相互关系，而这种关系成为网站的黏性的主要基础。

2. 了解与研究网民

网站开设论坛，也是了解与研究网民的重要渠道。

通过论坛可以对网民的意见与态度有较深入的观察，特别是通过新闻后的跟帖这样的论坛。论坛也是开展定向调查的很好渠道。由于论坛中人们的兴趣比较明确、集中，因此，可以针对特定话题找到合适的论坛开展定向调查。

另一方面，网站也可以在论坛中搜集成员的资料或者行为数据，为开展定向营销等提供基础。

3. 构建网站品牌

在网络信息同质化的情况下,一个网站的论坛往往可以成为其特色,成为网站品牌的支持要素。

(三)网络论坛的社会意义

网络论坛是网络社会的基本单元之一,它对于整个社会的发展也有着独特的作用。其主要价值体现在以下几方面。

1. 公共信息的传播渠道

网络论坛互动产生的内容,虽然有很多是小众的信息,但是,多数论坛也会有公共信息的频繁流动,公共信息将论坛内的各种不同爱好的网民连接起来,也将各种不同类型的论坛连接起来。

这些公共信息,有些是网民生产的,也有一些是媒体生产的。对于媒体生产的内容来说,论坛可以起到放大影响力的作用,也可以为媒体内容提供反馈、延伸、扩展的手段,后文将进一步分析具体的应用方式。

2. 民意表达与社会记录的重要渠道

互联网早期,网络论坛是公众意见表达的主要渠道,今天,它在民意表达方面仍具有一定作用。

论坛的信息呈现形式,可以集中展现某一个话题下人们的反映、评论,因此,从表达民意的角度看,它们更容易形成较大的声势。

作为中国最早出现、持续时间最长的社会化媒体,难以数计的论坛中的内容,也记录了中国进入互联网时代以后的风云变幻。国内学者胡泳认为:“从某种意义上说,一部论坛史就是一部中国互联网史。”[①]事实上,论坛不仅反映了中国互联网世界的变迁,也从一个侧面反映了20年来中国社会的变迁。

3. 公共服务的平台

在微博等平台兴起之前,论坛是主要的公共服务平台,无论是政府机构,还是企业,都可以通过这个平台来与公众进行互动,或者提供相应的服务。

国内的网络问政平台,最早就是基于论坛这样一种形式,直到今天,大量的以新闻网站的论坛为依托的网络问政平台仍然发挥着一定的作用。

一些论坛也可以作为在线交流的渠道,而各种主题下的在线交流,也是公共沟通、公共服务的重要方式。

4. 社群的培育空间

论坛相对封闭的结构,有助于进行社群的培育,论坛中人们的长期互动,可

---

① 胡泳:《中国网络论坛的源与流》,载《新闻战线》2010年第4期。

以发展出更为密切、稳定的社群关系。

5. 网络文化的孕育地

论坛往往是由那些有相似的兴趣爱好或价值取向的人们聚集而成的，发展好的论坛，可以在此基础上，发展出自己社区独有的亚文化，例如自己的语言模式、自己的行为规范、自己的价值取向等。

尽管亚文化可以出现在各种网络传播的形式中，但是论坛是亚文化主要的孕育地。

除了各个论坛的亚文化外，网络论坛对于网络流行语的影响、网络舆论热点的影响等，也会影响到整个网络文化的形成。

（四）Web2.0 时代论坛的价值

即使在今天这个 Web2.0 应用为主的时代，论坛仍然有着不可替代的作用。

对于那些不愿意失去多年培养起来的社区号召力和关系资源的用户来说，对于那些喜欢匿名交流的用户来说，论坛仍是他们的“根据地”。

论坛是以内容为中心的社会化媒体，而微博、微信等是以人为中心的社会化媒体，并且人们的信息互动受到社会关系圈子的影响；因此，当人们需要淡化个体中心或超越个人关系网络而围绕内容这个中心来进行交流时，论坛仍有优势。

因此，新闻跟帖这样一种快捷的与新闻内容互动的方式，也仍然广为应用。贴吧这种针对一个主题进行深度互动的空间，在今天仍没有其他社会化媒体应用可以取代之。

类似的，当人们需要针对某些话题进行大规模的封闭讨论时，论坛仍然是一个理想的交流模式。在专业性领域，论坛这样的形式，也仍具有很大的影响力。

在博客、微博等平台，一些影响力很大的意见领袖对于人们的意见表达产生了很大影响，而在论坛，名人卷入相对较少，即使参与，也不会对他人的表达形成抑制作用。因此，论坛可以提供更平等的交流环境。

今天的论坛也在一定意义上吸收了 Web2.0 应用的一些长处，例如，以个体为中心进行信息整合的思路，它们与其他空间如微博、微信等的关联也在加强，因此，也会和 Web2.0 应用有更多互动。

三、网络论坛的组织结构特点

从组织结构上看，论坛是一种“圈子+话题互动”的模式。

论坛是一个有明确边界的社区，就像画地为牢的圈一样，论坛的活动都在这个明确的“地界”内。加入某个论坛，会有明显的行为标志，如在论坛注册，而每个论坛也有一个明确的名称。人们在这种论坛的互动是通过一个个明确的话题来进行的这种结构。如图 8-1 所示。

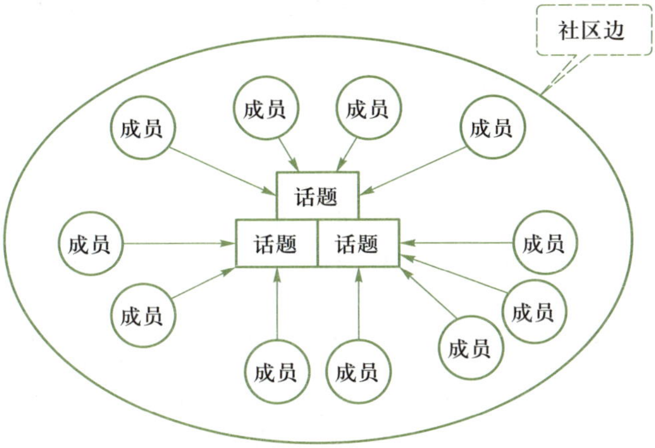

图 8-1　论坛的“圈”式结构

圈式结构使论坛边界明确,其成员有较明确的身份意识,论坛成员作为一个集体进行的交往比较多,成员对论坛的归属感更容易形成,因此,这种结构更有利于群体的形成。

四、网络论坛两种典型的成员关系

论坛的成员关系可以从两个角度来观察,一是需求关系,二是权力关系。

(一) 成员的需求关系

虽然加入特定论坛的成员相对来说会有一定的共同性,但由于性格和背景的不同,人们加入论坛的动机和需求也是不同的。论坛成员的内在需求,是影响他们互动模式、频率以及效果的重要因素。

成员的需求如果能实现互补,就能使论坛形成一种“生态平衡”,论坛的和谐与稳定也就更容易实现。

有研究者把网络社区的成员分为以下几类。

1. 追求成就者(Achievers)。这类成员的动机是满足某种成就感,比如,累积作品,获取地位名声,或者练习交流技巧等。

2. 探索者(Explorers)。他们不太看重获取,而喜欢探索环境,以知晓各类秘闻秘事、学习奇巧新颖秘技、把握群体构成为乐。

3. 社交活动者(Socializers)。参加一个网络群体的目的是社交。这类成员注重交流的个体甚于交流的内容和方式。

4. 恶作剧者(Killers)。这些人往往是一个论坛里的极少数人,以调侃、骚扰、制造混乱为乐趣。

这种分类标准,是由“论坛环境”—“参与者”维度和“互动”—“表现”维度为参照进行划分的(见图 8-2)。

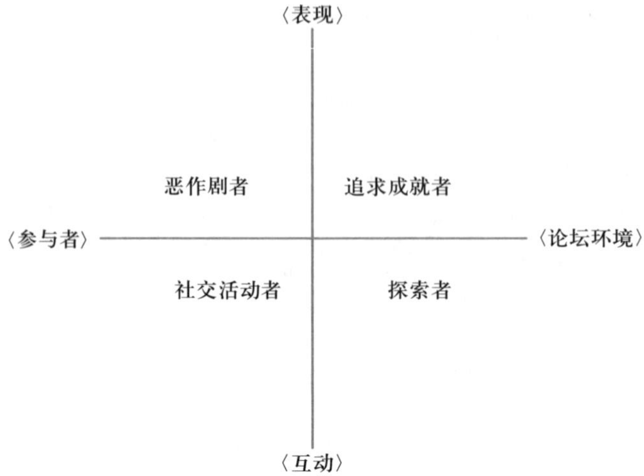

图 8-2　论坛成员需求关系示意图

尽管上述模型只是从一个角度说明了论坛成员关系形成的基础,但是,它的启示是,不同的成员加入论坛的动机与需求是不同的。论坛可以为成员间需求的相互满足提供机会。需求的差异与互补带来的平衡,可以为论坛带来和谐与活力。如果一个论坛都是一个类型的成员,它反而可能是不和谐的。

从需求关系角度看,也便于分析论坛的基础是否稳定。如果成员的需求形成了动态的平衡与和谐,那么论坛有可能较为稳定,人们对论坛的认同度与忠诚度可能更高,成为稳定的群体的可能性也更大。

同时,这个模型也在一定程度上揭示出影响论坛成员行为方式及活跃程度的相关因素,而论坛的意见领袖的产生以及整个权力关系的形成,也是建立在这些因素之上的。

(二)成员的权力关系

论坛成员关系的另一个表现角度,是权力关系。尽管网络中人人平等似乎是人们崇奉的重要信条,但是,事实上,在网络中,有很多因素可以导致权力的落差,甚至话语本身也是导致权力不平等的重要因素。在论坛中,这种权力的差异往往是表现得非常充分的。

论坛中的权力关系有两类,即规定性权力关系与非规定性权力关系。

规定性权力关系,是由网站的规则所直接赋予的,例如,版主的特权就是靠某种强制性的手段所赋予的,版主与普通成员的权力差异,也是规定性的。

非规定性权力关系,即不是由某些显在的规则所规定的权力关系,而是在论坛成员互动中逐渐形成的一种权力的格局,但它们的确存在,并且会发生作用,有时这种作用比规定性权力的作用更为强烈。例如,论坛中逐渐形成的意见领袖,就是非规定性权力的一种表现。

在论坛中,意见领袖是那些可以影响别人的观点、态度甚至行为的人。意见领袖的产生,除了个体自身的特质外,例如见多识广、具备某种专业知识、有良好的声誉、在论坛表现活跃、具有良好的文字表达能力等,还与论坛中其他成员的性格、需求特点相关,有时也会与论坛环境、网络大环境甚至社会环境有关。

从非规定性权力关系角度看,除了意见领袖,论坛中可能还存在意见领袖的追随者(认同并跟随意见领袖)、沉默者(不管对意见领袖的态度如何,都不明确表现在态度与行动上)与意见领袖的反对者(不认同意见领袖并明确表现在态度与行动上)。他们共同构成了论坛中的权力格局(见图 8-3)。而论坛的发展,在某种意义上看,也是权力各方较量的过程。

图 8-3　论坛成员的非规定性权力关系示意图

论坛的权力关系,首先影响的是论坛成员的意见表达。论坛成员的讨论并非总是自由的,并非总是能充分体现每个人的观点与态度的,权力关系所起的作用往往是复杂的但同时也很明显。人们出于对自己在论坛的地位与利益的考虑,会在这种权力关系的制约下确定自己的态度,选择相应的表达方式。这种关系在很多时候也会成为影响群体心理的重要因素,而群体心理又会作用于某个成员的意见与态度的形成过程。

其次,这种权力关系也可能影响到论坛成员的行为,例如,意见领袖所推荐的产品,可能引起跟风购买行为。

意见领袖,是论坛中的权力中心。但并非在所有论坛都存在意见领袖,一个论坛的意见领袖也可能不止一个人,此外,意见领袖虽然有一定的稳定性,但是也会有变动性。论坛发展的不同阶段,可能会出现不同的意见领袖。

第二节 博客:个体为中心的社会化舞台

博客是一种以个体为中心的社会化媒体,在某种意义上,它也是个体的一个表演舞台。

尽管博客的概念在中国引入较晚,大规模的商业化博客平台的运作也是到2005年才出现的,但是,在短短的几年内,博客传播不仅得到广泛普及,而且它对于网络世界及现实世界的双重影响已不容回避。

近几年来,虽然微博、微信等应用平台对博客产生了一定的冲击,但博客仍然没有消亡。在某些方面,它仍扮演着不可替代的角色。根据CNNIC发布的《第35次中国互联网络发展状况统计报告》,截至2014年12月,中国网民的博客使用率仍有16.8%,全年增长率为24.2%。①

一、博客的基本含义

"博客"来源于英文Weblog,Weblog是网络上的一种流水记录形式,也有人称其为"网络日志"。人们可以用"傻瓜式"的方式,在一个专属于自己的网络空间发布文章或图片等,这些内容都按照年份和日期进行倒序排列。在台湾,它的译名为"部落格"。

博客与早已存在的个人主页技术的区别是,利用它进行信息发布的技术门槛非常低,几乎可以认为是"零",只需几个简单的操作步骤就可以随时发布内容。而对于普通网民来说,如果要建立并维护一个个人网站,则需要较高的技术水平,且时间成本也较高。因此,博客有助于网上个人内容发布活动的持续化。

与网络中各式各样的BBS相比,博客的特点在于,它可以将"博主"(博客的拥有者)的地位凸显出来,使他成为主角,其他人的留言、评论是以博主的帖子为中心的,可以说这是一种"一对多"的交流。而BBS中的讨论是"多对多"的交流,不会有唯一的主角。博客的交流方式,较好地保证了某一个体在信息发布与交流中的主导地位。

目前,博客一词具有多重含义,它既指博客活动,又指从事博客活动的人,同时还指博客活动的平台,即个人在网络中的信息发布平台。

早期的博客以文字帖子为主,但随着技术的发展,也有越来越多的人可以利

① CNNIC:《第35次中国互联网络发展状况统计报告》,http://www.cnnic.net.cn/hlwfzyj/hlwxzbg/201502/P020150203551802054676.pdf。

用“播客”技术发布音频、视频内容。“播客”(包括视频播客)可以看作是博客的一种新发展。由于传播手段的不同,播客与文字博客的发展轨迹会有所不同。

《圣何塞水星报》专栏作家丹·吉尔摩(Dan Gillmor)认为,博客代表着“新闻媒体3.0版”:旧媒体(Old Media)→新媒体(New Media)→自媒体(Wemedia)①。

但是,博客绝不仅仅只是一种媒体,博客传播也绝不仅仅只有新闻传播方面的价值。博客平台集中体现了网络平台的各种特性,当然与网络中很多应用相比,它突出了个体作为一种独立存在(而不是群体中一分子)的地位。博客的不断发展,使博客传播对社会文化各个层面的影响不断显现出来。它使个人在信息传播及意见表达方面获得了更高的主动权,它也使个体在记录社会、影响社会方面具有了更大的力量。博客所引发的网络事件也很频繁,而这些事件只是一些表征,在它们的背后,是博客这样一种新的社会工具与社会空间所蕴含的社会能量的一个蓄积、转化和爆发的过程。

此后几年,博客在中国一直处于高速发展的时期,人人网等SNS应用出现后,博客应用开始受到冲击,而微博的普及,更是使博客的应用受到较大的影响。

二、博客的社会意义

博客应用的出现与普及,在各个层面给社会带来了影响,以下几方面的影响更为突出。

(一)公民新闻、个人出版等促成的去中心化传播

公民新闻是指没有专业媒体背景的普通公众通过各种媒介传播自己所搜集或撰写的新闻信息,或主动参与媒体的新闻生产过程的行为及现象。虽然公民新闻可以利用的社会化媒体手段很多,但无疑,在公民新闻的兴起过程中,博客起到的作用更为关键。

除了推进公民新闻的发展,对于更广泛意义上的信息传播来说,博客也提供了一种全新的个人出版方式,它不需要经过传统媒体或出版社的把关或许可,可以自由地、无限制地进行个人化的内容出版。

方兴东等研究者认为,无论是公民新闻还是个人出版,实质都是一种大集市式的传播模式,它是对传统的大教堂式的或者说中心化的传播模式的冲击。②

“在大教堂模式中,传统大众传播的传播者是从事信息生产和传播的专业化媒介组织……大众传播是在特定的组织目标和方针指导下进行传播活动的。

① 方兴东:《何为博客》,见http://jiangeu.bokee.com/1140048.html。

② 方兴东、张笑容:《大集市模式的博客传播理论研究和案例分析》,载《现代传播》2006年第3期。

而在大集市模式中,博客传播则是个人通过博客媒介、博客群、博客化链接、博客关系等方面积累的传播影响力,更加深入到大众传播的方方面面。

在博客的大众化传播中,每一个博客都是一个个人化的独特信息源……由于每一个博客作者都是特定的社会角色,博客的主人便通过自己的观点或生活经历,书写自己独特的内容,使信息不仅在量上达到丰富,内容也极其广泛,凸现以个人为中心的主体性。"①

本质上来说,公民新闻和个人出版,是"个人中心"对过去的"机构中心"的冲击,它以多中心的方式削弱了传统的传播中心的影响力。尽管从每一个个体来看,它们未必能达到专业媒体和专业化出版的水准,但是,在整体上,公民新闻或个人出版还是可以在较大程度上补充专业机构的不足。

(二)博客构建的新的知识生产与传播体系

博客本身的平台特点,使它在知识生产、分享与整合方面具有优势。

博客中的知识生产与传播主要有以下几种途径。

1. 研究者的个人研究成果的分享

互联网出现之前,研究者的研究成果只能通过学术期刊等途径发表,而版面的限制,使得大量成果被束之高阁,即使有少量研究成果获得了发表的机会,出版的周期长还是使得很多研究成果在发表时已经没有了时效性。网络出现后,虽然论坛等空间也为成果发布提供了可能,但论坛整体,并非理想的学术成果的分享、交流空间,博客这样一个以个体为中心的传播模式,为研究成果的及时发布提供了可能,也提供了充分的发表空间和交流可能。

2. 整合者对知识体系的梳理

博客的信息发布,很多时候并非原创,而是信息的梳理与整合。从知识领域来看,那些扮演着整合者角色的博客,可以根据自己的兴趣进行知识内容的收集,发布在博客上,这也为他人提供了一种知识体系的梳理。

3. 机构博客进行的知识生产或分享

一些学术机构、企业或其他组织,也在利用博客进行传播,有些是为了成果的发布与交流,有些是为了组织形象的塑造或品牌营销。尽管他们的目的不尽相同,但是,有意无意,这些机构博客,也成为知识生产或传播中的一种力量。特别是学术组织的博客,扮演的角色更为突出。

在各种力量的共同作用下,博客成为了传统知识生产体系之外的一个新的知识生产系统。

---

① 方兴东、张笑容:《大集市模式的博客传播理论研究和案例分析》,载《现代传播》2006年第3期。

(三) 博客促进的个体与社会间的能量交换

博客不仅仅是一个信息传播的新模式,也是个体能量的一种新表达与交换方式。博客平台是个体与个体相连接的纽带,也是个体与社会发生密切关系的节点。正是这种社会节点的属性,使博客传播超越了自娱自乐,而产生广泛的社会影响。

虽然每个博客都是一个独立的舞台,但是,它们之间也是可以相互连通的。博客之间的相互链接,使博客世界也构成了关系网络。这张网络对于博客社会关系的扩展,对于博客文章的广泛传播,对于一个博客的影响力的形成,都是重要的。

作为社会节点的博客,使个体拥有了一个社会化的界面,这是个体吸纳与整合社会能量的接收器,同时也是个体能量放大为社会能量的转换器。

通过博客,个人的声音可以放大到社会空间,个人行为放大为社会性行为,普通个体无需传统大众传统媒介的中介,就可以在公共话语空间发出自己的声音。这种声音有时甚至可能与多家媒体的声音相抗衡。

也正是由于这种特点,博客也可以成为个体参与社会公共事务的一个重要入口。从整体看,博客这一平台,在激励人们进行社会参与方面,是具有较大的潜能的。

(四) 博客民间记录对官方历史记录的补充

媒体的一个重要功能,是记录历史。而在传统媒体时代,媒体所记录的历史,只是代表了官方的或某些机构的意志,它所记录的历史片断和画面,是经过筛选的,是不完整的。而博客这些不受主流话语控制的自媒体的出现,可以在一定程度上弥补专业媒体的不足。

虽然每一个博客都只是历史画卷中的一个微不足道的碎片,它只是从一个微观的视角反映历史的进程,但当所有博客的碎片聚集在一起时,仍然会构成一种丰富的历史图景,它们反映了不同文化背景、不同社会阶层的人们在历史运动中的生存状态与精神状态,反映了社会变迁中的社会风貌,因此,博客的文字、图片以及音像资料,将成为人类文明中的一种重要财富。

与微博、微信等的碎片式的记录方式不同,博客的记录相对完整、系统,因为人们的博客写作通常都是以一篇完整的文章为目标的,在今天的碎片化时代,博客的记录显得更为宝贵。

(五) 博客助长的多元文化

博客世界蕴含着丰富的文化种子,而博客平台本身为这些种子的萌芽、生长提供了肥沃的土壤。博客世界的自由精神,会鼓励非主流性的文化创作,博客的开放性质,可以使博主们的创作得到广泛传播、检验,并经由互动得以发展、丰富，也使其文化在形成过程中受到更多方面的冲击与磨炼。而博客世界的群体交流，也成为博客文化生长的另一种环境。与传统时代相比，博客世界里的文化，非主流性、多元性表现得更充分。当然，博客文化有时互相影响，也可能出现同质化的倾向，在博客世界里也可能出现新的主流文化，但是，总的来看，博客对于多元文化的生长，具有重要的"助长"作用。

（六）博客生态系统与社会生态的交互作用

博客的不断发展促进了博客传播者的多元化，而这种多元化，也造就了复杂的博客生态系统。

把博客视作生态系统，就可以从生态系统各个构成要素的相互依存关系或者说"生物链"的构成中，去认识博客世界。

博客世界之所以充满生机与活力，就是因为它的元素（博客的传播者或受众个体）构成是多元的，既有同质性，更有异质性。每个个体有着各自的需求，这些需求相互呼应，又相互伺服，甚至在某种意义上构成一种"生物链"。这使这个系统形成了自我生长的机能，博客作为一种"生命"系统的能量得以不断产生、释放与转化。如果这个生态系统只有单一的构成要素与需求，就缺乏这样一种生态循环机制。

博客这个生态系统也在与现实社会生态不断地发生交互作用。其中，话语权力的交互尤为突出。就像其他社会化媒体平台一样，博客在挑战着现实中的权力中心的同时，自身也在形成新的权力格局。

博客社会里新的权力不平衡，既是现实社会的权力关系的折射，也是博客世界本身规则的运行结果。而反过来，博客世界里形成的新的话语权力结构，也会在一定意义上影响现实世界的话语权格局，在博客世界里拥有了更强话语权的人，也开始对现实社会有了更强的影响力。

三、博客的传播结构

从结构上看，每一个博客上的传播是一种"舞台表演+观众围观"的模式（见图 8-4）。

每一个博客空间，都是一个舞台。与论坛不同的是，一个博客只有一个主角。所以，博客这种模式保证了表演者的中心地位。与 SNS 等不同的是，博客的表演主要是通过其博客内容，而其他展示手段是相对缺乏的。

而博客的阅读者，则是观众，他们虽然对博客的表演热情、表演方式等有着直接的影响，但是，他们只是作为观众产生影响的，无法争夺博客作者的主角位置。

表演者与观看者之间有时存在着直接评论、留言等的互动，但也可以完全是

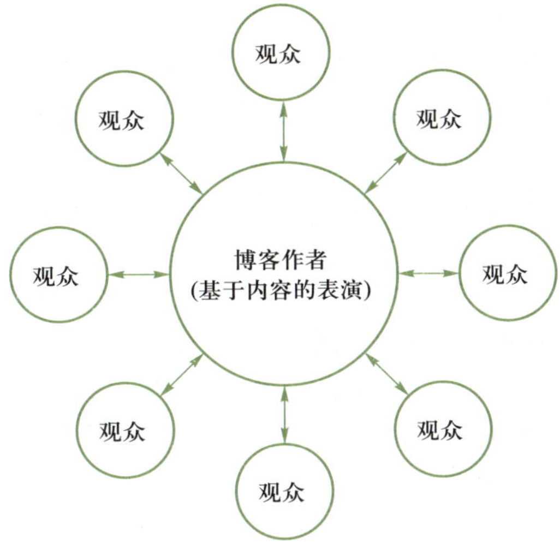

图 8-4 博客的结构模式

单向的传播。

这样一个模式,在表面上看,类似于传统媒体的大众传播模式,但是,由于"观众"的自由选择空间较大,所以他们比大众传播时代拥有更多的自主权,且与博主之间的互动可以非常直接。而博客的"观众"的数量,多数时候也远远低于专业媒体的受众数量。

在整个博客平台上,各个个人舞台之间,又存在一定的联系。早期的博客是比较封闭的,博客内容的转发相对麻烦。理论上各个博客之间也可以有相互链接、相互转发的可能,但它们之间的互动仍然有限。所以整个博客世界是一个连通不充分的网络。今天,在 SNS 和微博等的影响下,博客也正在变得开放,但是,与 SNS、微博等相比,它仍然要显得封闭些。

四、博客的传播特点

博客传播是一种以个体为中心的、非制度化的传播,它的传播特点主要表现为以下几种。

1. 个体构成传播中心

上文对博客传播结构的分析表明,个体是博客舞台的中心,尽管一个大的博客平台是由无数个这样的个人中心构成的,但是对于每一个博主来说,在自己这个中心上,他是绝对的主角与焦点,与他人的互动必然是围绕主角展开的。

这样一种中心地位,可以给予博主较大的传播控制权。当然,要让博主在这样的控制权下保持持续的活跃度,对其需求的满足与刺激,就变得尤为重要。

2. 内容自由度较高

博客传播的内容,是由博主自己决定的,尽管博客内容的发布需要在法律的框架下,法律法规禁止传播的内容也不能出现在博客中,但是除了这个限制外,博客中的内容发布是相对自由的。

前文也提到,博客写作相对封闭,受环境因素的影响较小,因此,作者的想法可以得到较充分、自由的表达。

与微博等平台相比,博客内容的自由度,还表现为它的长度不受限制。容量的自由度也为博主的深度、充分表达提供了可能。

尽管博客的内容表达有较高的自由度,但通常人们在这里的自我要求却比较高,一般不会像在微博中一样发布过多的碎片式内容。从这个意义上看,博客又是一种高门槛的表达方式。

3. 传播手段相对单一

一般的博客以文字、图片传播为主,播客则专注于音频或视频。与微博、微信等相比,其传播手段相对单一,但在某种意义上,专注于单一的手段,也可以使得博客们对这些手段的运用能力与水平不断提高。

4. 传播节奏自由

作为一种非制度化传播,博客的传播不需要遵循固定的周期或节奏,博主可以按照自己的兴趣与心情,根据自己的情况来进行内容发布。

由于博客内容通常更为厚重,因此,它的发布间隔一般也会更长。

5. 私人话语空间与公共话语空间界限模糊

私人话语空间与公共话语空间的模糊,是博客的渠道特点。

博客兴起的初期,一部分人将博客视为自媒体,“媒体”这个偏向,即是强调它对公共空间的影响力。但常态下,并非所有博客都具有公共话语空间的“自媒体”的影响力,多数人自认为它只是纯私人空间,但是,在某些因素的推动下,被当作私人空间里的博客内容,可能会越过私人空间的边界进入到公共空间,从而造成影响。

五、博客用户的使用与满足

使用与满足,是传播学的一个基本理论框架,它的重点是分析受众对媒介的使用动机。这个框架适用于各种媒体的用户需求及深层动因分析。对于博客等社会化媒体来说,这个框架也是适合的。

(一) 博客写作者的使用与满足

虽然将博客视作一种“自媒体”是一种普遍的观点,但是,对于大多数博客的写作者来说,他们并不是自觉将博客当作媒体来看待的。

博客的写作者主要是个体,他们并不从事制度化的传播,这就意味着,理解博客写作者的行为及其内在动因,不能仅仅放在传播的框架下去观察,而是可以从个体自身的需求角度入手。

网民从事博客活动,在外在表现上有着种种不同,但是,他们的内在心理机制是一致的。从总体看,博客活动表现为三个层面的需求:一是内在的根本心理需求,二是对博客平台的直接使用诉求,三是对社会报偿的需求。三者相辅相成,博客活动能否持续,也在很大程度上取决于这三个层面的需求是否得到很好的满足。个体也会通过自我调节来尽可能使三者达到协调一致。而个体需求的满足还需要一些其他因素的支持。

对于博客写作者来说,自我形象塑造是博客活动的深层心理动因。

如果说博客是一个舞台,那么其作者便处于一个清晰可辨的主角位置。无论博客活动的外在诉求是什么,从深层心理上来看,博主们都会希望通过自我表达、交流分享等这些活动,塑造一个理想的自我。也可以说,自我形象塑造是博客写作者最主要的心理动因。

从另一个角度看,博客是个体进行印象管理的一个重要平台。博客是个体与社会相连接的一个节点,是个体向社会展示自我的一个窗口。鉴于这一点,博主们大多会注重自己在博客中的表达内容及其表达方式,并试图通过这些来传递一个自己认为理想的个人形象。

与现实社会相比,由于博客在传播方面占据更大的主动权,因此,在印象管理方面也具有更多的控制力。

博客中涉及的自我表达的内容,在过去往往是属于私人的、"后台"的内容。因此,有研究者认为,人们有一种借助媒介技术把自己的后台行为前移的倾向。[①]

然而,博主并不是在所有场合都表现出自己的后台行为,对什么样的人表现什么样的后台行为,实际上是经过选择的。这表明了人们具有通过博客进行印象管理的心理动因。

虽然博客写作者具有相同的深层心理动因,但是,由于各种因素,他们在外在的使用诉求上会表现出不同。通常的外在诉求包括自我表达、历史记录、自我推介、个人信息传播、公共信息整合、知识整合与分享、公共服务和娱乐诉求。

每一个博主用博客从事什么样的活动,不仅取决于他们的心理需求,也取决于一些个人的或外在的因素,例如时间、个人特长、外在环境等。

---

① 王传晓:《博客传播与人的后台行为前台化》,见 http://media.people.com.cn/BIG5/22114/52789/66887/4510029.html。

尽管博客与私人日记有相似之处，但人们之所以将这种个人表达放到网络空间里，就说明，他们不仅仅是要进行自我倾诉，还希望获得社会性报偿，即希望通过与他人的交流，通过个人信息或思想的传播，来获得社会影响或认同。

（二）博客阅读者的使用与满足

如果说博客的作者是在博客这个舞台上进行表演的，那么，博客的访问者就是作为“观众”存在的。当然，这些观众对于表演者的表演起着重要的推动作用。作为“观众”的博客阅读者更多的是处于“人群”中，加入什么样的人群，是一个带有强烈倾向性的选择。这意味着博客阅读者的活动有着很强的社会归属感的需要。

在寻找社会归属感的深层动因的推动下，博客阅读者阅读博客或参与交流，但由于个人兴趣、社会文化背景等各种因素的影响，他们的外在使用诉求可能各有侧重。而这些诉求与博客写作者的活动诉求形成了相互呼应与相互伺服的关系，两者的相适应度与互动程度成为博客活动能否持续的重要影响因素。

博客阅读者的外在诉求主要表现为：环境认知、自我表达、自我投射、自我推介、信息或知识获取及娱乐诉求等。

一个博客能否吸引人、留住人，不能简单地看它内容水平的高低，而需要从它给博客阅读者的社会报偿角度进行综合评价。博客阅读者获得的外在社会报偿，除了其诉求的满足外，还包括他人对自己的认同以及相应的社会资源等。

六、后博客时代的博客价值

在某种意义上，博客最辉煌的时期已经过去，博客已经不再是最耀眼、最核心的社会化媒体平台，网络已经发展到了“后博客”时代。

但是，就像古老的论坛在今天仍有它的生命力一样，博客这个在中国只有十余年历史的应用平台，并没有完全“老去”。在经过大浪淘沙，以及接受了其他新技术的洗礼后，它今天进入的是不事张扬但更为稳定的状态。

与微博、微信等新的应用平台相比，博客的特长在于：

博客更适合于专业化的深度表达与交流。微博、微信等对于人们快速了解一些信息、进行大规模信息扩散与讨论是有益的，而博客更适合于一些专业内容的讨论。这些交流，要求人们有较为深度的阅读，也有一定的思考时间。

尽管微博中也有长微博的形式，微信甚至没有容量的限制，但这两者都是移动社交产品，人们的行为越来越多地受到移动中的时间与空间的影响，因此，要真正实现深度阅读与交流，是有障碍的。

而博客是移动互联网之前的产物，博客写作者与阅读者还在一定程度上延续着以往的习惯，这对于深度阅读是有利的。

从现实结果来看,在新浪博客中,早期访问量最大的博客都是娱乐明星的博客。但后来,专业类博客特别是金融博客占据了排行榜的前几位,这也说明,专业类博客在今天仍然具有重要的影响力。

在知识生产与传播领域,博客的作用也不可替代。前文提到,博客是一个知识生产与传播系统,在今天,它在这方面仍然具有举足轻重的作用。

此外,博客是一个相对封闭的写作空间,它可以较好地保持写作者的独立性。

从写作的角度看,微博是一个对写作者干扰最大的平台。因为微博的创作往往是边写边传播的模式,一个完整的表达可能需要几条微博来完成,而刚发出去的内容可以迅速形成涟漪式的扩散,反馈有时会像急风骤雨一样扑面而来,因此,反馈会很快作用于后面的微博表达。微博本身又容易激发人们的批评、批判意识和情绪化表达,因此,微博带来的负面反馈往往更为集中,对于脆弱的人来说,这往往会使他们越来越无所适从,甚至可能失去自信。一些人会为了取悦微博中的他人,而改变自己的写作风格甚至观点与态度。

而在博客的写作中,作者是深思熟虑地在电脑上完成写作后,一次性发布的。虽然博客也可以带来各种不同方面的反馈,但通常博客的阅读者群体会更为稳定,能保持稳定阅读习惯的阅读者,一般也是出于对博主的认同,所以即使有批评,也会用更为平和的方式来面对。博客中写作者得到的正面反馈会相对更多。因此,博客作者可以较好地按照自己的意愿与方式,来进行写作与表达。

博客更适合于个人资源与品牌的积累。对于那些已经在博客世界里有了深厚的资源积累的博主来说,他们可能不会轻易放弃博客这片领地,即使他们同时使用微博等平台,也会将博客作为自己的一个重要的表达空间。

第三节 维基:协作式知识生产系统

维基(Wiki)技术指的是一种超文本系统。这种超文本系统支持面向社群的协作式写作,也就是说,这是在互联网上支持多人协作的写作工具。

在维基页面上,每个人都可浏览、创建、更改文本,系统可以对不同版本内容进行有效的控制管理,所有的修改记录都保存下来,不但可事后查验,也能追踪、回复至本来面目。这也就意味着每个人都可以方便地对共同的主题进行写作、修改、扩展或者探讨。

维基技术理念最成功的应用,是维基百科。维基百科(Wikipedia)是一个基于维基技术的多语言的网络百科全书的全球协作计划,这是一部用不同语言写成的网络百科全书。维基百科的创办者是吉米·威尔士(Jimmy Wales),而其最初构想是由拉里·桑格(Larry Sanger)提出的。英文版本Wikipedia(http://en.wikipedia.org/)于2001年1月15日开始建设,中文版Wikipedia(http://zh.wikipedia.org/)的建设始于2002年10月底。

但维基百科的作用不仅在于对那些已有的知识进行系统整理,它同样可以在新闻传播尤其是突发性新闻报道中发挥作用。

而维基百科以及类似的百度百科、互动百科等平台在中国正在被越来越多的人认识,应用范围也越来越广,在公共信息传播方面潜力是很大的。

一、维基传播的基本特点

维基传播的特点有以下几种。

1. 维基传播是一种协作性工作

与博客不同,维基提供的工具,是以促进共同协作为基本目标的,网民在维基中的协作,不仅可以更好地完成特定的任务,还使得平等、沟通、合作等互联网精神得以实践。

维基中的协作,在某种意义上可以促进维基平台上的"自组织"的形成,它不仅可以创造多元的文化,而且"自组织"本身,也是网络文化精神的体现。

2. 维基倡导平等对话

维基提供的是一种开放、平等的工具,无论是在某一条维基内容的编辑过程中,还是在整个维基平台上,所有参与者都是相对平等的。人们对于同一事物认识的不同层次、不同角度、不同观点都可以同时呈现,受众从每一个维基的词条中看到的是一个平等的对话过程。这种对话,不仅有助于受众看到事物的多个侧面,也可以使网民在无形中受到对话精神的熏陶。

3. 维基是"焦点"文化与"边缘"文化的结合

维基文化既体现了网络中或现实社会中的热门话题,同时又可以满足人们对某些个性化的内容的兴趣。

热门话题在很大程度上是网络社会或现实社会的"焦点"。当今中国的网络中,诸如"百度百科""互动百科"这样的维基平台上,那些新出现的热门词条,往往反映了社会中的某些重要事件或话题,是社会的一个敏感风向标,同时也可以勾勒出一定社会阶段的典型特征。

例如,国内维基应用网站"互动百科"推出了每日、每月以及年度十大热词榜,其中,2014年的年度十大热词为依法治国、马航、APEC蓝、埃博拉病毒、冰桶挑战、监狱风云、克里米亚、《小苹果》、奶茶恋、玉兔号。从这些词里我们可以看到阶段性的社会热点及其演变轨迹。

但与此同时,边缘的或小众的文化也可以在维基中找到它们的栖身之地。《长尾理论》一书曾将维基百科作为长尾应用的一个典范。有些词条可能只有少数人感兴趣,在传统的大百科全书中肯定是不会收录的,但在维基平台上,哪怕是这样的词条,也可以建立起来,而且可能得到不断的修改、完善。

二、维基用户的使用与满足

维基平台是以协同工作为基础的,也就是说它体现的是集体的力量,而非个体的能力与形象。既然维基并不能直接给个人的社会资本带来直接的收益,为什么参与维基项目的用户仍然趋之若鹜呢?

如果以马斯洛的需求层次理论来看待维基用户,那么,这些用户所追求的更多的是尊重、自我发展等高层次需求。

1. 社会分享需要

分享是维基应用的一个重要特质,也是很多维基用户参与维基协作的动机之一。将知识、信息通过维基平台分享,是一种利他同时也利己的行为,因为在给予他人的过程中,人们也可以从他人那里得到收获。

2. 自我提升需要

参与维基建设,也可以在一定程度上实现个体的自我提升,例如参与维基词条建设,可以不断学习到新的知识,开阔视野,在其他用户的鼓励下,个体提升自己的愿望也会越来越强烈。

3. 社会报偿需要

在维基平台,人们的成果还可能得到社会的认同,获得他人的尊重,甚至获得一定的实质性的报偿。来自社会的积极反馈,也是人们在维基平台坚持下去的重要原因。因此,一些维基平台也建立了相应的激励机制,如给参与建设较多的用户以荣誉性称号,给予不同待遇等。

4. 自我表达需要

参与什么样的内容建设,在一定程度上,也是一种自我表达的方式。人们的兴趣爱好、价值取向等,都可以从他贡献的内容中体现出来。尽管在维基应用中,人们较少直接表达态度,但他们可以借知识与信息的选择来表达自己的意见与情绪。

三、维基的主要应用方向

(一) 基于维基的知识生产

维基是为知识共享而生的。目前维基最大的应用也仍然是知识分享领域。在2001年维基百科启动之后,维基词典(Wiktionary)、维基教科书计划、维基资源计划、维基语录计划等也陆续启动。

维基百科等应用,使人类知识在一个单一的平台上以前所未有的规模汇聚起来。截至 2015 年 7 月,维基百科总语种达 290 种,总词条数超过 3 558 万。[①]这是任何一个专业的百科全书都不能达到的规模。

维基百科的“目标及宗旨是为全人类提供自由的百科全书——用他们选择的语言所书写的,全世界知识的总和。”[②]依靠广大网民的参与,它达及了这一目标。维基百科不仅在广度上超过了任何百科全书,还实现了另外一种突破,那就是对于某一事物的多元认识的集成。传统的百科全书,对一个对象的介绍,往往只能反映某些主流的观点,而维基百科允许不同人的不同认识在同一个平台上展现。虽然这可能削弱词条的权威性,但却使人们有了更广的认识视野。

维基应用也意味着知识不再是某些专家的专利,而是人类共同智慧的集成。知识的生产变成了不同人的认识与智慧进行交流、碰撞的过程。

维基也使知识的更新达到了前所未有的速度。维基百科等平台往往能以最快的速度反映世界上最新的知识进展,而传统的百科全书由于受到出版周期的限制,会产生严重的滞后现象。

维基也促进了知识的共享,知识在各类人群中得以更自由的流动,人们也能获得平等的接触知识的机会。

除了维基百科外,维基的模式,也可以用于其他的协同性知识生产项目。

(二)基于维基的新闻传播

作为目前最大的维基应用的维基百科,并不只是对那些呈过去时的事物进行解释,也可以将正在发生的社会事件作为词条,因此,这些词条在某种意义上也成了一种新闻报道。

伦敦时间 2005 年 7 月 7 日上午 8:50,4 颗炸弹在英国伦敦地铁的几个车站同时爆炸,在专业媒体报道发布之前,就有一位叫莫文的网民在维基平台上对此事进行了报道,之后,这个维基社区的其他成员开始跟进莫文的报道,他们丰富着事件的细节,纠正着报道的误差,跟踪着事态的进展。“那天快结束的时候,超过 2 500 人已经创作了一个 14 页的易于理解的报道,比任何一则新闻所提供的信息都要丰富得多。”[③]

“他们证明了维基百科全书的力量,同时表明成千上万个分散的志愿者可以创造出快速的、富有流动性和创新性的工作,而这种工作的表现要超过那些最

---

① 资料来源:https://meta.wikimedia.org/wiki/List_of_Wikipedias。

② 《什么是维基百科(Wikipedia)》,见 http://wikipedia.jaylee.cn/。

③ [加]泰普斯科特、[英]威廉姆斯:《维基经济学》,中国青年出版社 2007 年版,第 76 页。

大的且资金雄厚的企业。”①

尽管目前在中国,维基直接应用于新闻报道的例子还不多见,但是,在“百度百科”“互动百科”的一些词条中,我们还是可以看到非常明显的新闻色彩,尽管人们并不一定是有意识地把这些词条当作一个报道来写。

维基更强调多人协作,如果这一思想应用于新闻报道,将改变在博客应用中“你写我看”和“写的人少看的人多”的现象。任何人都可以成为新闻的发布者与加工者。一些重大的新闻报道,可以利用这种技术实现跨媒体、跨地区的合作。

而更具实质性意义的是,对于一个新闻事件的报道,可以由不同的人根据自己所掌握的信息来进行补充、更新,报道始终处于一种动态的状态,这会促使人们不断地探求事实的真相。

而普通人通过维基平台所做的新闻报道,也会成为对专业媒体报道进行检验的手段。

学者高钢认为,维基新闻的传播方式可以推动以下目标的实现:新闻价值的公众确认、新闻信息的全程提供、新闻分析的多元展开。在同一平台之上围绕同一个信息主题或实现同一个传播目标而展开的网际协作,将实现全新的信息传播模式,这种模式将使信息更加丰富,解析更加多元,验证更加苛刻,讨论更加理性。②

(三)基于维基的社会协作

2007年来自加拿大的泰普斯科特和来自英国的威廉姆斯共同完成了《维基经济学》一书,他们将协作基础上生成的“投入和共同创造”的经济模式命名为“维基经济”(Wikinomics)。这本书的副题解释了维基更长远的意义:“大规模协作如何改变一切”。

维基推动着知识生产中的协作,但这种协作思想的意义远不止在这个领域。协作生产、协作商业、协作科研和协作创作,这些都正在网络中变成现实,尽管它们未必都要采用维基系统。

维基和其他数字技术一道,推动着人类社会向这样一种协作的方向进步。这也将是信息社会的一个重要特点。协作改变的不仅是个别工作、个别任务的完成模式,也不仅是社会经济的运行模式,更重要的是,它改变了社会中个体的关系及其结构方式。个体这个节点,通过各种协作网络,与他人发生着丰富的联

---

① [加]泰普斯科特、[英]威廉姆斯:《维基经济学》,中国青年出版社2007年版,第76页。

② 高钢:《谁是未来新闻的报道者?——维基技术的本质及对新闻报道的影响》,载《国际新闻界》2008年第6期。

系，实现着自己的社会价值。

第四节 SNS：小世界的映射

SNS 是人们基于现实身份进行交流的平台，它是现实社会中的社会关系与社交圈的映射与拓展，它使得人们的关系更为多元、紧密，因此在某种意义上，它是六度分隔的“小世界”的一个映射。

一、SNS 的基本含义

SNS 是 Social Networking Service 的缩写，中文译为“社会网络服务”。它是一种帮助人们建立社交网络或社会关系的互联网应用服务。

SNS 以鼓励用户的实名注册为前提，为他们提供建立自己的朋友圈的服务，用户可以通过朋友去认识他们的朋友。所有用户的朋友圈相互交织，这样就扩展成一个庞大的联系网络，“小世界”也就得以实现。SNS 网站也可以为人们提供以兴趣为基础的社群服务。由于 SNS 建立的是熟人的网络，因此，其交流的信任度更高。

SNS 在很大程度上印证了“六度分隔理论”，甚至进一步缩小了人们之间的分隔度数。根据 2012 年 1 月几位米兰大学研究者发布的研究报告《四度分隔》指出，一项针对 7 亿多 Facebook 用户进行的研究显示，在 Facebook 上每两个人之间的中介者平均为 3.74 个，也就是分隔度数为 3.74 度。这也意味着，六度分隔的世界已经被 Facebook 缩小为四度。[①]

在很多时候，SNS 在中文中也被称为“社交网络”或“社交网站”。尽管 Facebook 的出现，的确是源于社交的需要，但是，正如有研究者指出的，Facebook 这样的网站，不只是满足了社交功能。[②] SNS 的发展，使得它超越了单纯的社交功能，将 SNS 简化为社交网站，也许是贬低了其意义。但因为实践中这一提法较为常见，所以也需要尊重约定俗成的用法。

维基百科对于 SNS 的定义是，它是一个构建人们的社会网络或社交关系的平台，人们借此来分享自己的兴趣与活动、彼此的背景，或者建立实时的联系。[③]

可以说，SNS 是基于人的社会关系网络构建的新的网络平台，这个平台以个

---

① Four Degrees of Separation：http://arxiv.org/pdf/1111.4570v3.pdf。

② 谢文：《为什么中国没出 Facebook》，凤凰出版社 2011 年版，前言。

③ http://en.wikipedia.org/wiki/Social_networking_service.

人为中心,以社交为出发点,但是,在社交的推动下,也会产生大量的公共活动与公共信息。

有研究者也将微博(包括 Twitter)视作 SNS 的一种,虽然这样的观点不无道理,但是,SNS 与微博的偏向还是有所不同的,SNS 更多的是社交偏向,微博则是媒体偏向,因此,本书将微博与 SNS 分开来进行研究。

在美国等国家,当提及社会化媒体这个概念时,多数时候也主要指向 SNS 应用。

二、SNS 的传播结构

观察 SNS 的传播结构,可以从它的基本构成单元以及单元之间的连接方式这两个层面入手。

(一) SNS 的基本单元

英文维基百科关于 SNS 的词条,指出了 SNS 与网络社区的差异:SNS 是一个以个体为中心的网络服务形式,而网络社区是以群组为中心的。[①] 这也表明,SNS 的基本单元,是一个个的用户中心。

从每个用户这个 SNS 的基本单元来看,SNS 提供的是一种“个人展示+多重关联”的模式(见图 8-5)。

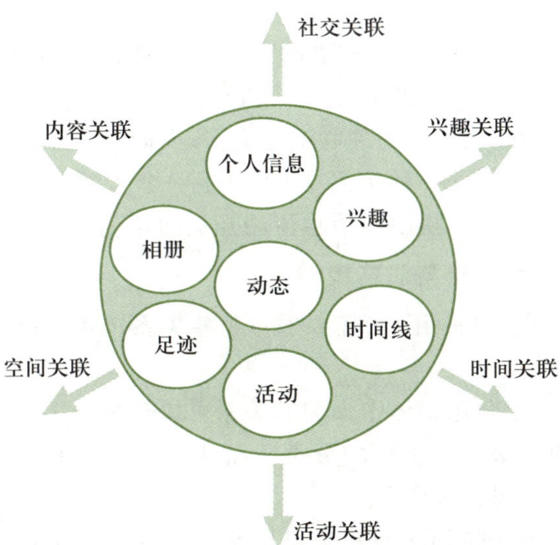

图 8-5　SNS 中的“个人展示+多重关联”模式

① http://en.wikipedia.org/wiki/Social_networking_service.

“展示”是以个人为中心的。个体是SNS的基本细胞,而“关联”则是社会网络形成的基础。

虽然微博等平台也是以个人为中心的,但那些平台的重点目标是促进内容分享与流动,因此,内容互动仍是微博的核心,为个人展示而设置的功能相对较少,而SNS网站则是围绕个体展示来设计其功能的。虽然不同的SNS网站的功能不尽相同,但是,在个人展示方面,它们的方向都是一致的。这些展示功能,也成为个体间形成联系的重要纽带。

在SNS网站里,人们的关联主要包括以下几种。

1. 社交关联:通过有意识的社交互动来建立和发展联系。

2. 内容关联:通过对别人发出的内容进行评论、评价或转发,来产生与他人的互动。

3. 兴趣关联:共同的兴趣爱好可以把人们连接在一起,有些情况下,即使人们不进行主动的互动,也会产生联系。

4. 时间关联:人们在某一时间里的共同行为,或特定时间节点引发的兴趣,也是用户产生关联的基础。

5. 空间关联:以空间为基础来寻找人们的共同点,例如“开心网”的“足迹”,就是以空间为基础,来展示人们的经历或爱好,而这些空间也使不同人之间建立起了联系。

6. 活动关联:通过某一活动来激发人们的共性,使人们的连接得以强化。调查、投票、游戏等,都是SNS网站常见的活动。

与博客、微博等相比,SNS的关联维度更多,人们形成互动的方式也更多。

而从传播方面看,这样一种个人中心,也是一个传播节点,它既是一个信息的源头,也在整个的网络中扮演着信息流动开关的角色。

(二) SNS中的强连接与弱连接

SNS中的基本单元——用户,需要通过某些关系链条连接起来,才能构成一个完整的社会网络。

前面章节提到,社会化媒体中人们的关系可以分为强关系与弱关系两大类,这主要是从互动的频率角度进行的分类。而从社会网络的角度看,人们的关系还可以分为强连接与弱连接两种。

根据美国学者尼古拉斯·克里斯塔斯基和詹姆斯·富勒的研究,影响力在社会网络上的传播遵循着一定的规律,这可以称为“三度影响力原则”,即人们在社会网络中的任何行为都会泛起涟漪,波及他们的“朋友”(一度连接)、“朋友的朋友”(二度连接),甚至“朋友的朋友的朋友”(三度连接),但超过三度分隔,影响力就会逐渐消失。①

强连接与弱连接,主要是根据影响力到达的效果来区分的,强连接指三度及以内的连接,弱连接则是三度以上的连接。

在研究者看来,强连接的意义是引发行为,而弱连接的作用是传递信息。②

尽管在 SNS 中存在着强连接与弱连接之分,但是,这个关系并非凝固的,如果一个用户有意和一个弱连接用户建立更为直接的关系的话,那么可以通过有意的行为,使两者相互认识,并产生强连接。反过来,本来处于强连接关系的两个人,因某些原因而决裂,也可能会断开他们之间的直接联系链条。

因此,SNS 的一个意义,也许正是可以实现强连接与弱连接之间的自由转换,构建动态的而非固定的社会网络。

三、SNS 的传播特点

SNS 的传播特点主要表现在以下几方面。

1. SNS 是从虚拟互动向现实互动的转折

在 SNS 普及之前,网民更多地采用昵称的方式进行互动交流,互动更多地发生在陌生人之间,而 SNS 大多要求实名方式,因此,过去戴着面具的 ID 互动,变成了真实身份基础上的熟人互动。这使得网络交往的虚拟性减弱,而现实性增强。

从虚拟互动向现实互动的转变,不仅意味着人们互动关系的变化,也意味着网络自我与现实自我关系的变化,网络自我不再是人们逃避现实的方式,而是现实自我的一种延伸。在这个基础上,网络与现实社会的交融也就更加深入。

SNS 中的基于真实身份的互动,也给人们的社会资本的获得提供了更现实的基础。

尽管在 SNS 之后出现的社会化媒体应用,并不一定都采用实名制,但是 SNS 让网络用户有了一个基本的心理基础,他们不再完全排斥实名互动。实名这一前提,为互联网中更丰富的应用开发,提供了新的可能。

而基于实名产生的社会关系映射,也使得网络从虚拟世界逐渐变成现实世界的一个构成部分。

2. SNS 突出了社会网络在传播中的作用

尽管人们之间的社交关系构成的社会网络,早就广泛存在于互联网中,但是

---

① [美]尼古拉斯·克里斯塔斯基、詹姆斯·富勒:《大连接》,中国人民大学出版社 2013 年版,第 39 页。

② [美]尼古拉斯·克里斯塔斯基、詹姆斯·富勒:《大连接》,中国人民大学出版社,2013 年版,第 153 页。

在论坛、博客这样的社区结构里,社会网络往往被局限在小范围里,且以隐性的方式存在,人们难以明确知道自己所处的社会网络的全貌。而从传播的角度看,人们的互动往往是基于特定内容的封闭互动,即使有转发这样的信息扩散,其路径也不太明确,因此,社会网络在其中扮演的角色难以判断。

而 SNS 实现了社会网络的大范围连接与扩张,并且从其设计机制上明确了社会网络作为信息传播渠道的功能。

使社会网络同时充当传播网络,这是 SNS 最显著的传播特色之一,这也为它之后的微博、微信等应用,开辟了一个重要方向。

3. SNS 确立了个人作为网络传播的节点的地位

论坛时代,网络是以一个个的群体为基础单元的,一个个体即使在一个论坛里拥有呼风唤雨的能力,在传播结构上,他也不是一个独立存在的节点。博客开始赋予个体以传播节点的角色,每个个体都可以以此为中心,来进行双向的信息交流,但在博客的结构中,个体向外发布信息的能量较大,而从外界获取信息的能量较小,因此,还是有一定的封闭性。

而 SNS 使个人完全成为一个传播节点,并且从传播结构上造就了平衡的双向信息流动的可能性。

4. SNS 拓展了表达与互动的维度与形式

在论坛、博客等应用中,自我表达与互动常常是单一维度的,文字表达更是自我表达以及与他人互动中的主要形式,而文字表达有一定的门槛,这会影响那些不擅长或不愿意进行文字表达、交流的用户的活跃度。

但在 SNS 中,音乐与图片等的分享也成为标准配置,文字交流的水平、频率等不再成为互动的障碍,人们获得的乐趣也更为多样。

此外 SNS 还包含了礼物、点赞、游戏、调查等互动形式。游戏这种互动方式,对于提高用户的参与度尤为重要。中国 SNS 网站的兴起,在一定程度上与“偷菜”等游戏的风靡有关。

四、SNS 个体用户的使用与满足

(一)社会关系拓展——SNS 用户的基础需求

CNNIC《2014 年中国社交类应用用户行为研究报告》中,社交网站用户使用的主要功能(见图 8-6)。[①] 除了看视频/听音乐、在线购物外,其他的功能都与社交有关。

---

① CNNIC:《2014 年中国社交类应用用户行为研究报告》,http://www.cnnic.net.cn/hlwfzyj/hlwxzbg/201408/P020140822379356612744.pdf。

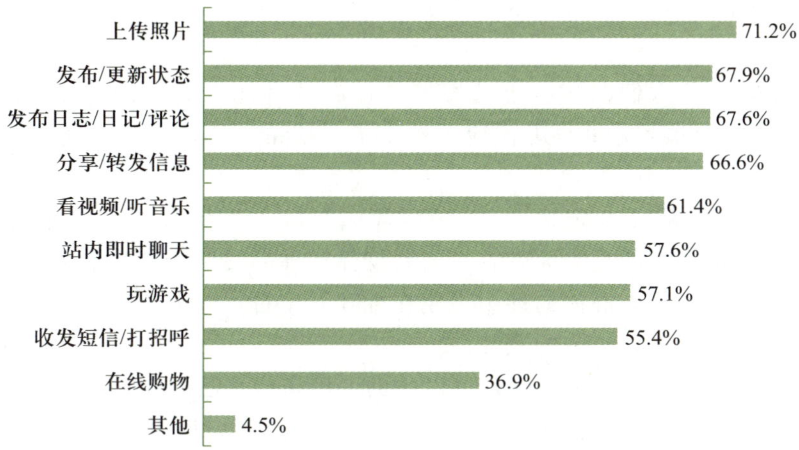

图 8-6　中国社交网站用户使用的主要功能

2011 年，美国调查机构皮尤研究中心进行的一项名为“美国人使用社交媒体的动机”的调查显示，“保持与现有朋友的联系”，是人们使用社交网站的最主要动机，其次为“保持与家人联系”“恢复与老朋友的联系”“通过分享自己的兴趣爱好与他人保持交往”“结交新朋友”“阅读名人、运动员或政治家的评论”“寻找约会对象”等。①

皮尤的研究也揭示出，性别、年龄，是否有孩子等因素，对于用户的具体使用动机都会产生影响。例如，在将“保持与家人的联系”作为主要动机这一选项上，女性（72%）明显高于男性（55%），将“保持与现有朋友关系”作为主要动机的选项中，女性（70%）也与男性（63%）有较明显差异。在利用社交网站“恢复与老朋友的联系”这一动机方面，有孩子的用户（56%）显著高于无孩子的用户（47%）。50 岁以下的用户在“保持与现有朋友联系”或“恢复与老朋友的联系”的动机的选项方面，显著高于 50 岁以上的用户。30 岁以上用户在“通过分享自己的兴趣爱好与他人保持交往”方面，显著高于 18～29 岁的用户。②

可见，尽管社交需求毫无疑问是用户的核心需求，但不同用户对于社交的对象与形式的诉求，有所不同。

而从结果来看，SNS 的确对人们的社交圈的拓展起到了显著作用。

皮尤“互联网与美国生活项目”和哈佛伯克曼研究中心在 2012 年共同发布

① *Why Americans use social media*, http://www.pewinternet.org/2011/11/15/why-americans-use-social-media/.

② *Why Americans use social media*, http://www.pewinternet.org/2011/11/15/why-americans-use-social-media/.

的调查数据显示,约 72.3%的美国青少年网民使用 Facebook,Facebook 好友的平均数值为 425.4。①

从调查来看,人们在 SNS 上的好友往往有数百甚至更多,但从理想的社交效果来看,人们的社交圈的规模应该控制在一定的范围内,一些研究者认为,"邓巴数"便是其上限。

邓巴数也称为"150 定律"。英国牛津大学的人类学家罗宾·邓巴(Robin Dunbar)在对灵长类动物的大脑容量与其群体规模的关系研究中推断,根据人类的大脑容量,人类社会群体的理想规模在 150 人左右。他进一步解释,这是分开之后再见面,一眼能认出来的人数。②

尽管从理论上来说,SNS 网站可以帮助人们拓展自己的社交关系,将与自己没有直接关系的社会网络上的"弱连接"发展为熟人与朋友。但是,从目前来看,人们在 SNS 中,更多的是在熟人的圈子中进行互动,因此,它的更大贡献在于熟人圈子的维系。

(二)展示与控制——SNS 用户的基本社交策略

SNS 用户的社交,大多是以个人展示为前提的。这包括个人活动、兴趣与观点的展示等。

从社会互动的角度看,这样一种展示,是一种形象管理,是用户在 SNS 这样的平台上基本的社交策略。如果他们能塑造出自认为理想的自我形象,同时这一形象还能获得他人的认可,带来社交活动,那么这种策略就是成功的。

就像在其他社会化媒体空间中一样,人们在 SNS 网站中,也同样会进行"表演",即尽力对自己的社会形象进行控制与整饰。由于人们的活动都是以个人账号为中心,个人对其管理更为方便,因此,其表演存在着反复排练的可能,用户也可以根据他人的反馈,来不断地进行自我的修饰。

(三)互动——SNS 的多重表演可能

除了个人展示外,SNS 用户之间也存在着互动,这也是一种社会化的表演。而互动是多维度、多形式的。也就是说,用户有了多重的表演道具与模式。

其中,游戏是 SNS 一个非常重要的互动方式,对于中国 SNS 用户来说,它的作用尤其突出。游戏既是一种与他人建立关系的方式,也是一种自我调整、自我表达的方式。

根据中国互联网网络信息中心发布的《2010 年中国网页游戏调查报告》,

---

① 《超 7 成美国少年用 Facebook 人均好友 425》,http://tech.qq.com/a/20130522/015769.htm。

② [美]尼古拉斯·克里斯塔斯基、詹姆斯·富勒:《大连接》,中国人民大学出版社 2013 年版,第 269 页。

2010 年，依附在 SNS 网站上的网页游戏用户达到 9 209 万，占网页游戏总规模的 87.7%。[①] 这一数据在一定程度上反映了 SNS 网站在中国发展的鼎盛时期，游戏在其中扮演的角色。

当时，在人人网和开心网，最流行的是“开心农场”中的“偷菜”游戏，游戏中用户扮演一个农场主，在自己农场里种植各种各样的蔬菜和水果。作物从种植到成熟有着不同的阶段，每个阶段会发生不同的问题，如干旱、病虫害、长杂草等，需要农场主的细心照顾。果实成熟之后，可以被收获进仓库，如果不及时采摘，就会被朋友偷摘，用户可以根据市场波动来选择合适时机卖出仓库中的果实来获得金币。金币除了用于购买种子，还可以购买化肥等道具和农场的装饰品，以及用于农场的土地扩建。

这一游戏吸引了数百万的用户，尤其是都市白领。“偷”与“防偷”这种用户间的互动成为游戏的焦点，一些用户甚至定闹钟半夜起来收菜或偷菜。

这样一种看似简单的游戏，之所以风靡一时，其原因主要有以下几种。

第一，整个游戏门槛低，没有太多技术含量，便于全民参与。但它有一种时间的延续性，并且设置了某些特殊的时间点，这样会让用户时时牵挂。

第二，偷菜一方面带来一种成就感，另一方面使得不同用户之间建立起了一种亲密的互动关系。“偷”这个听上去不光彩的词，在游戏里，却被赋予了新的含义，人们往往通过这样一种动作来传递与其朋友互动的意愿。

第三，光明正大地“偷”，在某种意义上也将人们心里压抑的一些暴力倾向或负面情绪释放出来，对很多平日里需要谨言慎行的白领来说，是一种解压的方式。

第四，相对其他互动形式而言，游戏带来的风险可能更低，人们都在按照游戏规则进行，个人的因素不再起作用，因而不需要考虑自己的言行是否会损害自己的形象，或者伤害与他人的关系。

除了游戏以外，“点赞”“转发”等也是 SNS 中主要的互动方式。这些互动行为的背后，也隐含着人们维系社会关系或自我表达等动因。

（四）曝光过度——SNS 社交中的风险

尽管 SNS 多数是基于实名交流，但是，其中的社交仍然存在一定的风险，特别是在对个人信息和行踪曝光过度的情况下。接受陌生人的好友申请、允许网站获取自己的地理位置，都有可能成为风险的来源。图 8-7 这一信息图表，便用

---

① CNNIC：《2010 年中国网页游戏调查报告》，http://www.cnnic.net.cn/hlwfzyj/hlwxzbg/201106/P020120709345283675163.pdf。

形象的方式说明了社会化媒体给用户带来的风险。[①]

图 8-7　小偷们如何利用社会化媒体

但“惦记”SNS 用户的不只是小偷，总体来说，SNS 中的风险来源于以下几方面。

1. 个人档案中的私人信息泄露：所有 SNS 网站都需要用户填写一些私人信

---

① 图片来源：http://tech.qq.com/a/20130710/012648.htm#p=2。

息,以构成个人档案。尽管用户填写的信息未必百分之百真实,但是或多或少,它们还是会与个人的真实情况相关,这些信息即使通过隐私设置进行了保护,但也不一定是完全安全可控的。

2. 有意或无意的位置泄露:许多用户都会到一个地方后进行签到,这种方式会暴露用户此刻身在何处以及不在何处,这样的信息被恶意利用的话,便会带来风险。即使不主动签到,如果允许各种应用获得和使用自己的手机位置信息,同样也会带来风险。

3. 个人及家人状态、行踪的过多暴露:很多用户会在 SNS 中晒自己和家人,特别是孩子的照片,也喜欢直播自己的行踪,其中的风险同样可能很大。

4. 文件中隐含的元数据信息:即使不主动发布自己的状态与行踪,但用户上传到网络中的文件,也会包含一些隐私透露的风险,如图 8-7 中提到的 EXIF 文件,它是图片背后隐藏的数据文件,它记录了一张照片拍摄的时间、相机机身及镜头信息、曝光时间及光圈数据等,这些数据在某些时候也会成为隐私泄露的途径。

(五)社交质量与生活质量——不确定的报偿

尽管社交是 SNS 用户普遍的核心需求,SNS 等网络社交,也在很大程度上改变着人们的生活方式和社会互动方式。但从结果来看,它并不一定给个体社交质量及生活质量带来积极的回报。

美国密歇根大学研究人员针对 82 名大学生志愿者进行了一项研究。调查采用“经验取样法”,研究人员监控这些大学生的社交网络使用状况,同时每天五次不定时给他们发去手机短信,要求他们回答一些问题,比如:当前感觉如何、是否焦虑、是否孤独、是否在使用 Facebook,是否在与其他人面对面地交流等。调查结果显示,使用社交网站越多的大学生,不快乐的感觉越多,对生活的满意度下降越明显。与之相反的是,使用网络摄像头与朋友聊天或在现实生活中见面能让他们更开心,就连笑的频率也会增加 50%。[①]

虽然这一研究结论的普遍性有待验证,但至少它表明,SNS 的使用,与社交质量的提升,并不一定存在正相关的关系。

尽管人们会在 SNS 平台上精心地进行形象管理,并把它作为一种社交策略,但是,这一策略的过度应用,反而会使人们更多地掩饰自己,它也可能导致人们越来越多地只关注自己的形象而不是与他人互动,从而逐渐失去与他人进行深层交谈的能力。

2011 年,美国心理学者雪莉·特克尔出版了《群体性孤独》(*Alone Together*)

① 《常用社交网站影响心情》,见 http://news.xinhuanet.com/world/2013-08/16/c_125179005.htm。

这样一部著作，其核心，是要唤起人们对数字化社交的反思。从这个书的标题我们可以看到她的寓意——数字化社交或群体互动并非一定是医治孤独的良药，运用不当反而可能是新的孤独的来源。她在 2012 年 TED 的演讲中也指出：社会化媒体中"以这种小片段的方式交流可能收集到那些精心修饰过的信息，可能表达'我在想你'，甚至表达'我爱你'，但是那些小片段很难让我们互相了解……我们正在为自己挖陷阱，这个陷阱无疑会影响人与人之间的联系，同时也会影响我们和自己的联系，降低我们认识和反省自己的能力。我们越来越习惯这种新的'一起独处'的相处方式。人们想要定制他们的生活，想要在不同的场合和地点之间切换。有人认为这是好事，但是长此以往，人们就会对别人隐藏自己，即便我们一直保持着彼此间的联系。"①

SNS 的使用，使用户处于一种广泛社会比较的环境中，与他人的比较，对个体生活状态带来的影响，也未必是正面的。

德国柏林洪堡大学和达姆施塔特工业大学的研究人员合作开展的一项调查发现，Facebook 引发嫉妒心理的情况十分普遍。假期照片是引起愤恨的最大诱因，超过半数的嫉妒心理来源于 Facebook 上的假期掠影。社交互动则是引起嫉妒心理的第二大常见原因，用户会比较自己和好友收到生日祝福的数量，以及照片和帖子获得多少"赞"或评论。

在这项对 600 人的调查中，研究人员发现，1/3 的人们在浏览 Facebook 后感觉心情更糟，对生活更加不满；而那些只是浏览却没有上传任何信息的人受到的负面影响最深。

调查还发现，这种嫉妒心理会让某些用户在 Facebook 上夸大自己的成就，以更好地表现自己。调查显示，男性大多会在 Facebook 网站上自我宣传，从而让人们知道自己的成就，而女性则注重表现自己娇好的样貌和丰富的社交生活。② 同样，目前我们不能对这项研究结果的普适性做出判断，但是社会比较的确会带来更大的社会压力，而 SNS 增加了社会比较的广度与程度，它带来的困扰也是可想而知的。

第五节 微博：大众传播的社交化

尽管在用户间的关系结构上，微博与 SNS 是相似的，但是，其用户的使用重

① 《雪莉·特克尔：时刻保持联系，却依旧感到孤独》，载《新华日报》2015 年 3 月 18 日。

② 《调查显示：社交网站易引发嫉妒心理度假照片为最大诱因》，见 http://www.199it.com/archives/94560.html。

心,是在内容的传播而非单纯的社交上,且在微博中,具有公共价值的内容更容易得到广泛的传播,因此,它可以看作是社交化的一种大众传播平台。这也是媒体、政府机构以及企业对它趋之若鹜的一个原因。

一、微博的社会意义

尽管在中国,微博的作用是全方位的,但是,它的核心角色体现在如下几个方面。

1. 公共信息系统

相比它之前的SNS,微博作为社会公共信息系统的作用更为突出。在新闻信息的传播方面,其价值尤为显著。而对公共信息的了解,也会促进人们对社会事务的关注与参与。

微博中一个流行的段子,形象地说明了微博的这样一种功能:

早晨起来看微博,确实很容易让人产生一种皇帝批阅奏章,君临天下的幻觉。国家大事如潮水般涌来,需要迅速作出各种判断,提出各种建议,各种转发,各种忧国忧民,各种踌躇满志,万物皆备于我。每个人心中都藏着一个披星戴月上朝堂的皇帝,微博把人的这种情结激活了。

与传统媒体不同的是,微博中人们获得公共信息的渠道是其关注对象,关注对象的范围及质量,会影响到他们获得信息的质量。

作为公共信息系统的微博,其信息来源多元,质量参差不齐,但很多时候,特别是在一些焦点事件或话题的传播中,不同来源、不同角度的信息,可以构成相互补充或相互校正,这有助于提高微博中的公共信息传播质量。

2. 公共沟通系统

各种社会阶层、社会机构的进入,公共信息、组织信息、群体信息、个人信息的交织,使得微博作为一个社会的沟通系统的作用也越来越突出。

微博的公共沟通作用,体现在"纵向"与"横向"两个方面。

从"纵向"来看,微博在"上情下达"与"下情上达"方面,起到了疏通作用。尽管上下之间的信息、意见的流动仍会存在一定的阻力,但是它至少开辟了一个新的渠道。

从"横向"来看,微博为社会不同阶层、不同行业、不同群体之间的相互了解、对话提供了可能。特别是一些过去受到误解较多的职业、行业,它们的一部分从业者开通微博,使得过去的信息不对称、声音一面倒的状况得到一定改善。

例如,医生这个行业过去在媒体上多是以负面形象出现的,一些关于医患冲突的报道,也使得这个群体进一步被污名化。但是,一批医生微博的出现,如"@急诊科超人于莺""@协和章蓉娅""@烧伤超人阿宝"等,使网民了解了医生工作的“幕后”状态,人们因此而加深了对医院、医生工作的了解。尽管仅靠微博不可能根本解决医患关系问题,但是,至少人们听到了更多来自医生这个群体的声音,医生与患者两个群体之间的对话得以启动。

3. 社会生态系统

微博是一个小世界,尽管微博用户并没有覆盖所有社会群体,但是,其覆盖面已经很广了。人们在微博中的自我记录、情绪抒发、意见表达,都是社会生活状态的一种“传感”。

人们在微博中形成的意见与态度,更是社会舆情、舆论的一个“指征”。虽然微博舆情、舆论不等于网络舆情、舆论,更不等同于社会舆情、舆论,但是,它是一个社会气候的风向标。今天中国的社会管理,需要更多地以基于微博对社会生态的洞察为依据。

4. 服务系统

微博中的服务,包括政府机构的公共服务以及企业的商业服务。无论是公共服务还是商业服务,都可以以对微博用户的行为、态度、意见的分析为基础。这也是传统的服务平台难以实现的。

5. 公共知识系统

微博中也存在着大量的公共知识,如各种学科的专业知识等,一些用户也在有意识地进行公共知识的生产、梳理与整合。

同样,尽管个体用户提供的知识可能是零碎的、片面的,但是,微博中的协同机制,有助于知识的丰富与系统化。

6. 社会动员系统

在某些情况下,微博可以组织起社会动员,发起社会行动,例如,微博中发起的“随手拍拯救被拐儿童”活动、微博助农活动、各种捐款活动等。尽管有些社会行动的效果并不理想,但是,微博作为社会动员的渠道的作用,是不言而喻的。

尽管新浪微博等在其发展中,也提供了越来越多的个人化服务功能,但是,从网民的需求偏向来看,它的公共性功能仍是其核心竞争力所在。

二、微博的传播结构

微博是一种以内容为纽带的社会网络连接,其结构特点是:“个人中心+内容关联”模式(见图 8-8)。

每一个微博账号就是一个个人中心,但与 SNS 不一样的是,微博中的每一个个人中心,主要是基于内容的,其他的自我展示手段相对不突出,尽管微博平台本身提供的功能是较为丰富的。

同样,虽然微博用户之间的连接纽带不限于内容,但微博用户之间的关系的核心仍然是内容。即使有些人只是观看他人的微博内容而不进行转发或评论,但之所以他能保持对他人微博的关注,也主要是为了通过内容获得信息的满足或心理满足。

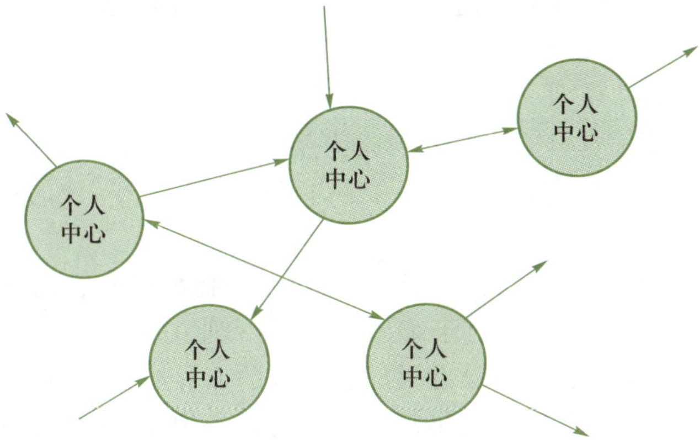

图 8-8　微博的结构

微博中的内容连接既可以是双向的,也可以是单向的。

微博的结构也意味着,社会关联网络的质量,直接决定了个人对外发布信息的传播广度,以及他们获得外界信息的广度。每一个连接的链条,是一个传播的通道,连接的链条数越多,理论上信息传播的通道也就越广。

尽管理论上看在这样一种结构中每个个人中心的起点是相同的,但有一些用户可以借助其既有的社会地位或影响力在微博中很快赢得众多的连接(粉丝),从而变成话语权力中心;而多数用户,其连接主要是基于原有的社会关系,规模有限,话语影响力也有限。

多数关于微博关系的研究,都会强调其弱关系的偏向,但是,对于很多普通用户来说,强关系仍是他们形成自己的微博关系网(特别是粉丝群体)的基础,也正是由于多数普通用户的粉丝群体难以突破其强关系网络,因此,其话语权力也就难以实现实质的突破。

但是,由于整个微博结构的连通性,某些特殊时候,普通用户也可以借助意见领袖,来实现大规模的传播。

三、微博的传播特点

与社区、博客、即时通信和 SNS 等相比,微博传播具有以下特点。

1. 内容上的"微型"化

Twitter 的容量上限是 140 个字符。中文的微博,多数上限为 140 个汉字,网易微博设为163个汉字,搜狐微博不设上限。尽管人们可以用图形化的长微博的方式来突破内容的限制,但多数情况下,人们还是会把微博内容保持在限制范围内。

“微”的特点,使个体参与信息传播的门槛进一步降低,人们也不必像博客那样端着架子做凝重思考,而是随时记录自己的所见、所想,因此信息发布的频率通常比博客要高。

除了文字的微型化外,微博中,视频传播也趋向微型化。这一方面是为了适应移动终端对流量的限制,另一方面也是为了更便于短、平、快的传播。

2. 传播的移动化

微博允许通过手机访问更新,因此,在信息传播的时空方面的限制减少了,时效性会进一步得到提升,来自于第一时间第一现场的内容也更丰富。微博与移动的结合,也使得过去一些没有时间写博客的业界精英、专业人士,得以更多地参与到微博信息的传播中,这丰富了微博内容的构成,在某种意义上,也提高了微博信息的专业性。

3. 交流结构上的开放性

微博与论坛和博客的交流结构不同。论坛是无中心多对多交流,除了少数人,其他人很难成为主角,博客以个人为中心,但是又显得相对封闭,不容易与外界进行互动。而微博既能保证个人为中心,又可以将外界的信息随时随地吸收进来,更容易形成持续刺激,使人们处于兴奋状态。这对于促进更多的人参与新闻传播,也是重要的。

与博客相比,微博的转发非常简单、方便,这是开放性的另一个表现。转发成了微博平台上促进信息流动的一个重要手段,转发使有公共价值的新闻可以轻易地实现“病毒式传播”,因此,微博的信息传播效果通常会比博客要好。

4. 传播的碎片化

与传统博客相比,微博在内容上的“微”与信息发布上的移动性,都使得它呈现出更多的碎片化的特点。

碎片性看上去与全面性、深刻性是相对立的,但未必一定如此。碎片化的信息反映的是某些时间或空间上的点的状态,当很多碎片被一种内在的逻辑拼贴在一起时,它反映的事物的面貌与深度,也许比某一个个体的长篇大论更为全面、深刻。

当然,如果不能实现这样一种逻辑的拼图,那么碎片化的信息的确可能会带来信息消费的负担,也可能带来某些误导。

从文化的角度看,碎片性的文化,反映了多元的、碎片化的价值观,和参差多态的文化个性。在微博平台上,每一个用户也是一个文化的碎片。

5. 信息传播与社交有机结合

微博是一种基于社交的信息传播平台,人们的信息传播与社交活动是同一的。社交是信息传播的目的,信息传播是社交的手段。人们的关系网络与信息传播网络也是同一的。人们的社会关系网络的广度,决定了其获得信息的广度与深度,也决定了其传播的信息能走多远。

另一方面,由于以人际关系网络为传播网络,传播结构开放,信息流动容易,因此,一旦微博中出现了刺激性的或者与人们关联度很高的话题,这个话题就很容易在整个平台上“引爆”,以“病毒式”的扩散路径,迅速成为公共话题。

除了以上的共同特点外,中国的微博还有聚焦度高的特点。与 Twitter 不同的是,中国的微博在一开始就设置了评论的功能,这使得 BBS 式的围绕一个话题的聚焦及深度讨论在微博中也能实现。评论成为微博的重要构成部分,在某些时候,它们的影响甚至要比事实性信息更大。

以上这些特点结合起来,使微博显现出“微传播”的特质,但同时又具有较强的大众传播属性,也就是媒体的偏向。

四、微博个体用户的需求

微博用户的需求与博客、SNS 用户的需求有很多的共同点,其中更为突出地表现为如下几个方面。

1. 公共信息获取需求

尽管传统的网站、论坛以及博客等,都可以用不同的方式提供公共信息,但是,微博的信息传播有自己的特点,例如在时效性方面、丰富性方面。微博常常会比其他渠道更快地提供突发事件的信息,来自事件当事人或现场的第一手材料,可以无中介地直接到达微博用户。此外,由于微博中有各行各业的专业人士,他们提供的一些“内幕消息”往往也是在其他渠道求之而不得的。

微博传播还有一个重要特点,那就是信息与意见的并行传播,一些专业人士的专业评论,也能给用户额外的收获。

图 8-9 是 CNNIC 发布的《2014 年中国社交类应用用户行为研究报告》中对中国微博用户整体和新浪微博用户使用微博的动机的调查结果。[①] 从中可以看到,无论是微博用户整体还是新浪微博用户,都将关注新闻和热点话题作为微博最重要的功能。新浪微博用户在这方面的比例更是高于微博用户整体。而之所以将微博作为关注新闻和热点话题的渠道,网民回答的主要原因包括:第一时间快速

---

① CNNIC:《2014 年中国社交类应用用户行为研究报告》,http://www.cnnic.net.cn/hlwfzyj/hlwxzbg/201408/P020140822379356612744.pdf。

反应、话题关注度热度不容易消退、快速到达各种用户群体等(见图 8-10)。[①]

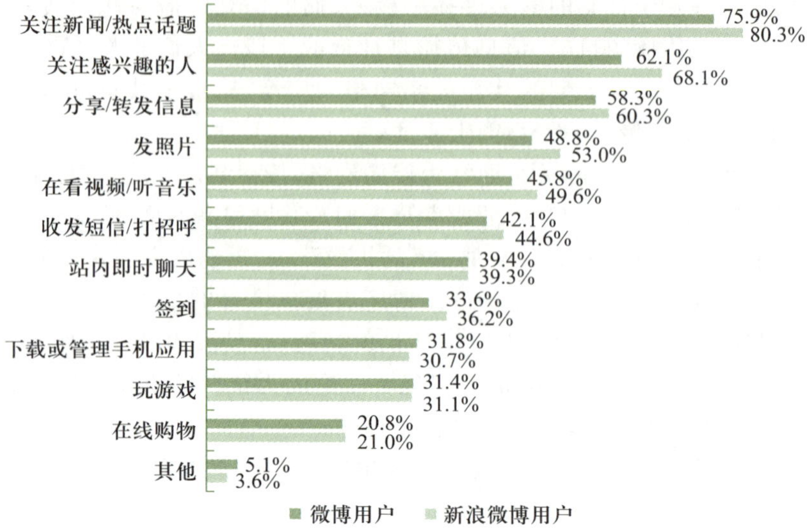

图 8-9 中国网民使用的微博功能

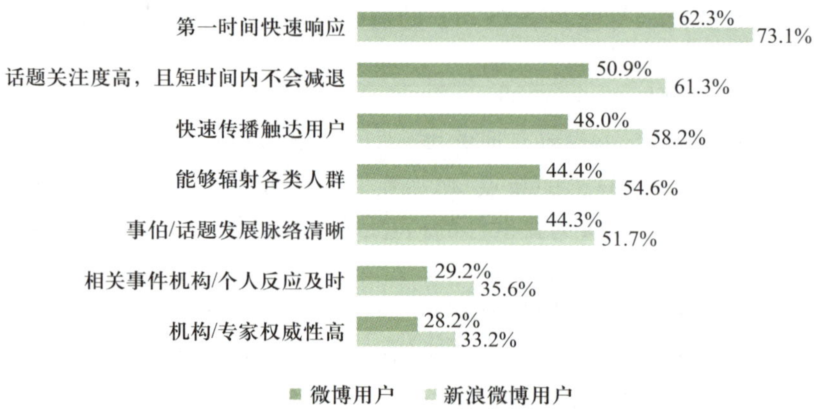

图 8-10 从微博上获取新闻/热点话题的原因

2. 自我记录与表达需求

这似乎也是多数人使用博客时的基本动机,但是由于博客写作需要更多的时间、精力、知识以及文字水平等做保障,因此,不少饱受博客“摧残”或者已经

① CNNIC:《2014 年中国社交类应用用户行为研究报告》,http://www.cnnic.net.cn/hlwfzyj/hlwxzbg/201408/P020140822379356612744.pdf。

放弃博客的人,开始转向微博。甚至没有使用过博客的人,也可以尝试将自己的只言片语发到公共空间里。虽然微博平台里能得到广泛评论的微博并不多,被广泛转发的更是少数,但自言自语,仍然可以成为许多用户的使用起点。

自我表达也体现为个体的形象塑造。微博与博客、SNS 形成互补的舞台,为人们的形象塑造提供了不同的手段,更有利于展示人的多面性。

3. 社会关系与社会资本需求

微博是一个个用户的社会关系网络的集合,每一个人都是以自己为中心,通过"关注"与"被关注"建立起自己的社交网络,并从中获得自己所希望的某些社会资本,例如名声。

与在博客和 SNS 应用中一样,在微博中,人们对于社会关系和社会资本的需求也是非常突出的。

在微博中人们的社会关系网络构成如何,图 8-11 显示的来自 CNNIC《2014 年中国社交类应用用户行为研究报告》的数据可以作为参照。[①] 现实中的关系(朋友、同学、同事)等仍是中国微博用户关注对象的主要来源。明星也占有重要的分量。尽管与 SNS 和微信相比,微博中基于弱关系的互动和传播更突出,但是,人们基于强关系的社交需要仍是明显的。

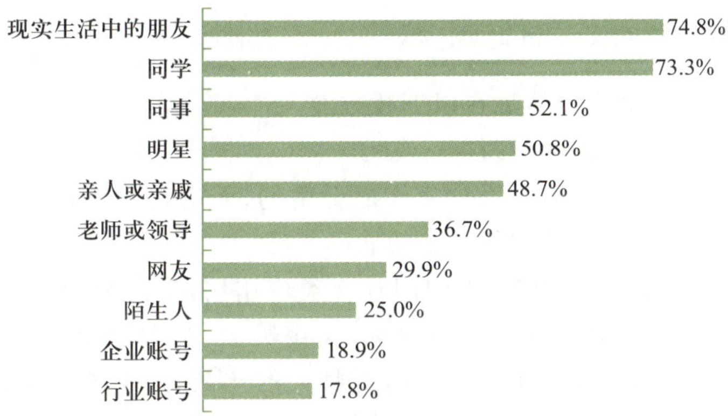

图 8-11 中国网民在微博中的关注对象

在社会关系与社会资本的需求方面,对于一般用户来说,名人的存在具有特别的意义。

与博客时期的营销一样,在新浪的微博营销策略中,名人战略再一次奏效,而且成为它在短时间内迅速成长的一个法宝。"围观"名人,与名人近距离对

① CNNIC:《2014 年中国社交类应用用户行为研究报告》,http://www.cnnic.net.cn/hlwfzyj/hlwxzbg/201408/P020140822379356612744.pdf。

话,成为很多用户留在微博世界的重要理由。而围观、接近名人,实际上是很多人扩展其社会关系的一种方式。一方面,名人作为其社会关系与社会资本中的一部分的实在感进一步增强,因为,很多时候,人们在微博上可以得到名人的回复,而在过去,人们更多的只是一厢情愿地把名人想象为自己的一种社会关系。另一方面,人们通过名人这样一个话题,可以和其他粉丝建立起更为多样的互动,粉丝之间的社会关系也得以加强。

4. 信息与知识的积累、归档

对于部分用户来说,微博也可以成为他们进行信息与知识积累的一种手段,他们分享、收藏的很多信息,虽然对当时的他们来说,并不一定能成为深度阅读的对象,但如果日积月累,也可以成为重要的知识库或资料库。

第六节 微信:三个层级传播的贯通

与其他社会化媒体平台不同的是,微信将人际传播、群体传播、大众传播这三个层级的传播对等地聚合在一起,三者之间实现了无缝连接,全面贯通。

一、微信平台的主要价值

微信平台的价值主要体现在以下几方面。

(一)作为社交平台的价值

毫无疑问,微信最早是作为社交产品诞生的,无论它后来如何发展,社交是它最核心的功能,也是支持它的其他功能的基础。

根据CNNIC发布的《2014年中国社交类应用用户行为研究报告》,网民在微信上使用较多的内容分别为语音聊天、文字聊天,二者使用比例均在80%以上。此外,使用朋友圈的比例为77%,群聊天的比例为61.7%。如图8-12所示。[①] 从这些数据中看出,社交方面的功能是微信用户的核心需求。

相比短信等社交手段,微信不只具有点对点的交流功能,还能通过朋友圈等方式使用户间保持点对点交流之外的更广泛、更密切的接触。

而与SNS等社交平台相比,微信的即时通信功能,又使它的社交黏性更强。

与微博相比,微信朋友间更多的是“强关系”,这也是社交黏性的重要来源。总体来看,微信用一种弹性的方式,在其平台上营造出各种不同的社交手段及社

① CNNIC:《2014年中国社交类应用用户行为研究报告》,http://www.cnnic.net.cn/hlwfzyj/hlwxzbg/201408/P020140822379356612744.pdf。

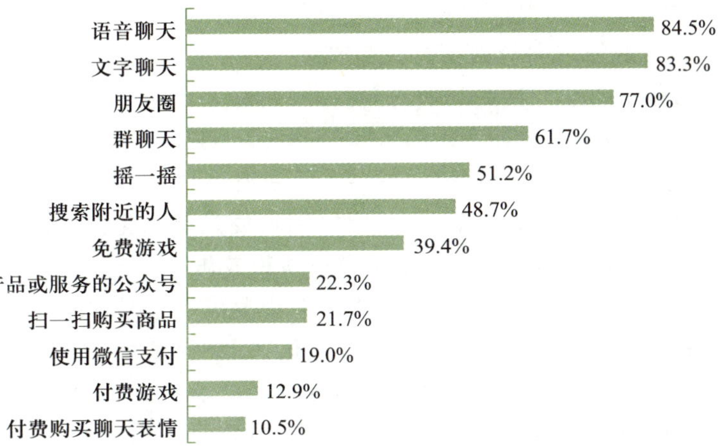

图 8-12 用户在微信中使用的主要功能

交圈,以迎合人们多样化的社交需求。

作为一种移动社交平台,微信也使得空间和场景的意义大大加强,“摇一摇”就是这样一种思维的应用。通过摇一摇这样一个简单的动作,微信用户可以获得基于地理位置的信息或服务,或者找到附近的用户。这为基于地理空间的社交及服务提供了基础。

微信诞生在微博在中国发展最热的时候,但很快,微信的风头开始超过微博,而与此同时,微博的发展似乎在衰退,于是微信会成为微博的替代者的论断也开始出现。

尽管微信对中国用户的社会化媒体的使用带来了很大的影响,但是,微信与微博仍有很大的差异,主要表现在以下几方面。

1. 微博的公共信息诉求与微信的私人关系诉求

由于微博与微信的成员关系及传播特点差异,人们对这两种平台的诉求也会产生不同。对微博,人们获取公共信息的诉求更为突出;而对微信,人们维系私人关系的诉求会更为明显。

因此,微博的活跃度往往需要一些公共事件或话题的驱动,如果某一时期的公共话题较少,或者某些话题因为平台管理的原因受到抑制,微博的活跃度也就会下降。但如果多数用户并没有彻底脱离微博,而只是暂时“潜水”的话,一旦有话题的刺激,他们又有可能复苏。

微信中的私人关系,对用户能产生更持续的黏性,即使活跃度不高,微信的基础通信功能,也足以维系大多数用户。这是它作为入口的最大优势。

从用户对两种产品的选择来看,对公共信息交流更感兴趣的人,仍会较多地停留在微博中,而对私人社交更感兴趣的人,则会偏向使用微信。

2. 微博的媒体取向与微信的社交取向

除了两种不同平台自然产生的差异外,两种平台的运营商也因其自身的发展目标不同,而强化了两种产品的区隔。

作为中国最重要的微博平台的提供者,新浪将其在"媒体"运作方面的一贯经验在微博平台发扬光大。众多大V的凸显,便是其强化微博的媒体特色的重要手段。这也使得其他微博平台的运营商纷纷效仿。

而从社交产品QQ起家的腾讯,并不想让微信走上微博那样的媒体化的道路,相反,其内部明确强调了微信的"脱媒化"。平台对微信公众账号的各种限制,也使得媒体、企业、机构等在微信平台进行的"点对面"的信息传播的效果受到影响。因此,在微信平台中,企业更多地在做产品的营销开发,而微博作为它们保持与公众日常沟通的一个平台,仍会被保留。

因此,从以上两方面看,微信与微博用各自的特点,迎合了不同的用户,它们更多的是互补。

(二)作为媒体的价值

尽管与微博等社会化媒体平台相比,微信的社交偏向更为显著,腾讯公司也极力阻止它的过于"媒体化",但很多媒体、企业、政府机构以及"自媒体人"还是对这个拥有几亿用户平台的媒体属性寄予了期待与向往,以公众号为基础的媒体化探索,在微信平台上仍是此起彼伏。

从用户的角度来看,他们更多地倾向于在一个平台上能同时满足社交、信息获取等多种需求,具有媒体功能的社交平台,往往是他们的首选。

2014年10月,中国人民大学新闻学院新媒体研究所联合腾讯"企鹅智酷"对移动媒体的用户进行了一次调查,①调查问卷通过腾讯新闻客户端、腾讯网首页、QQ新闻弹窗(迷你腾讯网)、腾讯网科技频道、腾讯科技微信公众号等多个渠道发布。在109 783人参与的调查中,关于"在移动终端使用社交平台的目的"(多选)的问题的回答结果(见图8-13),其中选择"获取新知识、新信息"以及"关注热点事件"的比例分别为31.42%和30.13%,排在前两位,这表明,部分用户在移动社交平台上与媒体有关的需求甚至超出了与社交有关的需求。而同一调查中,用户关于"移动终端使用的主要社交平台"的回答中,微信的使用比例为34.11%,仅次于QQ的使用率38.39%。综合这两方面的数据可以看出,微信这样的平台,其媒体的属性和价值仍是非常突出的。

公众号是微信中最具有媒体属性的功能,其传播特性在某些方面也与传播

① 本书作者是此次调查问卷的主要设计者之一。

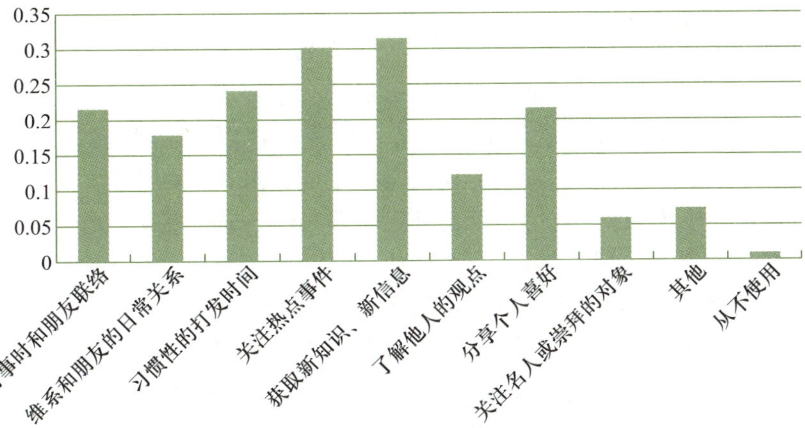

图 8-13 移动媒体用户在移动终端使用社交平台的目的(多选)

媒体相似。但微信的媒体属性不只限于公众号这个部分,公众号与朋友圈、群等都是连通的,公众号内容的价值放大,需要朋友圈与群的助推。

但总体而言,作为媒体的微信,在时效性方面并没有优势,有时候甚至会与其他网络平台存在较大的时间差。一些陈旧的内容,也容易在微信平台上反复传播。但每条公众号的内容没有类似“140 个字”这样的限制,又为它在深度表达上提供了一些可能。

作为一种媒体平台,就像微博一样,微信在反映社会生态、舆论动向等方面,也具有自己的价值,但微信中的情绪与意见表达,更为私密与局部,从整体上对其进行把握更为困难。

(三) 作为营销及服务平台的价值

对于企业来说,微信意味着全新的营销和服务功能。

但这并不代表着将传统的广告搬到公众号或朋友圈,就可称为微信营销。在某种意义上,微信并不是广告的温床,甚至可能是抵制广告的。在朋友圈里,即使在熟人间,硬广告也可能导致被“拉黑”。而通过公众号来推送广告,也并不容易,一方面是公众号发布数量的限制,另一方面则是因为被“折叠”起来的公众号内容不容易被人们打开,尤其在人们知道它是广告内容的前提下。

在微信中,企业可以提供直接的产品销售,而这一新平台上的产品销售,还会延伸到用户数据挖掘、用户管理、个性化服务等一系列环节,而这些环节,在传统的线下或线上营销中,往往是无法实现,或者是不能很好地实现的。

微信也是一个个性化的服务平台。通过对服务号中功能的开发,向每个用户提供一对一的服务,是一种新的企业客服方式。这也同样适合于一些政府服务。

作为一个移动社交平台，微信的一个重要特点，是实现线上与线下的连接，也因此，它被作为 O2O(Online to Offline)的一个重要渠道。

正如有研究者所说："微信不仅仅是一个连接客户的工具，它完全是一种全新的客户体验生活的方式；微信不仅仅是一个能带来订单的平台，它完全是一种全新的管理和生产方式；微信不仅仅是一个营销广告的渠道，它完全是一种全新的与客户对话的方式。"[①]

（四）作为移动互联网入口的价值

移动互联网时代，内容、社交、生活服务是人们对移动互联网的基本诉求，电子商务、在线支付、在线教育等在线服务，将在很大程度上重塑互联网。而作为社交入口的微信，也具有向生活服务平台扩展的可能。

2013 年 8 月，微信的"5.0 版"推出"微信支付"功能。2014 年 1 月初，微信支付开始与"嘀嘀打车"(后改名为"滴滴打车")进行合作，用户在用嘀嘀叫车成功后，可以直接用微信支付进行付款，每笔车费减少 10 元，同时司机可获得 10 元补贴。1 月 10 日至 2 月 9 日，嘀嘀打车中平均日微信支付订单数为 70 万单，总微信支付订单数约为 2 100 万单，补贴总额高达 4 亿元。[②] 借助"嘀嘀打车"，微信支付得以迅速推广。

2014 年春节期间，微信推出的"抢红包"活动，使微信支付进入到更多人的生活中。腾讯数据显示，从除夕到正月初八，有超过 800 万用户参与了抢红包活动，超过 4 000 万个红包被领取。[③]

微信支付的野心不只是在支付领域，支付实际上是互联网生活服务的核心，几乎所有服务都与支付有关，因此，抓住了支付这个命脉，也就占领了服务的入口。

微信支付更广阔的合作领域是电子商务。2014 年 2 月，腾讯与大众点评网达成协议，对大众点评网进行战略投资，占股 20%左右，投资额 4 亿美元。显然，大众点评这样一个生活消费平台，对于微信平台及微信支付的价值转化与放大，具有至关重要的意义。

2014 年 3 月，腾讯与京东联合宣布，腾讯入股京东 15%，腾讯在微信、支付等移动入口领域与京东开展深度业务合作。

腾讯利用微信支付，向互联网支付领域的老大"支付宝"，发起了强有力的挑战。也由此全方位地向移动互联网的生活服务领域扩张。

---

① 谢晓萍：《微信思维》，羊城晚报出版社 2014 年版，第 9 页。

② 《微信支付嘀嘀打车补贴总额 4 亿元 用户突破四千万》，载《人民日报》2014 年 2 月 12 日。

③ 《800 万用户春节抢微信红包 马云称是珍珠港偷袭》，载《京华时报》2014 年 2 月 10 日。

因此，微信并不只是一个社交入口，它与人们的生活与服务的关联十分紧密，甚至是一个核心的辐射点，这带给它的盈利空间更大。

（五）作为互联网的连接器的价值

马化腾认为，互联网将更多连接用户的需求，腾讯的使命仍然是成为互联网连接器，连接一切。微信、QQ 都是在做连接器，在人、设备、服务之间形成智能的连接。腾讯做的是最底层，往上要让传统行业自己去搭建应用。各行各业需要通力合作，才能发挥移动互联网的最大威力。[①]

当然，无论是人与内容、人与服务还是人与物的连接，都是以人与人的连接为基础。微信正是用三个不同层级的传播，连接了移动空间中的人，这也就为它实现连接一切的目标，提供了基础。

也因此，理解微信中的人的关系及其传播方式，是理解微信的其他应用方向及价值的基础。

二、微信朋友圈及其影响

微信朋友圈是一种一对多的双向传播模式，每个用户分享的信息可以发送给所有好友，所有好友分享的内容在用户的个人账户中以时间为序呈线性排列。

微信朋友圈类似于微博的结构，但关系以强关系为主，信息传播的开放性比微博要弱。

（一）微信朋友圈与微博传播模式的比较

微信朋友圈是在相互关注的用户之间进行信息分享的方式，因此，关注对象的特点，也决定了信息分享的特点。

根据 CNNIC 发布的《2014 年中国社交类应用用户行为研究报告》，用户在微信中的联系对象，排在前三位的是现实生活中的朋友、同学、亲人或亲戚（见图 8-14）。[②]

这一调查表明，微信朋友圈主要是由强关系构成的，这种强关系在很大程度上影响着人们的互动频率与互动内容。

在一定意义上，微信朋友圈的交流模式，与微博有些类似，但从用户之间的关系及互动性质来看，两者又有较大的区别。

1. 微信朋友圈的“小圈子”与微博的“大圈子”

从社交的角度看，微博用户更多的是在进行着大圈子的社交，与现实生活圈

---

① 《马化腾：腾讯的终极目标是连接一切》，http://www.ithome.com/html/it/110051.htm。

② CNNIC：《2014 年中国社交类应用用户行为研究报告》，http://www.cnnic.net.cn/hlwfzyj/hlwxzbg/201408/P020140822379356612744.pdf。

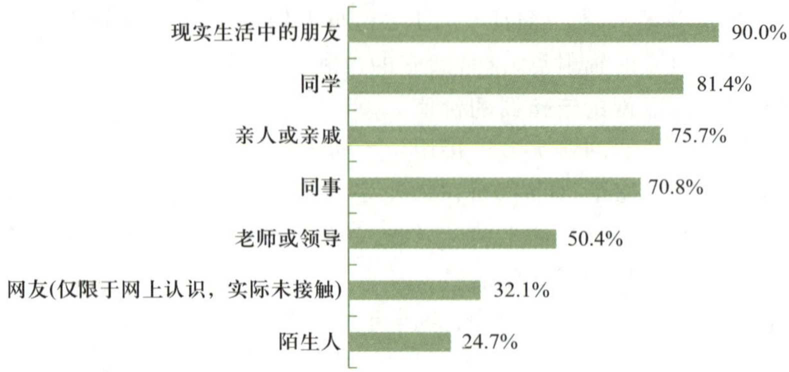

图 8-14 微信用户的联系人的构成

子之外的人的交流与互动占了上风,而微信用户更多地进行着小圈子的社交,也就是侧重于熟人圈子的交流。也可以说,微博中基于弱关系的交流较为普遍,而微信中更多的是基于强关系的交流。

每一个微博平台,从整体上来说,就是一个圈子,一个话题可以迅速传遍整个大圈子,并且围绕这个话题形成多种信息与意见支流。

而微信平台,由难以计数的小圈子组成。虽然理论上来说,这些圈子之间都相互关联着,但毕竟各圈子之间还是有一堵无形的"墙",信息虽然可以越过这些"墙"流入小圈子,但反向的信息与意见反馈却很难实现。因此,信息流相对单一。

在大圈子中,经过一定的博弈,会形成话语权力的差序格局。博弈中产生的意见领袖在信息传播以及意见表达中的作用更为突出,但这种权力结构是动态的,会经常因为各种因素的影响而发生变化。

而在微信的朋友圈交流中,话语权力相对平等。微信朋友圈里人们更注重情感连接,人们对于话语权力的关注也相对较少,因此,人们的关系会更为稳定、持续。

2. 微信朋友圈的"求同"与微博的"求异"

由于微信的一个重要作用是维系小圈子中的关系,并谋求社会资本的回报。因此,在朋友圈中人们更倾向于关系的稳定和和谐。在观点表达上,人们更倾向于求同、维和,差异往往会被人们有意忽略或掩盖。

而微博这样的大圈子里,用户要凸显自己的价值时,更需要的是表现个性与差异,差异会被人们强化、放大,并且成为博弈的重要手段。

3. 微信朋友圈的封闭与微博系统的开放

虽然都是由人与人的关系构成的社会网络,但微博是一个开放的系统,人的关系圈子不是固化的,而是流动的。这种开放可以促使微博整体显现一种异质性。

微博在其技术控制的传播机制方面,也更为开放。

微博从功能上保证了转发路径的公开与清晰可辨,从原创到每一个转发的链条,都可以直观感知。而微信朋友圈虽然保留了转发功能,却隐去了转发路径,因此,一条信息在朋友圈里的传播轨迹是难以辨识的。

微博的评论内容是对所有用户公开的,不同用户之间的评论可以形成相互的参照,这为公开的社会交流提供了基础。而微信提供的是一个封闭的评论系统。只有互为好友的用户才能看到彼此在同一帖子下的评论。从隐私保护的角度来看,这样的设置不无道理,但从另一方面看,这样的评论,主要发挥的是私人社交的功能,而不是公共讨论的功能。

微博中的信息传播是在一个开放的系统中进行的,因此,信息在微博平台流动时,各方面的用户也在快速地形成对该信息的补充、反驳、对比、辨识等其他信息,这样一个系统给信息的真伪鉴别、价值判断、筛选过滤以及自我纠正带来了可能。

而微信是一个相对封闭的系统,朋友圈更是如此,朋友圈虽然也可以变化,但结构是相对稳定的,尽管人们在现实中有较大的差异,但朋友圈更多地强调了同质性,它也会形成对异质信息与意见的排斥或抑制,成为相对封闭的信息系统。信息在微信平台的单一化流动,也增加了信息互动的难度。

(二)微信朋友圈的典型现象

微信朋友圈的关系构成特点,以及人们对朋友圈功能的定位,导致了朋友圈信息传播中的一些典型现象。

1. 无“自晒”,不微信

自晒,是微信朋友圈非常普遍的一种现象。在某种意义上,没有自晒,就没有微信。与 SNS 相比,以手机为互动终端的微信,为自晒素材的获得,提供了更多便利。而能自晒的朋友圈,也是微信与 QQ 两种相似产品的一个重要差异。再加上朋友圈中的结构与氛围的影响,微信朋友圈将“自晒”推到了极致。

晒美食、晒子女、晒行踪、晒成果、秀恩爱等,成为自晒的主要内容。

自晒是一种自我披露的行为。尽管一些传统的跨文化传播研究认为,中国人在外人面前的自我披露更为谨慎,但是由于朋友圈的对象可控,所以用户在微信里自我暴露更为大胆。

自晒也是一种自我形象的塑造过程。通过有控制的自我信息披露,人们可以将自己认为理想的那一面展示给他人,以求在他人心目中获得更高的评价,并获得更多的社会资本。

当然,并非每一个人都能恰当地把握自晒的度,过多的自晒,未必真会带来自己所期待的他人的肯定,反而可能会给他人造成压力,激发人们的攀比心理或其他不良情绪,最终结果可能是“拉仇恨”。

2. 每个朋友圈都有几个“点赞党”

点赞行为在社会化媒体中普遍存在，而微信朋友圈，是网络中点赞行为最密集的地方之一。每个人的朋友圈里，都可能有几个无原则点赞的“点赞党”。

在朋友圈的强关系中，点赞往往是一种不假思索的互动行为，点赞这样的行为可以用更低的成本，向朋友示好，并表明自己的存在。

但是，不假思索、不分对象地点赞，又往往会使点赞的效果大打折扣，当点赞失去基本的原则时，点赞的意义也就不复存在了。他人对这种互动行为，也会熟视无睹。此时，点赞未必还能带来社会资本的回报。

3. “鸡汤派”与“养生派”盛行

腾讯微信运营部门提供的相关数据表明①，在微信中用户阅读最多的文章排序如图 8-15 所示，而分享最多的文章排名也与此类似。

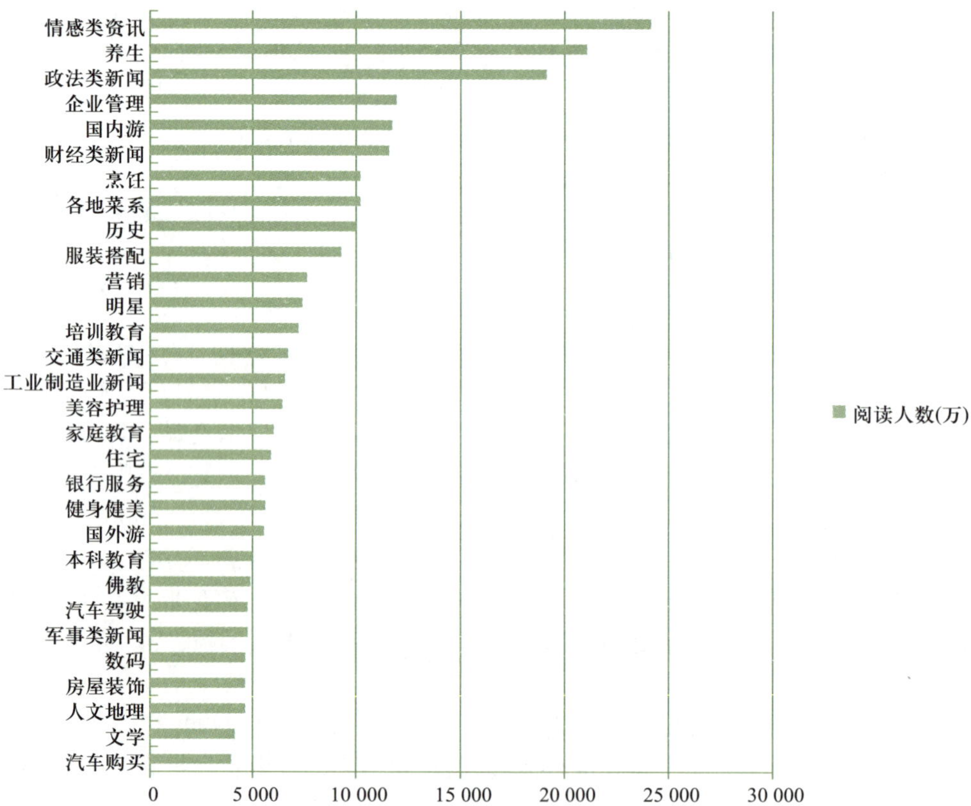

图 8-15 微信用户阅读最多的文章类型

① 数据由腾讯相关部门向作者提供。数据采集的时间是 2014 年 9 月。

这些数据表明,在微信中,人们对于“心灵鸡汤”这样的抚慰心灵、情感的内容,以及对于与健康、养生有关的信息,具有特别的兴趣。这些文章虽然多数来自于公众号,但是在朋友圈里传播的最为广泛。

在朋友圈里,分享政治性话题或敏感的社会话题,容易造成朋友之间的分裂,因此,人们一般更愿意分享“无害”、不刺激的鸡汤式内容。而分享养生方面的内容,还可以体现自己对朋友的关怀,赢得一定的人气。

无论是阅读还是分享这些信息,都体现了多数人的客观需要,但是,这些内容往往也有大量水分,在养生类信息中,也混杂了不少伪科学的内容。

4. 披着科学外衣的谣言或伪科学泛滥

朋友圈被公认为谣言最盛行的地方。这一方面是因为朋友圈本身的传播结构带来的自我封闭,另一方面也是因为朋友圈的“维稳”氛围。

在朋友圈的谣言中,披着科学外衣的谣言,或者伪科学,最有代表性。

今天中国人的平均受教育水平有了显著提高,但这并不意味着科学素养的提高,科学常识、科学精神的缺乏仍是中国人的普遍问题。人们对科学问题的认识与思考能力普遍不足,对于超越自己认识范围的科学知识,往往会采用极端的态度。一个极端是不加分辨地相信,另一个极端是怀疑一切。而前者往往更为突出。

谣言一旦被加以科学的包装,例如所谓的科学家的现身、贴上所谓权威机构的标签,或者加上一些似是而非的科学名词,就会使人们失去判断能力。

在碎片化的阅读环境中,人们也不愿意浪费时间去考证这些问题,宁信其有不信其无的思维方式,也使人们屡屡掉入这些谣言的陷阱。

三、微信群及其影响

微信群是微信中小规模的多对多互动平台,多数微信群是现实关系的一种平移,另有少数微信群是基于弱关系形成的,但在互动中会慢慢转化为强关系圈子。

(一)微信群的传播手段

微信群的传播手段与网络中其他空间类似,文字、图片、语音、视频等都可以利用。而另一种特别的传播手段,是表情符号。

这里说的表情符号,不仅仅是系统提供的小的表情符号,还包括网民自己制作加工的各种代表情绪的小图片。

尽管表情符号在一对一的传播中也经常使用,但在微信群里,它的运用有特别的效果。

在很多时候,运用表情符号可以节省交流成本,一图值万言,一切尽在不言中。作为图片的表情符号,有时具有多义性,比文字符号含义更丰富。

表情符号也可以调节气氛,当交流中出现一些问题或障碍时,一个表情符号可能会化解冲突或缓和气氛。

表情符号在某种意义上也是微信群中的"流通符号",有些原创的表情符号,会从一个群流向另一个群,并不断扩散开来,表情符号的广泛流通,不仅反映它们受人们欢迎的程度,也在某种意义上证明着微信这个小世界中人们之间普遍存在的弱联系,表情符号流动的轨迹,可以使隐性的关系网逐步显性化。

(二) 微信群的生态与传播特点

微信群也是一个小的生态系统。

微信中流传的一个段子,形象地说明了这种生态的构成。

专家研究,一个温馨的群,往往是这样构成的:

(1) 一两个风姿不减当年的万人迷。

(2) 三四位逐渐转型成功的学者。

(3) 五六名不甘老去的世俗愤青。

(4) 七八个三天两头晒食物的吃货。

(5) 若干个喜爱摆各种姿势拍照的潮人。

(6) 众多宁愿潜水也绝不退群的呆粉。

(7) 再加上,几个有事没事经常对掐的好友。

(8) 时不时蹦出几句冷幽默的疑似思想家。

(9) 掌握各种小道消息的所谓政客。

(10) 几个个性张扬爱发黄段子的奇才。

(11) 还有几个热心服务的管理。

(12) 天天值夜班的,逗这个逗那个的。

(13) 存储记忆能力超强的,回忆往事的。

(14) 几个时常作诗词歌赋怡情养性的文艺骚客。

(15) 以及一个内心强大,大爱大善的群主。

(16) 几个公鸡般天天叫早的失眠者。

尽管这个段子未必适用于每个群的状态,也未必是一个科学的分析,但是,它生动地刻画出微信群中那些活跃成员的典型特征。

群主,是一个群的核心人物,作为群的发起者,他会对群进行定位,群的成员的整体构成也与他挑选的第一批成员相关,虽然成员们在之后再拉入的新成员可能会在一定程度上改变他的初衷。成为一个群主,是一个可以自赋的权力,多数人会因此而付出很多努力和代价以维系这样一种权力。

在微信群中,也容易出现话语权力中心。虽然与微博的意见领袖相比,这些话语权力中心的影响力可能很有限，但是，他们也对整个群的氛围起着重要的影响作用。群中的话语权力中心可能是群主，这既因为是先赋的权力，也因为群主为了维系自己的角色和群的稳定会付出额外的代价。但未必每一个群主都必定能成为话语权力中心。

微信群生态系统中另一个层次的重要角色，是活跃的信息贡献者，他们虽然不一定能影响他人的态度或群体的整体意见走向，但是他们不断地发言或转发信息，给群不断带来新的话题，促使群保持着持续的活跃度。

而群中的更多人，常态可能是“潜水”，但如果有一个刺激性的话题出现时，很多潜水者会浮出水面，特别是当某些用来检验成员间的关系、群的凝聚力与成员忠诚度的话题出现时，多数人会“露头”表达自己的态度。

作为一种多对多、同时又是简单以时间为序进行信息排列的空间，群并非是一个理想的交流平台。群中的信息呈现方式，很难进行话题的聚合，如果不是成员有意维护某一个话题的交流秩序，那么，各种信息交织在一起组成一个队列时，话题的焦点无法突出，话题之间的关系也很难明确，各种信息缺乏语境，就会显得杂乱。

另一方面，由于熟人间关系的复杂与微妙，表达意见的自由度受到了较大的限制，很多时候人们也更愿意表达单纯的情绪，而不是复杂的意见。而一个人表达后，其他人复制、跟着站队的现象，在群里也较为普遍。

微信群里，自说自话的现象也比较普遍，很多成员发出的信息可能激不起呼应。一般而言，多数微信群往往有一个骤然升温、经过一段时间的保温最终由热到冷的变化过程。

一个新的群启动，往往有一定的由头，这个由头也是一个刺激源，会使得群的规模在较短的时间内增长，随着新成员的不断加入、新老成员的相互问候，群的气氛会维持一段时间的活跃度。对群有认同感的成员，为了使群的影响力扩大，也会在早期投入比较多的精力。

但是，在一些临时性刺激因素消失后，群的活跃度会较快地回落，甚至很快进入沉寂。

有助于保持或促进群的活跃度的因素主要有如下几种。

（1）刺激源：美食、聚会、回忆、政治性话题，以及群中成员的人生各种大事，都有可能刺激群成员“浮出水面”。

（2）群内仪式：制造出某种群内的日常仪式，使之成为每天群内互动的基本方式，也是保持群的活跃度的一个方式，例如成员间每天的早安问候。当然，要让它们仪式化，需要有新颖且可持续的方式。但绝大多数群并没有形成这种形式。

(3) 线下活动：线下的活动，可以将群里培养起来的感情转化为现实空间的互动行为，这些活动往往又可以为群提供更多的话题。

(4) 游戏：诸如“抢红包”这样的游戏，可以诱惑成员参与。

尽管多数群会有维护稳定的趋向，但并非所有群都能总是保持这种状态。当出现与价值观相关的话题时，群尤其容易出现分化。

（三）微信群与圈子化生存

对于个体用户来说，朋友圈其实更多的是一对一或一对多的互动，而并非圈子内的多对多的互动。而微信群，才真正构建了人们的圈子化生活。

微信群的圈子，以熟人圈子为主，尽管有些群开始出现时，并非彼此都认识，但是，进入群里的人，都可以通过某些社交链条连接起来，所以很多陌生人最终也可以变成熟人。

微信群的形成基础主要有以下几种。

(1) 基于现实社交关系形成的群，如同学、同事、朋友、家人等。

(2) 基于行业联系形成的群。尽管群成员不在一个单位，但他们处于同一行业，存在着业务交流与联系的可能。

(3) 基于思想交流形成的群。有些群可以横跨不同的职业群体或社会阶层，它们是为了思想的交流而存在的。

也因此，微信群带来的圈子主要包括：亲友圈子、同学圈子、单位圈子、行业圈子、思想圈子等。

由于微信自身的限制，大多数微信群不超过 100 人，少数群可以达到 500 人甚至 1 000 人的规模，但相比微博，“群”这样的群体，基本还是小规模的互动。但人数越少的群，往往意味着每个人要分担的奉献度越大。

微信群对于某些成员来说，是快速地扩展社交圈子的一种手段，当然，要让“群友”变成实际的社会资本，必须付出足够多的互动努力。

群对于群内成员的某些信息的沟通来说，是一种便捷的方式，特别是对那些基于工作关系而形成的群。

群也可以给很多用户以归宿感，在某种意义上，这种归宿感比论坛或其他网络社区带来的精神上的归宿感更为实在。进入某些群，可能还会意味获得某种身份，或被打上某种标签。

每个成员可以身处多个群，也就是多个不同的社会圈子，不同圈子的人们有不同的诉求，也会有不同的关系策略。

群可能孕育出特定的圈子文化，也可能改变现实圈子中的某些文化。

微信群所形成的圈子，既在一定程度上映射着现实社会的圈子，也在一定程度上复制着现实中的社会关系结构，包括权力关系。

以往的网络交往多是以打破现实社会的圈子为目标的，而群却反其道而行之。人们重新回到各种既有的社会圈子里，并且在某种意义上，被这些圈子加上了更大的“枷锁”。

中国社会本来就是人和人的界限感不明晰的社会，家庭成员之间、单位成员之间缺乏界限感，往往会使人觉得无法自主，而微信群在某些时候会进一步模糊成员之间的界限。

圈子往往会强化同质性与服从性，而抑制人们的异质性。尤其在意见表达方面。如上文所述，个体在群中的意见表达多数时候并非拥有充分的自由度，在那些对个体有着重要意义的群里，沉默的螺旋容易形成。

群往往也会形成集体的意志与集体行动，对于少数不愿意服从集体意志和行动的人来说，违背意味着要付出一定的代价。

进入一个群，不一定都是出于个人的意愿，这是微信群非常特殊的一个地方，每个用户都有可能在自己不知情的情况下被别人强行拉入到某一个群中，进入到某种圈子。但并非每一个人都愿意留在这些圈子里。

另外，退群，是一件有风险的事。过去退群的行为是在众目睽睽下进行的。退群似乎成为一种宣言，表明对群内其他人的不满或蔑视，在他人眼里也会被视作一种“脱离”与“背叛”，而这可能对退群者的社会资本带来损害，以后在现实社会的这个圈子里交往可能会有一些障碍。因此，有段子称，在退群之前，将自己的用户名改为“有人”，当其他人看到“有人退出了群聊”这样的提示时，心情可能会平和些。尽管是段子，但这也说明了人们被拉入各种并非自愿加入的群而欲罢不能的那种无奈。

尽管目前的微信优化了退群的体验，一个成员的退群不会再被明确提示出来，但人们还是容易发现那些退群者。

过多的束缚感，也可能会导致更多的群被遗弃，最终走向“荒芜”。

总之，微信群作为网络中最典型的圈子文化的平台，对于人们的生活与社交，带来的影响都是超乎想象的。

四、微信公众平台及其传播特点

公众平台中有两种公众号。

其一是订阅号。限每天推送一次（早期的订阅号可以发三次），以信息的传播为主，认证账号可以自定义菜单。

其二是服务号。限每月推送四次，以服务为主，有自定义菜单的功能。

其中，订阅号的传播模式，更接近于传统的大众传播，但它也被微信平台的特点及用户的行为方式改造。

（一）微信公众平台中用户的阅读倾向

CNNIC 发布的《2014 年中国社交类应用用户行为研究报告》，展示了用户在微信关注的公众号的类型分布（见图 8-16）。[①]

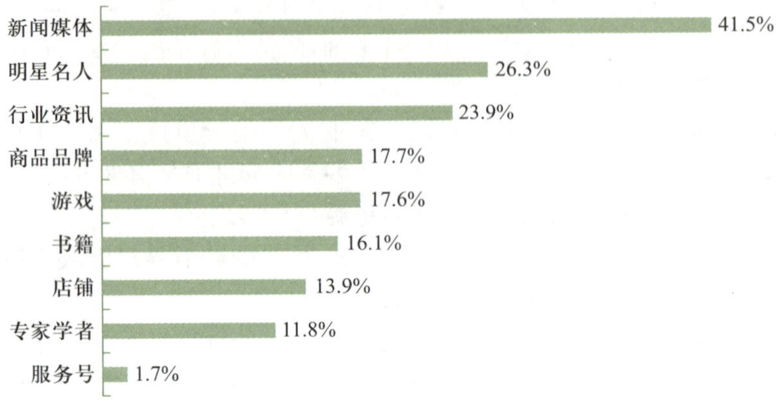

图 8-16 用户在微信关注的公众号的类型

微信公众平台，并没有沿袭典型的社会化媒体传播模式，在某种意义上，它是对传统媒体传播模式的回归。

腾讯微信运营部门提供的相关数据表明，平均每天每个用户阅读公众号文章的数量是 5.86 篇，日均阅读文章数超过 3 篇的用户占比 51%。[②]

但是，前文提到的数据也提示我们，微信中人们阅读的文章也有一些特定的趋向。从这些数据可以看出，与微博中阅读的内容不太一样的是，微信用户对于公众号阅读的偏好集中于提高自己的生活质量、修身养性等领域，虽然政法新闻、企业管理、财经、历史等内容也有一席之地，但是在微信这样的平台，“硬内容”的传播，仍需要克服更多障碍。

（二）公众平台的传播新可能

公众平台采用的传播模式，在某些方面继承了传统媒体，在微博式的传播模式盛行的情况下，这种“回归”了的模式带来了一些新可能。

1. 顺应懒用户的信息“推送”模式

网络等新媒体的一个特点，是把信息的选择权交给了用户，新媒体的信息传播多数是“拉出”式的，也就是由用户从无数的信息中发现与“拉出”自己感兴趣的那些。这看上去是对传统媒体的“推送”式信息的一个变革，但时间长了，情

① CNNIC：《2014 年中国社交类应用用户行为研究报告》，http://www.cnnic.net.cn/hlwfzyj/hlwxzbg/201408/P020140822379356612744.pdf。

② 数据由腾讯相关部门向作者提供。数据采集的时间是 2014 年 9 月。

况也会发生变化。一些用户越来越懒于自己去寻找信息,或者对自己拉出信息所消耗的成本越来越在意,他们开始怀念被“喂食”而无须自己“找食”的传统媒体时代。

因此,回归传统媒体的信息推送思维的业务模式,在近年新媒体的探索中,越来越普遍。微信公众号也是继续了这样一个传统思维的新产品。尽管微信作为媒体有很多局限性,但当一些用户主要驻留在微信平台而远离微博、客户端甚至新闻网站时,微信公众账号对于这些人群提供的信息推送,仍是必要的。

2. 明确的落点与完美到达率带来的诱惑

公众号的推送模式,还有一个重要的特点,那就是,从理论上说,每一次信息推送,最终都会到达订阅者,无论他们什么时候打开微信。而信息的落点,也是非常明确的。

这与微博内容扩散的不确定性相比,看上去有更大的诱惑。

3. 信息超载时代的“减法”思维

与一般社会化媒体平台的信息泛滥甚至“溢出”的情形不同的是,微信公众号受到了严格的信息量的限制,这种限制当然并非技术本身的原因,而是微信平台管理者人工干预的结果。订阅号一天发送一次信息,服务号一个月发送四次公共推送信息,这样一个制约,在某种意义上会迫使信息发布者做减法,做精选与优化,将亮点凸显出来。

4. 三种信息圈的关联效应

微信公众号的效果并不只取决于它自身,微信中的三种传播空间,即公众平台、朋友圈、微信群,实现了无障碍关联,朋友圈、微信群对公众账号的信息传播有一定的扩散与放大作用。

(三)公众平台的局限性

尽管带来了一些新的可能,但公众号仍然存在很大的局限性。主要表现为以下几方面。

1. 有限的推送次数与媒体时效性的冲突

虽然对信息做减法在多数时候是需要的,但是,当信息推送次数受到严格限制时,某些时候的传播就会遇到障碍。特别是当突发事件发生时,如果当天的信息发送额度已经用尽,那么,公众号的传播者就会束手无策。

2. 用户黏性难以维系

尽管有些微信公众号是靠粉丝的忠诚来维系的,但是,真正能够获得忠实粉丝的公众号数量极为有限。很多用户出于尝鲜的目的订阅了某个公众号,但他们可能很快就会失去兴趣,有些用户会退订,有些用户即使不退订,也会对公众号每天推送的信息“熟视无睹”，成为“僵尸粉”。

3. 点开率有限

尽管微信公众账号的信息可以百分之百到达其订阅者那里，但是，却无法保证信息百分之百被点开阅读。微信公众平台的设计，将所有“订阅号”都集中在一起，尽管有未读信息数量的提醒，但是对于那些被“折叠”在订阅号这个大的类别下的内容来说，用户的惰性往往意味着大量的订阅号内容是被无视的。

4. 表现形式受限

公众号内容的主要表现形式是图文组合，虽然后来公众号也允许传播视频内容，但与新闻网页相比，形式还是受到较多限制。某些时候，一些传播的创意无法实现。

5. 系统的相对封闭性

与微博、博客等平台相比，微信公众号内容的反馈较弱。此外，微信公众号内容向微信之外的平台如微博的扩散相对困难。

6. 深度阅读与移动阅读间的冲突

微信公众号的文章本身没有容量限制，这与微博形成对比，因此，很多人更愿意利用微信公众号来发布或阅读长文章，但微信阅读又往往是在移动终端、碎片时间里，因此，真正的深度阅读仍然难以实现。

尽管分享在社会化媒体中非常普遍，但人们对自己分享的内容未必会深读，很多人甚至并没有读完他们自己分享的文章。在微信里，这种情况也非常普遍。

7.“覆水难收”的发布机制

微信公众号的发布机制类似传统报纸，内容一旦发布后，就不能再更正，也不能被撤回。那些有问题的文章只能带着错误越传越广。尽管这可以促使信息发布者更为谨慎，但另一方面这对于纠正信息偏差又是一个障碍。

8. 获得粉丝的难度相对较大

关注微信公众号的操作相对隐蔽，很多人可能难以注意到，在微信平台进行公众号推广的手段也有限，总体来说，公众号要获得粉丝，难度更大。

思考题：

1. 论坛的结构特点与传播特点是什么？
2. 分析一个代表性的论坛。
3. 博客的结构特点与传播特点是什么？
4. 分析一个有代表性的博客。

5. 如何看待维基的价值？
6. SNS 的结构特点与传播特点是什么？
7. 微博的结构特点与传播特点是什么？
8. 分析一个有代表性的微博账号。
9. 微信中三个不同层级的传播是什么关系？
10. 分析一个有代表性的微信公众号。

第九章　社会化媒体的应用策略

社会化媒体的兴起，不仅改变了互联网自身的传播模式，也对媒体、政府机构、企业等带来了广泛而深刻的影响。理解社会化媒体的本质及传播规律，充分应用社会化媒体，以此来推动社会管理、传媒业以及企业营销的变革，已经成为大势所趋。

尽管社会化媒体应用在不断发生更替，今天主流的应用如微博、微信等，在未来也可能被新的技术及平台取代，但是，社会化媒体这个大的应用方向将会持续下去。理解与应用好今天的社会化媒体，是在未来的新应用中赢得主动的基础。

第一节　社会化媒体时代的新思维

互联网思维，在近两年成为一个热门概念。尽管对于互联网思维的内涵，大家的认识各不相同，甚至也有人质疑，认为互联网思维是一个伪概念；但是无疑，我们无法否认互联网时代与传统媒体时代或传统工业时代的差异，以及它们运营规则与运营思维的不同。

360 公司创始人周鸿祎认为，所谓“互联网思维”，并不是玄学，没有神秘可言。互联网思维包含 4 个关键词：用户至上、体验为王、免费的商业模式、颠覆式创新。①

小米公司创始人雷军认为，互联网思维的核心是用户思维。用户思维的本质就是党的群众路线，就是深入群众、相信群众、依赖群众，从群众中来，到群众中去。②

研究者赵大伟将互联网思维总结为九个方面，即用户思维、简约思维、极致思维、迭代思维、流量思维、社会化思维、大数据思维、平台思维、跨界思维，并用

---

① 《周鸿祎：互联网思维是常识的回归》，载《中国青年报》2014 年 10 月 8 日。

② 《雷军：互联网思维本质上就是群众路线》，http://news.zol.com.cn/article/360808.html。

图说明了这几者在生产链的不同环节中的作用(见图 9-1)。[①] 尽管这个总结并不一定代表研究界的共识,但还是具有一定的代表性。

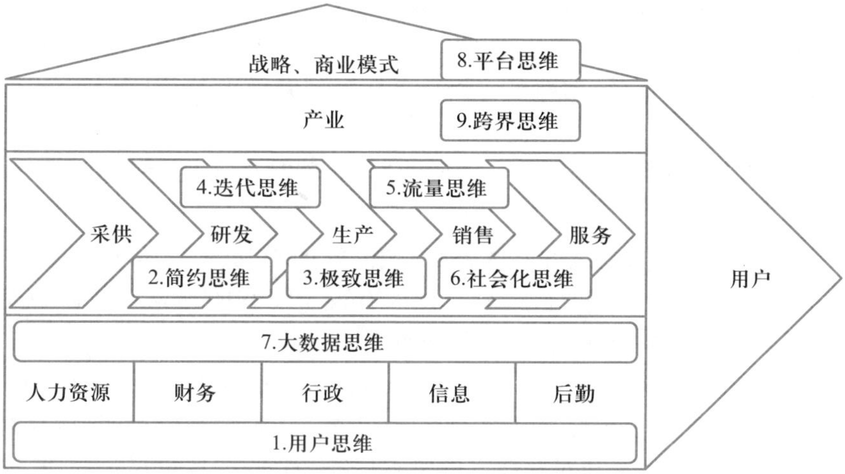

图 9-1　关于互联网思维的一个解读模型

也有研究者认为,互联网思维是相对于工业化思维而言的。它是一种商业民主化的思维,是一种用户至上的思维,互联网思维下的产品和服务是一个有机的生命体,互联网思维下的产品自带了媒体属性,有互联网思维的企业组织一定是扁平化的。[②]

不同研究者和实践者对于互联网思维有着不同的理解,但是从中可以看到,他们都强调了对用户的重视,并且用户的角色不仅仅是消费者,也是参与者。

从社会化媒体的应用角度看,互联网思维的核心,就是挖掘用户的力量,将用户变为参与者、贡献者。要做到这一点,需要以下几方面的实践及认识的深化。

1. 洞悉人性,激发参与

要让普通网民成为传播的参与者、营销的推动者,让他们自觉自愿地参与到某些活动中来,实现雷军所说的互联网的“群众路线”,必须以对人性的洞察为前提。

对于社会化媒体产品的开发、推广及运营来说,了解人性是一切的出发点,而满足人性需求则是其归宿。

微信平台推出的“抢红包”活动,正是充分体现了这样一种思维。

① 赵大伟:《什么是真正的互联网思维?》,http://www.tmtpost.com/85533.html。

② 《互联网思维到底是什么?》,http://www.cyzone.cn/a/20131025/246434.html。

2014 年春节前，腾讯公司为了推广其微信支付而推出了“抢红包”这样一个带有游戏性质的营销活动，春节期间“抢红包”席卷微信平台；2015 年春节，微信红包再度回归，其热烈程度甚至数倍于 2014 年。与以往的营销活动不同的是，抢红包活动主要是借网民力量推广的，在网民之间展开，在网民乐此不疲的自娱自乐中，腾讯收获的是，大批网民将银行卡捆绑到微信平台，而这为微信成为商业入口提供了重要基础。

微信抢红包之所以成功，一个本质的原因，就是以人性为基础设计活动模式，使网民自觉参与。

虽然微信红包多数额度并不大，但即使这样的小利，对于人们来说，也是意外之财，而且是来自于他人的，这总会让人有占了便宜的感觉。这种心理满足感，是商家发同样数额的优惠券难以实现的。

抢红包的一个关键是“抢”，人们能否抢到红包、抢到多大金额的红包，都需要通过竞争来实现。手快有手慢无，抢红包检验了人们的敏捷程度，顺带也检验了抢红包者的手机、带宽和对新技术的熟悉程度，因此，即使抢得一分钱，也会带来超乎想象的心理满足。

抢红包中的竞争，还体现为运气的竞争，一个红包被分割成若干金额不等的小红包，这就有意制造了戏剧化冲突，制造了人们的心理落差。人们在意的不是抢到的钱的数字，而是运气的排名。希望下次运气好些，也是一抢再抢的动力。

由于设置了竞争的门槛，所以获得任何金额的红包，都会让人觉得自己有成就感，有捡了便宜的满足感。

从发红包这个角度看，人们乐此不疲，一方面是为了受到众人的瞩目，另一方面，也是为了可以融入到群里，如果只抢不发，也会受人鄙视。此外，微信红包的数额可以量力而行，即使发出的红包只有几块钱，也可以占据“给予”这样的心理优势。

当抢红包变成一种风潮，不参与者，总会有被微信群、朋友圈排斥的感觉，因此，跟风的心理也会推动更多的人加入“抢红包”队伍。

微信红包的传播与推广，靠的是用户的人际关系链条。人际传染往往比企业宣传更为直接有效，因此，这一活动得以迅速传播。

抢红包规则简单，只有几个点击动作，所以它容易上手，人人可参与。

抢红包很容易变成微信群里互动的一种方式，这时没有平日里的话语权差异，也不需要任何话题的刺激，几个简单动作，构成了你来我往，使人们乐在其中。很多群也会制定接力发红包的规则，使这个游戏持续下去。

微信红包的发放者是用户，而过去传统的企业营销往往是需要企业自己进行大量投入。微信红包将“群众路线”这样的互联网思维发挥到了极致。用户自己掏钱,相互馈赠,自娱自乐。尽管腾讯公司也需要为用户的提现支付手续费,但相比抢红包活动带来的巨大宣传效应,它的投入也是值得的。

与此相比,过去很多商家,包括电商,也会给用户赠送一些优惠券,但由商家来发放的这些优惠券,有使用范围的限制,用户真正获利有限。另外,用户觉得是羊毛出在羊身上,对这些优惠的兴趣也就有限,而金额少的优惠,更是难对用户形成诱惑。

类似的,从各种产品案例中我们都可以看到,对"人性"这个核心变量的认识能力与驾驭能力,是如何决定着社会化媒体产品的成败。

2. 塑造新型粉丝文化

在社会化媒体中,粉丝是一种具有巨大能量的网民群体,而要激发出这个群体的潜能,需要以塑造新型的粉丝文化为基础。

从情感上的认同出发,以某一个产品、品牌、个体等为纽带,将具有共同兴趣与价值取向的人连接在一起,并通过某些集体行动来推动他们的归属感与参与感,这是粉丝文化形成的机制。第十章将进一步分析粉丝文化。

今天的粉丝文化面临着升级。以往的粉丝文化中,粉丝是属于从属地位的,特别是某些产品的粉丝。他们更多地只能仰望、膜拜,不假思索地追捧,但对于产品的开发与走向,他们没有任何发言权。而今天的互联网,特别是社会化媒体,可以赋予他们参与产品创造与推广过程的权利。

小米公司及其产品的发展过程,就体现了这样一种重塑粉丝文化的过程。

小米公司正式成立于 2010 年 4 月。2011 年 8 月 16 日,小米手机 1 正式发布。12 月 18 日,小米手机 1 第一次正式网络售卖,5 分钟内 30 万台售罄。小米 2012 年营收达到 126 亿元,2013 年营收达到 316 亿元①。2014 年 10 月,根据调研机构 IDC 及 Strategy Analytics 发布的全球智能手机市场第三季度报告,小米手机的出货量及市场份额均排名全球第三位,紧随三星与苹果。②

业界评论者往往将小米的成功归结于互联网思维的应用。小米创始人雷军认为,互联网思维很实在,原来厂商与用户之间的关系是简单的买和卖,小米则加上了情感因素与互动关系。小米不是在做产品,小米是在做用户,做社交网络。互联网时代,人与人之间的关系方式发生了改变,产生了 Facebook 这样的社交网络公司,人与产品之间的关系也会发生变化,小米公司也可以被理解成这样的社交网络公司。这个社交网络最核心的圈子是 50 万核心用户,他们买过好

---

① 《雷军:小米手机 2013 年卖出 1870 万台销售额 316 亿元》,http://www.techweb.com.cn/tele/2014-01-02/1376558.shtml。

② 《国际研究机构:三季度智能手机出货量小米居全球第三》,http://news.xinhuanet.com/finance/2014-10/31/c_1113064490.htm。

几款小米的产品,一直关注小米的产品,是一直通过 MIUI[①] 论坛、微博、微信、QQ 空间等社交平台与小米进行互动的用户。这 50 万用户可以影响 5 000 万人;这 5 000 万用户算第二层,是小米产品的一般用户;最外一层则是小米的潜在用户,小米希望里面两层用户影响他们。[②]

小米联合创始人黎万强指出,“对用户而言,小米是他们的,他们参与过就有了拥有感。同时,小米有很多的不一样,很个性,而任何时候的年轻人都喜欢不一样”。[③]

小米公司正是通过各种方式来推动粉丝的归属感与参与感。例如,在微博上和米粉们积极互动、让粉丝参与 MIUI 设计改进,生产各种与“MI”主题相关的 T 恤,使米粉拥有了主人的感觉。

小米的实践启发我们,今天社会化媒体的价值,不仅仅是可以产生一般的人与人连接起来的强弱关系链,还有可能带来高参与度的粉丝关系,如果能把粉丝的力量聚集与激发出来,就会给媒体或企业带来更多可能的价值。

3. 激发社群的力量

互联网的连接特性,以及互联网以人为中心的趋向,导致了“社群”的出现与繁荣。与社区有所不同的是,社群这样一个概念更强调社区中的人以及群体的归属感和群体意识。

与粉丝文化有所不同的是,社群文化的去中心性更强,粉丝是围绕着某个品牌、某个个人而形成的群体感,而社群文化更多的是以平等的协作为目标的群体感。

社群文化更多的是要为社群中的个体创造自我价值,而不是服务于某个企业或个人。

《罗辑思维》的实践,被看作是社群文化与社群经济的一个探索。2012 年 12 月 21 日,曾在中央电视台任职的传媒人罗振宇与 NTA 传播创始人申音、资深互联网人吴声合作,推出了知识型视频脱口秀《罗辑思维》,但这个脱口秀节目只是一个凝结社群力量的起始纽带。诞生一年内,它由一个互联网视频栏目,逐渐延伸到线下活动、出书、社群征婚、社群共同完成产品开发、C2B 订制等领域,这些业务看上去互不关联,但它们的共同点都是利用被转化为社群的会员的力量。

罗振宇认为,新媒体的本质就是社群。互联网的核心就是去中介、去中心、去组织,未来每个人都会摆脱工业时代给我们固定的社会角色和社会分工,自由

---

① MIUI 是小米手机的操作系统界面。

② 《雷军:小米不只是互联网营销的成功》,载《21 世纪经济报道》2013 年 12 月 28 日。

③ 刘琪:《揭秘小米崛起背后的文化战略》,http://www.forbeschina.com/review/201401/0030545.shtml。

联合,形成社群。他认为,自己在互联网中所做的《罗辑思维》项目,其实质是基于互联网的社群。社群关键不在于有多少人,而在于影响力度有多大。《罗辑思维》玩的不是“粉丝经济”,不是挣粉丝的钱,而是和粉丝联合起来挣别人的钱。[①] 他还认为,未来他所运营的《罗辑思维》有可能会形成一个“类交易所”机制,它可以帮创业者融到一切东西:包括钱,包括品牌,包括初始用户,包括传播渠道,就是任何人的一点可以商业化的禀赋都应该可以通过类交易所机制完整释放出来。这种“类交易所”模式,就是社群商业的一种体现。[②]

在一些研究者看来,社群经济的基础包括三个方面:(1) 共同的目标,或者是纲领,通俗说叫调性。人群通过纲领、调性已经做了有效的区隔。(2) 高效率的协同工具。这也是为什么在PC时代社群比较难以建立的原因,微信、微博这些实时工具,使得协同变得非常容易。(3) 一致行动。因为前面两个原因,一致行动变得比较容易,而这个一致行动也反过来促进了社群的稳固。这三个方面也是克莱·舍基在《人人时代:无组织的组织力量》一书里提到的协同三原则。[③] 这三个方面,也是社群文化的基础。

近几年来,“众筹”这个概念及其实践也在逐步进入人们的视野。众筹的重点在资金的筹集,但本质上它也是将同好者连接起来协作完成某一任务的模式。尽管在执行过程中,众筹可能会出现走样,但是众筹的思路,已经开始被广泛接受。

虽然有些新媒体人过于夸大了社群的力量,或者将一切都简单归因于社群力量,但是,在互联网等新媒体的经营中,如何将人与人的力量稳定地聚合起来并使之转化为能创造价值的共同行动,的确是一个关键问题。理解社群形成的基础,理解社群运作的机制,理解社群能做什么或者不能做什么,都是理解与应用新媒体的一个关键。

无论怎么定义互联网思维,可以肯定的是,互联网思维的一个基础,是通过网络连接网民,将个体力量聚合为群体力量。而在这其中,社会化媒体扮演的角色尤为关键。互联网思维不是万金油,它不可能解决所有问题。互联网思维也不是口号,它更需要行动。我们也要警惕把互联网思维当作幌子招摇的倾向。但也不能因此而否认互联网思维的存在,否认互联网思维的价值。

无论是对于媒体,还是企业或政府机构,这样一种思维的转变,都是迎接社会化媒体挑战的基础。

---

① 《罗振宇口述:新媒体的本质——社群》,载《商业周刊中文版》2014年第5期。

② 《社群商业:移动互联时代的新商业图景》,http://www.tmtpost.com/121367.html。

③ 《关于社群经济的10个回答》,http://it.sohu.com/20140604/n400409775.shtml。

第二节 社会化媒体传播的新策略

今天的媒体越来越多地借助社会化媒体进行品牌的塑造和内容产品的传播,政府机构、企业,也将社会化媒体平台作为"自媒体"加以应用。但社会化媒体不只是意味着一个新的传播渠道,它更意味着新的传播思维与传播策略。

社会化媒体的传播大多是以社交为传播动力、以人际关系为传播渠道的传播,无论采取什么样的传播策略,都是基于对这一传播特点的理解与应用。媒体、政府部门、企业等机构在社会化媒体中进行传播时,尤其需要理解这些特点。

今天机构的社会化媒体传播主要是利用微博、微信这两个平台,所以下面所谈的策略主要是针对这两种平台,但某些方面它们也适用于其他社会化媒体平台的传播。

一、社会化媒体中什么样的话题具有"引爆力"?

能在社会化媒体中产生传播引爆力的话题,其基本特点是能够成为谈资、触发社交。

从话题的属性来看,社会化媒体的热门话题常常具有以下一种或几种特点。

1. 公共性:越是与多数人利益相关的话题,越容易引起关注。涉及政治或经济改革、官员、民生、贫富分化、弱势群体等话题的内容,其公共性往往更显著。

2. 争议性或冲突性:一个话题中涉及的事实或观点,如果包含了冲突与争议,往往能引起普遍关注。民与官、贫与富的话题,就是典型代表。而与价值观有关的话题,往往会带来观点、态度与立场的分化,也容易成为热门话题。

3. 公益性:诸如寻人、帮人、救人、捐助等方面的信息,往往会更受关注。

4. 人情味:人情味浓的话题,特别是故事性的内容更容易打动人心,也容易给人留下深刻印象。

5. 盘点性:对一些现象进行规律性总结,条分缕析,再加上数字编号,通常可以吸引他人。其中,加上数字编号是一个非常重要的"秘籍"。它在形式上强化了总结盘点的意味,也让人感觉更有条理。

6. 娱乐性:轻松、搞笑的话题,或与娱乐明星相关的话题,也容易成为热门话题。当红名人的动态尤其会受到较多的关注,如果这些名人的动态中有一些戏剧性的言行,更容易成为焦点话题。

7. 格言性:被称为"心灵鸡汤"的能引起普遍共鸣的人生格言或语录,常常也会被广泛转发。

8. 知识性：人们了解较少但又与多数人相关的专业知识、生活常识等，也会受到欢迎。

当然，除了这些常规的热门话题外，如果表达方式打动人或有新意，其他内容也有可能被广泛关注。

二、社会化媒体需要什么样的叙事方式?

社会化媒体的传播，往往也是快餐式传播，特别是在微博这样的平台上。因此，“高浓缩”的表达是社会化媒体表达方式的基本特点，也就是简洁、明晰、准确。当然，这主要是指常态下的情形。深度的表达，在社会化媒体中仍有它的存在价值，在某些时候，网民也非常需要深入的阐释与解读性的内容。

除了简洁、凝练这一前提外，在社会化媒体中进行传播，还需要调整“语态”。“语态”这个词并非一个科学的概念，这里这个词的含义是指语言的表达方式及其传达出来的传播者姿态。

语态首先与传播者的姿态有关。如果传播者不能把自己放在与网民同等的位置，而是表现出高高在上、俯视众生的姿态，那么在文字表达上就很容易呈现出教导、命令式的口吻。

社会化媒体中的语态，还需要考虑角度的适宜性。也就是需要多从公众的关注视角出发，而不是机构的宣传需要出发，要顺应和打动人心，而不是喊口号。

适应社会化媒体的语态的另一个特点，是故事化表达。

讲故事，意味着依托具体的事实，来解说抽象的道理，并把这些事实放在特定的情节中，体现在人的活动、情感中。

故事往往是以具体的个体为依托的，而不是抽象的“大家”。“大家一致认为”“人们异口同声”这些复数的表达，不是讲故事的口吻，应该尽量避免在社会化媒体传播中出现。多用单数的第一人称，即“我”，常常可以使故事显得更为可信，也更容易使听者产生代入感或卷入感。

故事是在具体的场景中展开的，因此，故事要有时间、地点等要素，也需要细节的刻画。

社会化媒体中的语态，也与网络语言和网络流行词的使用有关。使用网络语言，除了容易与网友形成共鸣外，也意味着一种共同的文化认同。有些流行词，反映了重大的新闻事件或社会问题，对它们的运用，也表达着机构的某种立场。

但是，语言只是一个表征，而不是核心。改了语言这张“皮”，而没有改变自己的根本心态与姿态，也会产生撕裂感。时间长了，难免露出真容。

滥用网络语言，也可能会使人们产生审美疲劳，难以产生持续效果。

三、社会化媒体传播中如何利用好多媒体手段?

(一) 图片的运用

社会化媒体中的信息传播是以文字为主的,但是图片、视频等多媒体手段也越来越重要。图片、视频可以对文字信息的形成起补充作用,而且加入图片、视频后,往往会提高人们对特定信息的关注度,对于扩大传播面是有效的。

在微博中,长微博是一种特殊的微博图片运用方式,为了应对微博的字数限制,一些微博发布者将超过一条微博容量的文字通过相关工具变成一张图片,这样也可以实现大容量的文字传播,且转发也很方便。当然,如果只依赖图片,而不给其加上任何文字说明,或者文字推荐无力,那么这些长微博图片被点开阅读的几率也会较小,所以长微博应该与有效的文字引导结合起来。

今天的微博中,另一种常见的图片运用方式是"九宫格",根据新浪微博等平台的设定,一条微博最多可以发 9 张图片,这 9 张图片,共同构成了九宫格形式。某些时候,用九宫格式的图片,可以将一条微博变成一个小的专题,具有较高的信息集成度。但这样的形式应该服务于内容的需要,为了凑出九宫格而加上信息量不大的图片,或者滥用九宫格形式,都可能导致粉丝产生厌倦心理。

在微信这样的平台上,图片的使用也很重要。一篇文章中最好有几张与正文相配合的图片,以提高实证性,同时更好地调节阅读节奏。当然,也不必削足适履。

信息图表也是社会化媒体常使用的多媒体手段之一。好的信息图表可以形成简洁、高效的信息传达。适当运用信息图表,往往会带来较好的传播效果。

(二) 音视频的运用

微博、微信等平台都可以传播视频内容。

视频适合于那些需要用实证手段展示的内容,例如新闻事件、科学实验等。利用视频做脱口秀等,也可以丰富公众号的形式。

但微博、微信中的视频,还是应该多从"微"入手,这种微,既是指时间上的,也是指角度与手法上的。

从时间上控制视频的长度,意味着需要对一些传统的来自电视台的节目进行再加工,特别要考虑移动传播环境中用户的需求。BBC 电视台通常将其经典节目压缩到 15 分钟后再放到移动平台上,以使观众更便捷地在手机上收看节目视频。对于微博、微信中的微视频来说,15 分钟甚至都太长。对于过长的内容,可以剪辑成若干集。

尽管微博、微信并非不能进行宏大题材的视频传播,但是,一般情况下,除像微博、微信文字需要简洁明快故事化外,微视频的角度与表现手法,也需要更为接近用户,更接地气。

在微博中,音频运用相对有限,效果常常也不好,但在微信公众号中,音频有时会收到意想不到的效果。

让名人来“说话”,是公众号可以采用的手段。与文字交流中可能存在的代笔现象相比,语音方式可以证明名人的真实存在,也可以让听者有近距离交流的感觉。《钱江晚报》就是比较早在微信公众号中尝试明星语音的媒体之一,他们曾先后在公众号中推出九把刀、延参法师、成龙、白先勇、华少等十多个名人的语音,得到了比较热烈的反响。①

语音也可以作为一种用户参与的手段,《钱江晚报》也尝试过“用微信玩一回‘浙江方言好声优’”的活动,抓住“元芳你怎么看”这句话大热的时机,呼吁网友一起用方言来念这段话,得到了 300 条有效回复。②

当然,无论是使用名人的语音,还是唤起用户的语音参与,可能都只能是热闹一时。语音要能成为常规性的传播手段,也需要像文字信息一样,提高其内在价值。

(三)幻灯片的运用

幻灯片(通常我们称之为 PPT),是用于展示的一种有效方式,过去通常用在教学、会议、提案等场合,但在今天的互联网,特别是移动终端上,幻灯片的应用也越来越常见。

对于研究报告性质的内容,幻灯方式往往会比文字更适合于在网络这样的环境里传播。幻灯片的内容是对文字内容的一次提炼,它通常只放大其中的关键词、关键观点,不需要完整的句子,这有助于在有限的空间里凸显出核心信息,使读者快速捕捉到要点。

在社会化媒体中传播的幻灯片,需要注意以下几个方面。

1. 突出有限的几个关键词

不要试图在一张幻灯片里放太多的文字,堆砌太多的核心词,那样会失去幻灯片这种形式的意义。要尽可能聚焦于几个核心词上,将相关的文字也做必要的锤炼,使人们能在最短的时间内理解与记忆要点。在形式上,一些需要强调的核心词,可以适当改变大小与色彩,使其更为突出。

2. 注重幻灯片之间的逻辑与节奏

幻灯片是一组信息构成的单元,每张幻灯片,不仅其本身在传达相应的信息,也和它前后的幻灯片间有着相应的承接关系。有一些幻灯片,可能就只是一

① 《潘越飞:我们想放弃微信了!》,http://www.huxiu.com/article/8293/1.html。

② 《潘越飞:我们想放弃微信了!》,http://www.huxiu.com/article/8293/1.html。

些转折、承接性的文字，但是它们的存在，可以使整个幻灯片形成一种张弛有道的节奏。如图 9-2[①] 是美国的 Business Insider 网站做的“移动互联网的未来”报告中的两张幻灯片，两张幻灯片上都只有一行字，似乎两者完全可以集中在一张幻灯片上，但是，用现在的方式处理，第一张引出问题，提出悬念，第二张给予回答，这样使得答案更容易受到瞩目。引出问题的那张幻灯片，同时也是一个段落的标题，它可以起到提示后文的作用。

(a)　(b)

图 9-2　“移动互联网的未来”PPT 局部

3. 掌握图片与图表的运用技巧

在应用图表时，最好加上一个醒目的标题，使图表中的数字的核心意义得到充分揭示，引导人们理解信息图表的要点。如图 9-3[②] 中两条曲线分别代表 2008 年 12 月至 2013 年 12 月间 PC 终端上网流量以及移动终端上网流量的变化，如果仅仅让用户看这两条曲线，虽然人们能看到一个下降另一个上升的趋势，但并不一定理解其更深的含义。而标题“现在超过 1/5 的互联网流量来自移动”，就将移动互联网流量在互联网整体流量中日益上升的趋势及分量清晰地揭示出来。

幻灯片与信息图表有很多关联性和相通之处。其内在的逻辑线索、表达思维，可以参见第七章信息图表的制作原则。

电脑终端的幻灯片都是横式的，但在手机屏幕上，如果采用这样的模式，一张幻灯片的空间会很有限，可以考虑改用竖式的，以便使展示空间得到扩展。

目前微信公众号等社会化媒体平台不能直接使用 PPT 类型的文件，可以将幻灯片拆成一张张的图片，通过图片组合成幻灯片。

① 资料来源：http://mat1.gtimg.com/tech/bi2014/bicn_the_future_of_mobile.rar。

② 资料来源：http://mat1.gtimg.com/tech/bi2014/bicn_the_future_of_mobile.rar。

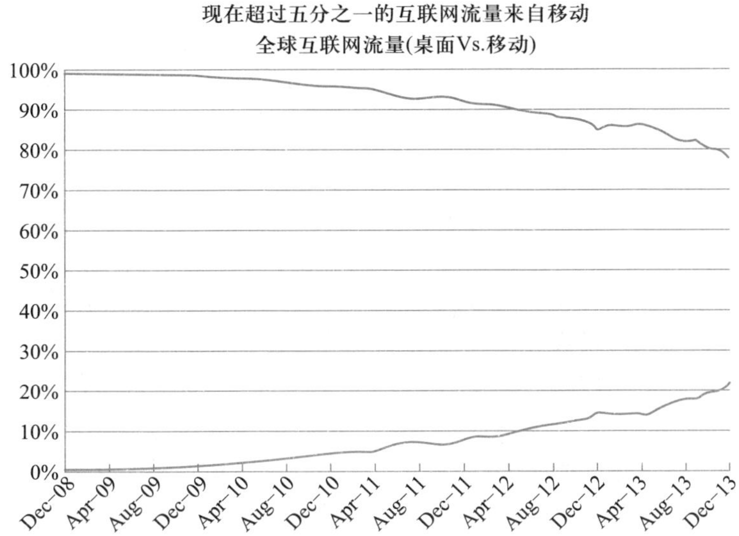

图 9-3　全球互联网流量发展(桌面 VS 移动)

(四) HTML5 的运用

HTML5 类似于网页中的 Flash 动画。HTML5 技术在电脑终端和移动终端都在普及,尤其对于 Flash 技术使用受到限制的移动终端来说,它的作用更为突出,它甚至可能会对今天流行的客户端方式产生一定的冲击。

在微信公众平台中,HTML5 也得到越来越多的应用,包括游戏、调查、广告、活动推介、互动内容传播等。

从内容传播的角度看,HTML5 的主要作用是,强化信息要点,提升视觉享受和参与体验。它比较适合于专题性的内容。

目前 HTML5 的专题的设计,主要是以图片为主组织起来的动态延续的信息单元,其中的图片既包括新闻照片,也包括信息图表或类似幻灯片的页面。在某些方面,它与幻灯片的模式是相似的,也类似于信息图表的动态展现。但 HTML5 页面中信息要点的出现可以是动画式的,这样可以通过动态顺序来强调页面中的信息要点及阅读流程。页面中可以有一些动态交互的部分,以展开信息细节。页面之间的切换方式更加灵活自由,趣味性可以做得更好。

移动端的 HTML5 专题,相当于把以往的电脑终端的 Flash 专题搬到了手机屏幕上,如果运用得当,其效果会优于静态的页面,但是滥用这一手段,在页面中充斥了可有可无的动态效果或互动按钮,也可能会使用户产生厌倦。

四、社会化媒体传播中如何进行二次开发？

除了发布原创信息外，很多时候机构的微博、微信等也会转发他人微博，或将网络中其他内容转载在自己的微博、微信公众号中，但是转发、转载也是有技巧的。

很多转发或转载性微博，只有一个标题和一个链接，而标题往往是传统媒体风格的，四平八稳，缺乏亮点，因此，也很难激起网民点击其中链接的兴趣。

转发、转载，应该是一个内容的再开发过程，是发掘原始内容的亮点或者帮助网民理解其亮点的过程。再开发主要可以通过以下方式实现：

（1）加上吸引人的内容提要，例如提示其中的重要观点，或者突出其中有意思的故事。

（2）加上有一定“刺激度”的评论，以帮助人们理解其意义，或者激起人们的关注意愿。

五、社会化媒体传播如何做好“把关人”？

对于机构的社会化媒体运营来说，转发、转载的过程也应看作是一次把关过程。

在微博、微信中，人人都是把关者，而有着机构背景的微博账号或微信公众号，在信息把关方面，拥有更重要的责任。社会化媒体中信息把关的主要方法包括以下这些。

1. 核对来源与多源求证

“多源求证”是传统媒体核实新闻真实性时的主要手段之一。为了保证新闻的真实性，通常媒体不能在仅有一个消息来源的情况下就发布某条新闻。“多源求证”即是要通过两个以上与事件无关的独立的消息来源对新闻进行核实。

这一方法，也可以为其他机构的微博、微信运营者所借鉴。

在网络中进行信息核实时，对于“多源”的选择十分重要，因为很多网站相互转载，如果仅仅看到有几家网站同时发布了某新闻，并不能由此断定这一新闻就是可以发布的，因为这条新闻可能是由同一个来源提供的。一定要注重鉴别谁是独立的消息来源。

信源的身份、信源的一贯信用等，也是在进行来源核实时需要注意的问题。有些网站或微博账号，本身定位就是虚构新闻，例如美国的“洋葱新闻”，对这些来源的信息，一定不能轻信。

2. 查看原文或原始出处

社会化媒体中很多偏差是由以讹传讹造成的。例如，一个微博账号转发他人的文章，在写引导性文字时，曲解了原文的意思，如果再转发者不看原文，直接转发，就可能将错误延续下去。因此，如果转发的对象中有链接，一定要先查看链接中的原文，再做出判断。

对照片的移花接木的使用，是社会化媒体信息混乱的一个主要表现，查找照片的原始出处，也是减少错误的主要方法。今天的一些搜索引擎，如百度，有“以图搜图”的功能，即在图片搜索时，将本地一张图片上传，让搜索引擎找出相似的图片，尽管这一功能目前还不完善，但是还是有一定帮助的。

3. 逻辑判断

一些信息中出现的问题，用逻辑推理的方法很容易做出判断，但是，在社会化媒体中很多人不愿意花时间对看到的内容进行思考，因此，很多有明显逻辑漏洞的消息，仍然在社会化媒体上大量传播。

例如，网络中流行一个说法，如果在 ATM 机取款时被歹徒劫持，可以通过反向输入密码的方式向银行报警。即使取款客户不懂银行的相关技术细节，至少可以想想这种方法是否可行。如果一个密码所有位数都是一样的数字，如 666666，或者前后两部分是对称的，如 678876，那么，反向输入的数字与原密码就会完全一致。这样的漏洞显然意味着上述说法是不成立的。

4. 时间核对

有些信息本身是真实存在的，但已是旧闻，如果把旧闻当新闻来传播，也会出现问题。例如，将汶川地震中的照片当作雅安地震时期的照片使用。对于一条信息涉及的时间进行核查，也是判断信息的真伪和准确度的重要方法。如果出现了图片，用“以图搜图”的功能，可以分析图片是否在更早的时间点出现过。

5. 知识性内容的核查与比较

对于社会化媒体中出现的知识性内容，除非是自己特别有把握的知识，否则还是尽可能通过相关手段对这些知识进行核查，也可以少犯错误。

6. 直接验证

对于一些似是而非的说法，当推理或核查仍不能做出肯定判断时，如果条件允许，可以做些实验进行直接的验证。

当然，对于个人用户来说，这样的验证有时会费时费力，所以通常不太可行。但是机构微博、微信的运营者面对一些重要的信息又不能做出明确判断时，可以尝试进行验证。特别是这些信息与自己的工作领域相关时。

7. 细心计算

当一条微博或一篇微信文章中出现了数字时，对数字进行计算或者基本的常识判断，是必要的。例如，2013 年的“双 11”网络购物节后，天猫的新浪微博官方账号发出一条信息，称当天卖出了 200 万条内裤，加起来有 3 000 公里长。很多微博网友也转发了这条消息。但细心的“@ 江宁公安在线”发现，用最简单的除法验证这两个数字时出现了问题，这表明，至少有一个数字是出了差错的，于是它用幽默的方式提醒了天猫（见图 9-4）。[①] “@ 江宁公安在线”的这条微博，也为它赢得了 1 万多个“赞”。

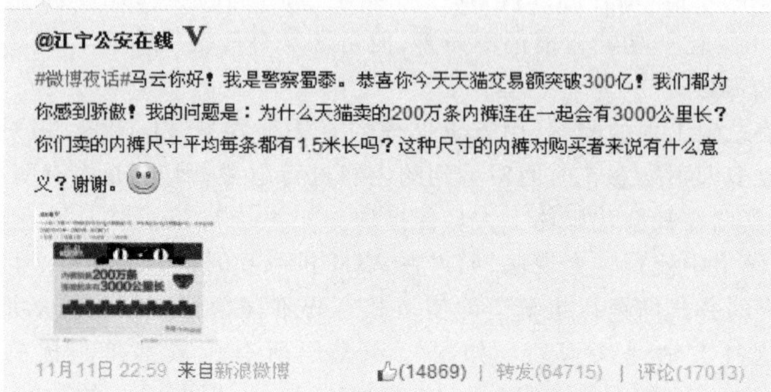

图 9-4　“@ 江宁公安在线”对一条出现数字差错的微博的质疑

8. 警惕名人被假借

社会化媒体中虚假消息的另一个常见的表现是，假借别人的口表现一些观点，名人尤其是常被借用的对象。白岩松、崔永元、王朔等以及国外一些已经去世的政治人物，最常出现在这样的假消息中。

六、社会化媒体传播中如何利用意见领袖？

意见领袖是那些可以影响别人的观点、态度甚至行为的人。有稳定的强大的传播能量的个体用户，影响他人的能量也较大。

意见领袖并不一定限于出现在政治性话题领域，在各种专业领域，都可能有意见领袖出现。

对于机构微博、微信等运营者来说，要不断提高自己的影响力，一方面是要争取成为微博或微信平台上的意见领袖，另一方面是要借力已有的意见领袖。

要成为意见领袖，需要在形象塑造、关系建设和信息传播等各个方面努力。另外，由于一些特殊事件和机会，机构微博、微信可能会在瞬间形成较大的吸引

---

① 资料来源：http://weibo.com/1113218211/AihRA803H? from = page_1001061113218211_profile&wvr = 6&mod = weibotime #! /1113218211/AihRA803H? from = page _ 1001061113218211 _ profile&wvr = 6&mod = weibotime&type = comment#_rnd1428654531171。

力，如果能趁热打铁，将优势保持下去，就可能形成稳定的影响力。

而借力意见领袖，则意味着要与意见领袖之间进行有效互动，维护好日常关系，这是借力意见领袖的重要前提。

第三节　专业媒体的社会化媒体的应用

今天的专业媒体也需要充分认识社会化媒体的传播规律，并且将社会化媒体作为媒体一个新的发展空间。

一、社会化媒体对传媒业的影响

（一）社会化媒体成为媒介融合的催化剂

媒介融合是传媒业发展的大趋势。媒介融合的基础是多重媒体平台的互联和产品的互通，这不仅仅是传输渠道的联通，也不仅是内容与服务在多个终端、平台的简单重复，它更多的是各种渠道与终端中的内容的自由流动、相互激发，是多种服务的有机关联、相互补充。在这其中，社交是一个重要的连接器与触发器，是各种媒体业务产生化学性融合的一个重要催化剂。而社交活动的主体，是用户。

新浪的微博、腾讯的微信等，本身都是基于人们的社交需求开发出来的产品，但它们逐渐向多种功能辐射，最终演变为一个涵盖多种内容产品与服务产品的平台。这些平台自然促成了传统媒体与新媒体的融合。

近年来兴起的社交电视实践，也证明了社交行为、社交平台对传统媒体转型的推动意义。社交电视即是将电视节目的观看行为与各种社交平台中的互动相结合，使观众参与到节目的讨论、互动环节，甚至影响节目的进程。

社交电视的出现，改写了传统电视中的“互动”的概念。它将传统的传播者与受众的互动，拓展为受众与受众之间的大规模互动，将“用电视”中的“用”的含义，扩展到了社交这样的层次。观众基于电视节目的社交活动，可以延伸节目的信息与线索，使节目产生更丰富的内涵，社交活动也成为节目的二次传播或口碑传播的重要动力。社交电视，也导致了电视生产模式、节目效果评估模式、广告模式等一系列变革。

社交活动在电视与新媒体之间“穿针引线”，在改造电视的同时，也带来了电视与新媒体的自然融合。可见，社交元素的确可以作为媒体融合的催化剂与黏合剂。传统媒体产品的数字化转型，必须把用户及其社交需求、社交活动，作为一个重要的因素来考虑。

就像整个新媒体正在带来的变革一样，媒介融合也应是以人为核心的融合，而“社交”与“关系”，又是人们在新媒体平台上的需求与活动的核心。媒介融合的深化过程，也是社会化媒体的思维与应用在传统媒体的渗透过程。

因此，媒介融合的过程，也是传播者与受众的融合过程，这个融合是以受众的角色转型为基础的。对于受众的角色转型，对于传播者与受众的融合来说，社会化媒体具有至关重要的意义。

（二）专业媒体的垄断地位受到挑战

新媒体使专业媒体的垄断地位受到明显的冲击，其中，社会化媒体在这里面扮演的作用也是十分突出的。

1. 社会化媒体影响下“专业”与“业余”界限的模糊

过去，专业的媒体与业余的个人以及非媒体机构之间，有着泾渭分明的界限，而今天，在社会化媒体应用的影响下，这些界限正在变得模糊，专业与业余之间的关系也变得更为复杂。

对于专业的媒体来说，如何发现业余中的专业价值，如何将业余的资源转化为专业的产品，是新媒体时代的一个重要课题。善于吸收业余力量的专业媒体，也许可以变得更为专业。

对于专业媒体来说，在专业性很强的信息生产领域借力专业的个人，是进一步提高其专业领域的信息生产水平的一个重要方式。但今天这样一个“借力”正在变得越来越困难。因为当这些专业的个人拥有了博客、微博、微信公众账号这样的平台时，便不再像过去那样需要借助专业媒体发出自己的“声音”。他们可能不再甘心给媒体“打工”，更不愿意自己的观点经媒体的中介后变得面目全非。面对这样的新挑战，专业媒体如何调整策略，也是一个新课题。

今天有越来越多的政府机构及企业也在利用互联网上的社会化媒体平台，而它们在信息传播方面也具有一定的专业性。当它们拥有了信息的自主发布权时，也许不再愿意对专业媒体完全开放自己的资源，甚至可能成为专业媒体的竞争对手。

面对以上三种改写了的关系，专业媒体的姿态也需要做出改变，而更重要的，是从工作模式与机制上做出根本的调整。

2. 公民新闻：专业媒体的补充者与参照者

社会化媒体带来业余的个人与专业的媒体更多的博弈可能，也推动了公民新闻的成长和其力量的不断上升，最终与专业媒体相抗衡。这将使得未来传媒业的生产模式发生质的变化。

尽管很多研究者与从业者对公民新闻的碎片化持否定态度，但在某种意义上，网民带来的碎片化的信息，是对由大众媒体垄断带来的信息不平衡状态的一种补充。它们之间也存在着相互参照、相互校正的可能。虽然每个网民只是提供一些零散的“碎片”，但是，当那些关键的碎片拼贴在一起时，当它们与专业媒体所提供的图景组合在一起时，最终呈现出来的景象，会比仅仅由专业媒体所描绘的景象，要更为丰富、立体、真实。

公民新闻的普及，也会使得更多的新闻事件的传播进入到全民直播的时代，来自网民的全程的、全方位的直播，将给其他网民带来更强的“卷入感”。

公民新闻不仅影响了新闻的生产过程，而且以某些方式影响着整个传媒业：

第一，公民新闻所涉及的事件、话题、新闻素材等，可以成为某种参照系，受众可以以此为参照对专业媒体新闻报道的时效性、客观性、全面性等进行评判。

第二，社会化媒体所谈及的新闻事件、话题，也越来越多地成为媒体报道的由头或起点，从一定意义上说，社会化媒体的议程正在影响专业媒体的议程。

第三，公民新闻活动的影响积淀下来，会变成公众的某种价值取向，这种价值取向虽然不会完全决定专业媒体的报道活动，但会在一定程度上影响专业媒体的价值取向与判断。

在这样的形势下，专业媒体仍然需要坚持自己的“专业优势”，但这种坚持，应是建立在对用户地位与作用重新认识的基础上，建立在对公民新闻价值尊重的基础上，建立在对自己的专业角色与职责进行重新定义的基础上。

虽然今天公民新闻或者非新闻机构之外的力量对专业媒体已经产生了明显的冲击，但是专业媒体、新闻专业主义始终都有它们的存在价值。正如研究者吴飞所说，“新媒体的出现，社交网络的发达，不但不是新闻专业主义的终结者，而且是更有力的维护者，只要人类对新闻需求的目标没有根本性的改变，只要我们还希望通过新闻这种方式来探测这个变幻莫测的世界，新闻专业主义仍然是一种不可或缺的理论资源与实践纲领。”①

3. 自媒体：不只是公民新闻

“自媒体”一词在被引入到中国的时候，主要指的是公民新闻，但是在今天的中国，它有三种指向：第一种指向是公民新闻，其理念是人人即媒体；第二种指向是那些以专业化或准专业化方式运作，但又不在现有媒体体制内的独立媒体；第三种指向是政府、企业的机构自媒体。像公民新闻一样，后两者也在今天对传媒业产生了一定冲击。

作为一个实验田，独立媒体的探索可以为传统媒体在新媒体时代的转型积

① 吴飞：《新媒体革了新闻专业主义的命？——公民新闻运动与专业新闻人的责任》，载《新闻记者》2013年第3期。

累更多的经验与教训。比传统媒体更接网络地气的独立媒体,也会在专业媒体如何更好地与人人媒体对接等方面,尝试更多可能。

机构自媒体,是指诸如政府、企业这样的组织机构在互联网上建立的自主信息发布平台。这类自媒体不限于社会化媒体,传统的政府网站、企业网站都可以视作自媒体。但是,社会化媒体应用使得机构自媒体更为普及,因为依托已有的社会化媒体平台,这些机构自建媒体的门槛更低。

机构自媒体是政府机构和企业全新的对外传播窗口。机构自媒体在某些领域的信息发布更为权威,例如,中央纪委监察部网站对于问题官员的查办、处理信息,是这方面国内最权威的信息源,专业媒体的报道,也需要以它为依据。地震、气象等部门的自媒体,也是在这些领域最专业的信息发布渠道。

当越来越多的机构拥有自媒体时,它们发布的内容也将成为专业媒体的补充与检验。当然,与专业媒体相比,机构媒体的客观性问题将始终是一个需要克服的障碍。

无论如何,人人媒体、独立媒体、机构自媒体,都给社会化媒体带来了活力,推动着它的繁荣,也挑战着曾经独自为王的专业媒体。

(三)"社交化"大众传播呼唤媒体传播"语态"的变革

当内容生产和消费与人们的社交活动关联越来越密切,当内容越来越多地依赖人们的社会关系渠道流动时,传统的点对面的大众传播日益演化为"社交化"的大众传播。

这意味着,传统媒体的传播思维、传播手段也需要做出变革,尤其是在选题、表现形式这些可以称为"语态"的层面需要做出调整。

社会化媒体中,内容能否被广泛转发,在一定程度上取决于它能否成为人们社交的话题,成为社交的润滑剂。在这样的渠道里,过于传统的选题角度,过于刻板的表达方式,很难引起人们的兴趣。接地气、人性化、故事化,是社会化媒体最受欢迎的内容的常见特征。

在社会化媒体渠道里传播的内容,需要与网络文化的基调相吻合,在一定程度上,也需要借助网络语言,包括各种流行语。当然,这并不意味着一味卖弄、卖萌、跟风。仅有形式上的"网络化",而不能在根本上满足网民的需求,特别是不能满足他们对社会环境认知的深层需求,这样的内容其生命力也不会长久。但不管怎样,传统媒体的内核上的变革,也需要"语态"这些外壳上的变革的推动。

2015年2月28日,原中央电视台记者柴静通过互联网发布有关雾霾状况的独立调查视频——《穹顶之下》,在网络中引起极大关注。据不完全统计,《穹顶之下》发布后的12个小时,其点击量突破了600万次,评论超过1.2万条。截至3月

2日上午9点30分,《穹顶之下》在国内各大视频网站的总播放量接近2亿次。[①]

媒体人赵何娟在评价柴静视频火爆的背后原因时指出:“我们在传统的新闻学框架和实践里受到了太多的限制,以至限制了我们在新技术应用时代的认识边界和框架……‘穹顶之下’的实践恰恰正是拥有专业能力的作者个体,个性化能量的释放,自媒体式非传统新闻学内容创作,通过社交网站的爆发性链条式传播,加上新技术新模式赋予的多样化呈现。”[②]尽管柴静式的表达方式也受到不少人的批评,片中的一些观点和数据也引起争议,但是,至少,从传播效果来看,《穹顶之下》是对专业媒体同类报道的一个突破。而其传播渠道与传播形式上的创新,是取得这种效果的重要原因。

当然,语态的改变,并不是以放弃职业职守与职业追求为前提的,也不能认为煽情、悲情就是最好的语态。2015年6月1日,“东方之星”号邮轮在长江发生沉船事故,造成400多人死亡,在沉船事故发生后,一些媒体过于煽情的标题也受到网民的批评。

因此,社会化媒体传播中语态的拿捏分寸,是对今天媒体人的一个新考验。

除了考虑网络文化的基调外,在社会化媒体平台传播的内容,还需要考虑到人们的阅读场景,在今天,尤其需要注意到移动化场景带来的影响。

用户在移动场景中活动的特点是,时间的碎片化、情境和空间的快速切换。这会给新闻阅读带来影响。人们对于长篇的、深度的内容的阅读需求虽然仍在,但是,时空的碎片化,使得人们难以保持一个封闭的、持续静态的阅读过程。简单地指责网民阅读能力下降是无济于事的,试图让他们停留在一张报纸上读一天的时代也是不现实的。对于移动社交平台的内容生产者来说,一个重要目标,是通过自己的努力,将文字的精华,通过其他的表现形式,如信息图表、PPT等,进行提炼与再呈现。

因此,在今日的社会化媒体传播中,稿件的标题里越来越多地出现了“一分钟读懂”“两分钟了解”“十张图让你知道”等字眼,PPT作为一种信息呈现的方式,在移动终端和社会化媒体里也开始大行其道,尤其是研究报告的呈现。这正是顺应用户行为特点做出的传播策略的调整。尽管今天我们看到的,未必是最佳手段,但是,对这些新的手段的探索,无疑是必要的。

(四)社会化媒体改写传媒业市场

社会化媒体对于传媒业市场影响的另一个层面,是影响着用户的信息消费

---

① 《柴静〈穹顶之下〉引爆网络:48小时视频播放超2亿》:http://www.donews.com/net/201503/2882208.shtm。

② 赵何娟:《柴静〈穹顶之下〉可能会、应该会改写的新闻学》,http://content.businessvalue.com.cn/post/33686.html。

模式,从而影响着整个传媒产品的格局。

1. 社会化媒体成为信息消费入口

社会化媒体带来了人们信息消费的“入口”的变化。

曾经一度,各种传统媒体是人们进入信息世界的入口,无论人们选择哪家报纸、哪个电视频道,这些入口都是公共化的。互联网的门户时代,门户网站也仍然是大众化的入口。

而今天,情况在发生变化,如前面章节所指出的,社会化媒体的普及,使人们进入信息世界的入口变得个性化甚至私人化,形成了每个人的个人门户。

今天的互联网市场,人们的需求主要体现在三个层面:内容、社交与服务(包含电子商务、在线娱乐、在线医疗、在线金融、在线教育等)。而社交是人们需求的基础,因而也是各种产品的基石。在某种意义上,社交入口的意义比内容入口的意义更为重要。而这样的入口,正是由社会化媒体来扮演的。那些在某个时期最具竞争力的社会化媒体产品,更容易成为入口。

尽管今天的媒体也在努力地利用社会化媒体,但是,如果不把社会化媒体上升到“入口”的战略地位,就不能在这个层面上去思考如何进行产品的未来布局,那么,传统媒体在未来也许将失去更多的话语权。

2. 关系产品成为传媒市场的支柱产品

信息消费入口的社交化、私人化,也意味着,在整个传媒市场中,内容不再是唯一的产品支柱,诸如社会化媒体应用这样的用于连接和发展用户关系的关系产品,也将成为市场的一个重要支柱。

过去传统媒体的产品主要是内容产品,内容为王的思维长期以来一直被传统媒体人奉若神明。但是,互联网的产品包括接入产品、关系产品、内容产品和服务产品四大部分。这四者形成的合理的产品结构,是内容产品得到持续发展的基础。内容产品的价值的激发与转化,往往有赖于其他类型的产品。

社会化媒体产品对内容产品的意义是,它为内容产品聚集规模化用户,为内容产品凝聚和强化用户黏性,也可以通过与服务产品的连接,为内容产品带来价值的增长和更多盈利模式。一旦某个社会化媒体成为“入口”,那么它对内容产品的作用就更不言而喻了。

因此,社会化媒体时代,媒体如何经营好关系平台,如何更好地适应社会化媒体的传播特点来进行内容生产的变革,将变得越来越重要。

二、专业媒体应用社会化媒体的方式

专业媒体对社会化媒体的应用是多方面的,下列是一些常见的方式。

(一) 业务的延伸

对于媒体的新闻报道活动来说,论坛、博客、SNS、微博、微信等社会化媒体可以在各个环节发挥其补充、延伸作用。

1. 利用社会化媒体发现新闻线索

社会化媒体日益成为重要的新闻线索来源,但要通过社会化媒体迅速发现新闻线索,必须设置合理的关注对象,以便给自己足够多的触觉点,能敏感捕捉社会化媒体平台上的各种重要信息。关注社会化媒体平台一些关键的意见领袖,特别是与媒体相关领域的意见领袖,关注一些相关的政府机构、企业、组织以及其他媒体的社会化媒体,都可以提高自身的灵敏度。

2. 利用社会化媒体核实新闻

通过新闻事件的当事人、目击者和其他相关人员的社会化媒体内容,来核实新闻的一些要素与细节,对于提高报道质量是有帮助的。当然,对于这些信息,媒体不能盲目轻信,必须要冷静地核查,排除技术性误差、个人偏见和有意的造假等因素的影响。

3. 利用社会化媒体进行实时报道

无疑,社会化媒体比传统媒体更适合进行时效性很强的报道。即使媒体网站在时效性上可以达到同样的水准,但为了使突发新闻的报道到达更广泛的受众,还是需要利用社会化媒体。

对于一些重大新闻,社会化媒体也是一个很好的直播平台。

4. 利用社会化媒体拓展报道

在社会化媒体发布某一报道的同时,可以提供某一报道的相关报道、背景延伸、评论解读等,为人们提供立体的信息。

与报道有关的社会化媒体评论,也是一种拓展报道的资源。可以帮助记者拓宽报道思路,更深入地认识事件发生的深层背景与社会影响。有些评论或者人们补充的信息,也可以成为报道中的背景素材。

5. 利用社会化媒体扩大报道影响

对于一个具体的报道来说,社会化媒体也是一个再传播的平台,将专业媒体平台上发布过的报道,用某种形式再传播。例如将其中重要的部分发布在社会化媒体上,或者在社会化媒体上发起相关讨论,都有助于扩大报道的影响面。

(二) 业务的融合

对于媒体来说,社会化媒体传播,也应是融合性传播,这主要表现为以下几方面。

1. 多种媒体手段的融合

社会化媒体是媒介融合的一个平台,因此,传统媒体的跨媒体内容,通过社会化媒体发布，成本低，且可能获得较好的传播效果。

社会化媒体提供了多种媒体手段整合的可能，例如“文字+多图片”“文字+视频”的组合等。因此，各种媒体都可以根据自己的资源情况，挖掘社会化媒体的跨媒体传播潜能。

2. PGC内容与UGC内容的融合

媒体在社会化媒体中发布的内容，主要是其记者、编辑生产的，也就是PGC（专业生产内容），但是，它也必须充分利用UGC的力量，社会化媒体本身应该成为PGC与UGC融合的一个平台。

“@人民日报”的“微议录”栏目，就是UGC内容的一个整合。每天“@人民日报”会针对一个特定的话题，从社会化媒体网友的评论中精选若干条，将它们整合成一条图片型的长社会化媒体内容。这不仅可以反映意见的多元性，也可以给参与互动的网民以成就感。

3. 台前内容与幕后内容的融合

与SNS类似，适当的幕后内容的出现，可以使媒体的社会化媒体账号更富人情味，同时也可以让人们了解一条新闻背后记者、编辑付出的劳动。

某些时候，将幕后的内容用未播出版、未删减版的方式发布在社会化媒体中，可以原生态地展现新闻的全貌，不仅有更强的真实性与现场感，也可以传达更多的潜台词。

4. 社会化媒体与媒体网站的融合

社会化媒体不仅是媒体直接的信息发布渠道，也是媒体网站的导引者，毕竟新闻的完整呈现常常只能在网站中才能完成。

而社会化媒体在给第三方网站进行流量导引方面，能量的确是不可小视的。根据美国社交发现和分享平台Shareaholic在2014年10月发布的数据，2014年第三季度Facebook平均为第三方网站输送了超过22%的流量，Pinterest比例为5%。[①]

媒体机构的每个成员的社会化媒体账号或主页，也可能成为流量的引导者。因为这些账号信息一般更为个性化，比官方账号内容通常更有人情味，媒体人自身也有朋友圈子，利用个人魅力和人际网络的劝服力，将更多用户引导到媒体网站，也是可行的。

（三）用户资源的整合、管理与利用

被称为“社交媒体时代的通讯社”的美国新媒体企业Storyful的创始人及

---

① 《调查机构报告：Facebook稳坐输送流量王座》，http://tech.sina.com.cn/i/2014-10-28/doc-iawrnsfu3188347.shtml。

CEO 马克·利特尔(Mark Little)指出:“不久之前,记者还是稀缺信息的保卫者,读者在特定时刻被动接收这些信息。今天,我们是过剩信息和内容的管理者。信息的发现、验证和发布需要与活跃社区合作。”①

对媒体来说,要利用好来自用户的内容资源,除了人工方式外,借助相应的技术工具也很重要,因为毕竟社会化媒体中的资源是海量的。

Storyful 提供的 Newwire 便是一个帮助媒体进行社会化媒体资源收集与整理的工具,它实时监测 Twitter、Facebook、Youtube、Instagram、Pinerest 等社交媒体上的“有新闻潜质”的 UGC 图片、视频素材等,并对之通过新闻专业方法进行核实、求证和加工,在原创作者允许的情况下分发给其合作客户。

Newwire 对信息进行核实的方法包括:检查视频上传者的历史记录,他是否分享过有用、可信的内容;充分发挥 Google 街景、卫星图等的功能来比照视频中的地点信息,看是否属实;翻译出视频中的每句话,分析其中的意思;咨询其他消息源或相关已经证实了的消息源;监测社交媒体信息流,看看都有哪些人在分享,都问了什么问题等。②

Newwire 的这些原则,也可以作为人工查找社会化媒体信息、核实信息的参照。

(四)新传播手段与思维的试验田

社会化媒体不仅是某一个报道的再传播平台,也是整个媒体的新传播空间。这个平台上的传播,更多应该是基于创新性的表现形式。

社会化媒体本身可以催生很多新的表现形式与传播手段,另外,媒体的一些新产品,也可通过社会化媒体进行测试,以了解用户的反馈,为产品的改进提供依据。

更重要的是,社会化媒体这样的基于关系的大众传播空间,需要与之相匹配的传播思维,这种思维是专业媒体普遍缺乏的。培养新思维,需要克服传统媒体的惯性,需要有自我革命精神,更需要不断地尝试。社会化媒体这样的平台允许展开各种尝试,这为新思维的训练提供了一个很好的演练场地。

(五)传播效果评估的新指标

社会化媒体也提供了传播效果评估的新可能。目前,一些媒体传播效果的评估体系,已经开始将微博传播状况作为一个新的指标纳入。

2012 年 12 月 17 日,市场调研公司尼尔森宣布联手 Twitter 推出“Twitter 电

---

① 《社交媒体上,如何鉴别假消息?》,http://tech.sina.com.cn/i/csj/2013-04-23/08468269167.shtml。

② 《因为有种信息匮乏叫做“海量数据”,所以社交媒体时代的通讯社 Storyful 才存在》,http://www.36kr.com/p/208659.html。

视收视率”(Nielsen Twitter TV Rating)调查数据统计,并将对 Twitter 用户在观看体育赛事或者电视剧时发表的评论,以及通过智能手机、平板电脑等“第二屏”分享的想法进行数据统计。该服务的测量数据涵盖了在 Twitter 上对某个电视节目进行讨论的人数、阅读这些讨论的 Twitter 用户数等,以便对社交电视的规模和效应进行更加有效的评估。

2013 年 3 月,尼尔森与实时社交电视监测服务商 SocialGuide 合作进行的一项研究证实,Twitter 信息和电视收视率之间存在相关性,从统计上看 Twitter 信息与电视收视率显著相关。SocialGuide 的数据显示,2012 年,超过 3 200 万美国人会在看电视的同时发布 Twitter 信息。40%的智能手机和平板电脑用户会在看电视的同时访问社交网络。在 18 至 34 岁的观众群中,Twitter 相关信息量 8.5%的增长意味着初次播放的剧集收视率 1%的增长,而已播放了一段时间的剧集相关信息量 4.2%的增长意味着收视率 1% 的提升。在 35 至 49 岁的观众群中,Twitter 相关信息量 14%的增长意味着收视率 1%的增长。①

2013 年 8 月,尼尔森发布的另一项研究报告指出,通过对 200 多个黄金时段电视节目进行分析发现,有关一部电视剧的 Twitter 消息数量的激增将可在近 1/3的时间里提高收视率;反之亦然:越多观众收看一部剧集,就会有越多 Twitter 用户发布实时评论。这份报告还指出,Twitter 消息对某些类型的电视节目所起到的影响更大。有关真人秀节目的 Twitter 消息会对 44%的剧集的收视率造成影响,喜剧片则为 37%。体育节目可在 28%的时间里得益于 Twitter 消息,而剧情片则将在 18%的时间里受到影响。

将社会化媒体的相关指标纳入电视收视率衡量体系这一做法,也已经在国内开始实践。

2014 年 1 月 9 日,央视-索福瑞媒介研究有限公司(CSM)与新浪微博达成战略合作,将共同推出微博收视指数,为电视媒体从社会化传播的维度开展节目评估、营销传播提供标准化分析工具。该指数参照国际通行标准,对新浪微博上关于电视节目的讨论量及用户规模等进行规范化统计分析。

调查显示,在国内市场,电视节目收视率与微博讨论热度呈现正比例关系。例如,2013 年 9 月 27 日《快乐男声》总决赛当晚,其收视率达到开播以来的最高峰,这一天的微博话题中,正向和中立话题数量的比例也最高。其他很多节目也有类似的情形。②

---

① 《尼尔森研究证实 Twitter 信息量与收视率显著相关》,http://it.sohu.com/20130321/n369722387.shtml。

② 《央视-索福瑞新浪微博强强联手打造国内首个微博收视指数》,http://www.chinaz.com/news/2014/0109/334901.shtml。

在未来，会有越来越多的媒体将微博、微信等社会化媒体中的传播、讨论热度等作为传播效果的衡量指标。而如何进行准确的数据采集，如何设置科学的指标体系，也会成为未来的研究重点。

（六）媒体品牌的重塑空间

社会化媒体是媒体塑造其品牌的一种新手段。尽管很多传统媒体已经形成了自己强大的品牌，但是在新媒体时代，原有的品牌效应会受到一定冲击，要保持自己的品牌优势，需要在新的平台上，运用新的思维和手段，再塑品牌。而对于以往品牌不够强大或者在受众心中有负面的刻板印象的媒体来说，这也是一个新的机会。

当然，品牌的重塑，是建立在运用好社会化媒体的延伸功能、融合功能、探索功能的基础上。特别是在一些特殊时期，如果媒体能利用微博、微信等发挥自己在突发事件信息传播、失实信息的辨析、复杂线索的梳理、相关知识的传播等方面的优势，就有可能使自己的影响力得到较快的提升。

三、社会化媒体中的新陷阱

（一）虚假信息陷阱

社会化媒体的内容，鱼龙混杂，稍不留神，就有可能落入虚假新闻的陷阱。突发事件后，社会化媒体中更是充斥着各种虚假信息。

例如，北京时间 2014 年 4 月 16 日凌晨，正在举行马拉松赛的美国波士顿发生 3 起爆炸，造成 3 人死亡，170 余人受伤。爆炸发生后，Twitter 等社会化媒体成为最主要的实时信息的发布与传播渠道，但在各种信息中，也掺杂着大量假新闻，如：肯尼迪总统图书馆紧接马拉松终点发生了爆炸、一名沙特人作为爆炸案嫌疑犯被逮、一名中枪受伤的穆斯林嫌犯被控制在医院里等。名为马特·罗拉（Matt Roller）的 Twitter 用户感慨地写道：“Twitter 在灾难发生的头 5 分钟好到了顶点，在之后的 12 个小时又坏到了极致。”他的这番话被 3 000 多名用户转发。[①]

波士顿爆炸事件并非个案，2014 年 3 月 8 日，马航 MH370 飞机与飞行控制中心失去联系，事件发生后，社会化媒体既是人们了解事件最新进展的主要渠道，又是各种假新闻的传播平台，而假新闻的传播者中也不乏专业媒体。

面对着时效性的竞争压力，媒体编辑记者更容易在各种虚假信息面前“中招”。甚至一家媒体出错后，会引发一连串媒体的错误跟进。

越是这样的时刻，媒体人越需要冷静，多源求证这样的基本原则，仍需坚守。社会化媒体中的信息传播线索是相互缠绕的，许多信息源相互引用，因此，分清

① 刘兆明：《社会化媒体时代的突发事件新闻传播图景》，载《新闻记者》2013 年第 6 期。

信息的第一发布者,判断其信息准确性,是信息真伪鉴别的关键。

对信息的辨识,不能停留在社会化媒体平台上,而必须延伸到信息的真正源头。马航客机失联事件中有很多被称为 CNN 或官方发布的消息,只要找到 CNN 或有关政府网站,就可以进行核实,但遗憾的是,很少有媒体去做这样的核实。

除了信息来源的核查能力外,专业领域的知识、推理能力、运用技术查证的能力等,都是信息辨识的基础。在马航失联事件的报道中,一些国外媒体正是由于在这方面表现出它们的专业能力而赢得了受众的尊重。

除了突发事件中的各种不实消息外,名人去世的假消息,也是 SNS 等社交平台最容易出现的假新闻中的一种。金庸、成龙、摩根 · 弗里曼、威尔 · 史密斯、贾斯汀 · 比伯等都多次在社交媒体中"被死亡",曼德拉、普京等政要,也曾被传过死讯。在抢发独家爆炸性新闻的冲动中,克制、理性地进行新闻求证,对于社会化媒体时代的媒体人,尤为重要。

(二)个人行为与职务行为边界的模糊

今天的媒体都鼓励编辑记者积极利用社会化媒体,如何把握好个人行为与职务行为的界限,也就成为一个新的挑战。

早在 2009 年,美联社就出台"美联社员工社会化媒体指南"(Social Media Guidelines for an AP Employee),2011 年、2013 年又先后对这一规范进行了更新。2013 年 5 月版的规范中的要点包括:①

我们鼓励每一个美联社的员工开设社会化媒体账号。社会化媒体已经成为美联社的记者们获取信息和分享工作成果的重要工具。我们建议在每一个社会化媒体中创建一个既个人化又有专业性的账号。

1. 关于账号。如果将社会化媒体账号用于工作目的——无论采用何种方式——必须标识出自己是美联社的员工。

严禁在社会化媒体上发布美联社专有的或者保密性的材料。

2. 关于意见表达。不要在自己的个人信息中透露自己的政治立场,不要在社会化媒体发布和自己政治观点相关的文章。

员工们必须清楚,你们表达的意见可能会有损美联社作为中立的新闻源的形象。员工们应该避免在任何的公开讨论中发表对争议性的公共话题的观点,禁止参与有组织的运动或者抗议。

3. 关于隐私。员工们需要明白,你们发表的观点或者透露的关于自己和同事的个人化信息都可能会与美联社这个名字产生联系。即使将页面限制为只被

① http://www.ap.org/Images/Social-Media-Guidelines_tcm28-9832.pdf.

朋友们访问时也如此。

建议在 Facebook 上对于你分享的内容和分享的对象进行一定程度的隐私控制。

4. 关于关注对象。在 Facebook 上，出于新闻报道的目的，将自己的新闻源、政客和新闻当事人加为好友是可以接受的，也可以在 Twitter 上关注这些人。

但是，若美联社员工将政治人物加为好友或对政治目标点赞可能会使那些不熟悉社交网络规则的公众误认为这是在表达他们的拥趸。因此，如果将某个有争议议题的一方加了好友，那么对另一方也要建立同样的关系。

应该避免与新闻当事人在公开的页面中进行互动，例如在他们的文章下进行评论。

5. 关于内容发布。美联社鼓励员工们以任何形式分享美联社的内容，他们也可以分享其他媒体的内容，谣言或者其他不适当的内容除外。要避免在网络中传播未经证实的信息，即使其他记者或媒体分享了这些信息。

员工们应该尽量用链接方式转发已经在互联网中发布的新闻，而不是直接上传或者复制内容。

路透社也有同样的规范，名为《网络报道守则》(*Reporting from the Internet*)，规范指出：利用社会化媒体也要遵循准确、不偏袒、完整的原则。记者不能损害路透社以公正和独立著称的声誉，否则路透社有权调整其报道领域和管理职位。如果情节严重，路透社还将会启动既定的管理程序。①

此外，规定中还对社会化媒体的使用给出了具体建议，包括以下这些：

1. 三思而后贴。面对不真实甚至是恶意的指责时，要控制负气回帖的冲动，同时一刻也不能丧失判断能力。

2. 避免引发公众对记者公正性的质疑。对于哪些信息适合在社会化媒体上披露，要十分小心。

3. 透明。在个人博客和个人社交网络中，要声明是路透社的记者，但表达的仅仅是个人观点。发表评论时，使用真名。

4. 工作账号和私人账号分开。记者在利用社会化媒体工作时应遵循一些规则，使之有别于个人行为。当然，这并不意味着要求记者从工作账号中剥离出所有的个性化内容，而是说，记者应该慎重考虑哪些个性化内容适合放在工作账号上。②

---

① Reporting from the internet：http://handbook.reuters.com/index.php/Reporting_from_the_internet。中译文：路透社《网络报道守则》主要内容和要求，文建译，载《中国记者》2010 年第 6 期。

② Reporting from the internet：http://handbook.reuters.com/index.php/Reporting_from_the_internet。中译本：路透社《网络报道守则》主要内容和要求，文建译，载《中国记者》2010 年第 6 期。

从这些规定中我们可以看到,无论是美联社还是路透社,一方面鼓励记者、编辑积极运用社交平台,另一方面也强调即使是个人行为,也关系到媒体机构的形象,因此必须有所约束。

尽管上述两家媒体的指南并不一定适用于所有媒体及媒体人,但是,以此为参照来确定媒体从业者个人在SNS中的行为规范,应是必要的。

第四节 政府机构的社会化媒体应用

社会化媒体时代,政府机构、政府官员等管理者所面临的挑战也是巨大的,在中国尤其如此。一方面,信息环境在发生变化,过去只能通过媒体传达的舆论,今天已经可以通过各种渠道特别是社会化媒体渠道来表达;另一方面,在社会化媒体这样的平台上,管理者不再天然具有最大的话语权。

以社会化媒体为代表的网络民意表达空间的开辟,使管理者有了全新的认识民意、舆情和舆论的渠道。而管理者如何运用新思维、新语态在这样新的空间里与公众进行对话,也成为一个新的课题。

一、公共管理者面临的公共传播环境变化

今天管理者面临的挑战,大多是由公共传播环境的变化带来的,特别是其中的意见环境。

(一)社会化媒体对意见环境的影响

社会化媒体今天已经成为中国意见环境的一个重要组成部分,并影响着社会意见的走向,其主要表现为以下几个方面。

1. 社会化媒体成为网络舆论形成的主渠道

按照传统的政治学和舆论学的观点,舆论是一种社会合意(social consensus),它的产生是一个"问题出现—社会讨论—合意达成"的过程。① 尽管这一观点有一定的片面性,但是它对于舆论形成的过程的概括,仍然可以作为一种参照。网络舆论的形成,也有类似的规律。

这样一个过程,在今天的网络中,基本上都是以社会化媒体为平台完成的。

与过去需要经过媒体作为"中介"的舆论相比,今天的舆论表达更为直接,形成速度更快,影响面往往也更大。

---

① 郭庆光:《传播学教程》,中国人民大学出版社1999年版,第219页。

2. 社会化媒体是网络舆情的主要承载空间

尽管舆情与舆论两个概念经常被并提,但舆情不等于舆论。舆情通俗地讲就是社情民意,即一定时期一定范围内社会公众对社会现实的主观反映,是群体性的思想、心理、情绪、意志和要求的综合性反映。

同样的,社会化媒体也是网络舆情的主要承载空间。尽管舆情表现形式更为多样,且不像舆论那样直观可感,但通过观察或数据分析等手段,也可以对舆情的阶段性特点有较好的把握。

3. 社会化媒体舆情、舆论不是敌情,而是社会风向标

尽管最近几年政府机构对网络舆情与舆论有了前所未有的重视,但是,这其中也存在着把舆情当作“敌情”来监测和防范、把舆论简单当作“坏话”或“险情”来处理的倾向。在这样一种思维下,一些政府机构或官员把社会化媒体视作危险地带,更多地希望通过“防”和“堵”的方式来掌控局面,但结果往往事与愿违。

对于管理者来说,网络舆论、舆情,更应该被当作社会的风向标来看待。

网络舆情、舆论不等于整个社会的意见状态或走向。但不可否认的是,通过社会化媒体形成或传达的舆论,已是民意的重要风向标,是反映社会环境状态的一个重要指标。社会化媒体中所暴露出来的矛盾冲突,本身是现实社会矛盾冲突的反映。第十章将对此进行进一步分析。

尊重和保障网民表达权利,尊重社会化媒体中的舆论,才能全面地认识真实的现实社会和自身存在的问题,而这是管理者改善管理、做好服务的基础。

4. 应用好社会化媒体有助于两个意见场的“打通”

今天的社会面临的另一个问题,是两个“意见场”的割裂。

新华社前总编辑南振中曾提出两个“舆论场”的观点,他认为在现实生活中实际存在着两个“舆论场”:一个是老百姓的“口头舆论场”,一个是新闻媒体着力营造的舆论场。①

近年来,不少研究者沿用了两个舆论场的概念,并且指出,官方舆论场与民间舆论场存在着较大的差异甚至在某些时候出现了对立。

两个舆论场的提法,在一个侧面反映了社会意见环境中出现的“割裂”的现实状况,是有它的积极意义的。但在严格的意义上看,舆论是指在一定社会范围内,消除个人意见差异,反映社会知觉和集合意识的具有相对一致性的公众意见,舆论的主体应是公众,媒体可以反映、传达舆论,但是它本身并不是舆论的主

① 《再谈“两个舆论场”——访外事委员会副主任委员、全国人大常委会委员、新华社原总编辑南振中》,载《中国记者》2013 年第 1 期。

体,所以媒体自己是否可以营造舆论场,是一个有争议的问题。

也许将舆论场称为意见场更为确切。官方意见场代表了管理者以及他们通过媒体传达的声音,而民间意见场更多传递了公众的声音。这两者在今天出现较大的不一致甚至是某些时候的对立,的确是一个客观存在的现象。

要实现两个意见场的“打通”,不能靠一个意见场去征服另一个意见场,而更多地需要沟通、对话。这样一种“打通”,并非两个意见场的简单融合,也并非强求两个意见场的一致,而应当在理解差异及其发生的原因的基础上,更多地疏通两者间信息与意见交换的通道,在可能的情况下,谋求和创造共识。

社会化媒体是民间意见场的一个核心区域,它同时又是管理者与公众对话的一个平台,理解与运用好社会化媒体,是在两个意见场间形成沟通与良性互动的基础。

(二)社会化媒体中新兴公共领域出现的可能

社会化媒体不仅是一个舆情、舆论表达的环境,它也为新兴的公共领域的形成提供了可能。

“公共领域”(public sphere,也被译为公共空间)是德国哲学家尤尔根·哈贝马斯提出来的一个重要概念,他认为,公共领域,“首先意指我们的社会生活的一个领域,在这个领域中,像公共意见这样的事物能够形成。”①它是“介于私人领域和公共权威之间的一个领域,是一种非官方公共领域。它是各种公众聚会场所的总称,公众在这一领域对公共权威及其政策和其他共同关心的问题作出评判。”②它既可以整合和表达民间的要求,又能使公共权力接受来自民间的约束。

哈贝马斯认为,公共领域应该具备三个要素。

首先,公共领域需要这样一个论坛:它对尽可能众多的人开放,可以在其间表达和交流多种多样的社会经验。

其次,在公共领域中,各种论点和意见可以通过理性的讨论展开交锋。这意味着,只有在公共领域首先对于一个人可能作出的各种选择方案有一种明察,“理性的”政治选择才有可能。与此同时,传媒应该提供尽可能宽广的解释框架,以便使该公民也能够知晓他没有选择的方案是什么。

最后,系统地和批判性地检验政府的政策是这种公众领域的首要任务。

---

① 汪晖、陈燕谷:《文化与公共性》,生活·读书·新知三联书店 1998 年版,第 125 页。

② 何增科:《公民社会与第三部门(导论)》,社会科学文献出版社 2000 年版,第 10 页。

当网络日益发展,并逐渐成为人们社会生活的一个重要组成部分时,一些研究者提出,网络是一种新型的、理想的公共领域。

哈贝马斯本人认为,网络"能够创造种种新的联系,在迄今不曾有过的公众领域,建立起文学的、科学的和政治的公众领域,它也能够肢解现有的公众领域,因而使富有意义的联系化为乌有。"[①]哈贝马斯对于网络在充当社会的公共领域方面的作用似乎持一种谨慎的乐观态度。

应该看到,网络本身的构成是十分复杂的,网络社会也像现实社会一样,存在着参差多样的形态。例如,同样是 BBS 论坛,一些新闻网站的论坛,可能会有公共领域的色彩,另外一些 BBS 则是松散的人群聚集之地。因此,笼统地说网络是一种新兴的公共领域的说法,是欠妥当的,在实践中,也是无法实现的。

但是,社会化媒体所提供的意见表达与交流的环境,是公共领域形成的基本条件。在这样的环境中推进公共领域的实践,应是一个努力方向。

尽管在社会化媒体中完全达到哈贝马斯的理想的商谈环境,几乎是不现实的,理性的讨论会受到种种因素的干扰,但是,至少,它可以努力争取"对尽可能众多的人开放","系统地和批判性地检验政府的政策"。

对于管理者而言,意识到社会化媒体中公共领域的存在,尊重公共领域里的批评性意见,是适应社会化媒体时代挑战的一个重要方面。

(三)社会化媒体中新的话语权力格局

从话语权力的角度来看,社会化媒体带来了一个重新赋权的过程,在博客、微博等平台,这种重新赋权表现得非常明显。这主要表现在以下几方面。

1."意见领袖"个体权力被强化

尽管我们常常声称这是一个"人人都有麦克风"的时代,但在社会化媒体平台上,那些有上千万或上百万粉丝的知名用户,与只有几个或几十个粉丝的普通用户,其"麦克风"的音量显然不在同一量级。

麦克风代表着"话语权",当今天人们说到话语这个词时,已与福柯提出的"话语"概念有了一定距离。在福柯看来,"话语意味着一个社会团体依据某些成规将其意义传播于社会之中,以此确立其社会地位,并为其他团体所认识的过程。"[②]但是,今天我们所用的"话语"一词已没有那么深奥,它更多地就是指表达与传播。

---

① 《哈贝马斯带来了什么》,载《北京晨报》2001 年 5 月 2 日。

② 王治柯:《福柯》,湖南教育出版社 1999 年版,第 159 页。

在这个语境下我们所说的话语权表现为两个侧面:一个是话语权利,即表达个人意见的权利;另一个是话语权力,即凭借对话语渠道的控制或通过话语本身影响他人或社会的能力。从话语权利角度来看,网络用户的话语权是平等的;而从话语权力的角度看,网络中却存在着权力的差序格局,话语权力中心是明显存在的。

微博等平台上的话语权力中心,也常常被称为"意见领袖"。但在今天的语境下的"意见领袖"与传播学两级传播理论背景下的"意见领袖"概念的含义不尽相同。今天的意见领袖不仅仅是充当着大众传播与其受众之间的信息"中转站",更是直接影响着微博等平台的信息走向和意见走向。因此,以个体形式存在的意见领袖的权力是大大加强了的。

社会化媒体平台中意见领袖话语权力产生影响的方式,主要有几种:一是作为强势内容源向他人提供信息;二是作为调节阀,影响信息的流量与流向;三是作为意见气候的营造者,影响舆论的形成。这里面,既有话语本身的影响力,也有对话语渠道的控制力。意见领袖并不仅仅是影响他人的情绪与态度,更普遍的意义,在于影响网络的关注焦点,影响信息流动的方向。

"意见领袖"在一定程度上沿袭了现实社会中的社会资本与社会阶层权力,但除此之外,在网络中获得话语权力,还需要有对网络这片土壤的适应能力,需要掌握网络文化的独特"密钥",也需要有娴熟的网络对话技巧。网络话语权力的获得,一部分来自于"话语"交流本身。

所有因素的共同作用的结果,是赢得"认同":无论是情感认同还是价值认同。拥有认同,就意味着拥有了相应的"关系"网络,而这些关系网络也是传播渠道,拥有足够强大的关系网络,才会有传播的影响力。

2. 草根话语权利向话语权力转化的机会增加

对绝大多数草根网民来说,他们的话语权力是微弱的,但是,它们并非没有意义。

社会化媒体中的关系网络与传播网络,也是一个权力的聚集与传递网络。当某个具有重要公共价值的信息在某个草根用户节点上被引爆时,它同样可以开始扩散,并且逐渐从话语权力的底层向高层传递,在这样的传递过程中,一方面,信息被迅速传播,另一方面,任何一个处于权力较高层次的用户的加入,都可以使信息扩散的效果倍增。微小的权力累积起来,像滚雪球一样,最终同样会变成巨大的力量。

当然,这种情况并不会随时随地发生,只有在具有足够杀伤力的话题出现时,才会出现这种滚雪球的效应。在常态下,草根网民的微弱权力更多的是被集聚在意见领袖的身上。

意见领袖之所以会凸显出来，在一定程度上也是因为被很多草根网民赋予了代言者的角色。草根网民通过自己的“投票”（如成为粉丝、以转发来支持等）使意见领袖的地位更为突出，他们将自己拥有的小小的权力交到了意见领袖的手上，意见领袖获得的这样的授权越多，其能量就越大。

3. 主流话语权力优势被削弱

社会化媒体的传播模式，也在打破过去的一些话语权力格局。掌握着主流话语渠道的专业媒体面对着“意见领袖”已经有了危机感。2012 年 4 月 16 日，“人民网”在新浪开设的官方微博发出的这样一条内容引出了近 4 000 的转发：“《人民日报》社长张研农 26 日下午在复旦透露：《人民日报》人在新媒体格局中具有强烈的危机意识。一位年轻编辑在社内培训时举出了‘对手’：‘微博女王’姚晨粉丝 1 955 万，这意味着，她每一次发言的受众，比《人民日报》发行量多出近 7 倍。”尽管粉丝数并不一定能反映真实的影响面，但一些名人在社会化媒体的影响力超出了某些专业媒体，的确是一个事实。

实际上所有媒体都在不同程度上感受到，自己的媒体身份以及品牌优势未必能直接转化为社会化媒体中的话语权优势。

同专业媒体一样，政府机构、官员等过去主流话语权的拥有者，在社会化媒体中，也未必能拥有话语权力的优势，更多时候，他们是处于弱势的。当然，这种弱势，一方面是由于他们还不熟悉新的传播模式下的交流方式与交流姿态，不熟悉社会化媒体中的对话规则，另一方面，则是源于现实社会中在一定程度上存在的信任危机。

过去，政府机构的声音可以通过专业媒体来传递，但在社会化媒体平台上，专业媒体已不能再垄断话语权，这同样会影响到政府机构的话语权。

无论是专业媒体还是政府机构，如果不懂得以社会关系为传播渠道的微博等平台的传播规律，仅想凭自己过去的“特权”来赢得社会化媒体中的用户，已经行不通了。专业媒体或政府机构要想成为社会化媒体平台的“中心”，就需要全新的思维，特别是需要努力赢得“认同”和“关系”。

社会化媒体的重新赋权，不仅仅影响着网络中的话语权力格局，也会或多或少对现实中的话语权力格局产生影响。

二、社会化媒体中的社会动员对管理者的挑战

社会化媒体的出现，也在一定程度上改变了社会动员的模式。

为了实现既定的社会目标，通常需要通过社会动员，以整合社会资源，调动各方面的力量，吸引最广泛民众共同参与到实现目标的社会行动中来。

社会动员也是一种社会运动,而社会运动一般可以分为两种:一种是冲突性社会运动,即那些在试图改变社会结构、更改通行的基本政策或打破群体之间权力平衡的过程中,遭到有组织反对的社会动员;另一种是共意性社会运动,它的目标受到了某个地理社区内全体人口的广泛支持,并且在追求社会变革时,很少或者根本没有碰到有组织的反对。[①]

因此,从管理者的角度看,社会动员通常可以分为两大类,一类是支持其决策与行动的共意性动员,另一类是对其表达不满与抗争的冲突性动员。

在中国,传统的社会动员主要是共意性的,且动员体制和模式是比较单一的,主要是政党和政府主导的政治动员模式。这种动员模式的主要特征是:政府主导,通过党和政府组织来发动,因而具有很强的组织性和制度化特点;自上而下,通过层层发动来实现社会动员;也正因为要通过层层发动来实现社会动员,因而动员的进程比较缓慢,耗时较多;一般说来,这种政治动员必须遵循法律程序,遵守相应的社会规范;动员的效果则取决于政府综合运用各种资源和手段的能力。[②]

而网络特别是社会化媒体,为社会动员提供了很多新的手段与渠道。与传统的政府或组织所进行的动员机制相比,社会化媒体实施的社会动员具有自己的特点。这表现为以下几种。

1. 社会动员发起机制的民间性

社会化媒体所进行的社会动员通常是民间自发的。虽然到一定阶段,一些网站和媒体的关注会促进相关信息的传播,但是,从根本上来说,它是在某些民间意愿的推动下,由民间自行组织的。也正是这种民间性,使得更多网民接受动员及加入行动的态度更为自觉、主动。

2. 社会动员网络的扁平性

传统的政府等发起的社会动员需要通过层级式的动员网络,自上而下,这种网络在一定程度上会影响到社会动员的速度与效果。而社会化媒体所依赖的是扁平的人际关系网络,这个网络节点多,节点间的链接关系复杂,信息复制与传递速度快,因此,可以在很短的时间实现"广而告之"。

3. 社会动员的人情基础

社会化媒体传播所依赖的人际关系网络,多是由熟人关系或强关系形成的网络,人们彼此的信任度较高,以人情为基础进行的劝说,比起制度化的公文式

---

① 高恩新:《互联网公共事件的议题建构与共意动员——以几起网络公共事件为例》,载《公共管理学报》2009 年第 4 期。

② 青连斌:《有效掌控网络人际动员新模式》,载《文汇报》2005 年 4 月 26 日。

的动员，具有更高的劝服能力。即使是在弱关系为主的网络，如微博中，在社会动员时刻，人们也容易形成感情上的纽带和群体意识，动员效率也会比较高。

4. 社会动员过程的相对隐蔽性

与政府进行的社会动员的大张旗鼓相比，社会化媒体中进行的社会动员，可以是"悄悄话"式的，如果不是对整个人际网络中的信息流动有着宏观把握的话，可能无法察觉它所进行的社会动员活动。这种动员过程的相对隐蔽性，使得对其进行控制较为困难，同时也有可能使动员结果的爆发力更强。

5. 社会动员的高效率

由于动员网络的扁平化、动员的人情化等因素，社会化媒体所进行的社会动员，通常效率是较高的。

从社会动员的类型来看，社会化媒体发起的社会动员中，冲突性动员越来越多，这也是近年网络带来的重要社会影响之一。

对于管理者来说，社会化媒体强大的社会动员能力给他们提出了两个方面的挑战：一是网民自发形成的社会动员，如果是以冲突性动员的方式出现，管理者应该如何面对；二是，当管理者自身需要进行共意性社会动员时，它们应该如何应用这样一种机制。

三、社会化媒体对管理者的意义

社会化媒体对于政府机构或官员这样的社会管理者来说，具有多重意义。

1. 政府机构的"自媒体"

前文提到，对于政府机构来说，社会化媒体为政府机构提供了新的"自媒体"平台。与过去政府机构通过媒体来传递信息、发出声音相比，社会化媒体使政府在自身信息发布方面，拥有了主动权与控制权。

作为一个可以随时发布信息的"自媒体"，微博可以使政府机构更快地实现与公众的沟通与交流。

通过社会化媒体直接发布信息，也有助于避免经媒体中介发布信息可能带来的信息误传。

危机事件发生后，微博更是相关机构"发声"的重要平台，及时传达信息、说明情况、表达态度、争取理解，有助于"化危为机"。

2. 民意的"瞭望台"

社会化媒体不仅是政府机构发声的渠道，也是倾听与了解民意的渠道，各种政府机构也需要有意识地通过社会化媒体来了解、洞察民意。

如前文指出，尽管社会化媒体中的意见不等于民意，但它是民意的一个重要组成部分，在一定程度上可以代表社会部分群体的意见，是社会舆情、舆论的一个“风向标”。

而与政府机构的工作直接相关的意见的表达,更是一面镜子,可以帮助政府机构尽早发现工作中的问题。

这种对民意的“瞭望”,并不仅是以“防范”为目的的,也不仅仅是为了消除对自己不利的信息与声音。它更多的是成为对政府机构及公务人员的一个监督手段,作为促进工作改进的依据。

3. 持续的“对话”渠道

管理者要应用好社会化媒体平台,必须尊重、遵从社会化媒体的传播规律。通过持续的对话获得公众的情感认同和价值认同,建立起良好的关系网络,才能使自己在社会化媒体中获得更多的话语权。

4. 新思维下的“服务”平台

政府机构和官员应用社会化媒体的核心是“政务”,而服务是“政务”的核心。纵有再好的传播手段,再高的沟通技巧,如果不能最终在政府机构的服务上落实,各种社会化媒体账号仍不免会沦为摆设。

5. 形象塑造的“舞台”

政府机构在社会化媒体中的账号,在一定意义上代表着政府机构的形象,如果能做好信息公开、交流对话、政务服务,政府机构的良好形象便会自然形成,进而会变成不胫而走的良好口碑。对于官员来说,也是如此。

但需要强调的是,对于政府机构来说,这些账号不是一个“化妆师”,它不是用来美化政府机构的。如果政府机构的运行本身有重大问题,简单指望社会化媒体的传播来掩盖问题,不可能长期奏效。即它们在某些时候的确起到了作用,但公众不可能长期被“糊弄”。

6. 特殊时刻的社会动员与协调

对于管理者来说,一些特殊的时刻,社会化媒体可以起到社会动员与协调的作用。例如,在发生天灾人祸时,可以通过微博、微信等平台征集志愿者,调动各方力量参与救助行动,或发起募捐等。当然,这是以管理者在网民心中的良好形象和互动基础为前提的。

四、管理者对社会化媒体的应用原则

社会化媒体给管理者带来的不仅是挑战,更多的是机会。善用社会化媒体,成为今天管理者的一个重要能力要求。在应用社会化媒体中,需要遵循下列原则。

(一) 主动说话、坦诚交流

政务微博、微信是政府机构、公务人员与公众沟通的重要渠道,而要实现有效的沟通就意味着要主动说话、坦诚交流。

很多政府机构或官员总是担心开设微博账号、微信公众号是自己往网民枪口上撞，害怕一言不慎，让自己成为众矢之的。但是今天这个时代，如果把自己的头埋起来，不让自己倾听公众的声音，那只是一种自欺欺人的鸵鸟政策。回避、逃避，并不能使已经存在的问题和矛盾得到缓解，反而会使这些问题累积起来，在未来产生更大的爆炸力。

微博、微信平台也并非像一些人想象的那么可怕，只要主动开口，说实情，"说人话"，用人的方式与网民沟通交流，即使在某些时候会遇到一些挑战与冲击，最终的结果仍会比躲避要好很多。

2013年8月22日，薄熙来受贿、贪污、滥用职权一案在山东济南中级人民法院开庭审理。在这场世人瞩目的庭审开始之前的8月18号，济南中级人民法院在新浪微博开通了"济南中院"官方账号。庭审开始后，该账号不仅以平实的文字公布了整个案件审理过程中的核心环节，而且在每次庭审告一段落时，都会将这一阶段的庭审对话，通过长微博用全文实录的方式在微博中发布出来。通过微博以如此彻底的方式公布这样一个重大案件的审理过程，这样一个举动在中国是前所未有的。

尽管当时很多媒体记者在采访该案审理时被挡在了法庭门外，但是，通过微博，媒体的记者们仍然能够得到非常翔实的信息。而且"济南中院"微博发布的信息，记录非常专业，用词准确，这为媒体对这一案件的报道提供了很好的基础。

济南中院微博在这一案件审理过程中，也成为网民了解案件细节和审理过程的主要信息源，对于信息如此公开的做法，网民也给予了积极的肯定，到23号中午，"@济南中院"的粉丝数已经超过38万。

这一案例说明，用开放、主动的方式去发布信息，即使是薄熙来案这样的敏感问题，也可以触及，甚至可以为政府机构赢得很好的口碑。很多时候，是政府机构和官员自己束缚了头脑和手脚。怕惹麻烦而躲起来，也许会带来更大的麻烦。

在与政府机构或官员有关的危机发生之时，利用微博、微信主动说明情况，表明态度，也会给危机的解决赢得主动。

（二）姿态放低

政务微博、政务微信不同于政府网站，它是一个交流的场所，而不是一个做报告的地方，因此，需要呈现的是一种与网民平等对话的姿态。而由于惯性的影响，一些政务微博、微信可能还会不自觉地用高高在上的姿势，用俯视的方式、教导的方式，来做信息的发布。这样的姿态难以得到网民的认同，甚至会加深人们对政府机构的误解。

（三）语态亲民

“语态”，即是政务微博、微信选择的话题和表达方式，这是政务微博、微信最核心的呈现手段。

注重语态，首先要注意话题的接近性、平民性。要改变一味“说我自己想说的”的思维，而考虑如何在微博、微信中“说网民想听的”。适合在政府网站发布的一些政绩宣传内容，也许并不适合直接搬来放在微博、微信上。

语态的选择，还表现在角度的选择上。政务微博、微信要从“宣传我”的角度转换为“为了你”“感染你”“让你卷入”的角度。也就是更多地考虑网民想听到什么，怎么样才能让他们被打动。

此外，政务微博、微信的文风应“网络化”，接地气，学会讲故事，前文已对此做了分析，在此不再赘述。

（四）注重关系营造

任何一个政务微博、政务微信账号，都是在社会化媒体平台的关系网中生存着，关系是政务微博、政务微信的“营养素”。

要赢得更多的关系，核心当然是以尽职尽责的服务和持续有效的交流赢得网民对自己的价值认同和情感认同。但另一方面，必要的运营技巧，也是发展关系网的手段。

很多政务微博账号，不注重关注对象的设置，有些甚至几乎没有关注对象，或者只关注自己系统的几个账号。这也很容易让政务微博被局限在狭小的空间里，不能充分地了解外界环境和网民整体。

对于政务微博来说，建立和“意见领袖”的良好互动，也非常重要。在政务微博运营初期，借助意见领袖的支持，可以更快地使微博获得人们的关注。而一些重大的信息，通过意见领袖的助推，也可以到达更广的传播面。

对于政务微信的运营来说，虽然互动不如微博那样方便，但是还是存在互动的可能，关系营造也是重要的。

（五）坚守职责做好服务

政务微博、微信中的信息发布以及与网民的互动，要始终围绕政府机构的职责来展开。偶尔的调味料或心灵鸡汤式的内容并非不可，但长此以往，只有调味料的政务微博或政务微信，是不可能赢得网民信任的。

从长远来看，“服务”是政务微博、政务微信的立足之本。没有服务价值的政务微博、微信公众号，在很大程度上会沦为摆设。

目前，新浪微博的政务微博版，在私信功能中，已经加入了自定义菜单功能，这一功能为政务微博的服务提供了更多的手段，一些政务微博也在尝试发挥这些功能的作用，如“@平安北京”的自定义菜单包括“业务指南”（下面又分“人口管理”“交通管理”“出入境管理”三个二级菜单)、“便民服务”和“线索举报”三个部分,这为服务的深化提供了基础。但遗憾的是,微博用户大多对这些功能还缺乏了解,利用率还有限。

微信公众号中的服务号,对于政府机构服务的开展,具有重要价值。政务微信的服务,是个性化的一对一服务,它更多地依赖实时的数据处理技术,而不是人工。通过微信开放的应用接口,连接相关的数据库,利用可定制的菜单,便可以在微信中开辟“办事窗口”。

(六)保证信息质量

政务微博、政务微信是政府机构形象的“前台”代表,因此,信息的准确性也与政府形象的可信度直接关联,对于信息的核实,在政务微博与微信公众号的运营中显得尤为重要。

要尽可能避免不实信息对政务微博、微信形象的损害,政务微博和微信运营人员各方面的素养的提高非常重要,信息核实的技能的培训也十分必要。而另一方面,政务微博、微信也需要制定一定的制度,来防范相应风险。

(七)学会认错与道歉

即使运营人员非常专业与谨慎,政务微博、微信仍难免会出现一些偏差。出现了偏差怎么办?掩盖、回避或者找借口将问题推脱给“临时工”,显然都不是办法。在直面问题的前提下,用恰当的方式来改正,不仅可以及时消除影响,甚至可能为政务微博、微信的形象加分。学会认错与道歉,是政务微博、微信的另一个“基本功”。

除了社会化媒体运营本身可能出错外,政府部门在运行过程中,也必然会出现很多问题。不少管理者认为,承认有错就会影响自己的形象,因此,千方百计推脱问题与责任。而事实上,今天的公众更倾向于认为,勇于承认错误的政府机构和官员是可敬的,会道歉、会改正错误的政府机构和官员更值得信赖。

第五节　企业的社会化媒体应用

社会化媒体的运用,使企业的营销思维与途径,发生了深刻的变化。以下几个方面的变革尤为突出,而其中一个核心,是利用社会化媒体平台,使用户成为营销的参与者。

一、社会化媒体时代的营销变革

（一）从依靠媒体到依靠关系平台

社会化媒体对企业的营销带来了深远的影响。以往企业的营销主要是依靠各种媒体平台，无论是广告还是宣传稿的投放，都需要借助媒体。而社会化媒体使企业可以自建或利用现成的关系平台，来进行营销活动。

这样的营销，并非只是渠道的转换，更多的是营销主体的拓展。因为，社会化媒体营销需要更多地借助网民的力量。理想的社会化媒体营销，是将网民的自发感受变成口碑传播的基础。

社会化媒体在营销中的广泛应用，使得广告营销的法则发生了转化。

传统的广告传播遵从的是美国广告学家 E. S. 刘易斯在 1898 年提出的 AIDMA 营销法则。该法则指出，消费者从接触营销信息，到发生购买行为之间，大致要经历五个心理阶段：引起注意（Attention）—产生兴趣（Interest）—培养欲望（Desire）—形成记忆（Memory）—购买行动（Action）。消费者对于营销信息的 AIDMA 反应模式，形成了以“媒体”为核心，以“引起注意”为首要任务的营销策略。①

而日本电通广告集团在 2005 年提出了一个新的法则，即“AISAS”法则，它指出，今天的营销演变成了如下五个阶段 Attention（注意）—Interest（兴趣）—Search（搜集）—Action（行动）—Share（分享）。

社会化媒体为这样一种新的法则的实现提供了可能。这五个阶段，都可以在社会化媒体中完成，从“注意”与“兴趣”这两个阶段来看，来自熟人、有影响力的名人等的推荐，比大众媒体的机构推送，能产生更好的效果。而对于相关信息的搜集来说，社会化媒体也越来越多地扮演起主要角色。社会化媒体与服务平台的联通，使人们从心动到行动的过程缩短，行动实施也更为便捷。至于分享，则更是社会化媒体平台的优势，它们也是引起新一轮注意与兴趣的源泉。

关系平台的另一个价值，是将分散的用户力量集结起来，使用户参与到企业的活动中，成为企业和产品的成长过程中的一分子。前文提到的利用粉丝和社群的力量，在很大程度上需要以关系平台为基础。

（二）从“隔空喊话”到“零距离对话”

社会化媒体平台，不仅要借助用户之间的关系渠道来传播企业的口碑，或形成用户力量的凝聚，也需要建立起经营者与用户之间的更亲密更持续的关系，这种关系，是在企业与用户间的零距离对话中完成的。

---

① 刘德寰、陈斯洛：《广告传播新法则：从 AIDMA、AISAS 到 ISMAS》，载《广告大观》2013 年第 4 期。

以往的企业广告,对于用户相当于一种隔空喊话。一方面,由于距离太远,企业看不清用户的真面目,所以喊话的目标也不明确;另一方面,由于距离太远,所以只能"加大嗓门",也就是在媒体上不断增加广告投放的力度,但如果"劲"使得不得法,反而是制造了大量噪声。

社会化媒体营销的"对话"思维意味着,它靠的不是声高,而是靠对用户近距离的洞察。企业和用户两者间的关系是"活"的交流关系,而不是机械的、程式化的信息传播。这种对话不是以宣传企业或产品为中心的,而是以赢得用户的认识与理解,打动用户,以用户"卷入"为目标的。所谓的客服,也不再仅仅只是程式化地解决用户的问题,而是在人性化的交流中为企业积攒用户资源。

社会化媒体营销可以消除企业与用户间的"中介",使两者可以随时开展直接的接触。这既可能给企业带来更多的直接展示的机会,也可能使企业随时处于"风口浪尖"上;因为社会化媒体平台在一定程度上也将企业与用户之间的"墙"拆掉了,用户可以更直接地洞察企业的内幕。没有持续的形象塑造和关系维护意识,很难维持长期的"友好"关系。更重要的是,如果企业的产品或形象存在致命缺陷,那么,无论用什么样的营销技巧,也无法让企业长期伪装下去。

也有一些企业仍然会请独立的专业营销机构帮助自己开展社会化媒体营销。尽管专业机构可能更熟悉在相关平台营销的操作技巧,但是社会化媒体营销也包含售前、售后服务等内容,而这些是专门的营销机构无法完成的。因此,除非某些无需产品服务的产品,否则专门的营销机构只能作为社会化媒体营销的一个部分,而不是全部。

(三) 从大众化广告到个性化营销

广告,顾名思义是"广而告之",也就是面向大众的。而社会化媒体营销不再是传统广告的传播过程,它需要更好地实现信息的个性化到达和个性化满足。

社会化媒体营销以人们的社交网络为基础,使社会关系成为营销信息的过滤网,这个过滤网可以使个体获得的信息更为个性化,同时,基于人际网络传递的信息,往往更容易得到人们的信任。

除了基于社交网络的信息传递外,社会化媒体营销也可以利用基于地理位置的服务(Location Based Service,LBS),为人们在不同的地理位置和生活场景中的特定需求提供相应的营销信息。而利用大数据技术对用户行为、偏好、需求等进行分析挖掘,提供个性化的信息满足,也将成为一种常态。因此,社会化媒体营销是差异化、个性化的营销,是以为用户提供"量身定做"的信息为目标的。

进一步,有了电子商务平台的支持,今天企业的产品销售可以直接嵌入到营销信息中。社会化媒体营销不仅仅可以增加用户对品牌的认知,也可以直接完成产品的销售。

（四）从促进消费到提升体验

美国学者托夫勒在20世纪70年代曾预言："来自消费者的压力和希望经济继续上升的人的压力——将推动技术社会朝着未来体验生产的方向发展"；"服务业最终还是会超过制造业的，体验生产又会超过服务业"；"某些行业的革命会扩展，使得它们的独家产品不是粗制滥造的商品，甚至也不是一般性的服务，而是预先安排好了的'体验'。体验工业可能会成为超工业化的支柱之一，甚至成为服务业之后的经济的基础"。[①]

1999年，美国的两位经济学家约瑟夫·派恩和詹姆斯·吉尔摩撰写的《体验经济》一书，明确提出了"体验经济"这一概念，并提出"工作是剧场，生意是舞台"的理念。他们认为，体验经济具有这样的理想特征——在这里，消费只是过程，消费者成为这一过程的产品。当过程结束后，体验记忆会长久地保存在消费者的头脑中。消费者会愿意为体验付费，因为它美好、难得、非我莫属、不可复制、不可转让、转瞬即逝，它的每一个瞬间都是一个"唯一"。[②]

有研究者认为，体验经济的特性包括：游戏化—娱乐性、人性化—互动参与性。而社会化媒体平台恰恰在实现这些特性方面具有得天独厚的优势。

社会化媒体还可以带来社群文化的体验，这是体验经济的一个新境界。

（五）从"二八定律"到"长尾营销"

传统的企业营销遵从的是"二八定律"，或称80/20定律、帕累托定律。

1897年，意大利经济学者帕累托在调查英国人的财富和收益模式中发现，大部分的财富流向了少数人手里。同时，他还从资料中发现，其他的国家也有类似现象，而且在数学上呈现出一种稳定的关系。帕累托通过研究大量具体的事实得出结论：社会上20%的人占有80%的社会财富。

这一定律后来被推演到其他领域，应用于企业的生产与销售领域则意味着，对于一个产品的销售来说，20%的高忠诚度用户可以带来80%的销售业绩。因此，企业格外重视这20%用户的需求，企业的生产与营销主要围绕他们展开。

但互联网改变了这一定律的适用性。美国《连线》杂志主编克里斯·安德森（Chris Anderson）在他的《长尾理论》一书中指出：商业和文化的未来不在热门产品，不在传统需求曲线的主体部分，而在于过去被视为"失败者"的那些产品上——也就是需求曲线中那条无穷长的尾巴上。非主流的、个性化的产品需求，虽然是需求的长尾巴（The Long Tail），但是，它们累积起来，也能产生与畅销品

---

① 姜奇平：《体验经济：原教旨与新发展》，见 http://column.bokee.com/529.htm。

② 汪丁丁：《体验〈体验经济〉》，见 http://www.xschina.org/show.php? id=164。

(Body)一样的销售业绩(见图9-5)。[①]

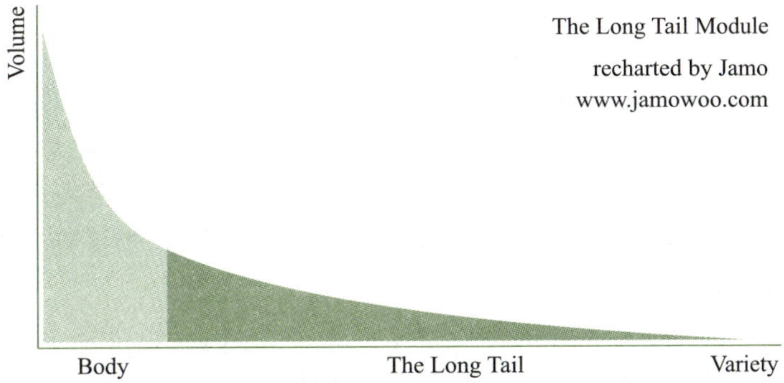

图9-5 长尾理论模型

尽管“长尾”并非对企业毫无诱惑,但过去企业之所以主要关注给企业带来80%贡献的20%的用户,是因为生产模式和营销模式本身的局限性。而今天的技术,为满足长尾需求品的生产提供了可能,社会化媒体则为面向长尾需求的用户进行营销提供了可能。

安德森认为,长尾的出现与三种力量有关:第一种力量是生产工具的普及,尤其是个人电脑的出现;第二种力量是通过普及传播工具降低消费的成本,而把每一个人都变成传播者的是互联网;第三种力量是连接供给与需求,将新产品介绍给消费者,推动需求沿曲线向右移动。[②]

社会化媒体的作用,正体现为这第三种力量,它们可以使企业生产的小众产品被更多用户了解甚至被直接推送到特定的用户那里,也可以反过来使企业更多地了解用户的个性化需求并设法满足。

(六)从部门营销到全员营销

传统的营销,是以企业的营销部门为主的,而社会化媒体营销需要企业的各种不同力量共同作用。

无论是营销部门,还是生产部门,无论是管理者,还是普通员工,每个部门每个个体都可以成为营销的一分子。一个企业的社会化媒体营销往往是官方营销账号、部门账号、管理者账号以及普通员工账号几者的立体组合。当然,它们的目标和风格应该有所分工,形成相互配合。

今天,很多营销机构都声称要构建营销矩阵,但所谓矩阵往往只是包括企业的各个部门的运营账号,而事实上,个人账号对于企业营销的影响也是非常显

---

① 资料来源:www.jamowoo.com。

② [美]克里斯·安德森:《长尾理论》,中信出版社2012年版,第48~51页。

著的。

影响尤为显著的是管理者。只要他们在社会化媒体中以真实身份现身，那么，他们就是企业的代言人，他们的任何表现，都会与企业的形象挂上钩，管理者的账号应该在展现个人魅力的同时，也充分展现企业的文化、企业的风格。如果运营得当，企业领导者的账号甚至可以带来超出营销部门营销的影响力。

企业的每一个成员，在社会化媒体中的一言一行，甚至现实世界的一言一行，都可能直接影响企业的形象与口碑。一时的不慎言行，很可能会由于社会化媒体的传播而演化为危机。

社会化媒体既为企业营销传播带来了很多新机会，也带来了相应的威胁。企业对于社会化媒体所带来的风险尤其需要有充分认识，并对自己的思维与策略做出相应调整。

（七）从明星代言到信任代理

过去的企业营销中，明星代言往往是一种常见的方式，尽管多数时候明星代言有利于产品或企业知名度的快速提升，但其投入巨大，且有一定风险。当用户对明星代言见怪不怪时，其效果也会受到一定影响。

在社会化媒体营销中，明星代言虽然并没有完全失效，但更多时候，企业需要利用一些新的机制。“信任代理”就是其中的一种。

“信任代理”是美国研究者克里斯·布洛根和朱利恩·史密斯在《信任代理》一书中提出来的概念，他们认为：“信任代理是一些不以销售为目的、不施展高压手段的市场营销人员。他们是网络王国的土著居民，利用网络来真诚而人性化地做生意。”[①]但这里所说的不以销售为目的，并非意味着他们没有商业的目的，而是指他们不是急于求得当下的销售业绩，而是通过日积月累的过程，去进行长远的商业价值的培养与发掘。

信任代理的培养基地，就是社会化媒体。甚至很多的信任代理就是普通的网民，他们基于真实的产品体验用人际交流的方式来影响他人，为企业赢得口碑。通过社会化媒体培养和发现信任代理，成为企业营销的新思维。

（八）从卖“我的产品”到创造“我们的文化”

今天的企业营销目标已经进入到一个更高的层次，那就是，不仅促进自己的品牌与产品的推广，还要促进新的文化的形成。这种文化甚至不是传统意义上的企业文化，而是企业与其用户之间共同的文化，是“我们的文化”。

这样一种“我们的文化”，凝结与传达的是企业与用户之间的文化共识，包

---

① ［美］克里斯·布洛根、朱利恩·史密斯：《信任代理》，缪梅译，万卷出版公司2011年版，第14页。

括产品理念、价值追求、文化基调等各方面。

这样一种文化，是在产品的生产、销售、使用的全过程中逐渐积累而形成的。因此，要创造“我们的文化”，就要将社会化媒体营销链条向前延伸到产品的设计阶段，向后延伸到用户的使用阶段，使用户也成为产品的开发者与推动者，而不仅仅是消费者。

二、企业运用社会化媒体的方式

企业对社会化媒体的应用主要包括以下几个方面。

（一）“以我为主”的营销

社会化媒体营销的一个基本思路，仍是以企业为主体进行营销活动。

从社会化媒体平台目前提供的营销渠道和方案来看，在社会化媒体中以企业为主体的营销主要包括：在广告位发布广告、利用品牌主页或账号进行长期营销、利用信息流发布广告、利用网民发布的内容生成广告，利用调查、游戏等进行营销，甚至可以直接导入电子商务。当然，这些形式有些有一定的交叉。

1. 利用网站广告位进行硬性广告推送

微博和 SNS 网站多数在其页面中设立了一定的广告位，允许广告主在这些位置投放广告，甚至包括视频广告。有些社交平台在用户登录或退出的页面中也提供了广告位。

网站的广告位可以在各种用户对象的页面上看到，且强制性较强，因此，它还是一种硬广告形式，通常也会有一定效果。

2. 利用企业账号或品牌页面进行持续营销

2012 年 2 月，Facebook 推出了专门的品牌页面功能，这个页面的整体构成元素和界面设计更适合对一个特定的产品、公司或品牌进行展示。

而中国的人人网、开心网等，也在很早就开设了机构页面，这也是企业社会化媒体营销的一种主要形式。

微博、微信等平台，更是企业营销的直接渠道。

对于这些营销渠道来说，主页及账号的设置，发布信息的选择与表达技巧，是实现好的营销效果的关键。

对用户来说，他们希望通过企业或产品的品牌主页及账号，了解最新的产品信息，更希望获得相应的实惠，偶尔的促销活动往往会奏效。

在主页或账号上的互动，也是营销的一个重要组成部分。如果只是单向发布信息，而不形成交流与对话，这样的主页或账号就很难给人产生积极的印象。

企业主页或账号的运营者不能守株待兔式地等着用户来与自己互动，而需要采用一些刺激手段。例如，多芬的 Facebook 主页的做法是，每促销一样产品，都会提出一个相关问题,而回答这个问题时,用户会顺便点“赞”或者转发。

另一种技巧是将产品的宣传与用户的日常活动联系起来。

在 SNS 主页中的另一个重要的传播手段是时间线。除了将企业或产品最精彩、最重要的时刻集成在时间线中,有些年轻的企业或品牌,也可以通过其他思路来形成时间线。例如流媒体音乐服务商 Spotify 是一家 2006 年成立的年轻公司,公司历史本身很短,但 Spotify 在其时间线上描绘了音乐的发展之路,以此来带动人们对自己品牌的关注。

一个理想的品牌主页或账号,还应该成为企业文化的推广窗口,甚至是企业与用户共同文化的塑造地。

虽然品牌主页或账号通常是由企业的运营人员来打理的,但如果让用户参与到主页或账号的管理与运营中,也许会收到意想不到的效果。

可口可乐在 Facebook 上的主页就是这样一个范例。早期的 Facebook 中并没有可口可乐的官方主页,一个名叫达斯迪(Dusty)的年轻人试图在 Facebook 上搜索可口可乐的主页无果时,他灵机一动,和朋友米歇尔(Michael)一起创建了可口可乐的主页。尽管后来这两个人加入了可口可乐并且负责运营这个 Facebook 主页,但整个主页的运营机制却仍是以粉丝为主。除了很少的官方信息外,主页中大量的内容都是由粉丝自发地发布的。

3. 让广告自然融入信息流(Newsfeed)

信息流(Newsfeed),也被称为新闻源,即是人们在自己的 SNS 或微博主页,或微信朋友圈中看到的按时间等顺序排列的信息(包括他们自己发的,以及与其好友分享的信息)。

以往这样的信息流只是用户及其好友的信息的排列,但是,今天的一些社会化媒体也已经在这样的信息流中插入了广告。

2013 年 3 月,Facebook 便推出了信息流广告这一形式。广告主可以根据用户的浏览历史有针对性地把广告投放到用户的信息流中。

尽管 Facebook 表示,“在决定把哪些广告显示给哪类人群时,我们会更加看重用户对广告发回的反馈,包括人们报告或隐藏某类广告的频率。”但是,一些知名度较小的或比较低端的产品的广告出现在人们的信息流中时,还是会引起用户的不悦,因此,有分析师建议,Facebook 应当将这类广告放在侵扰性较低的网页右侧,将信息流留给高品质的广告。①

2015 年 1 月 25 日微信首次选择宝马、VIVO 智能手机以及可口可乐这三个不同层次的产品推出信息流广告。与以往人们拒绝广告的情况不同的是,很多

① 《Facebook 减少 NewsFeed 侵扰性广告投放量》,http://tech.qq.com/a/20130928/003459.htm。

用户都在期待着广告的到来，特别是看到宝马广告，不少人似乎产生了中大奖的满足感，并在朋友圈炫耀，而看到可口可乐广告，则感觉被“深深鄙视”。但无论是兴高采烈还是沮丧失意，这几个广告在微信朋友圈的热议度都是超乎想象的，人们也在这种期待、好奇和热议中接受了信息流广告。此外，人们更好奇的是广告投放是否采用了大数据技术，尽管事实上此次广告投放主要依据的是用户的手机操作系统，但从长远来看，基于用户行为偏好的大数据分析，的确是社会化媒体广告投放的重要依据。

用户并不绝对排斥在信息流中看到广告，但是，这基于两个前提：第一是这些广告内容不会产生“违和感”，也就是不会与他们信息流的整体内容格格不入；第二是这些广告内容不会与用户对自己的定位产生冲突。即使有些用户本身收入并不高，生活在底层，但他们也希望自己被当作“成功”人士、有地位的社会阶层一员来看待，而低端的广告，往往会与他们的愿望相违背。

要达到这样的目标，需要借助大数据技术，也需要深入把握用户心理。在很大程度上，人们所希望看到的广告，并非完全基于他们实际所处的社会阶层与生活状况，而是基于他们对理想目标的设定。

4. 利用网民分享内容生成广告

社会化媒体中网民分享的内容，很多都与企业或产品相关，在这些内容基础上生成针对特定对象的广告，让广告的由头从用户那发起，是一种全新的营销思路。

Facebook 在 2011 年 1 月推出“赞助的内容”（sponsored stories）这一广告形式，就是这一思维的代表。它被称为“由朋友生成的广告”。

当一个用户在信息流中分享了某些产品的信息，或者他对某些产品进行了“点赞”，或在某些位置“签到”时，与之相关的广告主便会向其好友推送一个广告，它出现在主页右侧位置，提供指向相应品牌的 Facebook 主页的链接等，并会显示分享者的姓名、照片。

类似的广告形式在此前的 Twitter 中也已经出现。

这样一种广告形式，是利用人际关系网络中的信任感，用更为自然的方式，使用户之间进行相互的广告推荐。其个性化程度更高，带来的信任度通常也更高。

对于广告主来说，无论用户分享的内容对于其是正面的还是负面的，都会成为他们推送广告的理由。

而对于用户来说，即使自己分享的是负面的评价，也会推动一个品牌的传播，这也许并不是他们乐于看到的结果。另一方面，这样一种广告形式，对于用户的个人隐私保护，也会带来一定的损害，因为从 Facebook 的规定来看，他们无法拒绝这样一种被动参与。

5. 利用调查拉动人气

调查功能是社会化媒体常设的功能之一,通过发起与企业或品牌有关的调查活动,增加品牌的曝光率,提高用户的参与度,也可以起到一定的营销效果,调查的结果也可以成为营销宣传的由头。

6. 将广告嵌入游戏中

很多社会化媒体平台都有社交游戏,在这些游戏中嵌入广告,也是企业的一种可能营销方式。如果创意得当,它们可以与广告自然地融为一体,使人们在游戏体验中增加对品牌或产品的认知。

7. 与电子商务实现联通

今天所有的网络营销,都不应只是停留在品牌宣传与广告的思维上,导入销售链条,应该是重要的发展方向。

在社会化媒体平台上发布折扣或新品信息,虽然是一种常规的宣传方式,但如果在这些信息中加入购买链接,也有助于将信息转化为交易。

(二)用户聆听和社群聆听

企业的营销,不应只是以提高知名度或卖出商品为目标,了解用户对企业或产品的认知与评价,以了解自己的生存环境,也是营销的一个目的。

戴尔商用销售业务副总裁芭比·丹杰菲尔德(Bobbie Dangerfield)在戴尔直通车中的一篇博客里写道:"从 2006 年起,戴尔就开始研究如何运用社交媒体与用户直接沟通。在探索的过程中,我们发现在信息交流和分享方面,社交媒体有着显著的优势。它不但让我们通过大量的直接反馈提升服务、改进产品,而且让我们实时为客户解决问题。2010 年,戴尔公司成立社交媒体聆听管理中心,以监测和回应世界各地社交媒体上出现的涉及戴尔品牌的话题。每天,戴尔社交媒体聆听管理中心要处理 2.5 万条来自不同地区、不同内容的信息,通过一套系统进行分析,并根据话题、敏感度、区域、普遍性、趋势等,用红色、橙色和绿色分类标记,而且无论好坏都要反馈给相关部门。"①

今天,很多企业把用户聆听进一步发展成为社群聆听(Social Listening),以此发现他们的消费人群在谈论产品的那些关键特性,是正面的还是负面的,是怎么谈论他们的竞争对手的,等等,这些信息会成为企业的社会化媒体营销策略或者说变更营销策略的基础。②

社群聆听把用户聆听的理念又往前推动了一步,企业不仅需要了解自己用

① 《聆听用户,完善自身》,http://blog.sina.com.cn/s/blog_4d08eb0b0101dqa8.html。

② 关雪菁:《奥巴马宣传胜出秘密:社交媒体与传统媒体结合》,载《中国企业家》2013 年第 4 期。

户的声音,还需要了解自己的竞争对手以及整个的市场环境。而社会化媒体提供了广阔的聆听空间。尽管不能保证用户在这些平台分享的与企业或产品有关的评价是否百分之百准确,但是,总体来看,这些评价是其他任何渠道都难以获得的,是宝贵的信息资源。

在中国,这样的信息,往往也会和舆情这样的词挂上钩,对这些信息的了解与监测,往往被称为"舆情监测"。但社群聆听这样的视角也许比舆情监测更为得当。聆听的目标,不是为了发现于己不利的信息而将其封杀,而是为了真实地了解用户的反映,将其作为改善自己的产品与服务的基础。

(三)基于用户的口碑营销

社会化媒体营销的另外一个重要思路,是推动以用户为核心的口碑营销。

很多时候,这样一种口碑营销,体现为"社会化推荐"。用户将自己认可的产品推荐给他人,其效果往往比企业打广告要好。

但要让用户在自发感受的基础上成为企业营销的参与者、正面口碑的传播者,还需要相应的条件,主要包括以下这些。

1. 打动用户的体验

社会化媒体营销常常体现为口碑效应,没有好的产品或服务体验,就不可能形成好的口碑。好的体验,除了来自于产品和服务的价格、质量等因素外,还可以来自于产品的新奇、独特等卖点。迎合人们的"图方便""捡便宜""显身份""赶时髦"等心理的产品或服务,往往容易形成正面口碑。

2. 进入社会化媒体的方便入口

一个好的口碑,需要让用户用"不费力"的方式去加以传播。如何提供一个自然便利的入口,让用户的口碑传播轻松地进入社会化媒体平台,是社会化媒体营销活动中需要考虑的一个问题。例如,在电子商务网站,开辟"用户点评"这样的平台,甚至加上"分享到微博"的操作,就容易将用户的评价在社会化媒体上累积起来,转化为产品的长期口碑。

3. 用户的参与热情

口碑的传播,不仅依赖直接体验者的传播愿望,还依赖于非直接体验者的关注和传播热情。这也就意味着要创造能形成公共价值的营销卖点。

当然,有些社会化媒体营销,并非来自用户的自发体验,而是由企业人为制造一些体验、事件、活动或者广告,再通过社会化媒体进行传播的。但即使是人为制造的体验,也需要吻合用户的心理,满足他们的需求,同时创造用户参与的氛围。

除了通过好的产品与服务来促进用户对企业的正面信息的主动分享外,企业也可以发布自己创作的营销文案,在社会化媒体中引起用户的关注与分享。

要使自己创作的文案激发起人们的主动分享、点评，调动公众的积极性，需要注意以下几方面。

第一，真实的利益或价值传达：再好的文案，如果在核心信息方面出现差错甚至是故意制造虚假信息，都会给企业带来负面影响。

第二，用户的视角：社会化媒体中的传播，要更多地激起用户的主动了解、需要等愿望，而不是让他们感觉受到强迫，因此，从用户视角来撰写文案就十分重要。

第三，故事化表达：故事化表达方式适合于几乎所有的社会化媒体，社会化媒体也不例外。

社会化媒体中的口碑营销，其理想是形成一种病毒式营销的效果。

病毒式营销是指利用公众的积极性，通过人际网络让营销信息像病毒一样传播和扩散，快速覆盖大规模的人群。社会化媒体的结构决定了它有形成病毒式营销的基础。

美国电子商务专家拉夫·威尔逊（Ralph F. Wilson）认为，病毒式营销需要具备六个基本要素：提供有价值的产品或服务，提供无须努力地向他人传递信息的方式，信息传递范围很容易从小规模向大规模扩散，利用公共的积极性和行为，利用现有的通信网络，利用别人的资源。①

从这些要素来看，社会化媒体已经提供了无须努力向他人传递信息的方式、现成的通信网络、别人的资源等，而企业的营销重点就在于提供有价值的产品或服务，以及调动公众的积极性和公共行为。

（四）企业公关

社会化媒体，越来越被当作企业的公关窗口，这表现为日常的公关和危机时刻的公关两个层面。

1. 日常公关

企业公关不应该是“临时抱佛脚”的行为，而应该是一种长期的与公众沟通的机制。社会化媒体作为一个公开的平台，为一种长期的、持续的沟通，提供了充分的空间。

从长期沟通的角度看，企业领导者或者每个员工的社会化媒体，都是这种公关的构成部分，它们都可能成为企业的正面口碑形成的基础。

但这些社会化媒体本身又可能是危机的源头，任何一点失误，都可能引发公共性危机。

这其中，企业领导者在社会化媒体中的表现更为关键。网民希望能在社会

① 应斌：《试论病毒式营销》，载《经济管理》2005 年第 9 期。

化媒体中看到他们犀利的思想，率真的性格，领导企业的思想，甚至个人化的生活。一些企业领导者也在极力地进行这样的形象营造，但是，如果拿捏不得当，稍一过火，就可能引起危机。

例如，2011 年 1 月 15 日中午，即当当网在美国上市后不久，当当网 CEO 李国庆发布了这样一条个人微博："很多公司职业经理人的 CEO、CFO 上市前后被投行算计，但不敢声张，一来怕股东骂，再来不得罪投行，今后另谋高就职业路宽些……"。那时他开通微博刚 1 个月，但不断发表的尖锐观点已使他在社会化媒体中备受关注。下午 6 点，他又在微博上发表了一首自创的带脏字的摇滚歌词，歌词描述的便是当当的上市过程。这些微博发表后，各方反应不一，而几个自称是运作当当网上市的摩根士丹利公司的女员工，通过微博对其进行反击，最终双方展开对骂，李国庆微博大战"大摩女"，成为一时的热点。

尽管此次事件中李国庆也受到一些方面的支持，但是，以这样的方式与微博用户展开口水战，对其本人以及当当网的形象影响，是弊多于利的。当当网的公关部门也不得不在此后出面救火。

对企业领导者来说，"真性情"的表演，在社会化媒体中未必总是最得当的策略，还是需要把企业的形象与个人形象的塑造统一起来考虑，也需要考虑时机、环境等因素。

普通企业员工的社会化媒体某些时候也会成为企业公关的正面或负面因素，特别是在引发负面的舆论方面。例如，员工有意无意地晒个人收入，会引发网民的不平衡与不满；一张工作时普通的自拍照，可能会引出人们对其工作状态的质疑，进而演变成舆论风波。

2. 危机公关

在危机事件发生后，在社会化媒体中用企业账号或企业领导者个人账号做出直接回应，是常见的危机公关处理方式。其主要原则有以下几种。

（1）分秒必争

社会化媒体的病毒式传播效果，使得与企业有关的危机信息的传播异常迅速，以往危机公关的黄金 4 小时（也即在危机发生后 4 小时内应对），在今天已经大大缩短。分秒必争，成为危机公关的基本原则。

例如，2012 年 3 月 15 日晚，中央电视台的"315 晚会"曝光了麦当劳北京某餐厅违规操作的问题，在晚会还没结束时，21∶50 分，麦当劳的官方微博发出了如下声明：

央视"315"晚会所报道的北京三里屯餐厅违规操作的情况，麦当劳中国对此非常重视。我们将就这一个别事件立即进行调查，坚决严肃处理，以实际行动向消费者表示歉意。我们将由此事深化管理，确保营运标准切实执行，为消费者提供安全、卫生的美食。欢迎和感谢政府相关部门、媒体及消费者对我们的监督。

这一声明发出后，马上引起微博热议，从这条微博下的直接评论来看，多数网民对其公关的速度与态度表示了认可。麦当劳的形象并没有因为这次曝光受到太大影响，反而得到了更多网民的理解。评论中有网民戏称，“央视完全是在给麦当劳打广告，还是免费的”。

这一次公关行动的成功，首先体现在其反应的速度，这也反映了麦当劳这个企业的危机公关机制的健全与高效。

其微博声明中不狡辩、不逃避的态度，也是赢得网民认可的原因，很多企业或政府机构在危机公关时，总是千方百计推脱责任，撇清自己，即使面对严重的问题，也总是试图大事化小、小事化了。而麦当劳此次被央视曝光的问题——销售超过最佳使用期15分钟的食品——并不算严重，在很多网民看来甚至不是问题，但是其声明中还是表示，要坚决严肃处理、深化管理。

当然，麦当劳能很快扭转局面，也与它的文化的长期熏陶有关。对于吃着麦当劳成长起来的一代人，麦当劳是一种已经渗透到骨子里的文化，它不会轻易地被一两次事件改变。虽然这并不能成为一个企业犯错的理由，但这个事件也表明，有效的企业公关，实质上是一个日积月累的文化培养过程。

尽管每一个企业面临的危机问题不尽相同，其品牌基础也不尽相同，但是，面对危机做出快速的反应，直面问题做出回应，对所有企业都是适用的。

(2) 不打“太极”

很多时候，公关被形容为“打太极”，就是左推右挡，不正面回应。虽然看上去这样的公关很有技巧，但是，从实际效果来看，它往往不如直面回应问题来得有效。推挡太多，容易造成公众的逆反心理，甚至变成火上浇油。

(3) 善始善终

一个好的危机公关，需要一个善始善终的过程。既能让人看到企业对危机的快速反应，又能让人看到问题解决的进程，最终应该是以给公众一个完整的交代为目标。

在对危机相关的舆情的回应方面，企业的社会化媒体账号也需要根据事态的变化做出持续反应，而什么时候需要发布什么信息，应该是基于对社会化媒体的反馈和舆论氛围的观察，而不是自说自话的机械动作。

(五) 社会化媒体的创意活动

发动社会化媒体用户参与活动，是社会化媒体营销的另一种常见形式。

越来越多的社会化媒体平台，是以真实的用户身份、广泛连接的社会关系为基础,在进行活动的创意时,需要充分考虑这些特点。

2009 年,麦当劳推出的“见面吧”活动,正是基于真实身份这一基础进行的创意。

2009 年 6 月,麦当劳通过人人网发起“见面吧”系列活动,鼓励人人网的用户在线上邀约朋友,参与在现实空间的麦当劳中见面。活动规则是,如果一周内主题活动的支持人数超过 10 万,麦当劳将为参加聚会的网友提供半价优惠。半价的诱惑带来了自发传播效应,活动得以顺利进行。

整个活动分为三个阶段,第一阶段的主题是“老朋友,见面吧!”鼓励人人网用户参与真朋友测试,召集网友在麦当劳见面。第二阶段的主题是“再远也要见面吧!”主题是邀请远方的朋友来家乡见面。第三阶段的主题是“甜蜜一刻见面吧”鼓励用户选出自己在人人网上最知心的密友,分享和自己与朋友在麦当劳见面的故事和照片。

活动期间,麦当劳还在人人网征集 101 个见面的理由,如果上传的理由能赢得最多网友的赞同,便可以获得麦当劳颁出的特别奖项,免费邀请朋友来麦当劳见面。

人人网的核心用户群体是学生,尤其是大学生,这个群体也是麦当劳的忠实顾客,活动发起时,正值暑假开始,也是同学聚会需求可以被拉动的时段,因此,麦当劳发起的“见面吧”活动,很容易受到认同与推广。

麦当劳的这一活动,充分利用了人人网中真实的同学关系网来造势,同时又为学生们拓展朋友圈提供了推动力。

将活动与社会化媒体中流行的游戏结合起来,也可能产生很好的创意,例如,在偷菜游戏风靡开心网之时,中粮发起了悦活果蔬汁产品的营销活动。在开心网花园的种子仓库中,提供了代表悦活的 5 个品种,使用户在游戏过程中增加对悦活产品及生产链的认知。活动还设计了一个榨汁过程,用户可以利用游戏中收获的悦活果实进行榨汁,榨出来的果汁以悦活产品的真实形象存放在用户的仓库中,用户把榨出的果汁送给自己的好朋友,一些被抽中奖的用户的朋友还会收到其在线上送出的果汁的真实版。

尽管社会化媒体中的用户本身已经构成了一个巨大的网络,但要让一个活动在这种网络中传播,还是需要尽可能降低门槛和参与成本,不费力气,才可能使活动推广得更为迅速。

(六)企业招聘

人才测评机构 SHL 发布的 2013 年全球企业中国区测评趋势报告显示,六成企业选择通过社交网站发布招聘消息、收集应聘者资料等。另据美国《财富》杂志 2012 年的统计,全球 500 强企业中有超过 88%的企业是使用网络来进行员工招聘的。[①]

2014 年 12 月,LinkedIn 发布的《2015 年中国人才招聘趋势报告》称,受访的 201 个中国企业招聘人员中,68%认为求职网站是他们招聘员工的最主要渠道,其次是员工内部推荐、外包猎头公司和校招项目等,这个报告同时也对比了全球范围内的招聘渠道的情况。此外,87%的中国企业招聘负责人认为雇主品牌对招聘工作影响甚大。在他们眼里,最有效的营销渠道是职业社交网站,其次是公司官网、亲友口碑、社交媒体等。超过一半的中国招聘负责人认为,对大数据的应用和提高职位匹配度将在 5 年到 10 年内重塑整个人才招聘行业。[②]

尽管在上述报告中提到的求职网站与社会化媒体并不等同,但两者显然存在交集。传统的招聘网站,在今天也在向社交类招聘网站发展,LinkedIn 便是其中的范例。

社会化媒体于企业招聘的意义可以体现在以下几个方面。

1. 帮助企业快速发现可能的人才

Adobe 公司曾组织过一场“寻找天才员工”的竞赛,他们把负责招聘的人力资源部的人员分成两组,一组采用传统的方式招聘 50 名可靠的技术工程师,另一组则在社交网站上招聘。结果,用社交网站的一组只用了几个小时就找够了人选,而用传统方式的一组好几个星期之后还在寻找过程中。[③]

招聘者可以在社会化媒体平台聚集的广泛用户中快速地寻找适合的人才,并通过其社会关系对其身份和信息进行核实,如果方法得当,社会化媒体的确是一个有效发现人才的途径。

2. 通过社会化媒体了解应聘对象

无论是专门的社交招聘网站,还是一般的社会化媒体平台,都可以帮助招聘者更好地了解一个应聘者。

社交招聘网站可以较好地展示一个应聘者的职业经历与能力,但这其中也可能会存在自我美化的现象,而普通的社会化媒体则可以全面地展示一个人的性格、修养。一个人在社会化媒体中的言行不慎,如果被招聘单位发现,很可能会成为其落聘的理由。通过对社会化媒体中分享内容的观察,招聘者也可以更好地判断一个应聘人与企业文化的合拍度。

---

① 《六成企业通过社交网站招聘制胜 市场精准定位是关键》,载《通信信息报》2013 年 8 月 12 日。

② 《LinkedIn 中国的这份报告要告诉你 2015 年中国的人才招聘趋势》,http://www.jiemian.com/article/218408.html。

③ 《通过社交网络招聘》,http://www.ceocio.com.cn/magazine/it/2012/348/2012-09-21/130751.shtml。

3. 通过社会化媒体发布招聘信息

对于企业来说,社会化媒体不仅拓展了招聘信息的发布渠道,还给予了招聘者控制信息发布的内容与频率的权力,他们也可以实现定向的信息推送,因此,通常效果会较好。

4. 在招聘者和应聘者之间建立匹配关系

社会化媒体不仅是招聘者或应聘者的单向信息发布平台,也是两者间的桥梁,如果能为招聘者与应聘者提供相互发现和匹配的服务,其价值也更大。LinkedIn 的独特价值,正是建立在这个方面。

(七) 文化共同体建设

如前文所言,社会化媒体营销的目的,并不只是打品牌、卖东西。对于企业来说,今天一个新的目标是通过社会化媒体来培养更持久的粉丝群体,甚至是创造出企业与粉丝之间的文化共同体。

戴尔、凡客、小米等,都是通过博客、微博等社会化媒体平台,使粉丝成为企业文化的一个有机体。

文化共同体的形成,大致要经历以下几个阶段。

1. 通过社区进行粉丝群体的识别与召集

一个企业或产品有众多的消费者,但过客式的用户与潜在的粉丝及已有的粉丝,几者是有区别的,要将现有的和潜在的粉丝识别与聚集起来,就需要打造专门的粉丝社区。多数时候企业的官方账号不能完全胜任这样的社区角色,而是需要专门的账号或平台。

2. 在社区土壤中培养粉丝社群文化

建一个社区只是圈定出一片地,而最终的目标,是要在这片土壤上培养出群体文化的果实。

社群文化不仅可以创造出粉丝间的相互认同、群体的归属感、一致的行动力,以及对企业与产品的忠诚度,还可以使粉丝变成企业的义务推销员和客服等。

要培养粉丝文化,首先需要理解粉丝间的凝聚点何在,并且不断地对它进行加固。

粉丝文化需要引领者。在很多粉丝社区中,会自发地出现粉丝意见领袖或召集者,但是,企业也可以有意识地去发现那些潜在的粉丝领导者,为他们的脱颖而出推波助澜。

3. 企业文化与粉丝社群文化的互动

有了足够牢固的粉丝社群及文化基础后,进一步的目标,是让用户参与企业的产品和文化建设,让粉丝文化变成企业文化的一个有机组成部分。今天,一些企业已经开始了这样的实践，例如，戴尔公司的“头脑风暴”（Idea Storm）社区，已经征集了 8 000 多条用户为产品出的点子，50 多万条评论。[①]

4. 新的文化共同体形成

在企业文化与粉丝社群文化充分互动的基础上，一种新的文化共同体有可能形成。这种共同体会使用户对企业与产品产生“主人翁”式的情感，他们会把企业品牌视为自身荣誉的一部分。他们也会更积极地推动企业与产品的成长。

思考题：

1. 你认为是否存在“互联网思维”？理由为何？
2. 社会化媒体对媒体的影响主要表现为哪些方面？
3. 以某个媒体为例分析其社会化媒体的应用。
4. 社会化媒体对政府机构的冲击主要表现为哪些方面？
5. 分析一个政务微博案例。
6. 社会化媒体对企业的影响主要表现为哪些方面？
7. 分析一个企业的社会化媒体应用案例。

① 唐兴通：《引爆社群》，机械工业出版社 2015 年版，第 85 页。

第十章　新媒体与社会发展的互动

新媒体的发展过程，也是一个它与社会发展深层互动的过程，它的社会影响，也在这样的互动过程中不断深化。

第一节　新媒体与舆情、舆论

作为现实社会的一个晴雨表，新媒体中的信息和人们的言行，在一定程度上反映着现实社会的舆情与舆论。作为现实社会的一个构成部分，新媒体本身也在形成自己的舆情与舆论。认识新媒体平台上舆情、舆论的变化规律，以及它们与社会舆情舆论之间的关系，对于认识新媒体在社会中的作用，具有重要意义。

一、舆情与舆论的关系

舆情通俗地讲就是社情民意，即一定时期一定范围内社会公众对社会现实的主观反映，是群体性的思想、心理、情绪、意志和要求的综合性反映。

可以说，舆情是社会的晴雨表，它反映了一定时期一定范围内的公众关注的焦点，反映了公众对某些问题与现象的意见与态度，反映了社会现实中的矛盾、冲突，也可以在一定程度上揭示社会中潜在的危机。

与舆情相关的一个概念是舆论。关于舆论，不同学科研究的出发点是不同的。在政治学领域，舆论被看作“公意”，是民主政治的基础；社会学将舆论视为社会互动的有机整体；行为科学将舆论看作是个人意见的简单相加，即多数意见被看作舆论；社会心理学则将舆论看作社会控制的机制，认为舆论未必是事实上的多数意见，但至少是表面上的或人们感觉中的多数或优势意见。①

简单而言，舆论是指在一定的社会范围内，消除个人意见差异，反映社会知觉和集合意识的具有相对一致性的公众意见。德国社会学家伊丽莎白·诺尔-诺依曼认为，舆论在双重意义上是“我们社会的皮肤”，它是个人感知社会“意见

① 郭庆光：《传播学教程》，中国人民大学出版社 1999 年版，第 222 页。

气候”的变化、调整自己的环境适应行为的“皮肤”，同时，它又在维持社会整合方面起着重要作用，就像作为“容器”的皮肤一样，防止由于意见过度分裂而引起社会解体。① 同样，新媒体中的舆论也具有以上双重意义。

舆论是舆情的一个重要组成部分，也是舆情在某一方面的集中表现。而舆情不仅包含公开的舆论，也包含一些隐含的公众态度与情绪等。

舆论总是在一定的舆情的背景下产生的，但反过来，舆情并不一定通过舆论表现出来。

舆情具有常态性表现，即在日积月累中体现出一种民意倾向，同时又会有爆发性表现，即通过某些特定事件集中体现出来的舆论。

新媒体舆情是在新媒体平台中体现出来的社情民意，它不是个别用户的个别意见，而是新媒体用户作为一个整体所表现出来的态度与意见的综合状况。各种观点意见、各样社会情绪、各类社会思潮乃至各式牢骚怨言都通过新媒体展示出来，新媒体也因此成为一个崭新的“意见集散地”和“舆论自由场”，成为了解社情民意的一个窗口。

新媒体所反映的舆情虽然不能等同于社会整体的意见与情绪，但是，它具有一定的代表性，反映了某些社会群体或阶层的意愿，因此，也是社会舆情的一个重要组成部分，是社情民意的一个重要表现窗口。

在某些情况下，新媒体的舆情也反映着社会的一些消极、不良情绪。但这也是现实社会状态的一种体现。因此，相关部门不能只是简单地对当前的舆情进行“应对”，而是应该深刻地反思社会运行中的问题，将解决现实社会问题作为舆情分析的根本目标。

二、新媒体中舆情、舆论的表现与传播途径

新媒体中的舆情是通过新媒体传播中的各种信息体现出来的，从“信息”这个角度来看，舆情可以在事实性信息和意见性信息这两种信息中得到体现。

事实性信息是对事实的描述，信息发布者的主观意见没有直接呈现出来。但是这样的信息并非就是绝对客观的，它们同样可以用某些方式来反映信息发布者的主观判断。

例如，发布或不发布信息本身就是一种评价。在媒体中，在一段时间内暴风骤雨似的发布关于某一事件的相关信息，表明了对它的高度关注，这是一种主观意见的反映；相反，如果某一事件发生了，但是媒体却不予报道，这同样表达了一种主观态度。可以说，报道量的多少、报道发布的时间与频率、报道发布的版面

---

① 郭庆光：《传播学教程》，中国人民大学出版社 1999 年版，第 222 页。

位置(报纸、网络等媒体)、时间顺序(广播、电视等媒体)等,都可以传达出意见。

对于某一事件的报道,披露哪些信息,隐藏哪些信息,如何组织相关信息,同样也是主观意见的一种反映。对于同样一个事件,不同媒体的报道可能给人截然不同的印象,这就可能源于在报道中对事实构成要素的选择、组合上的不同。

运用传播方式与手段将意见与态度隐含在事实性信息中,不仅是媒体可以采用的策略,也是个体在信息发布时常常采用的方式。

意见性信息则是主观意见的直接表达。在新媒体中,它可以通过各种渠道表现出来。

了解新媒体中的舆情,不仅应该注意在各种渠道中表现出来的意见性信息,还要关注那些事实性信息中所隐含的意见与情绪。

总体来看,新媒体中的舆情、舆论是网民意见、态度与情绪的综合体现,它可以通过不同途径表现与传播。下面是常见的一些途径。

1. 新闻报道

通过网站或新闻客户端发布的新闻是事实性信息与意见性信息的集合。新闻报道的内容与方式,都可能与舆情民意有着一定程度的关联。新闻报道的热点往往反映了社会的焦点,而一些新闻评论更是会与新媒体中的舆论热点产生直接互动。

2. 新闻跟帖

新闻跟帖是在新闻报道后开设的供网民发表意见的论坛,它们常常是一事一设,讨论的主题明确。它集中反映了网民对于某一事件的意见,并由此传达了对于某一类社会现象或问题的网络舆情。

3. 论坛贴文

除了新闻跟帖外,网上论坛大都是相对稳定的,大多数论坛也由相对固定的网民群体组成。这些论坛中的贴文虽然话题较为分散,但是,它们从各个侧面反映了网民的思想动向与意见倾向。在某些重大事件发生时,许多论坛的讨论也会集中在这些焦点上,并与其他舆情渠道形成互动。

4. 电子邮件

电子邮件虽然是一种人际交流的手段,但是,它也可用于舆论的传播。采用群发邮件的方式,更是可以较为迅速、广泛地影响舆论的形成。

5. 即时通信平台

即时通信工具原来只是人际传播的一种手段,但是,随着这些工具功能的扩充,它们在形成与反映舆情、舆论方面的作用也日益增强。意见、情绪与态度等,可以通过即时通信方式所构成的庞大的人际传播网络迅速传播,从而产生强大的声势。

6. 手机短信

在手机发展早期,手机短信是重要的舆情、舆论的表现与传播渠道。在这方面,它与即时通信工具有一定的相似性。

7. 博客平台

博客平台的热点以及由此传达的网民态度,也是网络舆情的一个组成部分,博客文章对于舆论的形成与整合,也有一定意义。

8. 维基平台

最常见的维基应用是维基百科类应用,其词条设置及词条下集合的相关信息,在某种意义上也反映了网民的关注点及其背后的社会意见与情绪。

9. SNS 社区

SNS 虽然以小圈子交流为主,但是,它也能传播一定的公共信息,此外,在一些特定人群中,某些时候也会形成一些代表性意见或情绪。因此,SNS 既能反映全局性的舆情,也能反映局部性的舆情。

10. 微博平台

微博在公共信息传播方面的作用更为突出,因此,在反映社会舆情、舆论方面的作用也更为明显。

11. 微信平台

微信朋友圈、微信群、微信公众号等几种不同的应用,在反映舆情、表达舆论方面,都具有自己的价值。

应该指出的是,虽然在特定的事件上,某一种或几种渠道在舆情的反映、舆论的形成方面作用更加突出,但是,从总体来看,新媒体中的舆情、舆论是各种渠道、各种方式的信息的融合与相互作用的结果。

12. 网上调查

网上调查是网站或其他主体针对某一社会问题或事件开展的网民调查活动,常常是采用简单的“投票式”,即给定几个预设答案,由网民进行单选或复选,以表明其态度。网上调查既是事实性信息,又是意见性信息。一方面,它是网民意见分布这一事实的直接呈现,另一方面,它又反映了网民的主观评价。由于网上调查的局限性,网上调查结果并不一定总是科学的,但它可在一定程度上反映网络舆情、舆论的基本走向。

13. 网上签名

网上签名是针对某一事件或问题号召网民响应的活动,它可由网民自发组织,也可由网站或其他主体组织。网上签名的价值取向非常鲜明,只表达一种态度。它所表现出来的网民态度的主流取向,是舆情的一种直接表现。

随着新媒体技术的发展,舆情、舆论的形成与表现渠道还会进一步拓展。

三、新媒体舆论的产生及发展规律

作为舆情的集中体现与爆发,新媒体中的舆论尤其值得关注。

新媒体舆论的形成与发展规律十分复杂,下面介绍的只是其主要的发展线索。

(一) 新媒体中舆论的形成

按照传统的政治学和舆论学的观点,舆论是一种社会合意(social consensus),它的产生是一个“问题出现—社会讨论—合意达成”的过程。[①] 这一观点只强调了舆论对于民意的体现而没有看到它对个人和群体的强大约束力,因而并不全面,但是其中对于舆论形成过程的概括,仍然可以作为一种参照。新媒体舆论的形成,也有类似的规律。

1. 新媒体舆论形成的起点——导火索性事件引发关注

虽然人们每时每刻都可以在新媒体平台上发表意见,但新媒体舆论的形成,往往源于某些事件的发生,也就是它们是以某些具体的对象为依托的。一般来说,专业媒体机构的报道有助于事件的广而告之,因此,媒体的报道往往是引发新媒体舆论的直接动因。有些情况下,虽然专业传媒没有报道,但是,一些信息通过社会化媒体渠道发布,也可能引发舆论热潮,在今天,这种情况越来越常见。

下列几类事件往往是新媒体舆论关注的热点。

(1) 关系国家民族利益的事件

对台关系、中美关系、中日关系等与国家民族利益紧密相关的事件,一直是新媒体舆论的热点。

中美关系成为新媒体的一个持久话题,首先是起因于多年来中美之间不断的冲突与摩擦。但在有关中美关系的网络观点的大交锋的背后,还有着更深刻的思想背景,与美国有关的话题,有时也会折射出西方文化这个大背景。中美问题成为舆论焦点的另一个原因,是它一直与敏感的两岸关系息息相关。而台湾问题也始终是新媒体舆论关注的一个热点,更是中国民众的一个心病所在。

由于日本侵华战争给中华民族带来了深重灾难,以及日本长期以来对待历史问题的暧昧态度与立场,中日关系,一直是中国普通老百姓难以释怀的一个心结。在新媒体平台,任何与中日关系相关的敏感事情,都会成为舆论爆发的导火索。

(2) 灾难事件

近年来,由于政府在处理灾难方面采取了更为“公开、透明”的政策,媒体在

---

① 郭庆光:《传播学教程》,中国人民大学出版社 1999 年版,第 219 页。

灾难报道方面也更为开放,对于灾难事件的评论也成为新媒体舆论的一个热点。网民在表达自己同情心的同时,也在反思“人祸”背后的原因。有时,对于灾难的关注逐渐演变为对相关社会问题的讨论。

(3) 与国计民生相关的政策、法规出台

显然,政策法规涉及的社会阶层越广泛、人数越多,参与讨论的人数也就越多。缺乏必要宣传与铺垫的突然式政策出台更容易成为舆论热点。

(4) 反映当今社会主要矛盾的事件

当今中国社会已经开始进入一个社会阶层和利益明显分化的社会,不同社会群体的利益往往是不一致的,甚至有时会存在不同程度的利益矛盾和冲突。在许多老百姓的心目中,民与官的矛盾、穷与富的冲突,是最突出的两种矛盾。与此相关的事件也往往会成为一种载体,引发人们对自身生存环境及个人利益的许多联想,有时也不免会成为人们情绪宣泄的一个出口。

(5) 与弱势群体相关的事件

弱势群体的存在一定程度上是社会矛盾的一种体现,因此,关心与弱势群体有关的话题,也就表明人们对社会问题的关注,同样它们也会引起人们关于自己生存处境的联想。此外,同情弱者,是中国网民中常见的一种思维定式。

(6) 反映社会道德困惑的事件

处于转型期的中国,人们的价值观与道德观也在经历一次激烈的震荡,许多人面临着道德的困惑。因此,与之相关的新闻事件也容易引发激烈的网络讨论。这些事件往往成为全社会范围内进行道德问题思考与讨论的契机。

不同类型的事件,引起公众关注的首要渠道可能有所不同。有些事件容易成为论坛的关注焦点,有些事件最早在博客网站产生影响,而有些事件则可能首先通过微博或微信扩散,而近年来微博、微信在热点事件信息的扩散方面,扮演的角色更为显著。

有些事件受关注是从新媒体平台少数几个“点”开始的,然后逐渐扩展到网络的其他空间;有些事件则是从新媒体平台的多个点同时开始形成强烈关注,进而从这些点全面辐射到网络。

2. 新媒体舆论形成的中间环节——讨论的扩散

无论对于热点事件的关注最初是源于新媒体平台的少数几个“点”还是多个“点”,它们都不会在原地停滞不前。因为热点问题总能引起网民的广泛关注与热烈讨论,这种关注会通过各种方式传播开来,形成更强大的力量。

讨论扩散的主要渠道包括新媒体平台的人际传播、群体传播、组织传播、大众传播等各种途径。前文提到的舆情、舆论的各种表现与传播平台,都会起到一定作用。

从传播的模式来看,由于渠道的多样性和各渠道间的联通性,新媒体讨论的扩散往往是从一个点辐射到多个点,再由这些点向更多的点辐射(见图 10-1)。因此其传播速度十分迅速,影响面也十分广。

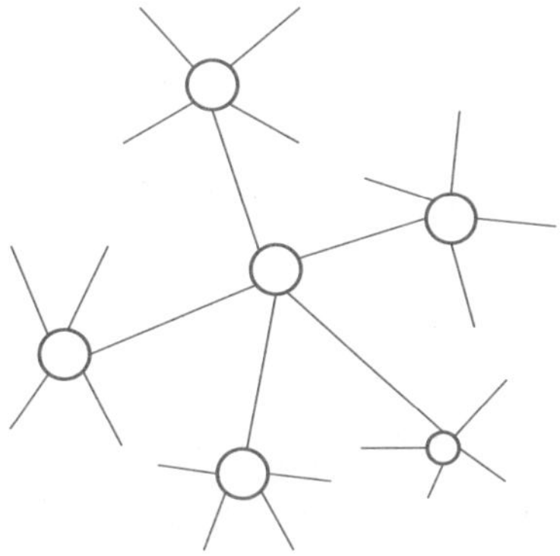

图 10-1　新媒体热点话题讨论扩散的主要模式

讨论扩散的过程,也是事实与意见共同传播的过程。

在新媒体平台,事实的传播可能出现信息的保真、衰减或变形等不同结果。进行事实传播的主要方式是信息的转发,无论通过何种渠道进行转发,传播者都可能出于自己的主观需要对信息进行处理。如果对于信息源的信息不加任何修改,则基本可以实现信息的保真。如果对信息中某些要素或细节进行了删减,则信息就会发生衰减。如果对信息进行了一定的修改,则会出现信息的变形情况。

事实传播中的信息变化情况,对于舆论的形成有着直接影响。例如,如果出于主观需要有意在事实传播过程中扭曲事实,将某些信息放大或减少,就可能对舆论的走向形成误导。

同样,新媒体平台的意见传播也并不是一个"照单全收"的过程,意见的传播与意见的交锋是交织在一起的,交锋的结果是优势意见得以继续广泛传播,而处于劣势的意见逐渐从主流传播渠道中退出。

事实的传播与意见的传播也绝非泾渭分明,传播什么事实,如何传播事实本身就表明了一种意见,而很多时候,网民在传播事实时,也直接加入了自己的评价。

新媒体平台讨论的扩散速度、扩散面以及讨论的复杂程度都是传统舆论在形成过程中无法企及的,这也是舆论热点形成十分迅速的原因。

3. 新媒体舆论的最终达成——意见的整合

舆论最终达成的标志是消除个人意见差异、反映社会知觉和集合意识的多数人的共同意见的产生。对于某些问题或事件,人们的意见并不一定在一开始就达成一致。相对一致的舆论形成需要通过一定的机制。

根据德国社会学家诺依曼的观点,一致舆论的形成是由于"沉默的螺旋"的作用。从实践来看,"沉默的螺旋"对于网络意见的整合,是具有明显作用的,后文将进一步分析。

在新媒体空间,人们常常处于群体氛围中,群体的压力也是意见整合的一种影响因素,其中比较明显的是意见领袖的作用。意见领袖由于其在社会阅历、社会地位、信息来源、知识面、人际关系等方面处于优势地位,因此常常能够对他人施加影响。在新媒体平台的许多稳定的社区里,意见领袖是存在的。他们不仅在日常交往中能对他人产生影响,在一些重大问题上,也能在一定程度上起到整合意见的作用。

网站等机构传播者在传播手段上的运用,也可以起到整合意见的作用。网站对于事实性信息或意见性信息的选择及编排手段的运用,可以在一定程度上影响舆论的走向。此外,网站将某些网民的帖子置于网站或社会化媒体平台的显著位置,可以使某些意见得以凸显,从而影响到其他人的观点。网站在进行调查时,预设的答案也起到了一种整合的作用,使网民的意见向某几个方向集中。

以上几种因素的作用,都可以在一定程度上使原本参差多样的意见逐渐趋向一致,这种意见整合过程不仅发生在新媒体的个别区域,类似机制也会使整个新媒体空间形成主流意见,最终产生一致舆论。

讨论的扩散过程与舆论达成过程并非是截然可分的,它们往往同时发生。在讨论的扩散过程中,同时也在进行着意见的整合。当某一种意见的优势地位得以确立时,相对一致的舆论已经达成,而这个一致的声音又会继续地在新媒体平台进行传播,影响更多的人。

(二)新媒体舆论与外界的互动

新媒体舆论在形成、发展过程中,也在外界进行着互动。

1. 与传统媒体互动

新媒体舆论的形成并不是在新媒体空间里封闭地完成的。事实上,它不断地在与其他传播媒介进行着互动,特别是报纸、广播、电视等传统的大众传播媒体。新媒体舆论的焦点往往会成为传统媒体报道的热点,传统媒体的大篇幅、高频率报道则促使更多的社会公众关注到相关事件,促使更多的人参与到讨论中,新媒体舆论的影响力从而也不断扩散。

2. 与现实空间舆论互动

新媒体用户也是社会中的一分子,他们不仅会在新媒体平台上与他人交流,也可能会在现实空间与他人进行交流,线上意见与线下意见相互交织、相互作用。新媒体舆论的形成,会在一定程度上受到新媒体之外的公众意见的影响。

新媒体舆论也可能对线下的意见走向起到作用。

（三）新媒体舆论的发展

新媒体舆论形成后，通常都会与现实社会发生关系，甚至对现实社会中相关事件的进展起到一定作用。在与现实产生互动的过程中，由于种种因素的作用，新媒体舆论会以不同的方式发展。

1. 新媒体舆论的继续高涨

新媒体舆论形成后，一种情况是声势越来越浩大，力量越来越强，舆论不断高涨。舆论得以高涨，往往是源于几种因素：

其一，舆论所涉及的问题具有普遍性和重要性，能引起线上线下社会各界的高度关注，线上舆论与线下舆论相互影响，加强了舆论的力量；

其二，舆论所涉及的问题一时没有得到解决，导致舆论进一步发展；

其三，出现了新的相关事件，掀起舆论的新高潮。

2. 新媒体舆论的萎缩

有些舆论形成后，并没有经历太多的增长，声势便逐渐减弱，直至完全消失。这常常是由于以下原因：

其一，舆论的诱因事件很快过去，人们的注意力自然发生转移；

其二，相关问题已经得到解决，舆论的使命已经结束；

其三，新的事件发生，冲淡了人们的注意力。

当然，任何舆论在形成、发展后，最终都会萎缩。但舆论“生命周期”的长短，以及发展的方式，往往会反映舆论所涉及问题的重要程度，以及舆论与现实社会的互动程度。

3. 新媒体舆论的波动

新媒体舆论的发展过程并非总是直线式的上升或下降。某些时候，它会呈现出波浪式的发展轨迹，即舆论发展到一定高潮后，会经历一定时期的萎缩或沉寂，但进而又出现新的舆论高潮，这样的波动过程甚至可能反复数次。这往往是由于在舆论发展的过程中，出现了一些新的情况，例如，出现了强大的外界阻力，或有新的舆论焦点产生，它们暂时阻止了舆论的进一步高涨，但是，由于此舆论所涉及的问题并没有彻底解决，并且仍然受到公众关注，一段时间后，由于新的诱因出现，它又会重新成为热点。

4. 新媒体舆论的冲突

对于有些问题，并没有出现一种占绝对优势的舆论，而是出现了几种不同的意见，它们在声势上旗鼓相当，但彼此间又存在矛盾或对立，因此，舆论的发展过程，始终是几种意见的相互斗争过程。这种包含着内部冲突的舆论同样可以对现实生活产生影响。

某些情况下,在新媒体中,围绕一个主题的舆论形成后,会遭遇另一个主题的舆论,它们之间存在着不协调,这也会形成舆论的冲突局面。这种冲突可能会改变其中一种舆论的走向,也可能同时对两种舆论的发展都形成影响。

四、中国新媒体舆论发展中的几组关系

在中国新媒体舆论的发展中,有几组关系是值得深入关注与思考的。

(一) 新媒体舆论与现实民意

新媒体舆论是否等于现实社会的民意？要回答这个问题,至少需要在两个层面上进行思考:

一是新媒体用户能否代表整个社会的各个阶层。

二是新媒体舆论能否代表新媒体全体用户的意见。

目前,新媒体用户主要指网民,而网民还只是社会中的一个特殊群体。从历次 CNNIC 的调查数据看,目前中国网民在年龄、地域、职业等方面的分布都是不均衡的。即使网民群体在趋向多元化,但也尚未覆盖社会的所有阶层。从这个角度看,网民群体虽然在一定程度上代表了社会中的某些重要群体,但不能完全代表所有的社会阶层。

新媒体舆论的形成是基于个人的意见表达,但在新媒体平台上,并非所有人都会积极主动地表达自己的意见与态度,新媒体舆论未必能反映新媒体平台所有人的意见与态度。

而从舆论形成的过程来看,新媒体中最终浮现的主流声音,虽然反映了部分用户的意见与态度,但同时还要受到其他很多因素的影响,例如意见领袖的影响、"沉默的螺旋"效应的影响、媒体等机构的控制手段的影响,甚至某些个人的有意操纵等。因此,最终形成的舆论声音,未必是新媒体中民意的完整的、真正的体现。

在认识新媒体舆论可能产生的偏差时,尤其需要关注新媒体平台的"沉默的螺旋"现象。

关于新媒体传播中是否存在"沉默的螺旋",近年来的研究有很多,观点也不尽相同。既有人认为"沉默的螺旋"在新媒体平台仍然存在,也有人认为,"沉默的螺旋"在新媒体平台被弱化了。

从现实的观察来看,在"沉默的螺旋"假设中起重要作用的"从众心理",在新媒体空间中并不会随时随地发生。从心理学的角度来说,从众心理的产生主要是由于认知失调和对孤独的惧怕。认知失调理论指出,群体的压力会让人产生失调,而从众是减少失调的一种有效方法。但从众并不是减少失调的唯一办法。

在新媒体的某些传播空间中，例如一些新闻跟帖类的论坛，由于发言是匿名的，人们的关系也是随机的、不稳定的，个体对这些空间的依赖程度不高；因此，人们在这样的地方如果发现自己与他人的意见不一致，并由此产生认知失调，那么简单的办法是，可以通过转换空间的方式来逃离让他感到失调的环境。在这样的空间里，从众心理出现较少，“沉默的螺旋”发生的几率也可能相对较小。

但新媒体平台中包含着各种不同类型的空间，在某些空间中，环境带来的从众心理不仅还存在，有时还会显得十分明显。

例如，在那些关系密切、归属感很强的社区里，人们为了维护已经形成的社区关系和自身的利益，同时，也为了群体的归属感，会在一些时候表示出很强的从众心理。即使人们没有在现实空间的彼此交往，但也会表现出较为一致的意见，甚至在某些时候表现出一致的行动。因为，离开群体对个人是一个重要损失，而为了留在群体里，同时又为了减少认知失调，个体不得不采取从众的方式。在这类关系紧密的社区里，优势意见更容易形成，人们对优势意见的趋从，也表现得更为明显。

在微信这样的“强关系”平台上，从众心理发生的几率也较高。而在微博这样的弱关系平台上，虽然人们之间的联系多数不密切，但是，人们对于环境的感知较为敏感，出于对个体形象与社会资本等方面的考虑，从众心理也常常会发生。

因此，新媒体平台的“沉默的螺旋”不仅可能存在，而且某些时候其力量仍然是强大的。

而新媒体传播的联通性，有可能使某些空间中产生的意见走向扩散到其他传播渠道中，从而影响到整个网络，在某些时候也会带来“沉默的螺旋”的扩散。

因此，从许多现实案例来看，由于“沉默的螺旋”导致的新媒体舆论的表面一致性仍然是广泛存在的。这意味着某些时候舆论未必真实、全面地反映了新媒体中的真正民意。

另一个值得注意的现象是，新媒体平台意见气候的形成，越来越多地依赖于“自下而上”而不是“自上而下”的方式。即意见气候的形成并不是由大众传媒的力量来主导的，而是由在某些局部形成的优势网民意见扩散及汇聚后形成的一种意见环境。这也是网络的“沉默的螺旋”形成的一个重要特点。

从各方面看，网民意见不能代表所有社会群体的意见，把新媒体舆论简单等同于现实社会的民意，可能会在一些时候形成认识上的偏差。

但是不可否认的是，新媒体舆论应当被视作社会民意系统的一个重要参数。它至少体现了在特定时期社会发展的某些重要问题。研究新媒体舆论，既要将新媒体舆论作为社会现状的一种“表征”，又要分析这个表征下所反映的更深层的社会背景与社会现实。研究新媒体舆论，并不能仅仅基于主流意见进行判断，还要观察与思考某些问题成为舆论热点的社会背景，分析主流意见之下的各种意见以及它们的冲突过程。一些情况下，分析舆论发生、发展的过程，比分析舆论的结果，更具有现实意义。

（二）新媒体舆论与网络暴力

越来越多的案例，将新媒体舆论与网络暴力联系在了一起。尽管有人认为“网络暴民是伪命题，如果我们把注意力过分集中在这个词汇本身，不但偏离解决问题的方向，而且我们自己也容易陷入以暴易暴的尴尬境地”①，但是，新媒体舆论中所表现出来的暴力现象是客观存在的。

新媒体舆论中出现的暴力现象主要表现在以下几个方面。

其一，是一些网民意见表达中的语言暴力。

其二，是新媒体舆论对于某些当事人形成的直接或间接的伤害。

其三，除了对个体的权利形成直接伤害的网络暴力外，还有一种现象，那就是多数人的声音对少数人意见的压制，虽然这种意见上的压制并不会造成现实的伤害，但是，从影响来看，这种现象也具有一定的暴力特征。

网络暴力形成的基本“土壤”是网络表达中的非理性。

新媒体舆论形成的非理性，首先是由于新媒体舆论形成环境的复杂性。网民的意见表达往往不是在一个孤立的环境中深思熟虑的结果，而是在一个复杂的互动环境中完成的。他所表现出来的意见，是其既有倾向与当下情境等各种因素相结合的产物。在很多情况下，人们往往很难始终保持理性。

此外，人们参与新媒体交流和意见表达的动机也是十分复杂的。虽然多数情况下，多数人都是怀着善良的愿望参与各种渠道交流的，但是，在某些时候，人们的动机下面还隐藏着动机。例如，他们需要通过新媒体发泄自己在现实世界中积蓄的不满等情绪，释放自己的压力，或者他们需要通过意见表达来实现自己在新媒体平台的价值，赢得某些地位。这时，意见表达成为一种手段而不是目的。

人们也并非能在所有情况下对事件做出正确的判断。理性的观点的形成，有赖于一定的知识与信息的支持，但是，并非所有人都具备这样的相关知识和信息，甚至他们会受到错误信息与知识的误导。在新媒体平台，当人们就一个事件、一个主题进行讨论时，同时会流传着许多与此相关的说法，真真假假、虚虚实实，这就难免不会在一定程度上影响人们的判断。而在很大程度上仍然在新媒体平台起作用的“从众心理”，将加快非理性认识的传染。

---

① 李方：《直斥网络暴民相当于以暴易暴》，载《南方都市报》2006年6月16日。

网络暴力大多数时候表现为"集体暴力",这说明,网络暴力与新媒体平台的"群体"直接相关。第四章关于群体互动的分析在一定程度上说明了这一点。

在某种意义上,中国网民更容易受群体的感染,这是因为他们有更强的寻找集体归属感的需要,而这源于中国文化的集体主义的传统。在跨文化研究中,一些学者认为,东方文化与西方文化的一个重要区别在于,东方文化强调集体主义,而西方文化强调个人主义。集体主义以紧密的社会结构为其特征,在这个结构中,人们对内群体和外群体加以区分,人们期望他们的内群体(亲属、氏族、组织)来照顾他们,作为这种照顾的交换条件,他们对内群体拥有绝对的忠诚。个人主义表示一种组织松散的社会结构,在这个结构中,人们应该自己照顾自己和直系家庭。①

尽管现实社会的结构没有原样复制到网络社会中,但是,新的结构仍然不会完全脱离原有的社会传统,中国网民对于群体的心理需要,对内群体与外群体的区分,仍然是强烈的。

承认新媒体舆论与网络暴力之间存在联系,并不意味着否定新媒体舆论的积极意义,更不意味着由此而限制新媒体中网民的自由表达。网络暴力在某种意义上,就是网络舆情的一种体现,它本身反映的不仅是网民的素质高低,更是反映了现实社会的某些矛盾与困境。

以网络暴力为由阻止网民的自由表达与社会参与,是无益的。也许一些网络暴力事件是中国网络社会逐渐走向成熟的必然代价。在这个过程中所积累的经验、教训,可以为相关法治的健全,为新媒体时代公民素养的培养,提供借鉴。

(三)新媒体舆论与司法独立

随着新媒体舆论力量的日益强大,新媒体舆论与司法独立的关系也日益受到关注,因为,新媒体舆论另一个令人担忧的暗礁是舆论监督力量的越界。

人们关注的一个问题是,新媒体是否会带来新的形式的媒体审判。大众媒体一直是被作为"第四种权力"看待的,也就是说,它终究只是一种监督力量。但是,在某些情况下,传媒可能会超越自己的权力范围,也因此,媒体审判一直备受争议。新媒体同样如此。现实案例也显示出,新媒体舆论审判的力量,在一定程度上对司法机关和相关工作人员造成了干扰。

尽管新媒体的舆论部分地代表了民意,但民意能否代表一切,凌驾于一切之上?民意与法意之间的关系应该如何平衡?

学者谢晖指出,民意和法意二者产生矛盾时,历史上的处理显示出不同的方式。一种以古希腊对苏格拉底的审判为典型代表,坚持民意至上,强调公众广泛

① [美]史蒂夫·莫腾森:《跨文化传播学:东方的视角》,中国社会科学出版社1999年版12月。

参与的广场式审判。每个人的意志都会被考虑,最终遵循一种少数服从多数的原则。但这种模式容易导向民粹主义,让公众根据义愤来审理案件。中国目前正在推行的,是民意和法意协调的模式。谢晖认为,最重要的民意和法意的博弈不应当在司法阶段,而应当在立法阶段。谢晖表示,自己倾向主张的,则是第三种:法律至上论的协调模式。即当民意和法意出现冲突之后,坚持法意至上。"当一个国家的公民、政府都不遵守法律的时候,谁还会把法律当回事?那种结果反倒变成有法律不如没法律。"①

尽管谢晖所倾向主张的模式,只是一家之言,但不可否认,对于中国民主化进程来说,健全的法律体系和公民的法治意识,应当是新媒体舆论审判的一个重要保障。

也有人认为目前司法独立的最大干扰力量并不是来自民间,而是来自行政力量。② 这种观点不无道理。但是承认行政力量对司法独立的干扰,并不等于要无视舆论力量对司法独立形成的另一种干扰。

当然,在中国法治体系不健全,人们对司法部门、权力机关的信任度不够高的情况下,新媒体舆论至少能对司法机关形成一定的监督,促使它们更加慎重地行使自己的权力。

然而,从公众角度看,他们需要意识到的是,事实的真相,未必总与公众的判断一致,也与道德判断无关。

当然,强调司法的独立性,并不是要走到另一面,即对公众的自由表达进行约束。在尊重民众自由表达权利的基础上,坚持司法独立,提高司法的公正性,才是更为理性的方向。

(四)新媒体舆论与道德困境

在中国,新媒体舆论的发展过程出现了一个自我纠结的道德困境。

首先,这种道德困境表现为道德审判这样一种新媒体舆论的普遍模式所带来的矛盾,那就是目标的正义性与过程及手段的非理性之间的冲突。

一方面,用集体的力量形成道德上的审判,成为新媒体舆论的一种思维基调。在任何问题上,网民似乎都会习惯性地建立起一个道德框架,并以此形成简单的价值判断,从而对当事者进行道德上的讨伐或声援。网民群体看上去是正义的化身,新媒体舆论的道德审判也往往在某些方面产生了正义的效果。

另一方面,新媒体舆论形成过程所伴随的攻击性,以及它们对当事人带来的

---

① 《谢晖:法意与民意应在立法阶段完成博弈》,载《南方都市报》2009年8月3日。

② 盛大林:《舆论不会"影响"反而"凸显"司法独立》,见 http://www.cat898.com/Infolook.asp?bclass=90&id=2989。

伤害性结果，又使网民自身的道德问题，被作为一种社会现象所讨论。

传统的道德观，往往只重视目标上的道德，而忽略过程、手段上的道德，“以暴制暴”等正是这样一种体现。在现代法治社会中，过程、手段的道德与目标的道德同样重要。公民的道德重建，不仅应是简单的正义感与是非观的培养问题，还应包含与现代社会相适应的思维与行为方式的培养问题，尊重他人、宽容异己等，应该是现代道德观中的重要组成部分。

其次，我们看到，新媒体舆论依赖于道德框架，但传统道德体系的某些方面也在新媒体时代发生了一些动摇。这种动摇不是表现在舆论本身，而是表现在网民的行为中。

色情内容与活动、边缘内容在新媒体平台的泛滥，便是一个迹象，它表明，网民的传统道德观在无形中受到冲击。两性关系、家庭及婚姻中的伦理道德是首先受到冲击的领域。

网民的道德困惑，还表现为中国传统的“集体主义”文化传统受到西方价值体系中的“个人主义”价值观的冲击。许多舆论热点事件都体现出这种困惑。

许多中国网民正是陷入这样一种道德框架下的自我矛盾。而这种矛盾实质上反映了中国传统文化体系在现代化、全球化进程中所面临的困境，新媒体放大了这种困境。

研究新媒体舆论发展中的几对关系时，我们可以看到，新媒体舆论无疑在社会进步中具有积极意义，但也不要指望它解决一切问题。在复杂的社会运行系统中，舆论只是一种意见，新媒体舆论也是如此。

以个别事件中出现的逆流来否认新媒体舆论的作用，是不公正的，但将新媒体舆论的功能无限放大，也是不理智的。新媒体提供了一种舆论生长的土壤，但是，最终影响舆论的，还是发表意见的民众，在他们的意见背后，则是社会中各种看得见或看不见的冲突。

第二节　新媒体文化及其影响

新媒体带来了新的文化产品、新的文化现象、新的文化精神。对于新媒体的影响的研究，需要深入到文化层面。

一、新媒体文化的内涵

尽管已有很多研究者对网络文化、手机文化等新媒体文化做出了自己的界定，但对于它们要做出一个简单的定义，是很困难的。因为新媒体文化包含非常复杂的内涵与层面。任何定义都可能挂一漏万。事实上，从总体上看，文化是各个层次的群体在一定时期内形成的思想、理念、行为、风俗、习惯、代表人物，及由这个群体整体意识所辐射出来的一切活动。因此，任何在网络、手机等数字平台中活动的主体都是新媒体文化的构成细胞，这些平台中的信息、现象、活动等，都具有文化的意义。新媒体文化是综合的社会现象，是新媒体平台中各种主体互动的过程与结果的总和。

新媒体文化依托于数字世界这一特殊的土壤，但它的根基来自于现实社会。新媒体所遵循的仍是传统社会运行的那些主要“公式”。但是有所不同的是，在这个新的空间里，某些“变量”的“值”发生了变化，这种变化可能会导致革命性结果的产生。因此，新媒体文化既有一般文化的共性，反映了社会运行的一些根本特点，又具有一定的个性，数字技术、全新的传播环境与传播机制、人与人之间的多元互动无疑是这种个性形成的关键因素。

二、新媒体文化的特质

正如麦克卢汉所言，“媒介即讯息”。一种媒介的讯息在很大程度上是由它的技术特性决定的。文化正是媒介的讯息的组成部分，新媒体文化的特质，首先需要从它所依托的技术上寻找线索。

新技术带来的新媒体文化特质主要包括以下五点。

（一）开放性

在传统媒体时代，社会所认同的文化往往是大众传媒所传播的文化，这些文化是由少数个人或机构创造的，它们依靠大众传媒的权威力量成为社会的主流文化并深刻作用于个体。尽管每个个体都是社会文化主体的一分子，但普通个体参与到主流文化的生产中的机会是很少的，他们所创造的文化，得到认同的机会也是很少的。而作为一种低门槛的技术，数字技术使得所有具备相关条件的人都可以参与新媒体传播和新媒体的种种活动，新媒体文化也显现出前所未有的开放性。个体不仅可以广泛地参与到各种方式的文化生产中，而且与主流文化对抗、对话的能力也得到大大提升。

数字技术赋予的权利，使得新媒体文化的创造过程，不再表现为少数个人或少数专业机构垄断的过程，不再是一个由主流文化自上而下统领的过程，而是一个全体用户参与的过程，是个体文化集聚为集群文化最终扩散为整体文化的过程。

（二）多元性

新媒体文化的开放性，也带来了它的多元性。新媒体文化的多元性主要表现在以下几方面。

1. 主体的多元:低门槛的数字技术使得个体、群体、机构、组织等各种层次的主体都成为新媒体文化的建设者,理论上来说,每一类主体的地位都是平等的。尽管在现实社会中的地位、影响力、权力等还有可能对新媒体的文化形成产生一定作用,但是,这些现实社会的能量能否在新媒体中被激活,最终取决于其在新媒体中的传播与行动能力。

2. 形式的多元:新媒体文化是由多种信息手段和多种传播形式构成的,每个用户都可以根据自己的兴趣需要选择适合自己的参与形式。

3. 价值取向的多元:新媒体文化主体是多元的,也就决定了其价值取向的多元。新媒体的传播方式、互动方式也有助于多元价值取向的并存。无论是政治上、文化上还是道德上的取向,在新媒体平台中都呈现出纷繁复杂的景观。但是,在多元的景观之下,在新媒体文化中还是有一些比较突出的取向,例如,在现阶段,中国网络文化中政治上的激进性、文化上的反主流性与无厘头等特点表现得较为突出。但这些特点只体现在部分网民身上,并不会影响到新媒体文化整体的多元性。

(三) 分权性

网络与手机技术的传播特点,使得新媒体的传播相对平等,这也使得新媒体文化呈现出“分权”的特点。从理论上来说,所有用户参与文化生产与文化活动的权利都是平等的。尽管由于种种原因,新媒体中仍然会出现一些“话语权力”的强者,甚至在某些场合,他们会影响到新媒体文化的热点和价值取向。但是,新媒体文化并不仅仅取决于他们,这些强者被凸显出来,也是优胜劣汰、大众选择的结果,并且任何“权力中心”都是不稳定的,随时可能被各种力量颠覆。新媒体会不断地出现“去中心化—再中心化—去中心化”的过程。

(四) 集群性

虽然每个个体都是新媒体文化的主体,但是新媒体文化最终影响的形成,往往是由“集群”的力量导致的。这里的集群有两个方面的含义,一是指网络、手机平台中的某些特定的社区所形成的群体,如一些著名的论坛;二是指新媒体中临时形成的人群集合。新媒体技术可以将弱小的个体声音轻易地汇聚成强大的集体声音,这正是以往的媒介技术做不到的。也正是集体的力量,使得新媒体文化的影响力与日俱增。

新媒体文化的集群性也意味着新媒体文化的形成是基于群体氛围,而群体互动容易带来种种群体心理,如从众、群体极化、去个体化等。

(五) 参与性

新媒体文化强调用户是积极的参与者,这与传统媒体塑造的被动的接受文化,形成了鲜明对比。

网络、手机与传统媒体的一个本质区别,就是它改变了传统媒体的单向传播模式,每一个用户都可以参与到各种传播活动中,在很多时候,传播者与受众的界限模糊了。而且某些个体的传播也可以获得大众传播的能量。

用户的参与性不仅体现在信息传播方面,还体现在他们的公共参与方面。在中国,更是如此。

参与性使得用户成为新媒体文化最重要的主体,也成为新媒体文化的基本单元,只有活跃的、积极参与的用户,才能带来充满活力的新媒体文化。

参与性也造就了新媒体文化的多元性,只有全体用户的参与,才会有如此丰富的新媒体文化。

三、新媒体文化的构成层面

新媒体文化是一个内涵十分丰富的概念,对此概念,人们认识的角度与层面不尽相同。本书将新媒体文化分成如下层面。

1. 新媒体文化行为

人们在新媒体中的行为方式与活动,大多具有文化的意味,它们就是新媒体文化的基本层面,是新媒体文化的其他层面形成的基础。

2. 新媒体文化产品

这既包括用户利用新媒体传播的各种原创的文化产品,也包括一些组织或商业机构利用新媒体传播的文化产品。

3. 新媒体文化事件

网络、手机等平台中出现的一些具有文化意义的社会事件,不仅对于新媒体文化的走向起到一定作用,也会对社会文化发展产生一定影响。

4. 新媒体文化现象

有时即使没有发生特别的事件,但是,新媒体用户的行为或文化产品等会表现出一定的共同趋向或特征,形成某种文化现象。

5. 新媒体文化精神

新媒体文化的一些内在价值取向与特质。目前中国新媒体文化精神的主要取向表现为:自由性、开放性、平民性、非主流性等。但随着新媒体在社会生活中渗透程度的变化,新媒体文化精神也会发生变化。

6. 新媒体文化产业

新媒体文化具有文化产业的主要特征。作为一种新兴的产业,它不仅是文化产业的增长点与制高点,也是推动文化产业和其他传统产业变革的力量。

7. 新媒体文化制度

新媒体文化的发展及其影响,也会在社会制度层面反映出来。新媒体文化所推动的制度发展、变化甚至变革，也是新媒体文化的重要体现。

8. 新媒体文化秩序与格局

新媒体文化具有复杂的主体构成，由文化的生产、消费、管理、应用等多种主体形成的关系与秩序，不同国家、民族、阶层、群体文化的相互关系与态度，也是新媒体文化的重要构成层面。

不同层面的新媒体文化交织在一起，构成了复杂的新媒体景观。研究新媒体文化，有时需要从以上层面的某一个角度进行分析，有时又需要将这些不同层面的认识综合起来、统一起来。

四、新媒体文化的发展动因

新媒体文化的形成，有着自己内部的动力系统，也有着外部的推动力量。总体来看，新媒体文化的形成是基于以下几种主要的动力要素的组合结构及其运动方式。

（一）个人诉求：新媒体文化的原动力

新媒体文化发展的原动力，是用户的需要或诉求。

可以说，新媒体文化常常是受众在满足自身需求过程中形成的“副产品”。真正有明确文化追求的用户并不多，但是，无论有无文化的自觉意识，用户基于自我需求满足的行为、活动，却是新媒体文化发展的基本动力。

用户诉求的多样性，也会使新媒体文化表现出纷繁复杂的局面。在接纳新媒体文化的积极意义的同时，我们也不得不面对它所带来的种种问题。而要解决这种深层问题，并不能简单地靠头疼医头、脚疼医脚式的手段。新媒体文化实际上是一个窗口，这个窗口呈现的那些消极现象，更多地反映了社会发展中的矛盾与困境。

（二）用户互动：新媒体文化的助推力

虽然个体诉求是新媒体文化的原动力，但是，单纯的个人行为，很难称为新媒体文化。即使是新媒体文化的最基本层面——新媒体文化行为，也需要通过用户整体行为特征揭示出来。而新媒体文化产品等更高层面的新媒体文化，都是通过用户间的互动，才能产生实质性的意义。

作为新媒体文化的助推力，用户互动的作用表现为以下几个方面。

1. 用户互动放大个体行为影响

一些原本属于个人行为的事件，突然间变成文化事件，这必然离不开用户的互动。“芙蓉姐姐”就是一个典型的例子。现实生活中类似“芙蓉姐姐”的人并非绝无仅有，但是，只有“芙蓉姐姐”在很短的时间内引起人们的广泛关注，就是因为，她的个性张扬是通过网络这一渠道传播的，而不管人们追捧也罢、讥讽也罢，最终的结果是，用户的关注、议论会不断放大这一个人行为的效应，使之越来越具有某种符号性的意义，从而在新媒体文化中占据一个位置。

2. 用户互动聚合个体行为能量

用户的互动不仅可以放大个体行为的影响，也能集结个体行为的能量，丰富与发展个体行为的意义，使之达到新媒体文化层面的影响。

在很多与网络、手机媒体相关的文化事件中，我们都可以看到个体能量被聚合起来后产生的“聚变”效应。

新媒体文化在一定程度上是一种投票式的文化。强势的声音总是不可忽视的力量。而强势声音的形成，在很大程度上取决于它可以汲取多少个体的力量。

3. 用户互动孕育群体文化

网络、手机平台中越来越多的社区，不仅成为用户间进行情感交流的空间，同时也成为孕育各种文化的土壤。这些文化可能只是小众文化，或者仅仅是某些群体内部的文化，但是，它们已成为丰富多元的新媒体文化中一支活跃的力量。

4. 用户互动促进文化产品传播

用户原创的文化产品的传播，其主要途径是网络、手机，传播主力是用户。

用户传播文化产品的过程会形成一种自然的选择机制，最终能在多如牛毛的信息海洋中脱颖而出的用户生产的作品，总会在某种程度上契合新媒体文化的某种阶段性特征。

而其他组织或商业机构的新媒体文化产品，也需要通过用户的互动来检验其文化价值与市场价值。一厢情愿制造出来的文化产品，很可能在网络、手机的传播机制中被用户淘汰。

5. 用户互动造就新媒体文化精神

新媒体文化精神的形成，不取决于一两个用户的宣言，它更多的是用户的一种共同选择，这种选择需要通过用户间的互动得到巩固与推进。

但是，在用户的互动中，也会出现一些与初衷相背离的现象。例如，自由、平等，是新媒体文化精神中的一个重要追求，但是，互动的结果，可能形成强势声音对弱势声音的挤压，因而并非每个人都能进行自由的表达。新媒体一方面在实现对传统权力结构的“去中心化”，另一方面又在无形中形成新的权力重心，昔日的平民可能迅速成长为新的新媒体特权者。这也形成新媒体文化发展过程的一种矛盾。

新媒体文化精神并不一定会永远维持它的美好初衷，它可能被各种因素改变，甚至扭曲，这些都是值得我们警惕的。

（三）主流文化：新媒体文化的初始标靶

新媒体文化常常被人称为“草根文化”。这说明了新媒体文化与精英文化的某种对照。当然，“精英文化”是一个内涵并不确切的概念，应该说，新媒体文化的初始标靶更多的是主流文化而不是精英文化。主流文化是在文化竞争中形成的，具有高度的融合力、强大传播力和广泛的认同的文化形式，它们也是在社会文化中具有主导话语权的文化。

作为标靶的主流文化对于新媒体文化的意义是，一开始，挑战主流文化是新媒体文化的出发点，但是，到一定阶段后，追求主流文化的地位或者说跻身主流文化也许将成为新媒体文化的一个追求。

新媒体文化之所以一开始要做出挑战主流文化的姿态，首先是因为它自身还没有成型，它必须在挑战、改造甚至解构某些主流文化形态或产品的基础上完成自身的基本建造过程，甚至可以说，它们是借助主流文化的外壳来进行自身的“原始积累”。而以主流文化为标靶，可以以较小的代价尽快获得成功。因为，鉴于主流文化已有的影响力，挑战主流文化很容易在瞬间吸引人们的注意力。

挑战主流文化，也顺应了许多人对于一些缺乏创新的主流文化的不满或厌倦情绪，顺应了人们对求新、求异、求变精神的追求。

但是，“挑战”“恶搞”“解构”，并不总是合理的，即使它们在一定程度上顺应了多数人的意愿。它们也只是新媒体文化的阶段性的特征，只有破坏而没有建设的文化是注定没有长久的生命力的。当破坏到一定程度后，它就要开始举起建设的旗帜。而在破坏过程中，新媒体文化也会逐渐积累起自己的“物质”基础，这时它也就不再需要借助主流文化产品或形态的外壳了。

相对而言，目前新媒体文化的地位还有些边缘化，但是随着它自身的日益丰富与强大，随着网络、手机在社会文化系统中的地位的不断上升，新媒体文化也会产生在主流文化圈中角逐一席之地的动力。那时，它更多地会从主流文化中汲取经验，甚至与一些主流文化形成合作关系。

（四）技术—经济—政治：新媒体文化的外部力学系统

就像其他文化一样，新媒体文化的发展，除了其系统内部的动力外，外部力量的影响，是必然的。技术、经济、政治，这三者构成了新媒体文化的外部力学系统。

新媒体文化形成的物质保障是数字技术。数字技术使得文化产品的生产与传播门槛大大降低，也为个体诉求的满足提供了越来越丰富的手段与方式。

新媒体文化之所以显现出与传统文化不同的一些特质，也在很大程度上与它所借助的数字技术工具有关。可以说，技术是塑造新媒体文化特质的一个重要工具。新媒体文化精神的自由、开放，离不开互联网技术自身的开放、共享等技术特性。新媒体文化的平民性,与技术自身的低门槛性也是一脉相承的。

经济在新媒体文化的发展初期,似乎作用并不那么明显,但是,它们实际上潜在地影响着新媒体文化的发展轨迹。而到一定阶段后,经济因素就会浮出水面,更直接而深层地影响新媒体文化的格局。

新媒体文化产品的生产与传播离不开商业力量的推动,一些文化事件或新媒体文化现象也可能由于商业因素而被放大或有意加以抑制。

尽管新媒体文化的形成在很大程度上取决于用户自然形成的淘汰机制,但商业力量也会通过某种"议程设置"的方式,来影响人们的注意力,这可能使原来的机制受到外力的牵引从而发生一些变化。

另外,商业力量直接造就了网络、手机平台中的某些话语中心,例如,那些具有强势地位的网站,这些话语中心对于新媒体文化的"地势分布"也具有直接的作用。

政治力量显然也会作用于新媒体文化的走向,有关的政策与法律法规、相关机构的管理方式与手段,都可能影响到新媒体文化的起伏。

技术、经济、政治,这三者并不是孤立地起作用的,三者构成了一种合力,再作用于新媒体文化之上。

新媒体文化发展的内部动力系统,与其外部力学系统,有时相吻合,有时又存在冲突。新媒体文化正是在这些复杂的力量要素的运动关系中,不断地变换着自己的外在表征甚至可能是内在特质,不断呈现出新的景象。

五、新媒体文化与大众文化

新媒体文化在某种意义上是一种新兴的大众文化,从大众文化角度来认识新媒体文化,有助于深化对其长远影响的研究。

(一)大众文化的概念

大众文化研究中所分析的大众文化是一个特定的范畴,它主要是指与当代大工业生产密切相关,并且以工业方式大批量生产、复制消费性文化商品的文化形式。

台湾学者杭之认为,大众文化特指"一种都市工业社会或大众消费社会的特殊产物,是大众消费社会中透过印刷媒介和电子媒介等大众传播媒介所承载、传递的文化产品,这是一种合成的(synthetic)、加工的(processed)文化产品,其明显的特征是它主要是为大众消费而制造出来的,因而它有着标准化和拟个性(pseudo-individuality)的特色。"①

① 杭之:《一苇集》,生活·读书·新知三联书店1991年版,第140页。

大众文化产品包括畅销小说、商业电影、电视剧、各种形式的广告、通俗歌曲、休闲报刊、卡通音像制品、MTV、营利性体育比赛以及时装模特表演等。与传统的文化形式相比，大众文化具有突出的商品性，以实现利润最大化为根本目标，文化与经济的界限因而变得含糊不清。

有研究者认为，大众文化作为一种现代文化形态，它在自己的发展过程中形成了区别于以前的各类文化形态的基本特征：从文化主体来讲，大众文化的产生依赖于大众社会的形成。从传播手段来讲，大众文化的突出特点是以现代传播媒介特别是以电子传媒为载体进行传播。大众媒介的发展造就了大众文化这种新的文化形态，并且承载、扩张着大众文化。从文化的生产方式来讲，大众文化的生产是以产业化的形式进行的。①

大众文化崛起于 20 世纪文化的转型期，越是经济发达、科技进步的国家，大众文化的发展也就越强劲、越迅猛，由此也带来了对大众文化的研究与批判。

美国学者 D. 麦克唐纳在 1944 年发表的《大众文化理论》一文中指出，大众文化是为商人雇佣的技师制作的，它的观众是被动的消费者，其参与程度就限制在买与不买的选择上面。②

作为当代深具影响的西方马克思主义流派的法兰克福学派，对大众文化的批判，是其文化理论中的一个重要领域。在他们看来，貌似被大众自由选择的文化，在特定的社会条件下，却很可能是某种意识形态操纵下的大众选择的结果。可以说，大众文化是物化的意识形态的产物。大众自身作为个人的独立选择实际上是极有限的。他们永远在追随时尚潮流，缺乏主见，缺乏个性的审美能力，他们的选择只是被指定的选择，因为他们别无选择。③

作为法兰克福学派成员之一的泰奥多尔·阿多诺，对大众文化的分析与批判贯穿了其学术研究的始终。他把大众文化的生产称为“文化工业”或“娱乐工业”。在《启蒙的辩证法》一书“文化工业，作为大众欺骗的启蒙”一章中，他指出，人在丧失了自身的自由之后，对快乐的体验只能存在于幻想之中，在这种幻想里，人摆脱了劳役，而大众文化正是作为这样一种补偿提供给人们的。但是也正是在这样一种意义上，大众文化成为一种谎言，成为使人忘掉真实的、现实的困境，陶醉到虚假的、外在的幻觉中去的东西。他还认为，大众文化中虚假地升华了的自然情感和本能，正是在现实中被压抑和失去的。

阿多诺对大众文化的批判，集中于两个领域：其一是通俗音乐（特别是爵士

---

①　孙占国：《怎样看待当前的大众文化》，载《求是》2000 年第 13 期。

②　陆杨、王毅：《大众文化与传媒》，上海三联书店 2000 年版，第 19 页。

③　参见杨小滨：《否定的美学》，上海三联书店 1999 年版。

乐),其二是大众传播媒介。在《论爵士乐》一文中,他认为,尽管爵士乐以反秩序的姿态出现,但由于它本身具有的集体性和规则性,又成了同一秩序。爵士乐的标准化,是为了加强对听众的持久控制,它的计划型生产企图清除生活中的不受控制的、不可预知的、不能计算的部分,由此剥夺了真正的新事物的权利。在《音乐社会学导论》一书中,他指出,通俗音乐不过是把材料硬塞在已预制好的同样的空罐头里充作商品出售。标准化的流行歌曲是面向那种需要他人引导的"孤单的人群"的,它们召唤了这些不成熟的、没有能力表达个人情感的人,使他们有一种集体化的方式疏通情感和欲望,于是这种情感或欲望已不再有真正的个性内涵。

在《电视和大众文化模式》一文中,他又详尽分析了以电视剧为代表的大众文化。在他看来,大众文化之所以可以放到一起来研究,是因为它们在形式结构和含义上有着惊人的相似,即使它们从表面看毫无共同之处。它们共同制度化地成为心理控制的手段,用不断的重复、同一,用到处存在的方式致使人的反应自动化并削弱个体的力量。在这方面,电视节目无疑发展到了极点。例如,每一个电视神秘剧的观众都知道故事将怎样结束,紧张度仅在表现层面维持着,这样,"一种寻求保护的孩子般的需要——而不是追求刺激性的需要——被迎合上了"。他同时还指出,大众文化的接受方式分为"外显信息"和"内隐信息"两个层面。大众文化绝不仅是情节的总和或由情节传递的简单信息,"事实上,暗隐的信息可以比外显的信息更重要,因为这种暗隐信息将逃离意识的控制,将不被看破,将不被心理抵制阻挡,但它却可能深入观众的思想。"①

马尔库塞在他的著作《单向度的人》中,也对文化工业向大众提供的"虚假的需要"提出了批评。虚假的需要是物质的需求,它们不是人的本性,就像被无限刺激起来的消费欲望,表面上看是投其所好,实际上却束缚了大众的创造力和辨别力,其结果是造成个人在经济、政治和文化等方面都为商品拜物教所支配,日趋成为畸形的单向度的人。②

总体来看,在很多研究者看来,大众文化是肤浅的、享乐主义的、标准化的、程式化的以及机械复制的,为一种虚假的感官快乐而牺牲了历久弥新的价值观。③

(二)新媒体是否会改写大众文化?

在目前对大众文化的批评中,一个很重要的看法就是,大众文化在一种貌似

---

① 杨小滨:《否定的美学》,上海三联书店1999年版,第116~136页。

② 陆杨、王毅:《大众文化与传媒》,上海三联书店2000年版,第53页。

③ 陆杨、王毅:《大众文化与传媒》,上海三联书店2000年版,第20~21页。

多样化的外表下，通过虚假的满足，牺牲了个体的价值。个性成了大众文化的牺牲品。这不但表现为大众文化本身的个性丧失——因为林林总总的大众文化样式本质上是标准化、程式化的。另一方面，也表现为大众文化对个体欲望的压抑。

当网络、手机作为新的大众传播媒介登台时，人们把“个性化”作为它们最重要的特征之一加以反复加调，甚至加以顶礼膜拜。这里面包含着人们的理想也许是，人们希望给新媒体个性的发展带来生机，也希望由此对大众文化产生足够的抵抗力。

例如，有人认为，个人电脑的根本特征是大批量复制的反面——个人性（personality）。这是个人电脑的使用者与电视观众的实质性差别。“从表面上看，电脑与电视都是人的感觉器官的延伸。凭借都可以被称为‘千里眼’‘顺风耳’的电视和电脑，沿着各个‘信道’，人可以足不出户地‘出巡’，让人进入一个信息、讯息的大海……在所谓‘黄金时间’（prime time）里，电视观众沿着与电脑网络上的通道相比（‘万维网’是一个很妙的译名）少得可怜的信道，来到一个个大同小异的‘黄金海岸’‘海滨旅游胜地’，洗海水澡，做日光浴或沙浴，真诚地以为自己‘见过了大海’……个人电脑的使用者不是怕被海水淹死的观光客，不是文化上的消费者，而是像渔夫和水手一样的生产者。电脑是一个向他永远敞开的无边无垠的大海，它以它的广阔、深湛和富饶强烈地吸引着他。在与大海的朝夕相处中，他不断升级，逐渐成为一个合格的水手，一个经验老到的渔夫，而不是像几十年如一日地看电视的人那样，在知识旨趣、技术能力上做一个永远的‘留级生’。”①

由此，也有人预言这也是一个大众文化行将就木，民间文化和村落文化再生的时代。

这种看法并非没有道理。但它更多地揭示的是人们在使用新媒体时的“个性”，却回避了新媒体内容本身是否具有个性、新媒体是否会尊重与促进个性发展这一本质的问题。新媒体平台虽然扩大了人们选择信息的范围，但是从本质上看，进入用户视野的，大多数仍是由大工业机器生产出来的“文化”内容。新媒体服务商的确也在提“个性化”的口号，但是这种口号更多的是一种手段，是为了吸引眼球的手段。新媒体的“个性化”很大程度上是对现有的大众文化的一种排列组合。从本质上说，它与人们可以选择看什么样的电视台，没有太大区别。

大众文化的特征之一是，满足消费需求是文化生产的基本动力，追求商业价

① 吴伯凡：《孤独的狂欢》，中国人民大学出版社 1998 年版，第 9 页。

值是文化生产的主要目的。对于新媒体来说,这一点并没有发生根本变化。

新媒体的确让受众从被动的接收开始转向积极的参与、交流,用户也成为一种文化的生产者。从表面上看,用户生产的文化更为多元,多数时候其商业属性并不突出,这与传统媒体时代商业动力下机械复制的大众文化可能会有所不同,但是,即使用户的文化生产,在很大程度上仍处在大众文化的惯性与阴影下,虽然有丰富多彩的外壳,但在对人的个性抑制方面看,目前的新媒体文化似乎并没有本质的变化。

新媒体或许会在一定意义上丰富了"大众文化",但是,至少从目前来看,它并没有在本质上颠覆或"改写"大众文化,没有动摇大众文化的根基。

六、新媒体背景下的亚文化

新媒体文化背景下,亚文化的发展也出现了一些新的迹象。

(一)亚文化的概念

亚文化,是整体文化的一个分支,它是由各种社会和自然因素造成的各地区、各群体特殊性的文化。如因阶级、阶层、民族、宗教以及居住环境的不同,都可以在统一的民族文化之下,形成具有自身特征的群体或地区文化即亚文化。亚文化具有本民族整体文化的基本特征,如语言文字、行为模式等,又具有自己的独特性。亚文化一经形成便是一个相对独立的功能单位,对所属的全体成员都有约束力。亚文化是一个相对的概念,是总体文化的次属文化。一个文化区的文化对于全民族文化来说是亚文化,而对于文化区内的各社区和群体文化来说则是总体文化,而后者又是亚文化。研究亚文化对于深入了解社会结构和社会生活具有重要意义。

亚文化的概念是相对于主文化提出的。主文化指的是在社会上占有主导地位的,为社会多数人所接受的文化。主文化对社会上大多数成员的价值观、行为方式、思维方式影响极大。而亚文化则只是社会上一部分成员接受的或为某一群体具备的特有文化。

亚文化可分为以下主要类别。

1. 民族亚文化。它是社会中少数民族群体所特有的文化。

2. 职业亚文化。指各种职业群体特有的文化。

3. 越轨亚文化。指一些反社会集团特有的文化。反社会集团的行为规范往往偏离主流文化所规定的行为规范,相对于主流文化来说,反社会集团的群体规范便是越轨行为。①

① 郑杭生等:《社会学概论新修》,中国人民大学出版社 1999 年版,第 91 页。

（二）新媒体中亚文化发展的可能

新媒体的兴起，对亚文化来说，其意义是深远的。而不同种类的亚文化所面临的命运，也可能不尽相同。

对于民族亚文化来说，能否通过网络、手机等数字技术得以振兴，取决于这些民族群体是被“数字鸿沟”抛下，还是变“鸿沟”为机遇。

对于越轨亚文化，网络、手机媒体则像是一个庇护所。新媒体本身加于人们身上的统一规范是比较弱的，在新媒体环境中，除了那些以对抗主流文化为目标的亚文化，例如黑客，反主流的文化大多不需要与主流文化直接交锋，相对来说，它们活动的空间更大。一些原来分散的亚文化人群，也可以通过新媒体取得联系，实现结盟，壮大自己的力量。这方面，同性恋亚文化是一个典型的例子。同性恋网站为那些在现实社会受歧视的同性恋者提供了一个交流的平台，这些网站又使同性恋者的群体意识更强，并发展出共同的行为规范。

在新媒体中，亚文化发展的一个温床是社区。社区往往是由那些有相似的兴趣爱好或价值取向的人们聚集而成的，发展好的社区，可以在此基础上，发展出社区的亚文化，例如自己的语言模式、自己的行为规范、自己的价值取向等。

（三）新媒体亚文化之一：黑客

黑客现象与黑客文化，是伴随着计算机的出现一同出现的。网络的发展，更是给了黑客纵横驰骋的广阔空间。黑客亚文化是新媒体平台最早出现的亚文化之一，也是网络亚文化中值得关注的一种。

“黑客”来源于英文“Hacker”一词。“Hacker”在英文字典中的解释是：一种着迷于某种事物并具有高超技术的人。因此，从这个词本身来说，Hacker并非起源于计算机领域，它不仅无任何敌意和破坏性，甚至还有一定的褒义。事实上，英文中将计算机网络的非法入侵者分做“Hacker”和“Cracker”两种，后者才是真正的恶意破坏者。这些人利用计算机技术进行犯罪活动，例如制造计算机病毒、非法入侵他人网站造成系统瘫痪，窃取重要信息并加以利用等。他们带来的灾难也是惊人的。而这些利用计算机犯罪的人，也往往自称为“黑客”，但真正的黑客把这些人排斥在外。

最早的黑客于20世纪50年代出现于美国麻省理工学院等计算机技术研究机构，他们一般都是高级的技术人员。在60年代，黑客利用一些技术破坏计算机网络的使用范围，70年代他们提出了计算机应该为人民所用的口号。到了80年代，在美苏争霸的背景下，一些黑客认为应该使两国处于平衡状态，任何一个国家都不能过分强大，否则就会给新的和平带来威胁。于是黑客们开始为信息共享而奋斗，他们积极联络各国，把通过黑客技术拿到的资料卖给各国，一方面自己获得了经济收入，另一方面他们也认为有助于维护世界和平。90年代，越来越多的人都掌握了黑客技术,黑客的成分也日益复杂化。但是总体上看,黑客的行为是由不同历史背景及特征所决定的。

虽然黑客令很多人心惊胆战,但是,作为一种亚文化群体的黑客,却有着自己的游戏规则。

下面是诸多“黑客守则”中的一则:①

(1) 不恶意破坏任何系统,这样做只会给你带来麻烦。恶意破坏他人的软件将负担法律刑责,如果你只是使用电脑,那仅为非法使用! 注意: 千万不要破坏别人的软件或资料 !

(2) 不修改任何的系统文件,如果你是为了要进入系统而修改它,请在达到目的后将它改回原状。

(3) 不要轻易地将你要 Hack 的网站告诉你不信任的朋友。

(4) 不要在 BBS 上谈论你 Hack 的任何事情。

(5) 在贴文章的时候不要使用真名。

(6) 正在入侵的时候,不要随意离开你的电脑。

(7) 不要入侵或破坏政府机关的主机。

(8) 不要在电话中谈论你 Hack 的任何事情。

(9) 将你的笔记放在安全的地方。

(10) 想要成为 Hacker 就要真正的 Hacking,读遍所有有关系统安全或系统漏洞的文件。

(11) 已入侵的电脑中的账号不得清除或修改。

(12) 不得修改系统档案,如果为了隐藏自己的入侵而作的修改则不在此限,但仍须维持原来系统的安全性,不得因得到系统的控制权而将门户大开 !

(13) 不要将你已破解的账号与你的朋友分享。

一些黑客研究者认为,黑客文化的精髓在于:

黑客文化首先包含了自由不羁的精神。黑客在网络上自由驰骋,他们喜欢不受束缚,喜欢挑战任何技术制约和人为限制。黑客认为所有的信息都应当是免费的和公开的。黑客行为的核心,就是要突破对信息本身所加的限制。黑客就是那些在网络上对信息“劫富济贫”的人。从事黑客活动,意味着对计算机的最大潜力进行智力上的自由探索,意味着尽可能地使计算机的使用和信息的获得成为免费的和公开的,意味着坚信完美的程序将解放人类的头脑和精神。

几代黑客一直在为使电脑脱离集权化而抗争。他们为形成当今开放的计算机和网络体系结构做出了自己的贡献。

① 《黑客守则》,见 http://wenku.baidu.com/view/e4ce2b2fb4daa58da0114ae8.html。

其次，黑客文化也包含了反传统、反权威、反集权的精神。这是对 20 世纪 60 年代反主流文化价值观的继承。黑客蔑视现行电子世界的行为规则。他们认为这些规则并不能起到维持法律秩序和保护公共安全的作用，相反是为了获取利润和排除异己，是不道德的。

此外，黑客文化还包含了一种自命不凡的英雄主义。他们认为，通过自己从事的黑客活动，可以暴露网络的缺陷，提高人们对安全的重视。然而对于社会上的大多数人来说，黑客是自作聪明的反社会分子，以破坏他人的生活为乐趣，毫不在乎自己的行为所带来的后果。

史蒂夫·利维在其著名的《黑客电脑史》中提出了“黑客道德准则”(the Hacker Ethic)，也许代表了一种黑客文化的精髓：①

所有的信息都应当是免费的

打破电脑集权

计算机使生活更美好

但是，随着网络的发展，黑客的成分也日益复杂。有多少黑客能坚守原则，是值得怀疑的。

今天中国的新媒体平台，黑客也越来越多，中国黑客与国外黑客相比有一些共性：例如年轻化、男性化，富有挑战性、富有表现欲。但与国外黑客的无政府主义者、自由主义者文化背景不同，中国黑客更多的为三类人：民族主义者，仅仅对安全感兴趣的技术人员，以及通过黑客行为获取经济利益的人。

2001 年“五一”期间发生的“中美黑客大战”反映了黑客文化内部的一些碰撞，也反映了黑客文化的政治色彩。这场大战起源于在此之前发生的中美军机相撞事件。4 月 1 日，一架中国军机和一架美国军机在海南岛东南海域上空相撞，碰撞致使中方飞机坠毁，飞行员失踪。中美撞机事件发生后，中美黑客之间开始上演网络大战并愈演愈烈。4 月 4 日以后，美国黑客组织 PoizonBox 不断袭击中国网站，我国的网络安全人员积极防备美方黑客的攻击。中国的一些黑客组织则在此后的“五一”长假期间开始进行反击。在这场“大战”中，中美两国几百家网站被黑客入侵、修改。其他国家的一些黑客也卷入到这场大战中，他们分别加入到中美两个阵营中参与相关行动。

除了“中美黑客大战”，近年来，由政治问题引起的黑客行为也频频发生。

黑客文化也随着黑客群体的分化发生变化，黑客中的害群之马，已经成为社会安全的一个重要威胁，这也使原有的带理想主义色彩的黑客文化逐渐变味。

---

① 《揭示黑客道德准则：不是所有的黑客都是罪犯》，见 http://news.xinhuanet.com/newscenter/2003-06/27/content_941959.htm。

今天的黑客更多地成为了网络危险力量的代名词。

此外,黑客文化是继续维持其亚文化的地位,还是逐渐与主文化融合,也是人们普遍关注的事情。但一些著名的黑客成为了网络精英,却是一个不争的事实。

(四)新媒体亚文化之二:粉丝

"粉丝"来自英文"Fans"一词,意为"迷",在中国,目前主要指某些明星(或平民偶像)、文化产品或品牌的崇拜者。

美国学者约翰·费斯克在《理解大众文化》一书中指出:"'迷'是过度的读者,这些狂热爱好者的文本是极度流行的。作为一个'迷',就意味着对文本的投入是主动的、热烈的、狂热的、参与式的。""着迷主要包含两种行为的特殊性:辨识力与生产力。大众文化迷在他们所着迷和不着迷的东西或人之间,划下了一道不可跨越的鸿沟。""大众文化迷具有生产力:他们的着迷行为激励他们去生产自己的文本。"①费斯克的这些论断,虽然主要针对的是大众文化迷,但也概括了粉丝的基本特点,即主动的、参与的、狂热的、具有生产能力的。

美国学者亨利·詹金斯指出:"粉丝饶有意味的地方在于,他们构成了消费者中特别活跃和善于表现的一个社群,他们的活动吸引我们关注文化挪用的过程。"②

在中国,粉丝文化早已出现,2006年的"超级女声"节目,使粉丝文化开始从边缘走上了主流媒体的舞台,在其中,百度贴吧起到了重要的推波助澜的作用。正是新媒体推动了粉丝文化的发展与普及。

有人认为,粉丝文化主要表现在以下五个方面:首先,是粉丝群体的团队精神;其次,是粉丝们那种喜欢就勇敢表达出来并鲜明支持的率真精神;第三,是粉丝积极主动、甘于付出的奉献精神,这种奉献和付出,不只是表现在感情上,还有金钱和时间精力上;第四,是粉丝与喜爱对象患难与共的忠诚精神;第五,是粉丝面对压力和困难敢于挑战和奋争的"PK精神"。③

尽管上述观点只是肯定了"粉丝文化"的正面意义而忽略了它的一些消极方面,但是,它也的确揭示出了"粉丝"们的一些特点,以及粉丝文化广泛漫延的原因。

而从中可以看到的是,"团队精神"是今天的粉丝文化的首要特质,也是有别于以前的追星文化的一个重要方面,而分散的粉丝能形成团队或群体,无疑得

---

① [美]约翰·费斯克:《理解大众文化》,中央编译出版社2001年版,第173~174页。

② [美]亨利·詹金斯:《大众文化:粉丝盗猎者游牧民——德塞都的大众文化审美》,杨玲译,载《湖北大学学报》2008年第4期。

③ 《什么是粉丝文化?》,载 http://zhidao.baidu.com/question/15249194.html。

益于网络等新媒体，在中国，贴吧、博客、微博等的作用尤为显著。

新媒体时代的粉丝文化有别于传统追星族的另一表现是，粉丝们对于他们追捧的对象的成名，起着重要作用。尤其是对那些平民明星而言。“超女”们本来都是普通女孩，她们的成名，不仅与电视所提供的展示平台有关，也与粉丝们的造星活动有关。而如果没有网络，及这些活动的组织他们成名会很困难，影响力会受到很大限制。正是粉丝们在网上网下宣传所支持的对象，并且组织相应的活动，才对“超级女声”的宣传以及“超女”的支持率，起到显著的推动作用。

除了对粉丝的集体行为进行强化外，新媒体也为粉丝的“生产”行为提供了更多可能。

新媒体使粉丝显性化，也为粉丝的“文本生产”和“文本交换”提供了充分的资源与传播平台。亨利·詹金斯认为，“虽然一部分粉丝只忠实于单一的节目或明星，但更多的粉丝将单部影剧系列作为进入一个更广阔的粉丝社群的起点，并把各种节目、电影、书籍、漫画和其他通俗材料连成了一个互文性的网络。”“粉丝阅读是一个社会的过程，在这个过程中，个人的阐释经过和其他读者的不断讨论而被塑造和巩固。”①这点在新媒体中表现得尤为突出，而新媒体本身也有助于粉丝们发现和编织这样一种“互文性的网络”，并且给了粉丝前所未有的互动可能。

今天的粉丝也从明星的粉丝向企业或产品的粉丝扩展。粉丝的生产性行为，也从文本的生产扩展到了更广阔的领域。

（五）新媒体亚文化之三：恶搞

恶搞已经成为新媒体平台的一种重要亚文化现象。在中国的网络环境下，恶搞文化的基本特征是反主流的，它以对主流文化的嘲讽、颠覆、解构为基本任务。从参与的主体看，它以平民为主，因此又是与精英文化对应的。

“恶搞”一词来自日语的 Kuso（日语“くそ”）。Kuso 可做名词，意为“粪”；可做动词，意为“不那么善良地对待某事物”；还可做形容词或副词，意为“非常搞笑”。这个词由日本的游戏界传入我国台湾地区，继而传到香港地区并扩散至内地，意义也逐渐拓展开来。

网络恶搞的手段是多种多样的，文字、图片、视频、音频等手段，都被网民当作了恶搞手段。

在网络恶搞方面，胡戈的“一个馒头引发的血案”是一个典型案例。

2006 年初，曾经当过电台音乐主持人、原创音乐制作人、音乐录音师的胡戈

① ［美］亨利·詹金斯：《大众文化：粉丝盗猎者游牧民——德塞都的大众文化审美》，杨玲译，载《湖北大学学报》2008 年第 4 期。

在看完导演陈凯歌耗时3年、耗资3亿多人民币拍摄的影片《无极》后，觉得“故事太假，即使虚构也得有逻辑，一个士兵在战场上怎么可能拿个馒头。看了电影，我很生气。”于是2006年初，胡戈创作了一部20分钟的视频短片——“一个馒头引发的血案”。“一个小小的馒头引发出一场惊天血案，本该是天真无邪的儿童却因为一件小事造成了人性扭曲……公安干警奉命抓捕犯罪嫌疑人……案情扑朔迷离，敬请收看《法制在线》2005年年终特别版——‘一个馒头引发的血案’……”在利用《无极》以及CCTV-12《法制在线》节目素材的基础上，胡戈创造了一个荒诞的故事，以此来表达自己对电影《无极》的不满与调侃。

完成“馒头”的当天，胡戈将其放在了自己平日与朋友交流的个人网站上，尽管胡戈在片头字幕写上“本东西仅限个人欣赏，严禁传播”，但是这个短片还是在网络上迅速流传开来，并广受网民追捧。但2006年2月12日《无极》导演陈凯歌在接受媒体采访时认为，胡戈对《无极》的改编、评论超出了正常的范围，丧失了基本道德，称“我觉得人不能无耻到这样的地步”，表示一定要起诉胡戈，并把事情彻底解决。但绝大多数网民对胡戈表示了同情与支持。一些网民在“天涯社区”“百度贴吧”等社区发起了“万人签名”活动。有网友网上发帖称“为了网上世界的自由和我们欢乐的权利，大家签名支持‘馒头’的作者胡戈！在精神和经济上支持他！”，还有网友称“无论戏说或者解构，胡戈的‘馒头血案’本质上是一篇影评。但陈凯歌的起诉行为，已经将影评升级为言论自由的高度。”

胡戈则在网上发表个人声明，称“我做这个东西纯粹是为了个人自娱自乐，同时也是为了练习视频处理技术。我仅仅把它给我的一些朋友们观看。我并没有四处传播这个作品。只是由于网友们的相互传递，不久这个作品就慢慢流传开来。现在网上四处流传这个东西，这种现象并非是本人的初衷。当然，我很高兴有这么多人喜欢它。我是以电影《无极》和CCTV-12的画面为基础的，希望《无极》剧组和CCTV-12能原谅我的胡搞。”

胡戈在接受《南方都市报》采访时表示向陈凯歌道歉，但不承认自己侵权。有关部门也一直没有对“馒头”一片是否侵权做出定论。

在“馒头”事件后，恶搞日益成为网络中的常态。网络恶搞成风，有着深刻的社会背景。

1. 恶搞是新技术刺激下非主流文化对主流文化的一种挑战

在社会文化领域，长期以来，主流文化一直占据着垄断地位，大量普通人，即使不认同主流文化，由于无法获得大众传播渠道，便无法表达个人意见、传播自己作品，他们一直处于主流文化的抑制之下。因此，一旦有机会，他们就会用自己的方式发起对主流文化的挑战。

用恶搞的方式对主流文化进行挑战，一是直接，二是成本低，三是比较容易引起公众关注。恶搞不一定都是理性的挑战，但是，它至少反映了人们对于过去被奉为神灵的主流文化的反思。这种反思与挑战，虽然是以破坏性为特征的，但是，它对于打破垄断，促进文化的多元化，有着一定的积极作用。

非主流文化能对主流文化形成对抗，新技术手段功不可没。数字技术的普及，例如家用 DV 的出现，简单易用的图片、音视频制作软件的普及等，为恶搞作品的生产提供了基础。而网络技术的普及则为这些非主流作品的传播提供了一个平台。非主流文化可以与主流文化在相同的平台上较量，在网民们鼠标“投票”的选择机制中，在裂变式的传播中，不少非主流文化作品产生的效应得以不断放大。

恶搞不仅是针对主流文化的，也是针对过于单一的文化模式的。它表达了人们对于文化多元化的一种追求。

2. 恶搞体现了人们对自由表达权利的向往

恶搞不仅体现了人们对主流文化的挑战，也体现了人们对自由表达权利的向往。在很多情况下，恶搞是一种发表意见的方式，恶搞的作品只是其外壳，它实际上承载了人们的价值观与态度。

在中国目前的环境下，人们在这方面的诉求是比较强烈的，因此，恶搞在很多时候，不是一种文化上的需要，而是文化之外的需要。

3. 恶搞是娱乐化潮流推动下的一种文化走向

在整个大众文化以及传媒业的娱乐化潮流之下，恶搞也成了一种娱乐方式。事实上大多数网民进行恶搞时，并没有反抗主流文化的自觉意识，更多的是在娱乐心态推动下的一种游戏。很多恶搞只不过是以解构主流文化的方式，来刺激人们的想象力与创造力，在这种颠覆中获得娱乐快感。可以说，恶搞顺应了大众文化的娱乐化走向，同时又在某个方面推动了这种走向。

4. 恶搞是社会转型期社会情绪释放的一种通道

恶搞不仅是一种文化现象，也是一种社会现象。恶搞不仅带给人们娱乐的快感，也给了人们释放情绪的机会。就像人们往往需要用暴力方式来发泄自己一样，网络恶搞是另一种形式的“暴力”，这种暴力常常不是简单地针对某一个恶搞对象，而是针对整个社会环境。很多参与恶搞的人都有特定的心理释放诉求，恶搞作品本身往往是他们满足这种诉求的载体。当然，这种情绪释放所导致的暴力，常常需要一些靶子，这就难免常常伤及无辜，“很黄很暴力”事件中的小女孩便是一个典型的受害者。这也表明，恶搞的破坏性效果是值得警惕的。

5. 恶搞是网络社区文化交流的一种依托

恶搞与网络文化的特质是相适应的，那就是反中心、反权威，因此，恶搞作品、恶搞话题,往往是人们在新媒体平台交往的一个“触发装置”,特别是在网络社区中,恶搞文化可以让人们放下在现实世界里端着的庄严架子,让人们用轻松游戏的方式参与交流。恶搞甚至已经成为某些社区的重要文化特征。如果人们不能适应这些社区里的恶搞基调,可能也就难以适应这个社区的生存。

除了上面这些社会性的需求外,恶搞文化也可以给一些个体相应的满足。

恶搞是个人观点的一种载体,是人们自娱自乐的一种方式。这一点与恶搞文化本身的功能是一致的。

恶搞也是迅速成名的一种手段。由于恶搞往往针对一些知名人物、知名作品,恶搞很容易产生连锁效应,这种连锁效应不仅有利于作品的传播,也可能使恶搞的始作俑者一夜成名,即使他们本身没有这种诉求。“馒头”的创作者胡戈便是这样一个典型代表。

恶搞是人们跟风时尚、加入社群的一种方法。当某一恶搞事件或恶搞作品成为某一时间的热点时,关注它、讨论它、参与它,便成为一种时尚,不少人是通过这种方式来保持自己不落伍的,同时也可以使自己更好地融入社区。

但是,恶搞文化的破坏性特点,也决定了它会带来很多消极影响。这主要表现在以下几方面。

其一,对个人隐私权、名誉权、肖像权等的侵害。恶搞往往要竖立靶子,这些靶子包括某些个人。PS 某些人的照片来实现恶搞,对某些人的言行进行戏谑与嘲讽,把恶搞对象的个人资料“挖”出来公之于众,这些方式,虽然使恶搞者得到了释放和娱乐,但是,被恶搞者却因此可能在身心上受到伤害,甚至正常的生活都无法得到保证。尽管在中国,目前尚无由恶搞带来的侵犯个人权利的司法判例,但是,被恶搞者的生活受到很大困扰的事例却是存在的。

其二,对作品版权的可能侵害。大量恶搞是以已有的艺术作品为素材的。这种解构性使用,什么情况下是对原作品的合法使用,什么情况下会构成对原作品版权的侵犯,目前也还没有可以直接适用的法律条文,也没有出现相关的司法判例。“一个馒头引发的血案”事件中,尽管陈凯歌声称要起诉胡戈,但最终不了了之,也说明这样的问题在法律上解决起来的复杂程度。

恶搞的合法界限在哪里,目前仍没有明确的法律依据,但是这一现象正在引起有关部门的重视。在 2008 年 1 月 17 日的国务院新闻办新闻发布会上,新闻出版总署副署长、国家版权局副局长阎晓宏针对“很黄很暴力”事件表示,对网络“恶搞”的行为,也需要做一些法律上的区别和界定。阎晓宏表示,有一些“恶搞”行为属于娱乐性的,而且当事人彼此都不介意,也不一定要深究责任。但是对作品的使用量如果过大,也没有经过许可,或者,恶搞或者搞笑的内容对当事人的名誉、对当事人的人身产生了负面作用,这样的行为是不提倡的,如果权利人主张权利,需要通过法律程序来解决,这是一种民事行为,需要由法院界定他是否需要承担责任。①

其三,恶搞可能演化为网络集体暴力方式。恶搞本身的挑战性与破坏性,使它具有暴力的效果。网络环境又会使这种暴力由个人性暴力转化为一种集体性暴力,产生累加与放大效应。这种集体暴力的能量可能会超出人们的想象,也是难以控制的。

其四,恶搞可能带来新的文化趋同。尽管很多人参与恶搞是对过于单调的文化模式的一种"反动",恶搞似乎在一开始也是在鼓励多元化和自由表达。但是,当恶搞成为一种时尚时,更多的人会采取盲从的态度与行动。很多人只是为了获得认同感与归属感而加入恶搞,他们的作品,更多的只是对他人的一种简单模仿。在恶搞中也会出现新的"主流"话语,越来越多的人会因为各种原因追随这种恶搞中的主流话语。这就有可能使恶搞最终又回到它的对立面——文化的趋同与单一化。

作为一种亚文化,恶搞在目前是代表了嘲讽、颠覆、解构等为基本特征的亚文化潮流,但是,这种特征之下的亚文化,是否具有长久的生命力,还难以判断。

(六)新媒体亚文化之四:段子

段子是中国新媒体文化中一种独特的现象。对于段子很难做出一个简单的定义,一般而言,段子是在网络或手机平台中广泛流传的具有一定寓意的简短文本,它们的目标是调侃某些社会现象或表达某种观点情绪,很多段子会采用虚构性叙事。段子用其特有的幽默,给很多沉重、尖锐的话题,披上了轻巧的"外衣"。

早期的段子主要通过手机短信流行,而今天,段子更多地通过微博、微信以及其他社会化媒体渠道流行。

作为一种新媒体中的亚文化,段子具有以下特点。

1. 段子是浓缩的民间智慧

无论是民间的自发创作,还是段子手的有意创作,段子的内容都蕴含了很多民间智慧。

这种智慧首先体现在语言方面。在段子发展的早期,由于依赖手机短信传播,段子被限制在70个字的容量内,因此,要运用一定的文字技巧(例如,排比是段子常用的手段之一),完成寓意深刻的表达,语言要诙谐机智,还要易于口头流传,这都需要一定的文字功底。

① 《出版总署回应很黄很暴力:网络恶搞需法律界定》,见 http://news.qq.com/a/20080117/003800.htm。

这种智慧还体现在对社会现象的深刻洞察中。虽然未必每一个段子都能做到深刻,但是,一些经典的段子,在嬉笑之中针砭时弊,甚至能入木三分,这都体现出作者对社会问题的深入观察。

当然也有一些段子是写手们为经济目的创作的,但是,他们创作的段子要能经受住市场的考验,也必须从民间的视角出发,吸收民间的智慧。

2. 段子在一定意义上是社会的晴雨表

学者陶东风指出:段子的内容大致又可分为两类,一类是有关性的,即色情段子;一类是有关权力的,即政治段子。当然还有不少是两者兼而有之。大概因为性和权力在现实生活中都是禁忌(尽管程度不同),而冒犯禁忌则会产生特定的快感。这是人们喜欢阅读段子的原因。政治类段子是中国式政治文化的民间表现形式,也是大众政治情绪、政治智慧的特殊表达渠道。①

当然,事实上段子不限于上述两类,民间将段子分为“灰色”“黑色”“黄色”“红色”等不同的种类,但影响力最大的,仍是政治性的“灰色”段子。

很多灰色段子指向了某个特定时期的热点事件或典型现象,它们或调侃、或针砭,在幽默中传达着犀利的意见与态度。有研究者指出:“灰段子反映的是种种不满、抑郁乃至愤懑,反映了人们对社会公平正义的渴求,以及对于自身力量弱小的无奈,体现了草根阶层在精神和心理上的困顿,对健康的社会现象的呼唤。”②尽管不是所有的灰段子都具有这样一种特质,但是,总体来看,作为一种亚文化,灰段子在某种意义上的确是被主流渠道压抑的情绪与态度的释放。

灰色段子在一定意义上也是舆情的一个窗口,把各个年代的各种灰色段子整合起来,可以看到不同年代的社会焦点或热点。

政治性的段子之所以被贴上灰色这一标签,是因为它像“灰色收入”等一样,不能堂而皇之地现身,而社会化媒体这样的新媒体传播空间,正给它们提供了滋生的土壤和传播的路径。

尽管段子的生产与传播,往往是由于一些职业“段子手”的推动,但是,段子能够广为流传,还是因为很多时候它们曲折地反映着社会现实。

尽管不同时期会有各种段子出现,但最终能够大范围流行起来的却不多,段子从诞生到广泛流行,需要经过“优胜劣汰”的过程,而这个过程取决于多数人的选择。因此,这个选择过程,也表达了公众的情绪与心态。

段子既在一定程度上反映着社会的舆情,也同时充当了社会情绪的宣泄的

---

① 陶东风:《手机段子:中国特色的政治文化及其生存环境》,http://www.aisixiang.com/data/detail.php? id=34640。

② 李宗桂:《段子舆情与社会思潮》,载《人民论坛》2010年第18期。

工具,创作、传播和阅读段子,都可以在一定程度上释放自己的某种情绪。

3. 段子成为某些人群的连接“纽带”

在一定意义上,段子具有连接特定人群的作用。

段子在某种意义上是人际交流的“润滑剂”,对于某些人群来说,段子是彼此间交流的主要手段之一。

在不同的人群中流行的段子有所差异,段子的类型在某种意义上也成为区分不同人群的标志。

对于人们来说,给什么样的对象发送什么样的段子,也表明了彼此间关系的性质。

第三节　新媒体技术与“数字鸿沟”

虽然倡导平等一直是互联网等新媒体的精神特质之一,从理论上来说,新媒体也可以让人们享有获得信息和其他一切服务的自由,但是,由于新媒体的使用涉及较多的基础设施技术及能力,因此,在其发展过程中,与其精神相悖的一个现象也出现了,那就是“数字鸿沟”(Digital Divide)。

一、“数字鸿沟”的含义

关于“数字鸿沟”的定义,现在仍没有一个统一的标准。

在英国广播公司(BBC)的在线新闻里,数字鸿沟被称为信息富有者和信息贫困者之间的鸿沟。

根据经合组织(OECD)的定义,数字鸿沟是指不同社会经济水平的个人、家庭、企业和地区在接触信息通信技术和利用互联网进行各种活动的机会的差距。这种差距既存在于不同国家之间,也存在于一国内部的不同人群之间。

比较流行的“数字鸿沟”的一种定义是,指在信息时代因地域、收入、教育水准和种族等原因而形成的在数字化技术掌握和运用方面的差异,以及由此导致的不同群体在社会中面临的不平等现象。

另一种广为接受的定义,则把数字鸿沟看作是当代信息技术领域中存在的差距现象,它既存在于信息技术的开发领域,也存在于信息技术的应用领域,特别是由网络技术产生的差距。

应该说,这两种定义在内涵上是有区别的。前者主要指个体间在掌握技术方面的差异,而后者更着重强调国家之间或地区之间在信息技术领域中的差距以及由此而引发的各种问题。但无论如何,数字鸿沟出现的重要前提是,信息技术特别是新媒体的发展。

要全面理解"数字鸿沟",以及它带来的影响,上面两个定义所涉及的问题都是非常重要的,因此本节将对这两方面分别加以介绍。

从数字鸿沟的英文名称来看,Digital Divide 译成"数字鸿沟",也许并不妥当,译为"数字落差"或"数字区隔"或许更为准确。但因为"数字鸿沟"的译法已被普遍采用,所以本书也沿用了这一译法。

二、个体间的数字鸿沟

从个体角度看,与数字鸿沟相关的现象在传统媒体时代已经出现,新媒体技术使这一问题变得更为突出。

(一)从知识沟到数字鸿沟①

个体间的数字鸿沟很容易让人们联想到传播学中的另一个概念——"知识沟"。知识沟(Knowledge Gap)理论最早是由美国学者 P. J. 蒂奇诺等人提出来的。

20 世纪 60 年代,美国政府推出了一个补充教育计划,即试图通过大众传播和其他手段来改善贫困儿童的受教育条件。这个计划中的一个重要项目是,推出了一部名为《芝麻街》的儿童启蒙教育电视系列片。这个节目的出发点是想为贫困儿童提供一个通过电视媒体接受教育的机会。但是,对这个节目的播放结果进行研究后却发现,它的初衷并没有得以实现。虽然贫富儿童都从这个节目中获益,但相比之下,富裕的儿童对节目的接触与利用比贫困儿童要多。本意想缩小受教育条件不平等的该节目,最终却扩大了两者之间的差距。

基于对这一现象以及其他问题的实证研究,蒂奇诺等人提出了这样一种理论假说,"由于社会经济地位高者能比社会经济地位低者更快地获得信息。因此,大众媒介传送的信息越多,这两者之间的知识鸿沟也就越有扩大的趋势。"这种鸿沟也就被称为"知识沟"。

"知识沟"假说的提出,激发了其他的相关研究。美国学者 J. S. 艾蒂玛和 F. G. 克莱因提出了一个与"知识沟"相反的"上限效果"(Ceiling Effect)假说。他们认为,个人对特定知识的追求并不是无止境的,达到某一"上限"(饱和点)后,知识量的增加就会减速乃至停止。社会经济地位高者获得知识的速度快,其"上限"到来得也就早;那些经济地位低者虽然知识增加速度慢,但迟早也能在"上限"处赶上前者。

然而,从现实情况看,虽然人在追求特定知识方面,可能会有一个上限,但在

① 郭庆光:《传播学教程》,中国人民大学出版社 1999 年版,第 230~234 页。

人的一生中,这个过程也许并没有上限。经济地位高的人在某方面的知识达到上限后,会继续追求新的知识。而那些经济地位较低的人,即使最终达到某方面的知识上限,这时的知识很可能已经过时了。

与“知识沟”假说相似,N. 卡茨曼在1974年提出了“信息沟”(Information Gap)的理论,他的着眼点是传播技术所带来的“信息富有者”和“信息贫困者”之间的分化,以及由此带来的社会矛盾。

信息沟理论的主要观点有以下几种。

新传播技术的采用将带来整个社会的信息流通量和信息接触量的增大,这对每一个社会成员来说都是如此。

新技术的采用所带来的利益并非对所有社会成员都是均等的。现有信息水准较高或获取信息能力较强的人,能够比较弱的人获得更多的信息。

与人的能力相比,电脑等机器的信息处理和积蓄能力要强大得多,既有的信息富有阶层通过早期采用和熟练使用这些先进机器,能够比其他人拥有更大的信息优势。

新媒介技术层出不穷,更新换代周期越来越短,其趋势更可能是“老沟”未能填平,而“新沟”又不断出现。这种状况在新媒介的采用过程中尤其明显。

网络的发展,正给“知识沟”和“信息沟”的理论提供了一个最新而有力的证据。“数字鸿沟”是“知识沟”和“信息沟”问题的延续与发展。个体间的数字鸿沟,是数字鸿沟在最基础层面的表现。

(二)导致个体间数字鸿沟的因素

对于个体间的数字鸿沟这一现象,美国国家远程通信和信息管理局(National Telecommunications and Information Administration, NTIA)早在1995年就开始进行研究。当年7月它发布了一份名为《在新媒体平台落伍:关于美国城乡的“不拥有者”的调查》(*Falling Through the Net: A Survey of the "Have Nots" in Rural and Urban America*)的报告,这项报告通过对照城市与乡村家庭在电脑和调制解调器拥有量方面的差距,来说明在使用网络方面美国城乡存在的差异。

1998年7月,NTIA发表了第二份这方面的报告——《在新媒体平台落伍Ⅱ:关于数字鸿沟的新数据》(*Falling Through the Net* Ⅱ: *New Data on the Digital Divide*),提供了关于美国家庭拥有电脑和电话线的最新调查数据。它更着重考察家庭的上网情况而不是简单的调制解调器的拥有情况。

NTIA在1999年7月份发表的名为《在新媒体平台落伍Ⅲ:定义数字鸿沟》(*Falling Through the Net* Ⅲ: *Defining the Digital Divide*)的报告中,则比较明确地提出,在那些已经接入互联网的美国人和没有能力使用互联网的美国人之间存在所谓“数字鸿沟”。根据这份报告,在数字化技术的掌握和运用方面,白人强于其他种群,高收入者强于低收入者,高学历群体强于低学历群体,东西两岸明显强于内地。家庭类型也是影响因素之一,双亲且有18岁以下孩子的家庭上网比例最高,而只有母亲与孩子的单亲家庭上网比例最低。从年龄方面看,35—44岁是目前上网比例最高的年龄段,而55岁以上是上网比例最小的年龄段。①

这些调查数据表明,造成数字鸿沟的因素主要来源于几方面:收入差异、种族差异、受教育程度差异、地区差异、性别差异、年龄差异、家庭结构差异等。

在中国,个体间数字鸿沟的存在也是明显的,历次CNNIC的调查都表明,性别、文化程度、年龄、地区等因素都会影响人们的上网能力。

尽管有各种各样的原因导致数字鸿沟,但其中的经济原因也许才是最根本的。

在美国政府专为填平数字化鸿沟开设的网站上(http://www.digitaldivide.gov),有这么一段话:“位于鸿沟的不幸运的一方,就意味着更少有机会去参与以信息为基础的新经济。在这种新经济中,更多的工作与计算机相关。这同时意味着更少有机会参与教育、培训、娱乐、购物和交流等可以在线得到的东西。”

个体间数字鸿沟带来的,不仅仅是能否上网的问题,它更多地带来的是个人机遇的减少,由此,这些人的个人地位也几乎没有机会得到改善。个体间的数字鸿沟,也会进一步加剧社会各阶层的不平等。

(三)个体间数字鸿沟的具体表现

从个体角度看,数字鸿沟可以在不同方面表现出来,主要包括以下这些。

1. 媒介及其资源获得的不平等

尽管媒介的使用权是一种普遍的权利,但由于种种因素的影响,部分人群无法接触或获得媒体,在新媒体中,这表现得尤为显著。买不起电脑或手机,没有条件上网、无法承受上网费用等,使得一部分人群被排斥在新媒体的使用之外。

越来越多的新媒体内容进入了付费模式,如果一部分人因经济原因而无法享受公共性数字资源,也意味着媒体使用的不平等。

2. 媒介素养的落差

随着新媒体的不断普及,新媒体获得方面的障碍日益减少,这时,数字鸿沟开始更多地向媒介素养的差异上转移。

从媒介素养的角度看,媒介使用技能差异是数字鸿沟的基本表现之一。

与其他媒体的使用不同,掌握电脑、手机以及网络的使用,需要一定的技能(media literacy或information literacy)。很多人由于各种原因得不到相关技能,因而无法使用电脑、手机与网络。同时,对这种技能的要求会随着技术的

① 资料来源:http://www.ntia.doc.gov。

发展而不断变化，有些人可能勉强掌握了初级的技能，但是，当新技术来临时，他们没能及时跟上前进的步伐，因此，还是免不了被抛在数字鸿沟另一端的命运。

要促使个体掌握必要的技能，必须提供相应的设备和教育，但是新媒体技术是一个不断更新的事物，提供设备和教育都不是一件一劳永逸的事。要保持设备和教育的更新，需要一定的经济基础，因此，经济因素始终在对数字鸿沟起作用。

也有少数人是因为“技术恐惧症”而拒绝接受新技术的。这些人因为被技术越抛越远，因而在内心深处日益巩固起对技术的恐惧和反抗。这种人虽然只是少数，但是也是不容忽视的。

媒介素养方面数字鸿沟的另一个表现是信息获取能力的差异。

有一些人不愿接触新媒体，是觉得新媒体平台没有适合他们的内容。但事实也许并非如此，只是这些人没有掌握在新媒体中发现自己所需要的信息的能力。

即使是新媒体的熟练的使用者，也未必总是具有较高的信息获取能力或对信息的鉴别与批判性接受能力。这种能力的差异，也会导致人们在新媒体中受益程度的差异。

在社会化媒体普及的今天，人们的社交能力也成为影响信息获取的一个因素，这对人们的媒介素养又提出了新的要求。

进一步而言，媒介素养还表现为利用新媒体提升自己的能力，包括获得社会资本、获得教育资源及其他服务资源的能力等。而在这方面，个体间的差异也日益拉大。

媒介素养上的差异，还会体现为新媒体中人们话语权力的差异。这是数字鸿沟的一个新的发展。

3. 媒体使用文化的区隔

数字鸿沟另一个新的动向，是人们使用媒体中的“文化性”差异。不同用户对于媒体的诉求不同，他们与媒体的关系不同，使用媒体的行为方式也不同，这种差异在今天的老年用户与年轻用户两个群体间表现得更为突出。

表 10-1 比较了老年用户与年轻用户在媒体使用中的主要差异，虽然表中所说的现象并非适用一切老年用户或一切年轻用户，但这些现象的确是两个群体间的明显差异。老年用户的这种媒体使用文化是在传统媒体中形成中，当他们带着这样的文化烙印进入新媒体的使用时，多数人会产生文化上的不适应。即使他们在媒介素养方面没有明显的不足，但文化上的不适应也会在很大程度上限制他们对新媒体的使用效果。

表 10-1　老年用户与年轻用户的媒体使用文化差异对比

项目	老年用户的常见情形	年轻用户的常见情形
信息消费习惯	稳定	不稳定
对媒体的态度	接受、欣赏	挑剔、批判
与媒体的关系	仰视的、服从的	平等的、怀疑的
信息消费的伴随行为	与家人的讨论	与媒体的互动、与网友的互动
对媒体功能的需求	信息获取	信息生产、信息消费、社交、游戏、购物、支付等
媒体带来的满足	仪式性的、不可替代的	功能性的、可替代的
审美趣味	传统的、主流的	非传统的、反主流的

“数字鸿沟”是新媒体发展带来的新的社会不平等的一个表现，但这个概念还只是展示了数字技术在社会结构变迁、社会分化中的影响之一。除了“数字鸿沟”所揭示的数字技术的“富者”与“贫者”的差距外，数字技术的拥有及其应用方式、能力等，对于社会阶层的重新分化、新的阶层的形成，也将起着越来越大的作用。这将是未来新媒体与现实社会互动的一个重要方面，也是对新媒体的深层社会影响的一个重要表现。

美国前总统克林顿曾把跨越数字鸿沟的措施概括为 ABC 基本要素：A（Access）代表获取科技的能力和渠道；B（Basic Skills）代表基本技能，指信息时代所需的技术培训和技能；C（Content）代表内容，丰富的多媒体、多语言和高品质的内容。

但这只是消除初级层面的数字鸿沟的基本措施，对于媒介素养方面的差异和文化性的数字鸿沟，需要有更深入的研究，才能找到一定的解决之道。但在某种意义上，这种差异可能是难以完全消除的。

三、国家间的数字鸿沟

“数字鸿沟”问题也日益进入国际视野，引起国际社会的广泛关注。因为现实表明，信息社会天平的严重倾斜不但发生在国家内部，也发生在国家之间。根据国际电信联盟 2005 年公布的数据，全球 70%的互联网用户集中在占世界人口 16%的最富裕国家，而占世界人口 40%的最贫穷国家仅拥有全球互联网用户的 5%。[①]

① 《互联网协会理事长胡启恒介绍公益日情况》，见 http://tech.tom.com/2006-06-02/04RJ/26433332.html。

1999 年,联合国秘书长安南便曾发出警告:把这个世界的贫穷人口从数字革命中排除出去是危险的,他强调要打破数字鸿沟。

2000 年以来,联合国、欧盟、OECD、亚太经合组织、八国首脑峰会等纷纷围绕“数字鸿沟”问题展开讨论,开展与此相关的政治和外交活动。国际社会日益达成共识,那就是世界范围内的数字鸿沟拉大了南北经济差距,突出了某些国家(特别是美国)的地位,“数字鸿沟”给世界与地区的和平与发展带来威胁,更使发展中国家雪上加霜、危机四伏。

在 2000 年 7 月举行的八国首脑会议上,八国领导人发表了旨在促进信息通信技术发展,缩小国家间、地区间信息技术发展差距,建设全球信息化社会的《全球信息社会冲绳宪章》。这是旨在消除“数字鸿沟”的一次标志性全球行动。《冲绳宪章》指出:“我们将率先推动政府营造合适的政策和法规环境,以便激励竞争和创新、确保经济和金融的稳定、推动各有关方面协调合作以优化全球网络、打击破坏网络整体性的违规行为、缩小‘数字鸿沟’、向人民投资、促进全球的利用和参与。”《冲绳宪章》同时也提出了缩小数字鸿沟的若干工作框架与途径。此次会议中,八国还就建立数字信息工作组(DOTFORCE)达成一致意见,该工作组将就缩小“数字鸿沟”的具体措施开展一系列研究。

尽管《冲绳宪章》描绘出了一幅全球互助建立理想信息社会的图景,但是,也招致一些批评。一些抗议团体指责峰会把重点放在信息发展上是伪善行为。为了唤起人们的注意,一个名叫“千禧 2000”的组织在会场附近的海滩焚烧了一部手提电脑,其中一位组织者奥乌苏说:“电脑不能充饥,而人们正在死亡的边缘。”

但是,全球性的填平“数字鸿沟”的努力并没停止,信息社会世界首脑会议(又称信息社会世界峰会)就是其中的一个重要行动。这是各国领导人最高级别的会议,其目标是“建设一个以人为本、具有包容性和面向发展的信息社会。在这样一个社会中,人人可以创造、获取、使用和分享信息和知识,个人、社区和各国人民均能充分发挥各自的潜力,促进实现可持续发展并提高生活质量。”根据联合国大会第 56/183 号决议,信息社会世界首脑会议分两个阶段召开,即日内瓦阶段会议和突尼斯阶段会议。

2003 年 12 月 10—12 日的日内瓦会议讨论了建设平等信息社会的五大问题,即网络安全、网络管理、财政资助、媒体作用和人权,其中财政资助问题成为争议的焦点。以非洲国家为首的发展中国家建议设立一项帮助发展中国家发展信息技术的专项基金,但这一建议遭到了美国等一些发达国家的反对。美国等国家认为,财政资助不一定能解决问题,世界银行已经设立了帮助发展中国家发展信息技术的类似基金,但效果不尽如人意,并缺乏有效的监督。最终各代表团达成一致意见，在联合国秘书长安南的协调下成立专门委员会，负责研究现存的基金以及为发展中国家发展信息技术设立专门基金的必要性。这次会议还提出了信息社会应达到的10个国际标准。

2005年11月16日—18日，第二届信息社会首脑会议在突尼斯召开。50多名政府首脑以及国际组织、公民社会、企业界的1万多名代表出席了会议。此次大会通过了两大纲领性文件——《原则宣言》和《行动计划》，前者对信息社会的价值目标进行了展望，后者制订了实现这一目标的行动计划，以及如何使所有的经济体从信息通信技术中获益。

国际电联信息技术专家萨拉·帕克斯在此次会议上透露，根据国际电联统计，从1992年至2004年，发达国家和发展中国家在固定电话用户方面的差距从11%下降为4%，移动电话用户差距从27%下降为4%，而互联网用户差距从73%下降为8%。[①]

另外，在伊朗的建议下，不受歧视地获取信息与通信技术的权利在此次大会得到承认，大会还强调了所有国家都有享有互联网的权利。

国际电信联盟官员蒂姆·凯利宣布，旨在缩小"数字鸿沟"的"全球数字互助基金"已经形成机制，今后将在这方面迈出更大的步伐。但另一方面，尽管在会议上发言的发达国家代表都表示愿为缩小"数字鸿沟"做出贡献，却并未就支持"全球数字互助基金"做出具体承诺。由此看来，缩小"数字鸿沟"的全球行动，仍然是长途漫漫。

"数字鸿沟"问题也引起了研究界的高度关注。这其中有一个重要原因，那就是有人担心，"数字鸿沟"不仅意味着一些国家在经济全球化进程中被边缘化了，还意味着他们的文化及意识形态有可能被边缘化甚至被强势文化及意识形态侵吞。这一担忧的依据之一是英语在互联网中的绝对优势。一些人认为英语目前已成为新媒体平台的主导语言，这会造成其他网络语言的边缘化，进而导致强势国家的文化、意识形态与信仰的地位上升并形成霸权。

美国里德尔大学教授博萨·埃博在《互联网与非洲的技术殖民化》一文中指出，数字鸿沟将导致一场新的殖民化——"技术殖民化"，互联网及数字技术有可能成为"西方文化和政治意识输入发展中世界的另一种霸权主义工具"。美国普林斯顿大学艾斯特·哈吉泰则认为，占有网络优势的国家会将其主导思想渗透到互联网的大部分领域，其霸权思想通过虚拟世界而具有了网络文化的特征，后者又作为一种文化手段，支配其他国家或其他人群的思想观念，由此，

---

① 《全球"数字鸿沟"状况有所改善仍有待缩小》，http://news.xinhuanet.com/newmedia/2005-11/18/content_3798875.htm。

“网络扩散了霸权的知识与文化”，最终导致“西方霸权的扩张”。[①]

但是，一些学者的研究却带来另一个方向的启发。例如，中国学者祝建华的研究发现，互联网上虽然无国界但却有地界[②]，也就是说地域的因素仍然会影响人们在新媒体平台的活动，人们在网上接触的信息更多的还是本地的、本土的。笔者在2002年所做的一项研究也表明，并非所有网民都像想象中的那样对外来文化趋之若骛。[③] 虽然这些研究是否具有普遍意义还有待证实，但它们也在一定程度上说明，单纯以语言上的落差推导新媒体平台文化与意识形态的走向，未免过于简单化。“数字鸿沟”是否会带来文化霸权、意识形态霸权，还需要放在更复杂的政治系统、社会系统及文化系统中进行考察。

然而，毫无疑问，信息化浪潮，不应该将任何一个国家、任何一个民族抛下，因此，化“数字鸿沟”为“数字机遇”成为许多国家的一项重要发展目标。“数字机遇”也成为信息时代与“数字鸿沟”并行的一个旋律。在2000年八国首脑峰会上，世界经济论坛组织（World Economic Forum，WEF）提交了一份名为《从全球数字鸿沟到全球数字机遇》的报告，报告指出应该将对“数字鸿沟”的过分关注转变为对“全球数字机遇”的关注。

第四节　新媒体时代的媒介素养

新媒体的发展，使媒介素养的重要性进一步凸显出来，它的内涵及适用的主体，也在不断扩大。

1992年美国媒介素养研究中心给出了如下定义：媒介素养是指人们面对媒介各种信息时的选择能力、理解能力、质疑能力、评估能力、创造和生产能力以及思辨的反应能力。[④]

也有国外学者认为，媒介素养是“在印刷媒体或非印刷媒体等各种形式的媒体中获得信息、分析信息、评估信息、传播信息的能力”。[⑤]

在国内，一种有代表性的认识是，媒介素养是指媒介受众对各种媒介信息的

---

① 吴士余：《数字化的趋同与鸿沟》，见 http://www.library.sh.cn/dzyd/tswh/zjsp/lista.asp? ID=64。

② 根据祝建华在2005年“中国网络传播年会”上的演讲。

③ 彭兰：《关于大陆互联网站外来文化传播状况的实证研究》，载《国际新闻界》2002年第1期。

④ 张玲：《媒介素养教育——一个亟待研究与发展的领域》，载《现代传播》2004年第1期。

⑤ David Considine：*An Introduction to Media Literacy. The What, Why and How To's*. The Journal of Media Literacy, Volume 41.

解读批判能力以及使用媒介信息为个人生活、社会发展所应用的能力。①

虽然国内外研究者普遍把媒介素养仅仅定位于公众的媒介素养，但也有学者提出过不同见解。例如，陈力丹认为："媒介素养分两个层次：一个是公众对于媒介的认识和关于媒介的知识，另一个是传媒工作者对自己职业的认识和一种职业精神。"②在陈力丹看来，传媒业工作者的媒介素养也是媒介素养的一个重要方面。

而近年来，对于其他主体例如政府机构及政府官员的媒介素养的提法也开始出现，而且也进入到研究者的视野。

无论是从哪个角度关注媒介素养，都需要重视新媒体发展这个新的背景。

一、新媒体时代公众媒介素养的重定义

以往关于媒介素养的定义，更多是针对传统媒体时代的受众，也就是作为纯粹的消费者的受众。但是，在新媒体时代，受众不仅是内容的消费者，更是内容的生产者，是媒介活动的积极参与者，因此，对于新媒体时代的公众媒介素养的认识，需要从内容生产者这样一个角度加以扩展。

对于公众而言，新媒体时代的媒介素养主要应体现在以下几方面。

（一）媒介使用素养

除了纸质媒体要求的文字阅读能力外，传统媒体几乎没有使用的"门槛"，但新媒体对于使用者的技术能力要求是较高的。网络、手机甚至三网融合时代新的电视终端，都要求使用者掌握一定的技术。各种新媒体应用，也都需要以掌握相关操作为前提。所以媒介的基本使用能力，成为了媒介素养的基本要素之一。

媒介使用素养，不仅体现为对相关技术的掌握，还应该表现为对新媒体技术和应用的合理、合法以及有节制的使用等。

（二）信息消费素养

新媒体中信息的海量膨胀以及来源的多元化，意味着消费者面临着空前复杂的信息选择环境，因此，作为信息消费者，公众需要具备更多的选择、判断与辨识的能力。这种能力包括以下两方面。

1. 在海量信息中筛选有效信息的能力

除了借助专业媒体、门户网站的"过滤系统"外，公众还有两种渠道来进行

---

① 胡莹、项国雄：《传者素养：媒介素养教育的根本》，载《传媒观察》2005年第8期。

② 陈力丹：《关于媒介素养与新闻教育的网上对话》，载《湖南大众传媒职业技术学院学报》2007年第2期。

信息的筛选。

一是依赖搜索引擎这类工具的帮助。这时个体的搜索技巧会影响到其获取信息的质量。掌握足够的搜索工具与搜索能力，也是媒介素养的体现。

二是依赖社会化媒体中的关系网络，也就是通过自己信赖的机构或个人，来完成信息的筛选。在这种情况下，对于信息源的判断与选择，成为了获得高质量信息的基础。特别是对那些以个人形式存在的信息源的甄别能力，是对公众新的挑战。

2. 对信息的辨识、分析与批判能力

在传统媒体时代，媒介素养教育就强调培养受众对媒体信息的分析、判断能力。而新媒体时代传播主体的多元化、传播渠道的多样化，都使得信息的构成更加复杂，因而新媒体特别是社会化媒体传播更强调个人把关。对信息的真实性、时效性、权威性等的辨识与分析，成为公众信息消费过程中自我把关的基本表现。此外，人们还需要形成对信息的批判性解读能力。

社会化媒体中的个性化传播，可能会造成人们的“信息偏食”，使人们失去对完整的信息环境的认知，因此，个体应该有意识地通过大众媒体来“纠偏”。努力获得全面、平衡的信息，不仅是信息消费素养的重要体现，也是实现理性的公共交流的基础。

而更高层次的辨识与分析，在于对内容的长远价值所做的判断。这样一种判断与选择，不仅有着一种“即时”的作用，更会有着“延时”的影响，即对于个体的价值观、思维方式与行为方式等，将产生深远影响。

在新媒体环境中，人们的信息消费在很多时候受到他人的影响，人们对信息的分辨，不仅要排除信息环境所带来的干扰，还要排除群体环境所带来的干扰，这也是一个很大的挑战。

（三）信息生产素养

在新媒体时代，公民新闻日益普及，公众作为信息的生产者的作用不断凸显，普通公众提供的信息对于新闻传播的格局已经形成重要影响，但另一方面，由于缺乏相关的训练，普通公众提供的信息的质量良莠不齐，这在一定程度上带来了传播秩序的混乱。

因此，过去只是针对媒体从业者开展的媒体工作原则的教育以及技能的训练，也应该逐步扩展到普通公众，使他们具备传播者应该具有的素养。具体而言，这种素养表现为如下两方面。

1. 负责地发布信息和言论的素养

社会化媒体带来了更多的公共话语空间，它的传播机制也大大提升了普通个体的信息和言论的影响力。在这个意义上，每个个体都有对自己发布的内容进行把关的责任。

这种责任既体现为对信息的真实性把关,也体现为对自己的信息和言论的社会影响进行评估,避免它们对他人权利的侵害或对社会公共利益的危害。

2. 负责地进行信息再传播的素养

新媒体传播的一个重要特性是复杂的再传播过程。正是再传播过程,极大地放大了某些信息的影响力。而在这个过程中,普通公众所起的作用是最明显的。因此,公众不仅要对自己发布的信息与言论负责,还要逐步形成对再传播负责的意识,谨慎对待诸如“转发”这样的传播行为。

(四)社会交往素养

新媒体提供了前所未有的社会交往网络,它有可能拓展人际交往的广度,也有可能加强人际交往的深度,而这种交往的拓展与深化有可能带来新的社会文化。但是,能否将媒介提供的这种可能性转化为现实性,取决于人们运用新媒体进行交往的能力。

新媒体中的交往能力不仅表现为对相关技术的掌握,还表现为对交往对象的选择、交际网络的维护等方面。

新媒体中的交往是一种平等的互动,每个人都希望在这种交往中得到尊重与报偿。因此,尊重他人权利,也是社会交往素养的一个重要方面,这包括尊重他人的表达权利、隐私权、知识产权等方面。

(五)社会协作素养

诸如维基应用这样的社会化媒体也开启了全新的社会协作模式,未来的技术将使社会协作在更大范围内展开,这也使社会协作的思想和素养,成为社会化媒体时代公民必须具备的素养。

个体的社会协作的素养应该包括:与协同工作的其他人达成一致目标的能力,为自己在协同系统中定位的能力,执行协同任务的能力,与协同工作的他者进行有效沟通的能力。

(六)社会参与素养

新媒体一直被认为将对社会民主的进程起到重要作用,但要达到这一目标,其基本保障之一是公民的自由平等和理性参与。新媒体在一定程度上提高了公民的自由平等的权利,但并不必然会提高公民的社会参与素养。因此,提高公民的社会参与能力,不仅关系到新媒体世界的秩序,也关系到整个社会的发展与进步。

在新媒体平台上,公民的社会参与能力主要体现为:关注公共事务,积极参与公共话题交流,尊重公共规则和他人的表达权,学会理性表达与讨论。

二、新媒体时代传媒业者媒介素养的新拓展

新媒体时代带来的挑战，也意味着传媒从业者的媒介素养的相应变化。新媒体背景下，传媒业者的媒介素养的拓展，主要应该包括以下几方面。

（一）对社会化媒体的认识与运用能力

社会化媒体正在打破原有的传播格局，如何认识公民新闻与专业媒体的关系，如何改变原有的思维与工作模式去适应新的形势，如何在保持传媒人的专业精神基础上重新定位自身的角色与职责，这是传媒人首先要完成的认识上的变革。

社会化媒体中蕴含着海量的信息资源。其中一些资源是媒体发现选题、延伸报道或者检验报道的基础，但如何发现、验证并合理利用这些资源，对媒体人来说，也是一个新的挑战。运用好社会化媒体资源，意味着媒体人要具备一些新的能力。

1. 对社会化媒体信息的辨识能力

虚假新闻、不实信息，是目前困扰社会化媒体的一个重要问题。虚假信息的成因复杂，但无论如何，要使社会化媒体在公共信息传播中形成更重要的影响力，就需要在信息的质量方面有更高的追求，而承担这一任务的，主要应该是专业媒体及媒体人。

尽管前文提到公众在再传播中应有负责意识，但对于没有接受过专业训练的普通用户来说，让他们对自己发布或转发的每一条信息的真实性和准确度负责，也并不现实。

那些受过专业训练的专业媒体人，应该有意识地扮演起信息的验证者与过滤者的角色。而这意味着他们也必须提高自己在这方面的素养，因为他们面对的是前所未有的复杂信息来源。

2. 对社会化媒体资源的协调、组织与整合能力

在社会化媒体时代，专业媒体需要与公民新闻全方位“对接”，才能实现对公民新闻能量的充分吸纳和转化。这不仅仅意味着建立社会化媒体平台或账号，更意味着要通过有效的业务模式发掘不同信息和不同个体的价值，并将其有机地组织起来。

对社会化媒体资源的整合能力，在很大程度上体现为对碎片信息的筛选与整合能力。

除了对碎片信息进行整合外，建立合理的协同工作机制，有效地进行社会化媒体力量的调动、配置与整合，也会变得越来越重要。在国外，“众包”模式已经越来越多地被媒体所借鉴。《连线》杂志编辑杰夫・豪（Jeff Howe）在2006年提

出的“众包”(crowdsourcing)概念,指的是通过互联网将某一工作任务发包给若干人,特别是网络社区的成员,来获得所需要的服务、创意或内容。[①] 这样的一种方式,一方面,强调工作任务的完成者不是公司内部的员工或传统的雇员,而是来自于新媒体平台的志愿者和业余工作者;另一方面它强调了集体的协同工作而不是个别人的贡献。众包模式能否成功,在很大程度上取决于组织者。

3. 运用社会化媒体进行自我拓展的能力

社会化媒体不仅可以给专业媒体提供补充性资源,更有可能为媒体带来全方位的拓展空间。例如报道的拓展、个人能力的拓展、产品的拓展和品牌的拓展等。只有充分认识社会化媒体的传播模式与规律,才能把社会化媒体的潜力真正转化为个人与媒体的能力。

4. 社会化媒体中“公”“私”界限的把握能力

虽然社会化媒体为媒体及媒体人带来了很多新的可能,但随之而来的一个直接挑战是,当媒体人在社会化媒体平台中活动时,他们的行为是机构行为,还是个人行为,这之间的界限的把握已经越来越困难。

尽管绝大多数媒体人都在自己的微博或其他社会化媒体账号中声称在此的言行与所在媒体无关,但由于他们的特定背景,人们还是很难将其在社会化媒体中发布的信息和言论与其所在的媒体完全隔离开来。因此,代表个人还是代表媒体,为个人行为负责还是为媒体声誉负责,这成为社会化媒体平台中,媒体人时时要思考与把握的问题。

路透社、BBC、美联社、《纽约时报》《华盛顿邮报》《洛杉矶时报》、CNN、澳大利亚广播公司、法新社等媒体已经制定了社会化媒体的使用手册或指南,明确了媒体人在社会化媒体平台中“公”“私”行为之间的界限及把握原则。无论手册或指南中的原则能否落实,相关原则的制定,以及对媒体人的普遍培训,都是必要的。

(二)新媒体时代的数据与技术素养

新媒体时代,也是大数据时代。大数据技术不仅使社会化媒体及其他来源的数据成为了新闻报道的重要资源,而且还在全面地影响现有的新闻生产模式与机制。过去只能由专业媒体人完成的新闻报道中的某些核心环节(例如新闻编辑、新闻写作),如今也正在受到大数据技术的挑战。大数据技术对于全局状况的揭示,在某种程度上比媒体人的个别角度、个别层面的观察更为全面。大数据技术对于趋势的预测,也往往比个别专家的判断更为准确。这些都会使得新闻业的质量标准发生变化,仅仅依靠人的力量完成深度报道,在大数据技术的参

① 参见:http://en.wikipedia.org/wiki/Crowdsourcing。

照下，有时会显出其局限性。

要应对新媒体的挑战，需要相应技术手段的变革，而这一直是媒体的一个弱项。不少媒体人对日益进入新闻生产核心环节的各种技术存在着抵触心理，但是这种抵触未必能阻止技术在新闻业的渗透步伐，相反，只会使媒体失去一些先机。

当然，对于具体的媒体或媒体人来说，要掌握大数据等技术并不是一件易事，甚至对多数人来说是“不可能完成的任务”。因此，未来的传媒机构需要更多地依赖外部力量的支持，与相关企业、机构合作，才能更好地实现对大数据的收集、分析与挖掘。

但无论借助什么样的外部力量，媒体和媒体人都需要形成与大数据技术相匹配的思维，理解如何通过数据分析来补充人工分析的不足，理解如何将人的能力与机器的数据处理能力更好地结合起来。这并不是意味着人在技术面前的投降，反而是人成为技术的主宰者的基础。

三、新媒体时代政府机构与官员媒介素养的再认识

新媒体时代舆论热点的形成有了很多新特点，舆论对于社会事件的进程的影响作用也日益明显，而大多数舆论事件中，被推到了风口浪尖上的都是政府机构或官员。在一系列事件之后，政府机构和官员对于新媒体时代的舆论、舆情有了格外的关注，也因此，对如何在这些事件中面对媒体和公众有了格外的关注，政府机构与官员的媒介素养问题也因此被提出来。

从危机应对等角度提出政府机构与官员的媒介素养问题，本身是一个进步。但是，如果仅仅从“如何与媒体打交道”“如何更好地通过媒体来化解危机”这样的角度来认识政府机构和官员的媒介素养，恐怕是一种短视行为，甚至会带来误导。

政府机构与官员的媒介素养，不应该被曲解为欺骗公众和驯服媒体的能力，也不应是在危机时刻掩人耳目、堵媒体和公众的嘴的能力。对政府机构与官员的媒介素养的认识，需要超越“危机应对”，在更深的层面展开。

在这个角度谈媒介素养，也不应仅把它的适用对象放在政府官员这样的个体上。影响整个传播环境的更重要的因素是政府机构。对政府机构来说，媒介素养不仅体现在能力层面，还更多地体现在观念和制度层面。

对于政府机构与官员来说，媒介素养至少应该包括如下几方面。

（一）对媒体及新媒体角色的认知及权利保障

一些政府部门和官员之所以在面对媒体时说出一些“雷人语言”、做出一些“雷人行动”，其本质不是应对媒体的技巧生疏，而是对媒体的角色、功能的认识

的错位。他们没有把媒体作为社会公器来看待,不理解媒体所应扮演的角色和所应履行的职责,同时对今天的大众传播规律也缺乏了解。

因此,如果要普遍提高政府机构及官员的媒介素养,就不应该仅仅把媒介素养的教育定位在应对媒体技巧的培训上,而应该让他们从现代政治制度和传播规律的角度,更充分、全面地认识媒体和传媒业。

更重要的是,相关政府机构应该调整和完善相关的制度,保障媒体正常履行其职责,同时自觉接受媒体的监督。

对于政府机构和官员来说,媒介素养只是表征,它的背后是执政的理念与水平,更是相应的制度。没有相应的制度作基础与保障,再好的技巧都解决不了根本问题。

在新媒体时代,就像媒体必须进行的思维变革一样,政府机构和官员也应认识到,新媒体(特别是其中的社会化媒体),已经是整个信息传播格局中一个不可或缺的部分,而公众已不仅是媒体的受众,他们同样是重要的传播力量。公众的表达和传播权利应该得到尊重与保障。

一些政府机构本身也是专业媒体及互联网的宏观管理者,对它们而言,如何在维护传播秩序的同时更好地保障媒体及公众言论表达的权利,也是一个新的考验。

(二) 信息公开渠道的建设与保障

2007 年 1 月 17 日,《中华人民共和国政府信息公开条例》在国务院常务会议上通过,并于 2008 年 5 月 1 日起施行。这样一个法规,对政府机构的信息公开提出了制度性要求。

互联网为政府机构的信息公开提供了网站、博客、微博、微信等多种渠道,近些年来,各级政府机构网站、电子政务平台、政务微博、政务微信等,也普遍兴起,从数量上看,建设成果是显著的。

但是从信息公开的意识及渠道维护方面看,问题仍然普遍存在,很多平台变成摆设。即使有些平台得到了较好的维护,但是,如果没有信息公开的诚意,这些平台也仍然不能成为有效的沟通渠道。

如何有效地进行信息公开渠道的建设与维护,如何保障相关信息的持续公开,这仍是政府机构媒介素养的核心要素之一。

(三) 与媒体及公众的对话能力

今天一些政府机构和官员,把提高“危机应对”能力当作媒介素养的核心。学会危机管理,能够通过社会化媒体和专业媒体来化解危机固然重要,但仅仅只关注“危机时刻”以及危机应对,还远远不够。

媒介素养更应该体现在与媒体及公众的交流的常态化,体现在日常交流渠道的畅通、有效上。

政府机构及官员需要学会使用新空间与新手段，更需要改变自己的姿态与思维，在这个基础上，形成自己与媒体及公众的对话能力。

四、三种媒介素养的关系

新媒体带来了传播格局空前的复杂化。面对着新媒体中信息鱼龙混杂的现象，特别是谣言传播现象，强调公众媒介素养的提高以及公民自律，自然十分必要；但同时我们也要看到，某些时候，谣言的流行，与大众媒体报道的不及时、政府信息的不公开有着直接的关系。媒体、政府未能很好地履行自己的职责时，新媒体不得不以“谣言倒逼真相”等方式扮演起特殊的角色，这不是一种正常的现象；但把所有责任都推到公众身上，并且指望以公众媒介素养的提高解决一切问题，显然也有偏颇。

公众媒介素养、传媒业者的媒介素养以及政府机构与官员的媒介素养，这三者是同时存在、相互依赖的三足鼎立关系。对于一个平衡的、积极的信息传播系统来说，这三者缺一不可（见图 10-2）。而其中，政府机构与官员的媒介素养起着更基础的作用。

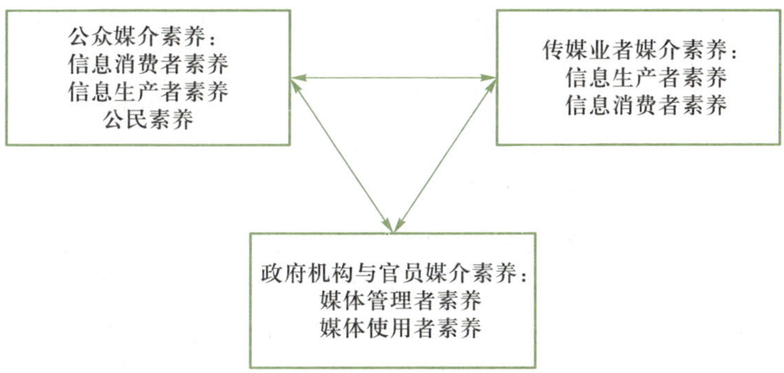

图 10-2 公众媒介素养、传媒业者媒介素养、政府机构与官员媒介素养的内涵及关系

政府机构与官员的媒介素养首先表现为“媒体管理者”素养。一个正常的传播系统，需要信息传播渠道的畅通，在中国，这种畅通的达成，主要取决于政府所制定的传播政策和所提供的传播条件，与传媒相关的机构及官员作为“管理者”的素养决定了传播系统的“环境”质量。

作为传播系统的管理者存在的政府机构与官员只是少数，但所有的政府机构和官员都是传播系统的“使用者”，而这种“使用”不同于普通公众对媒体的“消费”，也不仅仅意味着对媒体的“利用”。这种“使用”更多的是将媒体信息和公众舆论作为衡量工作水平的参照，更作为改进工作的动力。这种“使用”是以接受大众媒体和公众的监督为前提的,因此,政府机构与官员必然会时时处于新闻与舆论的风口浪尖,对此必须有清晰的认识和足够的接受能力。政府机构与官员作为"被监督者"和"使用者"的素养,决定了他们受益于媒体的程度。

无论是作为"管理者"的政府机构及官员在传播系统中的管理理念与方式,还是作为"使用者"的政府机构与官员对媒体及公众舆论的态度,都会直接影响公众对于政府整体管理水平与社会发展的信心。所以媒介素养是政府管理与服务能力中非常重要的一部分。

作为传播系统中的主要"生产者",媒体人履行自身职责的能力与水平在很大程度上决定着公共信息产品的质量,这种信息产品一方面影响着公众对社会环境的认知,另一方面影响着政府对社会状况的认知,对于政府机构与官员的舆论监督,也是这种认知的一部分。尽管大众媒体有着专业运营经验,有一大批受过专业训练的从业者,但在新媒体时代,公众对媒体的要求越来越高,媒体及从业者需要不断拓展自己,才能适应形势的发展。

在新媒体时代,信息生产者和消费者的角色日益模糊,也在时时进行着相互转化,传媒人也需要不时地把自己当作"消费者",从公民新闻的生产中汲取能量,这将促使传媒业者作为"生产者"不断强大。

作为传播系统的主要"消费者",公众享受着公共信息产品,他们的"消化吸收"能力,决定了信息产品的转化效果。

新媒体时代,公众作为"生产者"的角色也日益突出,相应的,公众的话语权力也在与日俱增。但这种权力的增强,也意味着责任意识的增强以及相应能力的提高,否则公众的话语权也有可能被误用。

公众的媒介素养也是与他们作为现代社会公民的素养紧密相连的,因为作为公民参与社会公共事务的能力,在很大程度上体现为他们从媒体获得有效信息、通过包括社会化媒体在内的公共话语空间进行理性表达与交流的能力。这样一种素养的培养与提高,不仅取决于公众本身,也取决于管理者所提供的环境。

无论是哪种主体的媒介素养,都不仅仅是一种传播素养,而是社会发展以及变革(特别是政治变革)所要求的能力的某种体现。

媒介素养的内涵与构成的变化,有着相应的社会背景。信息生产的素养成为普通公众的媒介素养的一部分,是因为公民新闻得到认可与重视,这是在新技术推动下媒体格局变革的结果,而它的背后又有着更复杂的政治变革的因素。此外,政府机构与官员的媒介素养问题日益得到关注,也是我国原有的管理制度与管理理念遇到新媒体挑战的结果,政府机构与官员的媒介素养教育,也成为改革的一个部分。

因此，对媒介素养的认识，以及对不同主体的媒介素养教育的普及，需要与社会变革的目标相联系。媒介素养的不断提高，也应该有助于推动相应改革的深入。

思考题：

1. 你如何看待舆情与舆论的关系？
2. 你如何看待新媒体中的舆情、舆论与现实社会的舆情、舆论间的关系？
3. 新媒体文化有哪些构成层面？
4. 新媒体文化是否会挣脱大众文化的局限？
5. 分析新媒体时代的一种亚文化现象。
6. 新媒体中个体间的数字鸿沟表现在哪些方面？
7. 如何认识新媒体时代三种不同主体的媒介素养的关系？

后　　记

对新媒体这样一个充满了变化、变数的对象进行总结、分析，对研究者而言是一个巨大的挑战。尽管以往我在网络、手机方面的研究为本书提供了一定的基础，但要将动荡中、不断升级换代中的各种新媒体技术、应用及现象统一在一个相对合理的视野与框架下，仍然不是一件容易的事，要让自己的认识经得住一段时间的考验，更是困难。

在新媒体的研究中，研究者一个普遍的困惑在于，面对潮汐一样不断涌来又退去的新技术、新现象，如何才能让我们的研究不被太快地扔进垃圾桶？

如果因为害怕我们的判断失误或者过时，而对新出现的技术和现象完全采取一种远观的态度，试图等到风平浪静再去做研究，那么我们可能会永远被排挤在新媒体浪潮之外。

新媒体的研究者必须要走近新媒体。这意味着我们需要了解每一种新出现的技术，观察每一个关键变化，深度体验每一种新的应用。

但我们在深入的体验和近距离观察之后，又需要从中抽离出来，保持"远"一点的思考。我们需要超越当下的具体现象，探求那些更持久的规律。但这显然是一件非常艰难的事情。

这些年来，我一直在这样的既近又远的观察与思考中挣扎，不断否定、修正、升级自己的认识。

可以想见，未来几年新媒体的发展，将令我们对今天所看到的规律与景象做出审视与新思考。所以，就像以前我完成的每一部著作一样，这个版本写作的结束便是再思考的开始。

新媒体领域的实践是我们研究的源头。在此向所有在新媒体中不懈探索的从业者表示敬意。

这本书的出版，得益于高等教育出版社武黎编辑的推动，在此要向她的敬业精神表示深深的谢意。也感谢其他各位审稿加工的编辑。

感谢所有关心、支持我的朋友们、同事们。

感谢我的亲人们。

彭　兰
2015 年 7 月

网络与新媒体专业系列教材

网络与新媒体概论	李良荣　主编
新媒体导论	彭　兰　　著
网络与新媒体应用模式	李卫东　编著